中國文化的張力

傳統解故

劉夢溪 著

責任編輯	李斌
書籍設計	a_kun
書名	中國文化的張力：傳統解故
著者	劉夢溪
出版	三聯書店（香港）有限公司
	香港北角英皇道 499 號北角工業大廈 20 樓
	Joint Publishing (H.K.) Co., Ltd.
.	20/F., North Point Industrial Building,
	499 King's Road, North Point, Hong Kong
發行	香港聯合書刊物流有限公司
	香港新界大埔汀麗路 36 號 3 字樓
印刷	美雅印刷製本有限公司
	香港九龍觀塘榮業街 6 號 4 樓 A 室
版次	2020 年 3 月香港第一版第一次印刷
規格	特 16 開（150mm×210mm）448 面
國際書號	ISBN 978-962-04-4596-5

目錄

引語

　　文化是鬆散的結構，內中充滿了張力。無窮無盡、川流不息的各種力量在相互牽拉、撕扯、撞擊、會通、融合。也可以說，文化是由多種元素構成的化分化合的綜合體，因不同元素之間的交錯互動，彼此相斥相激，而產生新的令人類歡愉的生命體。《易·繫辭》說的"《易》有太極，是生兩儀，兩儀生四象，四象生八卦"，此"生生"情形下的"易"之太極，不妨看做是對人類文化現象的哲學概括。

　　而在宋代思想家張載那裏，太極和"太和"為同一範疇的不同名相，所揭示的則是天下大道和天人之道所籠攝的無盡含藏："太和所謂道，中涵浮沉、升降、動靜、相感之性，是生絪縕、相蕩、勝負、屈伸之始。其來也幾微易簡，其究也廣大堅固。起知於易者乾乎，效法於簡者坤乎。散殊而可象為氣，清通而不可象為神。不如野馬、絪縕，不足謂之太和。語道者知此，謂之知道；學易者見此，謂之見易。不如是，雖周公才美，其智不足稱也已。"[1] 原來"浮沉、升降、動靜、相感之性，是生絪縕、相蕩、勝負、屈伸"等無盡藏的對立物，都包含在太和之中。

　　然則太和或竟是文化現象的終極義指嗎？文化現象的諸種差異、分歧、周折、碰撞，歸根結底不過是人類的化跡不同而已。化跡不

---

[1]　張載：《張載集》，北京：中華書局，1978 年，第 7 頁。

同，故路歧而有對，至產生懸隔。但走錯路的行者最終總要回來的。《紅樓夢》裏"智通寺"門旁的一副舊破對聯，不是已經發出了警語："身後有餘忘縮手，眼前無路想回頭。" 説開來還是《易經》繫辭裏的那句話："天下同歸而殊途，一致而百慮。" 那麼當下熙熙攘攘，正在為急功近利、爾虞我詐、躁動不安而煎熬的人類，是不是應該早一點回頭是岸呢？"眼前無路想回頭"至少是末路的覺醒，如果是"不撞南牆不回頭"，就悔之晚矣。職是之故，孔子提出的 "和而不同" 和 "己所不欲勿施於人" 這兩條百驗不爽的理則，總沒有被人類拒而卻之的理由吧。

絕不是説傳統都是好的，禮教和習俗同樣是傳統的組成部分，很有一些禮俗已與今天的現代社會不相適應。中國社會的遷流和嬗變蘊蓄有各種可能。文化是流淌著的河流，變易以及相生相蕩相激，乃至改變河道，是文化的常態。但傳統是看不見的，也是割不斷的，只能通過歷時歷代積存的歷史故實和文化現象來辨識和感知。

2019 年 4 月 17 日於京城之東塾

第一篇

傳統的理念

中國文化的張力

——傳統文化如何進入現代生活

　　中國傳統文化進入現代生活，是我們研究歷史文化的人一直以來的期待。但傳統文化是個龐雜的範疇，以前並不這樣籠統的標稱，而是研究哪一部分就用這一部分的內涵加以標稱。如經濟史、政治史、法律史、宗教史、哲學史、藝術史、文學史等，都是研究歷史文化的一個個具體領域，或一個方面。把傳統文化單標出來，是對傳統和現代做了一個區隔。中國從傳統走向現代的過程，是一個很長的歷史過程。曾經作為社會發展階段理論模式的"五種生產方式論"，學術界現在不再使用了。因為中國歷史上沒有出現過一個資本主義的社會階段，而且被稱為"封建社會"的階段，延伸有兩千多年，也不符合中國歷史的實際。那麼中國的歷史發展過程，就社會形態而言，應該做怎樣的描述和區分呢？在一時找不到劃分的準確概念標識的情況下，先以傳統和現代做一個二分，是有道理的；儘管認真說來，對社會形態做這樣的大分隔，在學理上會有很多遺漏，不是學術研究的最可取的方法。

　　只就傳統文化來說，其內涵也是浩如煙海，寬博無垠。大量的文本典籍是傳統文化中非常突顯的部分。按傳統的典籍分類，經、史、子、集四部類，每一部的書籍都多到不知凡幾，汗牛充棟不足以形容。而地上地下的文化遺存，更是多得無法計數。何況還有非物質文化遺產的系列。不過所謂傳統文化，其實就是傳統社會的文化，它們是能夠看得見、摸得到的那一部分我們祖先的智慧結晶。但傳統文化和文化傳統不是同一個概念，傳統文化背後的那個精神連接鏈，才是文化傳統。文化傳統是看不見的，它充溢流淌在不同民族的從古到今的人們的精神血液中。經過學者的研究辨析，用學術理念加以透視概括，可以發現其中包含著傳統文化得以構成和傳衍的規則、理念、價值和信仰。中國由於地域廣袤，歷史悠久，民間社會發達，不僅有儒家思想在漢以後成為文化的大傳統的代表，同時由於地域和族群的不同生活狀態，又形成了根脈深厚的文化的小傳統。文化的小傳統主要指民間文化、民間藝術、民間禮俗和民間信仰。如果說儒家是在朝的思想形態，道家和道教、佛教思想，則是在野的思想形態。儒釋道三家構成中國傳統文化的主幹，它們化合而成的思想新質，成為傳統社會精神網絡恆久不懈的支撐力量。

傳統不是凝固的沉澱物，而是鬆散的相對穩定的結構。承載著歷史的惰性力而又不隨順時俗俯仰，是它天然生就的品格。但當異質文化之水悄然進入這條河流的時候，日積月累的結果，經過相遇相熟到彼此吸收溶解的過程，固有的傳統會因之增加或減少，直至發生變異。此時，傳統更新的歷史時刻就來到了。但更新不是廢棄自我主體，而是在舊傳統中增加了新養分和新資源。所以大文化史家陳寅恪先生說，即使吸收西方的思想，也不應忘記本民族的歷史地位。儒家學說所代表的中國文化的大傳統，由於魏晉南北朝至隋唐以來的佛教文化特別是禪宗思想的融入，產生了宋明理學，這是不同於先秦兩漢儒學的新形態，思想史家稱之為新儒學。陳寅恪高度評價這一文化融會和思想合流的現象，認為是中國歷史文化的 "一大事因緣"。而儒家思想吸收道教的思想，以及道教吸收儒家和佛教的思想，在唐以後更日趨明顯，終於形成儒釋道 "三教合一" 的歷史奇觀。追其緣由，主要是居於主流地位的儒家思想具有包容性，同時這也就是中華文化的包容性。《禮記‧中庸》提出，治理國家有需要遵行的 "九經"，其中的一 "經" 即為 "柔遠人"，施行此一政策，能夠收穫 "四方歸之" 的效果。東漢的佛法東傳和明代的耶教來華，同為中華文化這一品格的見證；而漢唐兩世的繁榮昌盛，則為中華文化這一精神品格提供了歷史範例。所以王國維的《詠史》遙憶唐代的開放繁榮，寫下這樣兩句詩："遠人盡有如歸樂，知是唐家全盛時。" 清朝的道光、咸豐以後的歷史，所提供的則是這種精神旨趣反向的歷史見證。凡是不肯接受異質文化流來流去，甚至拒斥外部世界互動的時候，都是國家情況不是那麼美妙的歷史時刻。傳統是充滿活力而又充滿張力的文化綜合體，傳統不能割斷，世界不能脫離，應成為我們恆久遵循的法理軌轍。

文化的大傳統和小傳統是互為影響的，大傳統須通過和小傳統結合，來增加自己的輻射力；小傳統則有賴大傳統的思想凝聚與品質提升。傳統是從過去流淌到現今的精神河流，每個人都不自覺地站在傳統的延長線上。可是歷史的一定時期，社會的精英人物一起站出來反傳統，並且形成社會的潮流，傳統也會因之發生斷層。但時過境遷，人們又會自我反思，由反傳統轉變為自覺地接續傳統。近一百年以來的中國，就是這樣走過來的。現在又到了需要自覺地接續傳統和如何讓傳統成為當代文化與社會建構的有益養分的歷史時期。傳統是通過各個歷史時期創造出來的文化典範來承載和傳承的。文本經典和典範性的文化遺存，裏面集中藏有傳統文化和文化傳統的密碼，文本經典的誦習和文物遺存的熏陶，不失為現代人接受和連接傳統的有效方式。和傳統的因子連接緊密的大文化人，包括大藝術家、大文學家、大哲學家、大學者，他們所具有的德範與風儀，和他們才華卓具的獨創性的藝文傑作，能夠起到為青年人提供精神模楷的作用。但並不是所有的藝文人物和他們的創造物，都能達致這一境界，那些沒有傳統文化的根基，只靠獵奇和追求時尚的作者不足語此。

這裏還須辨析傳統文化和國學兩個概念。這兩個概念是不同的，不應該加以混淆。傳統文化如前所說，是一個涵蘊多重的極為寬博的範疇。所以章太炎稱之為“國故”，胡適之解釋為所有過去的歷史文化。而國學所涉及的，則是對傳統文化進行學術研究。20 世紀 20 年代，胡適曾說“國學”就是“國故學”的省稱。但胡適的國學定義，並沒有被學術界所採納，甚至連“國故”一詞，也遭落到一旁無人問津了。當時學術界的共識，是認為國學就是中國的固有學術。所謂固有學術，指的是先秦的諸子百家之學、兩漢的經學、魏晉的玄學、南北朝至隋唐的佛學、宋代的理學、明代的心學、清代中期的樸學（以考據為中心的學問）等。這樣一來，國學便跟不同歷史時期的學術等同起來了。顯然經過如此定義的國學，只是一部分專業人士致力的領域，跟一般民眾沒有關係，甚至跟此專業領域以外的其他專業人士，也沒有多大關係。而且傳統學術在不同歷史時期呈現出不同的形態，如果認為國學是固有學術，那麼是指哪個歷史時間段的學術？傳統學術就其主脈來說，既有儒家的學術，也有道家和道教的學術，還有佛學的學術。那麼是指哪一家的學術？以固有學術等同於國學，內涵和外延未免太過於寬泛了。而當一個概念的內涵過於寬泛時，概念本身的既定內涵就會流失。

所以 1938 年 5 月，當 20 世紀的一位第一流的大儒馬一浮先生，在浙江大學舉辦國學講座的時候，他給國學下了一個不同於以往的全新的定義。他說："今先楷定國學名義。舉此一名，該攝諸學，唯六藝足以當之。六藝者，即是《詩》、《書》、《禮》、《樂》、《易》、《春秋》也。此是孔子之教，吾國二千餘年來普遍承認一切學術之原皆出於此，其餘都是六藝之支流。故六藝可以該攝諸學，諸學不能該攝六藝。今楷定國學者，即是六藝之學，用此代表一切固有學術，廣大精微，無所不備。"[1] 馬一浮還說，"六經"是中國文化的最高的特殊的形態。六經裏面有兩個系統：一個是學問系統，一個是價值系統。學問系統是很煩難的，所以治經學歷來不易，只有少數專家才畢生沉潛其中。不僅是文本本身的問題，重要的是要有小學的基礎。由小學入經學，是古代治經的不二法門。所以清儒的口頭禪是 "讀書必先識字"。但六經的價值系統則是面對所有的人的。中國文化的基本價值、核心價值，可以説都在六經。特別是誕生最早的《易經》，固然是無可否認的占卜之書，但它同時更是中國文化論理價值的淵藪。

近年我從以《易經》為代表的六經裏面，也包括後來作為十三經

---

[1] 馬一浮：《泰和宜山會語》，《馬一浮》第一冊，杭州：浙江古籍出版社，浙江教育出版社，1996 年，第 10 頁。

組成部分的《論語》、《孟子》、《孝經》裏面，梳理抽繹出五組價值理念：一是誠信，二是愛敬，三是忠恕，四是知恥，五是和同。最後的一組"和同"，就是孔子説的"和而不同"。"敬"是人的自性的莊嚴，即自尊、自重、志不可奪。孔子説的"三軍可奪帥也，匹夫不可奪志也"的"志"，就是"敬"，就是不可易、不可被奪的人的自我精神的莊嚴。我認為"敬"是一個終極價值，已經進入了中華文化的信仰之維。"恕"就是"己所不欲，勿施於人"，亦即將心比心、換位思考，自己不喜歡、不希望的事情不強加於人。"己所不欲，勿施於人"現已成為世界公認的道德金律。"知恥"是《禮記·中庸》裏的話，原文是"好學近乎知，力行近乎仁，知恥近乎勇"，並説知道這三者，就知道什麼是"修身"了。恥感是人之所以為人的不可或缺的從心理到生理的一種感受。所以做錯了事，説了不合適的話，有了失禮行為，會感到不好意思。孟子講的"四端"中的"羞惡之心"，就是"知恥"。按孟子的説法，如果沒有"羞惡之心"，人就是非人了。同樣，其他三"端"：惻隱之心、是非之心、辭讓之心，缺了哪一"端"，在孟子看來，也都不具備人的資格。所以我提出，"修身"應該從"知恥"開始。

"和同"指"與人和同"。世界上，人與人之間的差異，並不像人們想象的那樣大。所以不同的人，可以互相交流溝通；不同的文化，可以對話互闡，可以跨文化溝通對話。《易經》繫辭的兩句話："天下同歸而殊途，一致而百慮"，把"與人和同"的思想概括無遺。《易經》的"同人"一卦，則是"與人和同"思想的全方位演繹。説到底，傳統文化進入現代生活，最主要的是傳統文化中的這些具有永恆意義的精神價值。《周易》的文言有兩句話："君子進德修業，忠信所以進德也；修辭立其誠，所以居業也。” 試想，人生在世，何欲何求？無非是讓自己修為得更好些，並希望事業有成，使成就感給自己帶來快樂與榮譽。那麼 “進德修業” 四個字可以說將人生志業的全部要義概括無遺。而 “進德” 靠的是 “忠信”，事業有成靠的是 “立誠”。與人相處，則靠的是 “和同”，即 “君子和而不同”，即使不同，也可以共處於一個統一體中。所以我認為，一個是 “己所不欲，勿施於人”，一個是 “和而不同”，是中國文化的大智慧，事實上給出了人類麻煩的解決之道。

六經中的這些價值理念，都是永恆的價值理念，永遠不會過時。正如熊十力所說，它們是中國人做人和立國的基本精神依據。關鍵是需要讓這些價值論理跟現代人建立有效的聯繫，使之成為每個人精神血脈的一部分。所謂傳統文化進入教育環節，國學和教育結合，其精要之點，即在於此。價值教育是國學教育的核心，施行得體，可以補充百年以來施行的單純知識教育的不足。班固在《漢書·藝文志》裏說得明白：“六藝之文：《樂》以和神，仁之表也；《詩》以正言，義之用也；《禮》以明體，明者著見，故無訓也；《書》以廣聽，知之術也；《春秋》以斷事，信之符也。五者，蓋五常之道，相須而備，而《易》為之原。故曰 ‘《易》不可見，則乾坤或幾乎息矣’，言與天地為終始也。至於五學，世有變改，猶五行之更用事焉。古之學者耕且養，三年而通一藝，存其大體，玩經文而已，是故用日少而畜德多，三十而五經立也。” 此段話的意思，一是說仁、義、禮、智、信 “五常” 之德，具在六經；二是說《易》的地位最不同尋常，“與天地為終始”，是其他五 “藝” 之 “原”；三是說由《樂》、《詩》、《禮》、《書》、《春秋》

形成的五種專門學問，如同金、木、水、火、土"五行"的更替一樣，在不同的世代會有不同的呈現。至於如何學習和研讀六經，班氏給出了"玩經文"的三字訣竅。"玩經文"的"玩"，是欣賞、玩味的意思，絕不含玩耍之義。就是反覆閱讀、反覆欣賞、反覆研習六經的文本，其結果必然是讀書千遍，其義自見。《易‧繫辭上》所說的"是故君子居則觀其象而玩其辭"，也是這個意思。並不需要逐詞逐句的背誦，能夠理解六經文本的義理精神、"存其大體"就可以了。而六經對於玩味誦習者所能夠發生的影響，也不在於日常的有用還是無用，主要是通過對六經文本的玩味、賞析、研習，受其薰陶，可以收到"蓄德"的效果。六經是德教之書，於此可以得到證明。

六經文本讀起來不無煩難，但《論語》事實上可以作為六經的簡要讀本，如同馬一浮所說，《論語》裏面有"六藝"，《論語》可以直接通"六藝"。孔子講的道理，其實就是六經的基本道理，只不過通過夫子的言傳身教，化作了日用常行，變得更為親切、近人、易入。這是"四書"中另外的《中庸》、《大學》、《孟子》，猶不能與之相比並者。《論語》是中國文化寶藏的宏明正學的第一代表，絕對堪稱"思無邪"的傳世聖典。傳統文化進入教育，首先應該讓《論語》成為各級學校的教科書，先選讀，後全讀，分級分層，循序漸進，由淺入深。而且應該以誦讀白文（不加注釋的文本）為主，祈以幾十年、上百年之後，使之成為中華兒女的文化識別符號。同樣，學習國學，我認為正途也應該從誦讀《論語》開始。

載 2017 年 3 月 15 日《中國文化報》

傳統的誤讀

我認為我們可能誤讀了我們的思想文化傳統。很久以前就誤讀了，現在還在誤讀。

不是個別的，甚至不是少數，而是相當多的研究者，過分誇大了儒家思想在中國傳統社會所佔的位置，以致有的把儒家思想和整個傳統思想文化完全等同起來。這樣來看待中國幾千年的歷史和社會，我以為是對文化傳統的一種誤讀。

不妨回顧、檢討一下歷史上的各個時代——

先秦時代，春秋戰國時期，是諸子百家爭鳴競放的時代，儒家只不過是諸子百家中的一家，無所謂儒家中心。

秦朝，法家地位顯赫，因此才有焚書坑儒，更談不上儒家中心。

兩漢，西漢前期倡黃老之術，"霸王道雜之"。至漢武帝時期獨尊儒術，儒家地位始有所改變。但董仲舒強調"天人感應"，引入漢代盛行的讖緯學說，試圖用陰陽五行的觀點詮解儒家，實際上是自亂儒統，尊之適足以卑之。董仲舒的儒學，是變了味的儒學。漢代經學的地位高，儒家的地位並不如想象的高。所以，太史公的父尊司馬談作《論六家要旨》，對儒者有"博而寡要，勞而少功"之譏，而班固《漢書》之《司馬遷傳讚》，則以史遷之"論大道則先黃老而後六經"為"蔽"。

　　至於東漢，佛教傳入，道教始興，剛剛確立但還不夠牢固的儒家地位，遇到了"異教旁門"的挑戰。

　　魏晉時期，那是王弼、何晏大出風頭，倡議"以無為本"，玄學盛行的時代。

　　南北朝，佛教大盛，道教方熾，儒家退為守勢。

　　隋朝和唐朝，特別是唐朝，那是個大文化時代，兼容並蓄，無所不包，但思想文化方面佔優勢的是佛家和道家，即使宗奉儒家的知識人士，也不忘兼採佛道以趨合時宜。

　　宋、明出現理學和心學，既是傳統儒家思想的發展，又是儒家思想的轉型與重構。準確地説，是儒、釋、道三家思想大匯流、大融合時期。周（敦頤）、張（載）、二程（程顥、程頤）、朱子的思想，雖宗奉儒家，實亦吸收了佛道"二氏"的養料。王陽明不用説，更有"解散"儒學的傾向。而有明一代，特別是明中葉以後，社會倫常鬆弛，李卓吾等反儒的思想家出來説話了。當時一般市民的生活，可以説與儒家正統思想格格不入，所以才有《金瓶梅》那樣的作品出現。

　　清朝，一開始打亂了傳統，後來又修補傳統。既尊儒，又奴儒、坑儒。號稱盛世的康、乾時期，在經濟上、軍事上、版圖上，是世界一流大國；文化上，則是十足的小國心態。反儒學潮流，在藝術與文學的創作中，得到了變相的發揮。《紅樓夢》以此，《儒林外史》以此。

　　幾千年來的中國傳統思想文化，不是單獨哪一家哪一派的天下。歷史上思想文化最繁盛、昌明、活躍時期，都是各種思想競爭、融會、兼容、並立時期。這正體現出中國文化的博大精深。漢、唐文化所以令人神往，主要在於它集中反映了中國傳統思想文化的博大氣象。漢代打開了西域的大門。唐代長安成為世界文明的交會地，西來東往，胡漢雜處，奇裝異服，一派繁盛熱鬧景象。

用中國文化精神培育出來的知識分子，往往把儒、釋、道等各家思想消融得無礙無隔。不是某一種單一的思想，而是各種思想的合力，鑄成中國傳統知識分子的人格境界和人格精神。中國傳統社會的思想禁錮誠然是事實，但作為知識分子個人，反而保持相當大的思想活性。愛因斯坦提出的科學研究的內在自由和外在自由，就內在自由而言，中國文化為中國知識分子提供了極其廣闊的空間。

中國文化對異質文化的吸納與消解能力，是無與倫比的。在中國版圖之內，各民族之間的融合，文化是最好的溶解劑。對世界各國文化，中國文化採取的態度是禮之、師之、納之、化之，如同孔子所說：“夷狄入中國，則中國之。”《易經》上說：“天下同歸而殊途，一致而百慮。” 又說：“物相雜，故曰文。” 這是對中國文化精神的絕好概括。這種精神屬於中國文化整體。

問題是由於何種原因導致了對傳統的誤讀。如果從方法論的角度著眼，把思想文化與社會制度混為一談，是重要原因。制度雖然是文化的派生物，是一定文化成熟與否的標誌，但制度是暫時的，文化是永久的。制度，包括任何制度，都有其不完善性；文化的本性則追求完美，不僅屬於一個國家，而且屬於全人類。過時的制度可以推翻，但不能推翻文化。

文化傳統有斷而相續的特性，永遠割不斷。陳寅恪先生曾說：“二千年來華夏民族所受儒家學說之影響，最深最巨者，實在制度法律公私生活之方面，而關於學說思想之方面，或轉有不如佛道二教者。"[1] 不愧是通史明變的大判斷，惜時人鮮有注意者。

　　總之破除儒家思想和整個傳統思想文化的同質同構的觀點，把一定的思想和一定的制度區分開來，是兩個關鍵。在認知上解決這兩個問題，可以走向對中國傳統思想文化的正讀，並進而求得正解，為恢復和重建中國文化所固有的會通三教、兼容百家，無所不包括、無所不師承的博大而恢宏的精神鋪設條件。

此文係根據 1991 年 6 月 3 日在南京召開的 "中國傳統思想文化與二十一世紀" 國際學術研究會所做演講縮寫而成

[1]　陳寅恪：《馮友蘭〈中國哲學史〉下冊審查報告》，《金明館叢稿二編》，上海古籍出版社，1980 年，第 252 頁。

傳統與記憶

　　我有時想，人類實在是太傲慢了：要征服自然，要排壓另類，要改變別人，要篡改歷史。當然人類這種精靈是絕頂聰明的，不會承認自己時時在篡改歷史。我們只好換一個說法，提出人類真的知道自己的歷史嗎？或者說已經成為歷史的物事，人們還可以真實無誤地複製出來麼？不同民族的生活之鏈是可以結成各自的傳統的。但人類首先有忘記自己歷史的傳統。

　　《列子》裏講過一個故事，說宋國有一個叫華子的人，正值中年，得了一種忘病："朝取而夕忘，夕與而朝忘；在途則忘行，在室則忘坐；今不識先，後不識今。" 全家人被他煩擾得苦不堪言，四處求醫，均不見效。後來魯國一個儒生給他醫好了病。然而，如夢方醒的華子勃然大怒，又打孩子，又罵老婆，又趕儒生，說道："曩吾忘也，蕩蕩然不覺天地之有無，今頓識，既往數十年來，存亡得失哀樂好惡，擾擾萬緒起矣。吾恐將來之存亡得失哀樂好惡之亂吾心如此也。須臾之忘，可復得乎？"

　　錢鍾書先生《管錐編》卷論《列子》張湛注，在引據了這則故事之後，連類取比，又徵引西籍之相關者比較為說。一是古羅馬詩人霍拉斯寫的一個患了狂疾的人，此人坐在家裏，能憑空生出幻覺，看到男女角色在眼前搬演劇本，不禁擊節歡賞。經良醫治癒之後，他反而無窮怨懟："諸君非救我，乃殺我也。" 因為好戲不能再如此便宜地看到了。還有意大利近代一位詩人，筆下寫的狂症病號，忽然自稱登上了國王寶座，頤指氣使，志得意滿，不可一世。經友人延醫療救，方恢復了神志，知道自己不過是普通公民。但他頗恨恨，一面哭一面埋怨療救者："爾曹殺我！昔者迷妄，而吾之大樂存焉，今已矣。" 錢鍾書先生說："西洋詩文每寫生盲人一旦眸子清朗，始見所娶婦奇醜，或忽睹愛妻與忠僕狎媟等事，懊惱欲絕，反願長瞽不明，免亂心曲，其病眼之翳障不啻為其樂趣之保障焉。蓋與病忘、病狂，諷論同歸。"[1]

看來忘記不失為人類的一種自我生理保健機制，這也就難怪人類何以有忘記自己歷史的傳統了。

載《讀書》雜誌 1997 年第 1 期

---

[1] 錢鍾書：《管錐編》第二冊，北京：生活・讀書・新知三聯書店，2007 年，第 763 頁。

傳統的流失與重建

　　現在華人文化圈特別是中國大陸，正面臨自己民族文化傳統的全面流失。據上海的報紙報道，京、滬等大城市很有一些青年人不願過自己民族的傳統節日春節，而熱衷過聖誕節。當然青年人好奇，選擇節日有自己的追求，無須大驚小怪。問題是，如果往深一層探究我們會發現，青年人所以有此選擇，也是由於聖誕節的內容豐富，帶有神秘色彩，相比之下，我們的春節在有些地方可以說只落到一個 "吃" 字上，千百年來代代相傳的那些祈福禳災的傳統禮俗已很少保留。包裹著迷信的傳統，連同迷信一起被我們拋掉了。不是現在的青年人拋掉的，拋掉者是過去的青年人即現在的老年人。那麼，我們還有理由責怪今天的青年人不要傳統嗎？

　　傳統本來是斬不斷的。既然叫作傳統，就有斷而相續的特性。何況我們又是極沉溺傳統的國度。但這是指傳統斷續的一般規律而言，中國的情形似乎有些不同。我們所強調並竭力希望傳承的，常常指的是思想傳統，而且是五四以來的新的思想傳統，對歷史悠久的文化傳統反倒不那麼重視。不僅不重視，反而認為只有與傳統徹底決裂，才能使民族獲得新生。因此在歷史上，我們曾有過只強調新傳統而對舊傳統徹底破而壞之的時期。但離開了舊傳統，新傳統無以樹立。革命的傳統雖然可歌可泣，脫離開革命的環境，在未經過革命洗禮的一代人身上並不容易扎根，即使硬性宣傳，也難免發生傳播困難。

　　兩代人的代溝，也是一例。何況我們還有過新傳統和舊傳統一股腦兒加以否定的對文化實行徹底革命的史無前例時期。這在華人以外的文化圈是沒有的。再悠久的傳統，也經不起如此自覺地折騰。結果，文化的血脈阻塞了，文化的土壤貧瘠了，文化傳統大面積流失了。

　　請看當今海內外的中國人，身上還留存多少自己民族傳統的痕跡？到處都是自損自貶的中國人在罵自己的同胞，罵自己的歷史，罵自己的文化。誰說中國人傳統？在否定自己民族歷史文化這點上，現代著呢。可惜，如同否定別人不能真正充實自己一樣，罵倒傳統不等於我們已經走進了現代化。相反，與傳統決絕只能使現代化失去立足的根基。傳統並不是如人們所說的那樣，只扮演中國社會向現代轉型的墮性力的角色。環顧已經實現了現代化的國家，無不是以融解和承繼自己的民族傳統為條件，而不是我們似的，主要的事情還未做，就大叫大嚷掃蕩傳統。

　　日本在調諧和溶解傳統與現代方面獲得成功，人所共見，暫且不去說它；就是歷史短暫的美國也開始連綴起自己的傳統，並逐漸形成一種恆定的凝聚力，甚至高揚起說來有些過分的民族情緒。傳統既是一種墮性力，又是一種凝聚力。從未見企圖徹底拋棄傳統的民族而能夠有凝聚力。文化傳統實際上是一個民族的生長之根。對擔負文化傳統承傳使命的知識人士來說，唯有站在民族的和文化的立場，才能煥發自己的人格精神，才不致在劇烈的東西方文化衝突中失重，才有可能獲得與世界文化對話的平等資格。

　　我們是一個傷痕纍纍的民族，文化傳統因屢遭摧折已經流失得差不多了。現在的任務是自覺地承傳和重建。擔負承傳使命的我知識界同道，再不敢對自己的文化母體自輕自賤了。陳寅恪等老一輩學者深情地呼籲，一方面要輸入新思想，一方面不要忘記本民族的地位，這兩者缺一不可。況且傳統不單純是一種思想形態，首先是一種文化形態，化為千百萬人生活習俗的思想方能轉化為傳統。思想經過沉澱才能成為文化。

　　陳寅恪以及王國維等老一輩學者他們是一代文化所託命之人，深知文化的慧命薪火承傳不易，所以常懷孤臣孽子之心。今天，承繼與重建文化傳統更加困難，迫切需要有新的一代文化所託命之人。

寫於 1992 年 8 月，載香港《明報月刊》

禮儀與文化傳統的重建

　　我們面對的是當代文化，而當代文化的構成是一個複雜的、綜合的範疇。它由眾多的文化支脈組成。大的類分，其中有不少外國文化的成分，當然也有根基性的本土文化。外國文化方面，主要的是歐洲、美國和日本的文化影響，印度在古代對中國的文化影響大（視作西天佛國），當代印度文化對中國的影響則微乎其微。包括東南亞的文化，對中國的影響也有限得很。韓國的文化對中國的影響在增強。但當代中國的外國文化成分，主要是歐洲、美國和日本文化的影響。歐美日文化已經進入我們的日常生活以及商業領域和經常性的文本閱讀。甚至包括傳媒所影響的價值觀取向，其輻射面主要在城市，但已逐漸波及鄉村。當代文化的構成，作為根性的部分，是本土文化，即中華民族本身的文化，它主要表現為民族民間文化，例如生活習慣、節慶、飲食、婚喪嫁娶等等，也就是文化學所説的小傳統。

　　本土文化的大傳統，問題比較多。大傳統指的是一個社會的主流文化。我們當今的主流文化是什麼？我們的大傳統是什麼？恐怕不大好回答。中國傳統社會的大傳統、主流文化，界線比較分明，可以認為儒家思想是傳統社會大傳統的代表思想，也可以説儒釋道三家是傳統社會思想文化的主幹。道家、佛教，常常表現為民間形態，它們與儒家互補互動，在不同時期扮演不同的角色。但儒家思想所以能成為中國傳統社會的主流文化的代表，成為大傳統，在於它不僅是一種思想學說，而且是為全社會所遵奉的家庭倫理，成為維繫以家庭為本位的社會制度的制度化儒學。陳寅恪說的 "二千年來華夏民族所受儒家學說之影響，最深最巨者，實在制度法律公私生活之方面"[1]，指的即是此義。

談到中國社會的大傳統，有一個問題值得注意。當然中華文化是一個三千年或五千年不間斷的文化，中國是世界上最具文明傳統的古國之一，我們的祖先創造了燦爛的古代文明。但是當我們研究中國文化發展史的時候，會遇到一個無法迴避的問題，就是這樣一個偉大的文化系統，在一百多年前，在晚清，發生了一次前所未有的危機，以儒家為代表的傳統社會的主流文化、大傳統，特別是它的以 "三綱五倫" 為代表的核心價值觀，陷於崩塌解體的境地。

這次歷史性的文化危機是西方文化大規模進入造成的，是落差懸殊的不同文化系統劇烈衝突的結果。這次危機使當時有思想能力的人無不感同身受、憂心如焚，如郭嵩燾、李鴻章、張之洞、曾紀澤等晚清大吏，嚴復、康有為等思想家，都意識到中國社會正經歷著三千年、五千年或亙古未有的大變局。換言之，中國社會從晚清開始，走向了由傳統社會向現代社會轉變的歷史轉型時期，其目標是最終在中國建構一個現代的文明秩序。到今天這個轉型期也沒有完結，從大的歷史過程看，我們仍處於百年中國文化與社會的轉型過程之中。

問題在於，晚清至五四很長一段時期，中國傳統文化由於社會的

---

[1] 陳寅恪：《馮友蘭〈中國哲學史〉下冊審查報告》，《金明館叢稿二編》，第 252 頁。

變遷引起文化振蕩，主流文化形態遭到前所未有的破壞與衝擊，又是與五四時期的激烈反傳統有關聯的。傳統不是凝固的，傳統需要增添，需要更新，不時地批判和詮釋傳統，是文化流變的正常現象。但傳統傳衍的一個必要條件，就是這個傳統需要得到社會的廣泛擁護。如果這個社會的時代精英一起站出來反對自己的文化傳統，勢必削弱傳統在群眾之中受擁護的程度。

五四反傳統思潮對大傳統的打擊是致命的。對小傳統的大破壞，則是五四過了五十年之後的所謂"文化大革命"，這是一次以"革"文化"命"為目標的徹底摧毀傳統的非理性的運動。五四反傳統基本上是理性的運動。理性地反傳統，是思想和思想的衝突，主要打擊的是傳統社會主流意識形態大傳統。非理性地反傳統，是情感的發泄，直接遭殃的是民間文化、民間習俗和民間信仰。傳統社會把"易服色"看成是文化禮儀變遷的大事，中國 20 世紀六七十年代的全民亂穿衣，實際上是社會大"易服色"的歷史時期。五四時期的反傳統，是學問與知識的清理，縱使批判得過了頭，也是有識之士的憤激；六七十年代的反傳統，是無知者對傳統的毀壞。

所以我們今天談文化發展和文化建設，有一個百年來始終存在而且無法迴避的問題，就是對中國傳統文化的價值、對本民族的文化傳統，需要重新加以詮釋。因為它曾經倍遭摧殘——大傳統"花果飄零"、小傳統一度"掃地以盡"。民族文化的自我認同問題，不能説已經獲致解決。改革開放以來，政府、民間、文化界、學術界做了不少詮釋傳統、承繼傳統的努力，但大多數情況下也還只是恢復記憶而已，自覺地重建文化傳統，尚未達成全社會的自覺共識。而且新的問題接踵而至，例如現在遍地開花、如火如荼地以"與國際接軌"相號召的開發與城建，對已是遍體鱗傷的文化遺存的破壞是難以想象的。北京晚上燈亮起來看著不錯，白天你看看，已經沒有多少三代帝都、文化名城的風貌了。原來的地安門東西大街、鐵獅子胡同、十條，很有北京的文化味道，現在的平安大街，成了不倫不類的假古董。兩廣路倒是吸取了教訓，不再建假古董了，但快速路兩邊的即使現代的高樓大廈，仍不會留駐商機。國外的一些名城，那裏最有味道的地方往往不是高樓大廈、五星級酒店，而是一些很窄的老街和小巷子裏的老店。

前不久流傳一個壞消息，說要拓寬新華街至虎坊橋的街道，中間就是聞名中外的琉璃廠。拓寬了，東西琉璃廠"分離"，固有的文化味就失去了。尤其聽說要蓋一個現代的大樓，把邃雅齋等中國書店都搬進去，那就全變味了。跟這個問題相關的是文物遺存的保護問題，三峽工程還沒有完成，現在又有規模巨大的"南水北調"，能不能換個地方，至少不從文物最密集的地區開水道。去年法國《費加羅》雜誌刊載聯合國教科文組織駐中國代表的文章，提出"是什麼使中國和自身脫離"？今年又有外國友人擔心：北京可看的東西越來越少了。

中國的文化傳統，一百多年來一直處於艱難的解構與重建的過程之中。這其中的問題多到不知凡幾，但最成問題最為人所忽略也是最重要的，是代表一個民族文化秩序和文明程度的禮儀問題。中華民族號稱禮儀之邦，但百年來西潮衝擊、傳統解體，我們已經沒有了既承繼傳統又代表今天文明程度的諸種禮儀，包括怎麼吃飯，怎麼穿衣，怎麼跟人談話，基本上都處於失序狀態。不妨看看中小學生的所謂

"校服"，全是些窩窩囊囊的運動裝。校服有禮服的特點，衣料、款式應很講究，節日、開學、畢業典禮以及國家重大慶典穿校服，平時穿家裏的衣服，隨意、多樣，顯得年輕有朝氣。著裝和人的體面、尊嚴是連在一起的，不可輕看。

我再舉個例子，你看各種場合開會的會議桌的設計，無論大小，大都是中間有個空檔。其實一張平面的桌子，要是中間沒有空檔，圍坐的人彼此之間會感到更親近，減少疏離感。我注意到，伊拉克戰爭期間普京會見德法兩國領導人，那張會議桌就跟一般家裏的餐桌一樣大，他們談得很親切。還有取名問題，由於"文革"的影響，很多人的名字都帶有"文革"的痕跡，例如什麼"文革"、"學青"之類。我認為應該允許反文化時代起的那些連自己都不喜歡的名字可以改名。還有重名之多，全世界絕無僅有。地名、街道名，也有同樣的問題。名字是文化符號，古人的名字有名、字、號的分別，為了表示尊敬，往往諱名而稱字。今天雖不一定這樣講究，取個好名字，還是必要的。至於稱謂，如今的問題就更大了。過去一律稱"同志"，現在"師傅"、"老師"泛濫。"先生"、"小姐"的稱呼流行起來原是好事，但"先生"的稱呼其實也大有講究，現在用得不當的比比皆是。稱呼的混亂反映一個國家倫理秩序的混亂。

鑒於上述種種，我建議成立一個專門的委員會，專門負責制定各項禮儀，並編撰國家的禮儀大典。中國傳統社會，每一個新朝開始都要"制禮作樂"，我們忽略了這個問題。現在應該有條件把"制禮作樂"提到日程上來了。這需要各方面專家的參與，需要一條一條地制定出來，有繁的，有簡的，針對不同的行業、不同的領域、不同的人群、不同的場合。當然應該保持一定的彈性，禮儀不是法律，也不是全面恢復傳統禮儀，而是制定不丟掉傳統的現代社會的文明禮儀。編撰國家禮儀大典這件事，是個大的文化建設工程，需要耗費時日，但價值無窮。

中國文化裏的一個空檔，是較少嚴格的具有終極關懷的信仰精神。宋儒提倡“主敬”，就是看到了這一層，希望給以補充。禮儀可以增加人倫關係的莊重性，可以重建人的尊嚴和社會倫理的莊嚴，應該是我們今天文化傳統重建的重要一環。

載 2004 年 4 月 28 日《光明日報》“文化周刊”

信仰與傳統

　　文化危機作為一個廣義的概念，可以說已經沒有多少實際意義。但在當今的中國，卻存在著一種非常現實的同時也是最根本的文化危機，這就是傳統無法傳衍的危機。

　　這個問題太重大了。

　　中國是歷史悠久、文化發達的國家。但中國文化的特性使自己不容易累積、沉澱、轉化為傳統。因為傳統傳承的先期條件，按照美國當代社會學家希爾斯教授的觀點，歷史上成就的精神範型必須引發人們的信仰，然後才能得以傳衍。這就是傳統所具有的克里斯馬（Charisma）特質。而中國文化似乎不以追求終極信仰為目標。在大多數情況下，我們的信仰總是與崇拜相混淆，並且與懷疑聯繫在一起。也可以說是重視崇拜，不重視信仰。

　　本來儒家思想和按照儒家倫理陶鑄出來的理想人格精神，可以比較便捷地成為人們行為的範型，從而為儒家思想的傳衍準備條件。但儒家的理想人格精神往往被推向兩個極端——要麼被神化，要麼不近人情，後世的人們難以從這樣的範型中直接接受傳衍的信息。而在歷史上擔當傳承角色的中國知識分子，特別是他們的第一流人物，又大都能夠做到集儒釋道各家各派的思想於一身，榮辱、升沉、進退各有取義，成為全知全能、自在自足的自我，外界事物不復再有神聖的權威性。這種情況在宋明儒那裏達到一個極致。理學固然是儒學的發展，但就其對傳衍傳統的作用而言，有時不免存有 "理障"。而明代的心學，則是 "萬物皆備於我" 了，不必要也不需要再去尋找 "心外" 的絕對符號。

中國文化裏面這種弱化外在權威和輕慢信仰的特性表現在諸多方面。任何宗教都是以神的崇拜為基礎。然而孔子説："祭神如神在"、"敬鬼神而遠之，可謂知矣"。這兩句話對宗教信仰的消解力不知有多大。文本的權威性以及由此產生的經典崇拜，是世界上各種不同文化系統共有的現象。可是亞聖孟子説："盡信書則不如無書。" 直言不諱地反對經典崇拜。宗教與文本經典是傳統傳衍的兩個重要鏈環，卻被打了折扣。只有家庭和學校可以承擔比較集中的傳衍傳統的職能。可是中國的學校歷來不是獨立的學術機構，與其説是傳衍傳統的渠道，不如説是培養後備官員的場所。希爾斯寫道："大學不允許外來權威對它們妄加干涉，除非這些權威將自己置於大學的傳統之中。"[1] 中國的學校，即使時至今天，也沒有實現這一學術獨立的原則。

至於中國的家庭，自然是保存和延續傳統的最基本和最核心的單位。血緣紐帶不僅使前一代或前幾代的行為範型向後代傳遞成為可能，而且也是抵禦瓦解異質傳統侵襲的有效堡壘。家族與世系在中國傳統社會，始終是凝聚傳統的最佳社會網絡。但近百年來，能夠凝聚傳統的家庭和家族事實上解體了。家族與世系的社會網絡變得綱頹維弛、百孔千瘡，很大程度上已經失去了本該擔負的傳衍傳統的功能。

這是就中國文化的內在理路來追尋何以會發生傳統難以傳衍的危機。

---

[1]　希爾斯著，傅鏗等譯：《論傳統》，上海人民出版社，1991 年，第 245 頁。

　　如果從經濟政策和文化衝突的角度著眼，中國歷史上多次發生的生產力低下的民族入主，也常常造成傳統的斷流。當然不是絕然的無絲毫銜接的斷，而是斷中有續，甚至佔據統治地位的集團還會採取種種措施有意識地接續傳統，儘管有時不免有"謬續家譜"之嫌。清王朝在文化問題上的小國心態，注定播下的是畸形的種子，收穫的果實不可能健全。

　　中國社會發展到 19 世紀中葉，也就是道光季年，已是內憂外患，到了不可收拾的地步。這時，起而救助危機並自覺接續和傳衍傳統的是以曾國藩為代表的"中興諸將"，他們以自己的努力真正建立起一套有權威的行為規範，引起全社會的欽敬。雖然可控區域和持續時間都相當有限，但影響至為深遠。這是一次有聲有色一時間造成氣候的重建中華文化傳統的活動，應拭去歷史的塵埃，重新給以評價。

　　現代新儒家的努力宗旨，也是在面對傳統解體和外來思想的衝擊下，為化解危機和接續傳統來尋找出路。其主要特點是把文化作為一種信仰，筆者傾向於認為，這是繼曾國藩之後的又一次重建傳統的活動。

　　人類的 21 世紀正向我們闊步走來。傳統與現代化的關係，尤其是傳統是否會成為現代化的阻力，不應該再成為困擾我們的問題。我們的問題是：有悠久的歷史文化，卻不容易凝結為傳統；有傳統，卻不容易傳衍，這是我們遭遇的長期扭結不開的真正的文化危機。

此文為出席哈佛大學 1992 年 9 月召開之
"文化中國：詮釋與傳播"國際學術研討會所提交之論文提綱

信仰與中國文化的特性

　　文化，寬泛一點的定義，是指一個民族的整體生活方式和價值系統。狹一點的定義，應包括知識、宗教、信仰、藝術、哲學等。傳統文化是指傳統社會的文化，也就是 1911 年帝制瓦解以前的社會文化。文化傳統是傳統文化背後的精神連接的鏈條，它是看不見的，它是由文化精神的規則、秩序特別是信仰構成。秩序，用西方的話講，就是結構。精神是文化的理性結晶。信仰是構成傳統的必要條件，如果沒有信仰的參與，傳統便無法形成。傳統所以有力量，在於它的神聖感，由於有信仰的因素滲透其中。缺少信仰的傳統，是鬆散的、脆弱的、不堅牢的。

一

　　中國文化背景下的信仰有自己的特點。孔子有名的話是"祭神如神在"，這句話包含了對信仰對象的一種假設。意思是說，在祭神的時候要在內心保持一種莊嚴和崇敬。怎樣才能保持呢？不妨假設有一個神在那裏享受你的祭品。但孔子可能沒有想到，這種假設本身，包含著給信仰打了一個很大的折扣，因為真正的宗教信仰是不允許假設的。既然孔子如此假設，我們也可以做另外一個假設，即神是不是也可能不在？如果祭祀時神不在，怎麼辦？孔子沒有説。孔子關注的是祭祀者所應抱持的態度，而不是祭祀對象的虛實有無問題。

中國的本土宗教道教，也有同樣的問題。它沒有單一的神，帶有泛自然的傾向。道教的信仰層面其實也不是很堅牢。佛教是外來宗教，傳入中國後它走了兩條路：一是往人文知識分子層面走，成為禪宗。如果仔細分析禪宗，會發現它顯現的信仰因素也不是很堅牢，特別是禪宗的一些 “話頭”，如問 “如何是佛心？” 回答竟是 “鎮州蘿蔔重三斤”。這是禪意流轉，跟信仰無關。禪宗流於了智辯。但禪的境界對人類精神世界的調適作用，不可低估。佛教的另一流向是往民間走，形成世俗性的人間佛教。佛教在民間香火很旺盛，但信仰的層面也不無為我所用的情形。有人炒股票，先許下願，説如果炒贏了，將重塑金身。結果炒輸了，牌位都砸掉了。

在中國人眼裏，還有一個至高無上的神——“天”。中國人對天有一種特殊的感情，甚至有一種皈依感。但是這種感情不是信仰，而是崇拜。中國人感到天的浩渺，無限蒼茫，不可測量，有一種不可捉摸的神秘感和敬畏感。但對天的態度有兩重性，有時候信任，有時候不信任。中國民間有兩句話，一是 “蒼天有眼”，可是委屈老得不到解決，也會抱怨 “老天瞎了眼睛”。

中國人的這種信仰的特徵，是好還是不好？不能簡單做價值判斷。好處是它使中國沒有宗教戰爭。中國儒釋道 “三教合一”，就跟中國文化對信仰的這種態度有關。東漢時佛教傳入，沒有引起大的文化衝突，幾乎是靜悄悄地傳入的。儒家作為當時社會的主流思想，對外來的佛學採取了包容的態度。倒是道教的信徒對佛教有批評。例如南北朝時期寫《神滅論》的范縝，就是道教的一個分支天師道的信徒。據陳寅恪先生考證，天師道是范縝的家世信仰。為什麼儒家能夠包容道教甚至佛教？因為儒家不是宗教。在民間，中國文化也有很大的包容性。即使窮鄉僻壤，也不排外，對陌生的文化現象採取的是理解的態度。中國人文化思想的取向，趨向多元，對不同的文化都能表一種欣賞。這個原因，是由於中國文化本身是多元的。儒家、道家、佛家，構成了中國文化的思想主幹，它們彼此相處得很好，甚至是合一的，所謂"理一分殊"、多元一體者也。

二

不僅中國文化思想是多元的，中國文化的發生也是多元的。可以認為，中國文化也是兩河流域的文化，黃河文化是它的一元，長江文化是它的另一元。過去講中國文化，説中國文化是黃河文化，是黃土地文化，是內陸文化，現在看這樣的講法未免失之偏頗。因為長江文化有黃河文化所不具備的特徵。長江自古航運便利，東面有直接的出海口，已經不完全是內陸文化，在一定程度上也帶有海洋文化的一些特點。

中國文化從北到南、從東到西，多元一體，是長時間形成的，不像有些國家那樣很晚才形成，所以才容易出現這個要解體那個要解體。中國怎麼可能解體？它是命定地連在一起的華夏聖土。舉例來説，廣東廣西跟湖南湖北，是分不開的，湖廣一直連在一起。廣東廣西離開兩湖，就沒有後座了，有了湖北湖南的大後院，廣東的意義才能夠突顯。因此可以說，嶺南文化是湖湘文化的延伸，湖湘文化是嶺南文化的後座。同樣，黃河流域的文化有長江文化為伴，才構成了中華文化的整體。兩者相輔相成，缺一不可，缺一便不成其為中華文化。

中國文化在不同歷史時期有不同的特點。我們學歷史，大家會知道“漢承秦制”。這是告訴我們，秦朝和漢朝是中國制度文化的成熟期，秦漢形成了完整的帝制時代的政治制度的架構。所以你要談秦漢，會發現它是制度文化的典範。可是到了隋唐，隋朝短，主要是到唐朝的時候，當時的文化是多元繁榮的文化。在中國歷史上，沒有一個朝代像唐朝那樣，跟四面八方的文化都建立了廣泛的聯繫，特別是跟中亞各國的文化，往來密切。很多帶“胡”字的東西都是在這個時候傳到首都長安的，然後又通過長安向中華大地乃至東北亞蔓延。

在唐代，胡人可以到朝廷做官，長安的大街上，到處是各種奇裝異服。如果你看《東城老父傳》——一本筆記性質的書，書裏就記載有“長安少年有胡心”的話。這有點像現在的青少年喜歡西方的新奇事物一樣。正是在唐代，由於跟西域的交流，形成了有名的絲路文化。更不要說唐代詩歌的繁榮，那麼多的詩人，那麼多的流派，那麼大的氣魄，真可以說是“前不見古人，後不見來者”。唐詩毫無疑問是中國詩歌的高峰。到了宋代，你會發現又一個高峰，就是宋代的思想高峰。宋代產生了理學，以朱熹為代表，他是理學的集大成者。宋代的濂、洛、關、閩四大家，濂是周敦頤，他是湖南人，家前面有一條溪水叫濂溪，所以他的學派稱作濂學；程顥、程頤“二程”，河南洛陽人，稱作洛學；張載是陝西人，他的學派叫關學；而朱熹出生在福建的龍溪，所以後人稱朱學為閩學。

宋學的濂、洛、關、閩四大家，把中國思想推向了一個高峰，其標誌是他們既承繼了先秦以來的孔孟儒家思想，又吸收了佛教特別是禪宗的思想，還吸收了道家和道教的思想。所以宋代形成了中國文化史上的思想大匯流，而朱熹也例外地建立了自己的哲學體系。中國的學問是不追求體系的，這跟西方的學者動輒要建立自己的體系不同。你看西方的思想家，不論是柏拉圖、亞里士多德，還是康德、黑格爾，他們都有自己的完整的體系。中國的學問，文學思想方面，南北朝時期的劉勰的《文心雕龍》，是有完整的理論體系的，這和受佛教的義理影響有關，劉勰晚年正式出家做了僧人。劉勰是一個例外，朱熹的理學的哲學體系也是一個例外。朱子對儒家思想的貢獻，可謂集大成，如同孔子是集大成一樣。

那麼明代的文化有什麼特點呢？當然明代的學術思想有王陽明，有心學，儒學的新的流派。再就是明代的中晚期城市生活相當發達，城市文明達到很高的程度。高到什麼程度？高到生活、飲食、藝術都極為精細考究。商業化、世俗化相當嚴重。甚至由於過分追求生活的享受而出現了腐敗。《金瓶梅》就是在這樣的背景下產生的。明式家具的高度審美特徵，也可以作為一個例證。大家都知道明式家具現在是珍貴的收藏品了。它的線條，它的式樣，它的審美特徵，幾百年過後，仍然不感到過時，因為它已經帶有現代性的因素。清代文化的特徵，不好簡單概括，但清代中葉的學術，那是很了不起的，一大批大學者出現，形成不同於以往的樸學。由此我們可以看出，中華文化在不同的歷史時期，在各朝各代，都有不同的特徵。

三

　　當我們對文化中國的輝煌的過去做了一番梳理和回顧之後，不能不承認一個事實，即晚清的時候，當西方文化大規模進入以後，中國的傳統文化的價值發生了危機。所以發生危機，一是和國勢的衰弱有關，當時已經是清朝的咸豐、同治以後了，國勢衰弱到了極點。面對西方強勢文化的衝擊，陣腳慌亂，手足無措，出現了劇烈的文化振蕩。佛教在東漢傳入中國，那是靜悄悄地傳入的，未能動搖中國文化的主體，因為漢朝當時強大，對外來思想採取以主迎賓的歡迎態度。明朝天主教入華，以利瑪竇為代表的西方早期的傳教士，他們對中國文化採取的是尊重的態度，傳教的同時也把西方的科技文明帶給中國。早期的傳教士不忘執賓禮，是有禮貌的客人。利瑪竇很尊重中國的習俗，把自己打扮成中國的一個儒者，他們是文化交流的使者，不是居高臨下的強權的代言人。

　　本來天主教的教義精神，跟儒家思想是不同的。可是，利瑪竇這些人寧願在禮儀方面和中國文化做一個調和，而沒有和中國的傳統習俗發生衝突。後來由於羅馬教廷的干預，不准傳教士對中國的傳統習俗做妥協，要求跟中國的拜天祭祖劃清界限，於是產生了中外接觸史上的有名的禮儀之爭。爭論的結果，是康熙末年和雍正乾隆時期，傳教士很多都被驅逐出去了。清代的閉關就是此時開始的。閉關的原因，西方的責任當然有，但主要不在西方，而在於自己。康熙和乾隆，他們的統治時間過長，兩個六十年，一百多年的所謂"海晏河清"，就是相對比較安定罷。他們覺得自己很了不起，看不起外人，看不起西方，認為西方有的只是奇技淫巧，是些雜耍玩意兒而已。而我中華天朝上國，禮儀之邦，四夷小邦怎能跟我們相比？只知有中，不知有西。中國落在了西方文明的後面。

四

中國文化有很多往昔的輝煌，但中國文化也有天然的弱點。譬如由儒家思想而產生的重農輕商，就是一個顯例。在我看來，這也是中國人不善於和外界的商業社會打交道的一個潛在的宿因。1793 年，英國特使馬戛爾尼訪問中國，時值乾隆皇帝八十大壽。乾隆皇帝打算接待，但圍繞用什麼禮儀來見面的問題上，雙方發生了爭論。中方提出要英國特使行三跪九叩之禮，對方不同意，説他們對女王也只是屈一膝而已。為這個問題，雙方爭論了一個多月。最後究竟是誰妥協，有不同的説法。總之是英國特使最後在承德避暑山莊被乾隆接見，帶來的禮物收下了，但一件協議也沒有達成。乾隆送了一個有八百年歷史的玉如意給英使，請他轉呈給英國國王。《1793 乾隆英使覲見記》一書裏記載，馬戛爾尼説，在西方人看來，中國皇帝所犯的錯誤再沒有比這次更大的了。當時英國人是想建立一種有條約保證的商務關係，而不是要訴諸武力，佔領中國領土。但中國商業文化的觀念匱乏，不懂得國際貿易的重要，直至自己的大門被列強的堅船利炮打開。西方已經是走向現代的國家，而中國依舊是固有的體制，固有的文化根本無法抵擋。直到 1911 年辛亥革命爆發，最後一個皇帝被趕下龍椅，幾千年的傳統社會走到了盡頭，現代社會的進程於是開始。

　　以儒教文明為基礎的文化，其核心思想是"三綱五常"。"三綱"
是君為臣綱、父為子綱、夫為妻綱。中國傳統社會是以家族為本位
的，家庭是社會的基本細胞，它用血緣的紐帶將人們連接在一起，而
西方社會是用契約的關係將社會撑在一起的。因為是血緣的關係，就
會產生家國一體的思想，所以"三綱"當中，君臣，這是朝廷的方
面，而父子和夫婦都屬於家庭倫理的範疇。辛亥革命使得皇帝退位，
皇帝沒有了，"三綱"還能繼續發用嗎？還能用"君為臣綱"來規範
這個社會嗎？同樣，家庭成員之間的關係也發生了變化，父親難道可
以講，兒子必須聽自己的嗎？夫婦之間更不用說，現代的關係是平等
的關係，丈夫是妻子的"綱"的時代，無論如何無法繼續了。這一變
化，實際上是以儒家思想為代表的中國傳統文化的核心價值的變化。

五

　　中國從傳統走向現代的過程，是在非常規的急迫的情況下在顛簸
中走過來的。五四提倡新文化，反對舊文化，是現代文化運動的旗
幟。當時一大批知識精英一起站出來，大膽批判挑戰自己的文化傳
統。他們很多人都認為，既然要新文化，舊文化就是要不得的。陳獨
秀、胡適、魯迅、傅斯年，都是這樣的主張。1917 年《新青年》從
上海搬到北京，蔡元培出任北京大學校長，陳獨秀、胡適被蔡先生聘
為北大教授，以《新青年》為園地，以北大為基地的新文化運動轟轟
烈烈開展起來。他們對傳統文化尤其是傳統禮教的批評，是徹底而毫
不留情面的。陳獨秀就講，你如果認為歐化是對的，那麼中國這一套

就是錯的。胡適之甚至提出了 "全盤西化" 的主張。有人批評他，他才解釋說，中國的傳統太沉悶了，即使是 "全盤西化"，經過折中也還是個 "中體西用"。所以五四時期，不是一個人，而是一大批人，一大批社會的精英人物，幾乎用同一個聲音向傳統發起了總攻。其結果，傳統在民眾當中受擁護的程度大為減弱。可是，傳統受到民眾的擁護，是傳統傳承的一個必要條件。

五四時期對傳統文化的檢討和批評，主要針對的是文化的大傳統。按照人類學家的理論，文化傳統有大傳統和小傳統之分，大傳統指社會的主流文化形態，小傳統主要是指民間文化和民間信仰，包括民間宗教、民間藝術、民間習俗等等。小傳統跟大傳統的關係，是大傳統藉助於小傳統才能形成社會的文化輻射面，而小傳統因為有了大傳統的導引，才能使文化精神得到提升。中國傳統社會的小傳統特別發達，這是因為中國長期有相對完整的民間社會，造成了中國傳統社會的諸多的文化空間。儒釋道三家思想互動互補的結果，使中國的知識人士總是有路可走，而不必走上絕路。所以對於中國的傳統社會，是不能簡單用 "專制" 這個詞來一語概而括之的。

五四知識精英對傳統的批評和檢討，目標主要是大傳統，特別是儒家思想和社會的禮教，對小傳統的傷害並不是很大。五四時期的一些文學作品，有的寫覺醒的青年離家出走，悲劇常常會發生在出走者的身上，他們的家庭並沒有發生太大的變化。但 "十年動亂" 時期中國社會的小傳統遭到了巨大的毀壞，幾乎到了無法彌補的程度。所以，從晚清以來的百年中國，文化傳統出現了大面積的流失。流失到什麼程度？流失到在現代中國青年身上幾乎看不到多少傳統的蹤跡。

六

　　近三十年改革開放，經濟呈繁榮的景況，文化傳統的重建越來越受到重視。但由於傳統的重建是非常細緻的事情，短時間內不容易見出成效。直到現在，在現代化的過程中，跟自己的傳統脫離仍然是一個待決的問題。好消息是很多學者和教育工作者開始注意到這個問題的嚴重性。我個人認為，文本的經典閱讀和禮儀的重建，是兩個比較行之有效的途徑。中國文化的最高經典主要是六經，即《詩》、《書》、《禮》、《樂》、《易》、《春秋》。樂經不傳，為五經。而四書，包括《論語》、《孟子》、《大學》、《中庸》，則是五經的簡讀本，它們的義理都是一致的。近年我特別強調 "敬" 的概念，它是五經的基本義理，也是中國文化中具有普世價值概念。"敬" 不只是體現對他人的尊敬，主要是一個人的精神意志，是人的人性尊嚴。禮儀的核心也是一個 "敬" 字，所以孔子説 "不敬無禮"。

載《中國紀檢監察報》，2012 年 2 月 17 日、23 日連載，

《新華文摘》同年第 9 期轉載

國學與傳統文化核論

　　到底什麼是國學？如何定義國學這個概念，學術界的看法不太一致。我們做學問的人，有一個心理原則，就是自己之所講，必須是自己所信。而不在乎自己的講法別人是否同意。揆諸各家之說，我最服膺的是馬一浮的國學論。但馬先生為國學所作的新立名，自有其歷史淵源和學理依據，不了解題義的前緣，便無法了解它的來世今生。所以今天站在學術的立場談論國學，必須從頭說起，從歷史流變中分疏其學理內涵。

一、"國學"一詞的來歷

　　國學這個概念，首先要區分歷史上的國學和現代的國學。中國歷史上很早就有國學這個語詞，比如在《周禮》裏面，就有"樂師掌國學之政，以教國子小舞"[1] 的記載。到了漢代，仍然有國學一詞，如《漢書》"食貨志" 記云："是月，餘子亦在於序室。八歲入小學，學六甲、五方、書計之事，始知室家長幼之節。十五入大學，學先聖禮樂，而知朝廷君臣之禮。其有秀異者，移鄉學於庠序。庠序之異者，

---

[1]　《周禮·春官·宗伯》。

移國學於少學。"[1]《後漢書》也有相關記載，其中東漢光武帝時期的大臣朱浮，"又以國學既興，宜廣博士之選，乃上書"云云，語義最為明顯。[2]

《晉書》的帝紀則有東晉孝武帝十年二月"立國學"的直接記載[3]；而《晉書》束皙傳更寫道："皙博學多聞，與兄璆俱知名。少遊國學，或問博士曹志曰：'當今好學者誰乎？'志曰：'陽平束廣微好學不倦，人莫及也。'"[4] 束皙廣微所遊的"國學"，以及稱讚廣微好學的那個博士，也都是國學學校裏的人物。這裏的國學自然是國立學校的意思。又《晉書·袁瓌傳》載其上疏給漢成帝有云：

> 疇昔皇運陵替，喪亂屢臻，儒林之教漸頹，庠序之禮有闕，國學索然，墳籍莫啟，有心之徒，抱志無由。昔魏武帝身親介胄，務在武功，猶尚廢鞍覽卷，投戈吟詠，況今陛下以聖明臨朝，百官以虔恭蒞事，朝野無虞，江外謐靜，如之何泱泱之風漠然無聞，洋洋之美墜於聖世乎！古人有言："《詩》、《書》義之府，禮樂德之則。"實宜留心經籍，闡明學義，使諷誦之音盈於京室，味道之賢是則是詠，豈不盛哉！若得給其宅地，備其學徒，博士僚屬粗有其官，則臣之願也。[5]

---

[1] 《漢書》卷二十四。

[2] 《後漢書》卷三十三"朱浮傳"。

[3] 《晉書》卷九帝紀第九："十年春正月甲午，謁諸陵。二月，立國學。"

[4] 《晉書》卷五十一"束皙傳"。

[5] 《晉書》卷八十三"袁瓌傳"。

　　袁瑰在此奏疏中提出的訴求是，希望國家能撥給 "宅地"，以改變 "國學索然" 的情況。然則此處國學之所指，顯然是欲建立學校的意思，否則要宅地何為？所以下文才説："疏奏，成帝從之。國學之興，自瑰始也。"[1] 應該是批准了他的建議，撥給了宅地，學校建立起來了。雖只是一封簡短的奏疏，其於興教立學所起的作用，豈可小視哉。

　　南北朝時期南朝的梁武帝，既篤信佛教，又苦嗜典墳，故力倡立學興教，至有 "修飾國學，增廣生員，立五館，置五經博士"[2] 之舉。梁武帝的長子昭明太子蕭統更以好文尚友著稱，史載其三歲即 "受《孝經》、《論語》，五歲遍讀五經"，八九歲就能夠講《孝經》了。他講完之後，還 "親臨釋奠於國學"。[3] 這裏的國學一語指的又是國立學校，所以才有到國學釋菜祭奠的舉動。釋菜即捨菜，是為祭奠先師孔子的一種儀式。《禮記・月令》有載："是月也，毋竭川澤，毋漉陂池，毋焚山林。天子乃鮮羔開冰，先薦寢廟。上丁，命樂正習舞，釋菜。"《禮記・文王世子》亦載："凡始立學者，必釋奠於先聖先師，及行事，必以幣。凡釋奠者，必有合也，有國故則否。" 又云："始立學者，既興器用幣，然後釋菜，不舞不授器，乃退。" 其義甚明。亦即釋菜的舉動，是古代學校的一種常規儀式，當年朱子在白鹿洞書院開講前，也有此祭奠儀式。馬一浮主講復性書院，開學時也有類似

---

[1] 《晉書》卷八十三 "袁瑰傳"。
[2] 《梁書》卷三 "武帝下"。
[3] 《梁書》卷八 "昭明太子傳"。

禮儀。

由此可知，歷史上關於"國學"一詞的記載，其所指確是國立學校。漢晉如是，隋唐亦復如是。《隋書・禮儀志》有載："仲春令辰，陳養老禮。先一日，三老五更齋於國學。皇帝進賢冠、玄紗袍，至辟雍，入總章堂。列宮懸。王公已下及國老庶老各定位。司徒以羽儀武賁安車，迎三老五更於國學。"[1] 此處所敍是關於養老敬老的禮儀，七十歲、八十歲各有分別，國老和庶老亦有分別，但當這些老人到國學齋戒的時候，王公大臣等須提前到國學去迎候，以彰顯養老禮儀的隆重。在那裏可以舉行齋戒儀式，有品階的顯貴要提前在那裏迎候，那麼這個地方自然是場所，而非一門學問。

《隋書》卷二十六"百官志"又載："國學，有祭酒一人，博士二人，助教十人，太學博士八人。又有限外博士員。天監四年，置五經博士各一人。舊國子學生，限以貴賤，帝欲招來後進，五館生皆引寒門俊才，不限人數。大同七年，國子祭酒到漑等，又表立正言博士一人，位視國子博士。置助教二人。"[2] 此又明示國學裏面的人員安排設置。可以設置包括祭酒、博士、助教在內的各種人員，當然指的是學校了。新、舊兩《唐書》則屢見"皇太子釋菜於國學"的記

---

[1] 《隋書》卷九志第四。

[2] 《隋書》卷二十六志第二十一"百官上"。

載。[1] 還有，江西白鹿洞書院的前身在晚唐就叫"廬山國學"，為避繁冗，不一一列舉。

那麼宋明呢？試看史載之例證。《宋史》真宗本紀載："冬十月戊午，延恩殿道場，帝瞻九天司命天尊降。己未，大赦天下，賜致仕官全奉。辛酉，作《崇儒術論》，刻石國學。"[2] 將文章刻石於國學，當然這個國學是學校了。又《宋史》卷一百五志第五十八載："至聖文宣王，唐開元末升為中祠，設從祀，禮令攝三公行事。朱梁喪亂，從祀遂廢。後唐長興二年，仍復從祀。周顯德二年，別營國子監，置學舍。宋因增修之，塑先聖、亞聖、十哲像，畫七十二賢及先儒二十一人像於東西廡之木壁，太祖親撰《先聖》、《亞聖讚》，十哲以下命文臣分讚之。建隆中，凡三幸國子監，謁文宣王廟。太宗亦三謁廟。詔繪三禮器物、制度於國學講論堂木壁。"[3] 此段記載，前面敘述唐五代以來孔廟的祠位和從祀情況，然後說宋如何增修，而且太祖、太宗都曾往謁文廟，並下詔在國學講堂的木壁上圖繪禮器及制度。不僅說

---

[1] 《舊唐書》卷三本紀第三"太宗下"："丁丑，皇太子於國學釋菜。"卷五本紀第五"高宗下"："癸未，皇太子弘釋奠於國學。"卷七本紀第七"中宗睿宗"："丁亥，皇太子釋奠於國學。"卷八本紀第八"玄宗上"："戊寅，皇太子詣國學行齒胄禮，陪位官及學生賜物有差。"卷十一本紀第十一"代宗"："二月丁亥朔，釋奠於國學，賜宰臣百官餼錢五百貫，於國學食。"卷四十五志二十五："景龍二年七月，皇太子將親釋奠於國學，有司草儀注，令從臣皆乘馬著衣冠。"《新唐書》卷二本紀第二"太宗"："二十一年正月壬辰，高士廉薨。丁酉，詔以來歲二月有事於泰山。甲寅，以鐵勒諸部為州縣，賜京師酺三日。慮囚，降死罪以下。二月丁丑，皇太子釋菜於太學。"等等，不可計數。

[2] 《宋史》卷八本紀第八"真宗三"。

[3] 《宋史》卷一百五志第五十八"禮八"。

明此處的國學是學校，而且證明這所國學是設在文廟裏。事實上唐宋以後，國學之建校，很多都設在文廟，已成為制度。《宋史·選舉志》又載："大中祥符二年，以門蔭授京官，年二十五以上求差使者，令於國學受業，及二年，審官院與判監官考試其業，乃以名聞。"[1] 這說明當時的國學，還擔負有後備官員的培訓任務。

明代關於國學的記載更多，蓋緣於越到後來學校越發達故也。《明史·選舉志》寫道："科舉必由學校，而學校起家，可不由科舉。學校有二：曰國學，曰府、州、縣學。府、州、縣學諸生入國學者，乃可得官，不入者不能得也。入國學者，通謂之監生。舉人曰舉監，生員曰貢監，品官子弟曰蔭監，捐貲曰例監。同一貢監也，有歲貢，有選貢，有恩貢，有納貢。同一蔭監也，有官生，有恩生。"[2] 可見作為國立學校的國學，其地位之高。國家所立，謂之國學；府、州、縣所立的學校，則不能稱國學。而且府、州、縣學校的生員，只有進入國學後才能得官，並有專門的職稱曰監生。國學設祭酒、司業，負責諸生的管理和訓導。永樂時期的宿儒胡儼，受命擔任國子監祭酒，史載其 "居國學二十餘年，以身率教，動有師法"[3] 云。按明清的設學制度，國學和國子監是一而二、二而一的關係。大量外省才俊都是由鄉舉入於國學，爾後進入官員隊伍。也有外國的王子或達官子弟來國學學習者。《明史》記載："洪武二十五年夏，中山貢使以其王從子及寨官子偕來，請肄業國學。從之，賜衣巾靴襪並夏衣一襲。其冬，

---

[1] 《宋史》卷一百五十九志第一百十二 "選舉五"。

[2] 《明史》卷六十九志第四十五 "選舉一"。

[3] 《明史》卷一百四十七列傳第三十五 "胡儼傳"。

山南王亦遣從子及寨官子入國學，賜賚如之。自是，歲賜冬夏衣以為常。明年，中山兩入貢，又遣寨官子肄業國學。"[1] 中山王、山南王都是琉球分裂後的國主，直到永樂時期仍繼續派子弟入於國學。而日本的王子縢祐壽者，也曾"來入國學，帝猶善待之"[2]。

茲可見中國歷史上的"國學"，從《周禮》開始，嗣後兩千多年來不絕如縷，但無不指的是國立學校的意思，這和我們今天大家都在講的國學，和現在有一點熱的這個國學，概念的涵義所指、內涵和外延，完全不同，在學理上和在事實上兩者均不容混淆。

二、現代國學如何發生

我們今天講的國學，是跟西學相比較而存在的一個概念，一定意義上可以稱作現代國學。現代國學的概念發源於何時？據我個人接觸到的資料，至少在 1902 年，在梁啟超和黃遵憲的通信中，他們已經在使用國學這個概念了。

1902 年這個歷史時刻是這樣的。1898 年是中國近代史上變法維新最火熱的一年，特別是陳寶箴領導的湖南的改革，走在了全國的前面。但這一年的秋天，慈禧發動政變，扼殺了"百日維新"。當時走在改革前面的一些人，不少都受到了處分。譚嗣同等"六君子"，遭遇了不幸。慈禧很不喜歡的康有為和梁啟超，逃到了國外，否則和

[1] 《明史》卷三百二十三列傳第二百十一"外國四"。
[2] 《明史》卷三百二十二列傳第二百十"外國三"日本。

"六君子"將是同一命運。譚嗣同也是可以跑掉的，但他說改革如果需要流血，願意從自己開始。戊戌慘劇改變了變革人士的命運，也改變了中國的命運。

第二年，1899 年，有義和團發生，清廷開始是鎮壓，後改為利用。康梁等許多維新人士跑到國外，被外國人保護起來。慈禧想廢掉光緒的企圖，也遭到外國人的非議。所以慈禧最恨洋人。義和團的一個指向，恰好是反對洋人，攻擊耶穌教，兩方在此點上有一致的利益。但利用的結果，事態鬧大了，弄到許多地方殺洋人，攻打使館，向外國人宣戰。結果遭致 1900 年八國聯軍打到北京，慈禧離京出逃。接著便是談判、議和、賠款，慈禧又重新回到紫禁城。這個老太婆也不是毫無反省，對戊戌在案人員，除了康梁，其餘都不再追究。黃遵憲也是戊戌在案人員，1898 年在湖南擔任鹽法道，是陳寶箴改革的有力推手。政變後他受到了革職永不敍用的處分。陳寅恪的祖父陳寶箴和父親陳三立，也是革職永不敍用。黃遵憲戊戌政變後在廣東老家賦閑。這時梁啟超流亡日本，兩個人有很多通信的機會。黃在 1902 年 9 月寫給梁的一封信裏談到，梁關於創辦《國學報》的綱目寫得很好，但他認為當時還不是辦此種刊物的時候，宜"略遲數年再為之未為不可"[1]。可惜梁啟超寫給黃遵憲的信，我們無緣得以看到，只看到了黃的信，《黃遵憲全集》裏面有此信的全文。

我們是探討現代意義的國學如何發生，因此梁任公倡辦《國學

---

[1] 黃遵憲：《致梁啟超函》（1902 年 9 月），《黃遵憲全集》上冊，北京：中華書局，2005 年，第 433 頁。

報》的時機合適與否，可以暫且不論。我們關注的是，在 1902 年的秋天，梁啟超和黃遵憲這兩位晚清思想界的翹楚，就堂而皇之地使用"國學"一詞了。其實如果再往前推上幾年，1898 戊戌變法那一年，湖廣總督張之洞當"百日維新"高潮之際，出版了一本著作叫《勸學篇》，該書外篇的第三節為"設學"，在談到學校課程設置的時候，他說宜"新舊兼學"，應該"舊學為體，新學為用，不使偏廢"。可是大家知道，在中國近現代思想史上，這個關鍵詞不叫"舊學為體，新學為用"，而是"中學為體，西學為用"。這是在傳播過程中出現的轉換和轉譯。第一轉換者是梁啟超，他在 1921 年出版的《清代學術概論》一書裏，說張之洞當時講的"中學為體，西學為用"，得到很多人的推許，一時"舉國以為至言"。梁啟超轉述張之洞思想的時候，使語詞發生了變化。梁啟超在清末民初的思想界有極大的影響力，經他一轉述，大家便習焉不察地以為，張之洞本來講的就是"中學為體，西學為用"。我講這段掌故是想說明，張之洞在《勸學篇》裏講的"舊學"，以及梁啟超轉述時講的"中學"，跟 1902 年黃遵憲和梁啟超通信中講的"國學"，其概念的義涵大體是相同的。

也有學者認為，國學這個概念是從日本傳來的。我沒有查到依據。但國粹這個概念來自日本，應無疑問。日本明治維新的時候，有一個口號，叫"脫亞入歐"，也就是歐化和西化。這個潮流走了相當一段之後，以志賀重昂為代表的本民族派知識人士創辦了一本叫《日本人》的雜誌，提倡本民族的精神，主張發揚日本民族自己獨有的國粹。國粹這個詞就是這樣在日本產生的。當時許多中國留學生在日本，章太炎、梁啟超等一些有日本經歷的學者，面對西潮對中國的衝擊，對國粹一詞感同身受，殊可理解。章太炎的著作中，經常使用國粹一詞。"用國粹激勵種性" 就是章太炎提出的。1902 年梁啟超和黃遵憲討論《國學報》的通信，梁也提出了 "養成國民，當以保國粹為主義，當取舊學磨洗而光大之"[1] 的思想。梁任公此處的 "取舊學磨洗而光大之" 的 "舊學" 一語，實與國學為同等概念。

三、胡適對國學概念的分疏

國學相當於中學，也相當於中國的舊學。但是最早提出這個概念的時候，學者們並沒有對這個概念本身加以分疏。直到 1923 年胡適為北大國學門的《國學季刊》撰寫發刊詞，才第一次對這個概念作了分疏。北京大學國學門成立於 1922 年的年底，第二年決定創辦一種刊物，叫《國學季刊》，發刊詞是胡適所寫。胡適在發刊詞裏說："國學在我們的心眼裏，只是國故學的縮寫。中國的一切過去的文化歷史，都是我們的國故，研究這一切過去的歷史文化的學問，就是國故學，省稱為國學。"[2] 這是胡適給出的關於國學的第一個定義。依照胡適的看法，國學就是國故學，也就是研究所有過去的歷史文化的學問。"國故" 這個詞，是章太炎的發明，辛亥革命前他旅居日本時寫的一本書就叫《國故論衡》，該書正式出版在 1910 年。所以胡適說："自從章太炎著了一本《國故論衡》之後，這 '國故'

---

[1] 黃遵憲：《黃遵憲全集》上冊，第 433 頁。

[2] 胡適：《〈國學季刊〉發刊宣言》，《胡適全集》第二卷，合肥：安徽教育出版社，第 7 頁。

的名詞於是成立。"[1]

　　然而"國故"這個詞，在五四前後所引起的學界的故事也不少。首先是為了和傅斯年創辦的《新潮》相抗衡，毛子水、劉師培等辦了一本《國故》月刊。兩本刊物都創生於 1919 年，前者在 1 月，後者在 3 月。兩本刊物還為"國故"問題展開了一場論爭。《新朝》刊載的傅斯年的文章叫《國故論》，《國故》月刊刊載的毛子水的文章叫《國故和科學的精神》。首先，兩方都是北京大學的學人。其次是雙方的觀點雖然不同，但在主張要用科學的方法"整理國故"這點上，是相同的。再次是 1919 年 12 月，胡適在《新青年》第七卷第 1 號上發表《新思潮的意義》一文，大聲呼籲"整理國故"，該文的副題就以"研究問題，輸入學理，整理國故，再造文明"為標示。[2] 經胡適之先生這麼奮臂一呼，"整理國故"的口號從此便大行其時了。

　　問題是，定義國學為研究國故的學問，其內涵是不是有些過於寬泛呢？因為舉凡中國歷史上的典籍、制度、語言、人物、習慣、風俗，總之所有過去的歷史文化，都可以叫作國故，那麼研究中國歷史上所有這一切東西的學問當然都可以叫作國學了。但如果說國故學就是國學，其定義涉及的範圍顯然過於寬泛，而有失學理的嚴謹。一個概念，它的內涵過於寬泛，外延的邊際擴展得過於遙遠，這個概念的內容就要流失，而使概念本身缺乏學理的確定性。果然，到後來，一直到今天，學術界並沒有延續使用國學即國故學的定義。甚至連"國

---

[1]　胡適：《研究國故的方法》。

[2]　胡適：《新思潮的意義》，《胡適全集》第二卷，第 691 頁。

故"這個語詞，後來人們也很少提及，以致到了棄置不用的地步。大家不約而同地認可另一個關於國學的定義，即國學是指中國的固有學術。20 世紀 30 年代、40 年代，學術界大都是這樣的看法。即使在今天，文史方面的專業人士使用的其實也還是這個定義。

只不過由於近來國學走熱，一些不很了解近現代學術流變的人士，起而無限擴大國學的內涵和外延，不僅回到了胡適的國學即國故學的提法，而且將國學的內涵擴大到整個中國歷史文化。世界上的各文明體國家，哪一個沒有自己的歷史文化？能夠說自己的歷史文化就是這個國家的國學嗎？顯然是不通的。更主要是如此出問題，無異是把學術和學術研究的對象混為一談了，把國學和國學所要研究的歷史資源混為一談了。胡適其實說得很明確，即認為"研究這一切過去的歷史文化的學問，就是國故學，省稱為國學"。明顯地，胡適是說國故學是一門學問，而"過去的歷史文化"不過是國故學研究的對象，並未糊塗到以為"一切過去的歷史文化"本身就是國學。正如當胡適的這篇發刊宣言發表時，宋育仁為之所加的評點所說："歷史完全只有材料，還說不到加工，更說不到製造的方術，何況原素、原質、化合種種學理，夢也想不到。"

不料如今談論國學的人，卻直接認定"一切過去的歷史文化"，或者直稱傳統文化本身，就是國學。學理、邏輯、概念混淆到如此地步，卻不以為非，反而放言闊論，我們還有什麼好說的呢。殊不知，如果過分擴大國學概念的義涵的範圍，甚至擴大到將學問和學問的對象混為一談，不僅國學沒有了，天下的所謂學問也就不存在了。

這就如同說不要加工磨成麵粉了，小麥拿來直接吞嚙就可以了。

鋼鐵也不必熔煉了，鐵礦石直接取來製作工具武器就已經很好了。這樣比喻，人們會以為是有悖常理的笑話，但秉持傳統文化即國學主張的人們，其可笑的程度絲毫不亞於以小麥為麵粉，拿礦石當鋼鐵。

四、馬一浮重新定義國學

其實這個問題早在 20 世紀 30 年代末期，就已經有重量級的學者對當時流行的國學是中國固有學術的定義，給以深刻的檢討了。這位學者在 20 世紀初，被友人稱為讀書最多的人，我則稱他為儒之聖者，他是馬一浮。

馬一浮是浙江紹興人，因為父親在四川做縣丞，他出生在四川。但在他五歲的時候，父親不願做官了，全家又回到上虞縣長塘鄉老家。他天賦極高。家裏請的教師，是一位很有名望的舉人，沒過多久，這位舉人就說這個學生我教不了。馬一浮的父親以為孩子對老師有什麼不禮貌之處，後來見老師講得懇切，只好同意其辭館。馬一浮十六歲的時候參加紹興府的科考，他考取了第一名。同考的有魯迅和周作人昆仲，都遠遠在馬的後面了。結果被在當地很有影響的浙省賢達湯壽潛（民國後曾擔任浙江總督及交通部長）看中了，把女兒許配給了馬一浮。

馬一浮母親早逝，父親在他和湯女結婚後不久也去世了。更奇的是，一年多以後馬一浮的新婚妻子也離開了人世。此後馬一浮終生未娶。他 1883 年出生，1967 年辭世，享年八十四歲。年輕時一度在上海學習英文和辦翻譯刊物。1903 年二十歲的時候，赴美擔任清政府駐美使館留學生監督公署的秘書，地點在美國北部的一個城市聖路易斯。1904 年在日本停留半年。然後回國，專意讀書。他讀書之多，據說無人能及。他被認為是當時中國最有學問的人。但他不輕易著述，也不入講舍。1912 年蔡元培主掌民國教育部，聘請馬一浮擔任秘書長。由於在讀經和廢止讀經的問題上兩人觀點相左，馬贊成讀經，蔡主張廢除讀經。在教育部任職不到一個月，馬一浮就辭歸杭州。1917 年蔡元培就任當北京大學校長，又想到了他的這位學問好的紹興同鄉，函請馬一浮擔任北京大學文科學長。馬一浮回了一個電報，說“古有來學，未聞往教”，婉拒了。蔡元培這才另請陳獨秀擔任北大文科學長，同時聘請胡適做北京大學教授，都是在 1917 年這一年。北京大學成為新文化運動的搖籃，1919 年五四運動的發生，都跟這些人事佈局有直接關係，這是後話。馬先生不入講舍，很少寫文章，也不著書，但是沒有哪個人不知道他的學問是最好的。

這種情況後來發生了變化。1936 年 4 月，大氣物理學家、中央研究院院士竺可楨受命擔任浙江大學校長，4 月 25 日接任，5 月 6 日就注意到此間有馬一浮其人，知道馬先生是杭州的瑰寶。於是決定立即請馬先生來浙大任教，並接連三次登門拜請。本來馬先生後來有所鬆動，由於名分問題發生了周折。馬先生做事情，是講究名分依據的。你請我到浙江大學開講座，那麼我是誰呢？既不是博士，也不是教授，突然去開一個講座，他覺得名分不夠清楚。所以馬先生提出來可不可以國學大師相稱，以及授課的名義可否採用國學研究會的名稱。此兩項浙大方面包括竺可楨校長，都覺得不妥，認為“大師之名有類佛號”，而研究會更麻煩，需要呈請黨部核准。竺可楨請聯繫的人不妨與馬先生再行商量。但第二年就是 1937 年，日本人打來了，侵略勢力漸及浙省，為避寇，浙江大學 1937 年年底內遷到江西泰和。馬一浮也在逃難，幾門親戚，幾個學生，百餘箱書，一站一站地轉徙。先逃至桐廬，再逃至開化，不堪其苦。這時想到，如果跟浙江大學一起逃難，是不是會方便一些呢？

於是馬先生給竺校長寫了一封信，文言寫的，婉轉得體。開頭幾句是 "在杭承枉教，忽忽逾年。野性疏闊，往來禮廢，幸未見責"。然後說 "自寇亂以來，鄉邦塗炭"，聽說貴校已經遷江西，而且 "弦誦不輟"，可見 "應變有餘"，讓人欽佩。接著說自己年邁力衰，已不堪流離之苦。而 "平生所需，但有故書"，一路輾轉，或遺或棄，即使 "不為劫灰"，也會被老鼠吃掉，這是我最感難過的。下一步局勢如何，不好預期，如果日本人大舉佔領浙江，逃難的方向只有江西。但自己一向於 "贛中人士，緲有交舊"，不知 "可否借重鼎言，代謀椽寄"，使本人 "免失所之歎，得遂相依之情"。[1] 這些雖是以私相擾，但 "推己及物，實所望於仁賢"。竺可楨校長得信，知道是不請自來，立即安排專人專車把馬一浮接到泰和。

馬一浮先生的國學講座就是在這樣的背景下在浙大開講的。首講在 1938 年 5 月 14 日下午三時，竺可楨校長親臨聽講。他先講 "橫渠四句教"，然後就以 "楷定國學名義" 為題，講到底何謂國學。"楷定" 是佛學的概念，就是範疇界定的意思。馬先生說：

---

[1] 馬一浮：《致竺可楨》，《馬一浮集》第二冊，第 579 頁。

　　"楷定" 是義學家釋經用字。每下一義，須有法式，謂之楷定。楷即法式之意，猶今哲學家所言範疇，亦可說為領域。故楷定即是自己定出一個範圍，使所言之義不致凌雜無序或枝蔓離宗。老子所謂 "言有宗，事有君" 也。何以不言確定而言楷定？學問，天下之公，言確定則似不可移易，不許他人更立異義，近於自專。今言楷定，則仁智各見，不妨各人自立範圍，疑則一任別參，不能強人以必信也。[1]

又説：

　　楷定異於假定。假定者，疑而未定之詞，自己尚信不及，姑作如是見解云爾。楷定則是實見得如此，在自己所立範疇內更無疑義也。[2]

　　馬先生雖使用佛家義學的 "楷定" 一語，以明自己斷判的義定而不自專，但絕非疑而不能自信；而是斬釘截鐵，充滿學理的持守精神，稱在自己所立之範疇之內不存疑義。接著便追溯國學概念演變的歷史，寫道："照舊時用國學為名者，即是國立大學之稱。今人以吾國固有的學術名為國學，意思是別於外國學術之謂。"[3] 所以他説這個概念是 "依他起"，即有了外來學術之後，才有 "國學" 的提法。

---

[1]　馬一浮：《泰和宜山會語》，《馬一浮集》第一冊，第 10 頁。

[2]　同上。

[3]　同上。

以至於馬先生認為，嚴格地講，"國學"這個名稱"其實不甚適當"，"本不可用"[1]。但大家都這樣講，他也只好"隨順時人語"，不另外"立名目"，也使用國學的名稱來講論。

不過對以往的國學的定義，他不能認同。國故學即國學的定義不必說了，認為國學是中國固有學術的定義，他也覺得太寬泛。他說："依固有學術為解，所含之義亦太覺廣泛籠統，使人聞之，不知所指為何種學術。"[2] 所謂中國固有學術，就是指中國歷史上各個時期的學術思想，譬如先秦的諸子百家之學，孔子、孟子、荀子、墨子、老子、莊子、韓非子的學術思想等等，一般稱作子學。兩漢行時的是經學。秦火之後，漢代重新搜集圖籍，各種版本簡錯百端，六經之文的書寫，文字也多有歧異。於是便請一些學者整理、研究、注釋，並且授予"五經博士"的職稱，經學由此興盛起來。魏晉時期知識人士喜歡思辨，又出現了玄學。隋唐時期佛學的中國化過程進入佳境。宋代有以朱熹為代表的理學。明代有王陽明的心學。清代乾嘉時期流行的學術思潮是樸學，主要通過考據的方法整理研究古代學術。晚清則是傳統學術走向現代學術的轉折期和過渡期。按照通常的理解，中國歷史上的這些學術思想的出現及其流變，就是中國的固有學術。研究固有學術的學問就是國學，20 世紀 20 年代、30 年代學術界的許多人都是這樣看的。但固有學術牽涉的範圍實際上也非常廣泛。所以馬一浮不贊成如此定義國學。他說這個解釋也太過於籠統寬泛，中國固有

---

[1]　馬一浮：《泰和宜山會語》，《馬一浮集》第一冊，第 9 頁。

[2]　同上。

學術的方面、家數、類別仍然很多，是指哪一個類別，哪一家的學術呢？至少作為主要流派的儒、釋、道三家，分明地擺在那裏，如果說國學是固有學術，那麼是指單獨的某一家還是全部包括？至於有人以經史子集 "四部立名"，馬先生説，"四部之名本是一種目錄"，就像後來的圖書館圖書分類一樣，涉及的每一專門學問，"皓首不能究其義，畢世不能竟其業"[1]，如此的國學怎麼研究呢。

為此馬一浮先生提出了自己關於國學的定義。他説：

> 今先楷定國學名義。舉此一名，該攝諸學，唯六藝足以當之。六藝者，即是《詩》、《書》、《禮》、《樂》、《易》、《春秋》也。此是孔子之教，吾國二千餘年來普遍承認一切學術之原皆出於此，其餘都是六藝之支流。故六藝可以該攝諸學，諸學不能該攝六藝。今楷定國學者，即是六藝之學，用此代表一切固有學術，廣大精微，無所不備。[2]

也就是説，在馬先生看來，所謂國學，應該指 "六藝之學"。也就是《詩》、《書》、《禮》、《易》、《樂》、《春秋》，孔門之教的文本典籍系統，有別於禮、樂、射、御、書、數，後者我認為是孔門之教的實踐課。"六藝" 後來亦稱作 "六經"。但《樂》這一經不傳，論者也有的謂沒有形成文本，可備一説。所以習慣上又稱 "五經"。但

---

[1] 馬一浮：《泰和宜山會語》，《馬一浮集》第一冊，第 9 頁。
[2] 同上。

"六藝" 之名，漢代仍在使用。鄭康成（鄭玄）就寫過《六藝論》，原文散佚，經注中殘存一些段落。馬一浮年輕時也有撰寫《六藝論》的想法。

把國學定義為 "六藝之學"，是馬一浮先生的學理發明，是大學者的高明之見。因為 "六藝" 或曰 "六經"，是中國學術的經典源頭，是中國文化的最高形態，定義 "六藝之學" 為國學，可以使國學成為中國固有學術的經典之學。

五、馬一浮國學論的學科整合意義

然而馬先生在提出這個國學的新定義以後，並沒有引起學術界的重視，甚至泥牛入海，悄無聲息。自 1938 年 5 月到 2006 年 10 月，將近七十年的時間，始終沒有人提起馬一浮重新定義國學這一公案。

直到 2006 年 10 月，時光老人已經走過了六十八年的時間，終於有人提起了這段塵封久遠的學術公案。這就是本人在 2006 年對國學的發生歷史和源流演變做了一次比較細緻的梳理，寫成《論國學》一文，兩萬五千字，先在《21 世紀經濟報道》連載，後全文發表於 2006 年秋季號《中國文化》雜誌。此文的最後一節，我引來馬一浮的國學定義，表示學理上的完全認同，並提議在小學設國學課，以 "六藝" 為主要內容。因為我近年在研究馬一浮和他的學術思想，知道他言不輕發，發必有中。比較起來，國學即國故學的定義，以及國學是固有學術的定義，都沒有馬先生的國學即 "六藝之學" 的定義準確、深刻、無衍、無漏。這個概念所包容的內涵，不多也不少，無蔓也無失。而其他兩個定義，即國學是國故學的定義，內涵漫延得太廣不必説，即使國學為固有學術的定義，除了過於寬泛籠統之外，其現實操作層面也不無問題。

我國固有學術屬於學術史的範圍，文史專業人士要想進入尚且需要多種準備，一般人士沒有可能甚至也不必要與之發生干係。國學為"六藝之學"的定義就不同了，它是屬於全體中國人的，中國人做人立國，其精神義理的根基就在六經。

現在一些設立了國學院的大學，正在致力於一件與學科建設有關的大事，就是希望教育部、國務院學科組正式批准設立國學一級學科，授予國學博士、國學碩士學位。據説已經有不少學界的朋友，包括比我年長的師友，都認為此議可行。其實此事並不可行。如果此議獲得通過，中華人民共和國教育部決定設立"國學博士"，將是一個很大的誤判，既是學科建設的誤判，也是人文教育指導思想的誤判，雖然也許只是一個集體無意識的誤判。主張此議的朋友忘記了一條，就是如果設立"國學博士"，那麼文史哲三大學科的博士，包括文學博士、歷史學博士、哲學博士，還要不要存在？如果存在，國學博士涉及的研究對象和文史哲各科的研究對象，還有沒有分別？這一點絕不是分科研究和綜合研究所能解釋的。就按很多人都可以接受的國學定義，認為國學是中國的固有學術，如果國學院的博士候選人論文寫的是李白和杜甫研究，文學院的另一候選人寫的也是李白和杜甫研究，答辯如果通過，為什麼一個授予國學博士，另一個卻授予文學博士？這個區分在哪裏？哲學、史學同樣有此問題。假如寫的都是王陽明，都寫得很好，為什麼給他國學博士，給另一位哲學博士？顯然是說不過去的。在現代學位制度的背景下，如果不重新釐定國學的內涵，所謂"國學博士"其實是一個不通的概念。還有，如果設"國學博士"，那麼要不要也設"西學博士"？我在一次會上表達自己對此一問題的看法，我說聽說要設立國學博士，"夢溪期期以為不可也"。

只有在一種情況下，即接受馬一浮先生的國學定義，認可國學是"六藝之學"，把國學看作是以《易》、《詩》、《書》、《禮》、《樂》、《春秋》六經為主要研究對象的經典學問，則"國學博士"的概念也許勉強還說得過去，而國學院的學科存在的合法性也隨之增加。事實上，世界上各主要文明體國家，各大文明的開源經典，都是有別於學術分科而單獨自立的經典之學。比如對《聖經》的研究，是可以獨立為學的。又譬如對伊斯蘭教的經典《可蘭經》的研究，也是一門獨立存在的經典專學。我們把對六經的研究作為一個獨立的學問門類，完全能夠成立。復按歷史，我國漢以後的教育與學術，歷來都是這樣釐定的。經學作為單獨的一科，而區別於諸子之學，以及集部之學和史部之學。能不能通經明道，是能否成為通儒的必要標準。

馬一浮這位 20 世紀的儒之聖者把國學定義為"六藝之學"，即認為國學主要是研究六經的學問，不失為一代通儒的慎思明辨之論。如果我們能夠認同馬先生的國學定義，以"六藝之學"即對中國學術的經典源頭、中國文化的最高形態六經，作為國學的基本義涵，那麼國學和現代學術分科的重疊問題就可以適當化解。當然即便如此，也不一定非要設"國學博士"不可。文學博士、歷史學博士、哲學博士等名稱，畢竟是世界各國通行的人文學術分門類的學位名稱，我們在設立人文學科學位的新名稱的時候，宜乎參照世界通行的學位名稱的公則，以利於學術交流和國際間的學術對話。

　　有人不了解，清華大學 1925 年成立國學院，1929 年就撤銷了。北京大學 1922 年底到 1923 年成立國學門，1927 年撤銷了。原因何在？很多人以為，清華國學院撤銷，是由於王國維 1927 年自殺，梁啟超 1929 年去世，四大導師去其二，只剩下趙元任和陳寅恪，新的導師人選難以為繼，於是不辦了。那麼北大國學門為什麼也只存在了四年？實際上，是由於到 20 年代末期，清華、北大兩所現代學府，文史哲三科已經分立完成，各有建制完整的系所，研究和教學的師資力量也都很雄厚，在這種情況下，國學院單獨存在的意義大大減弱。總之是現代學術分科使然，而非其他人事或時事的原因造成。

　　經學在中國古代歷來是單獨的、為先的、領軍的，所以“四部之學”的類分以經為首。經學的取徑入門須通過小學，即文字學、訓詁學和音韻學。也就是清儒說的“讀書必先識字”。因此“小學”理所當然地包括在以經學為主要義涵的國學範圍之中。清代學者在音韻、訓詁方面的成就，可以說前無古人。他們把清以前的中國典籍翻了幾個過，每一部書的每一個字，他們都重新審視，包括某一個字最早的讀法如何，漢代如何讀，宋明的讀法怎樣，他們都考訂得很清楚。單是研究《說文解字》的著作就有近百種，其中段玉裁的《說文解字注》最為學者稱道，“說文段注”一直到今天仍是文字訓詁的典要之作。另外還有桂馥的《說文解字義證》、朱駿聲的《說文通訓定聲》、王筠的《說文釋例》和《說文句讀》，並稱為清代“許學”的四大家。

　　《說文解字》是漢代許慎的一部字書，研究《說文》是一門專學，稱為“許學”，這在學術史上是極為罕見的案例。按照錢鍾書先生的説法，研究一本書可以成為一門標名的專學，歷史上並不多見，研究《説文解字》而稱 "許學"，研究《文選》而稱 "選學"，堪稱一書而名學的特例。而千家注杜（杜甫）、百家注韓（韓愈），卻不能稱為 "杜學" 或 "韓學"。不過研究《紅樓夢》而稱紅學，錢先生是認可的。但如果認同經學和小學是國學的兩根基本支柱，認同馬一浮先生的國學定義，就和現代學術分科不發生矛盾了。而且這樣並沒有把國學的內涵狹窄化，而是找到了中國學問的宗基，歸義於中國文化精神的大本，把國學還給了國學。

六、馬一浮國學論的立教義旨

馬一浮的國學論和他的 "六藝論" 是一致的。而 "六藝論" 包括 "六藝之學"、"六藝之道"、"六藝之教"、"六藝之人" 四個環節。六藝之學，即六經的學問系統，可以分開單論一經，也可以諸經合論。六藝之道，指六經的精神義理，依馬先生的解釋，所謂聖學，就是義理之學。他説："今當人心晦盲否塞、人欲橫流之時，必須研究義理，乃可以自拔於流俗，不致戕賊其天性。"[1] 六藝之教，是指用六經來教學育人。六藝之人則是指通過六藝之教，所培育的經過六藝精神義理熏陶涵化的受教者。

馬先生以《禮記‧經解》所引孔子的話，來詮解六藝之為教的大略精神義理範圍。孔子的原話是："入其國，其教可知也。其為人

---

[1]　馬一浮：《泰和宜山會語》，《馬一浮集》第一冊，第 7 頁。

也，溫柔敦厚，《詩》教也；疏通知遠，《書》教也；廣博易良，《樂》教也；潔靜精微，《易》教也；恭儉莊敬，《禮》教也；屬辭比事，《春秋》教也。"[1] 到一個國家，從民情風俗方面可以看到這個國家的教育實施情況，可謂事理昭昭，概莫能外。國人接人待物如能表現出親切和藹的態度，那是《詩》教的收效。如果人們通達闊大，不斤斤計較於眼前的蠅頭小利，那應該是《書》教的結果。而《樂》教則使人親和良善，《禮》教讓人恭敬節儉。《易》教可正人心，使言行知所趨（吉）避（凶）。《春秋》教則比類照鑒，使人能夠明是非而別善惡。這和《莊子·天下》篇所說的："《詩》以道志，《書》以道事，《禮》以道行，《樂》以道和，《易》以道陰陽，《春秋》以道名分。"[2] 為各自陳述解讀的角度不同，義理旨歸殊無不合。要之，六藝施教的重心在其價值論理的涵化，亦即因教以明六藝之道。以六藝之道涵化培育受教之人，所成就的就是為六藝之人。故馬先生說："有六藝之教，斯有六藝之人。"[3]

然六藝之道，受教者不能全得，往往是 "學焉而得其性之所近"，這就難免學六藝而有所遺。《禮記·經解》曰："《詩》之失愚，《書》之失誣，《樂》之失奢，《易》之失賊，《禮》之失煩，《春秋》

---

[1] 《禮記·經解》，〔清〕孫希旦撰《禮記集解》下冊，北京：中華書局，1989 年，第 1254 頁。

[2] 《莊子·天下》篇，〔清〕郭慶藩撰《莊子集釋》，北京：中華書局，2013 年，第 937 頁。

[3] 馬一浮：《泰和宜山會語》，《馬一浮集》第一冊，第 11 頁。

之失亂。"[1] 但馬先生強調，所流失者並不是"六藝本體之失"[2]，而是學而只"得一察"而自失焉。《莊子‧天下》篇寫道："天下大亂，賢聖不明，道德不一，天下多一察焉以自好。譬如耳目鼻口，皆有所明，不能相通。猶百家眾技也，皆有所長，時有所用。雖然，不該不遍，一曲之士也。判天地之美，析萬物之理，察古人之全，寡能備於天地之美，稱神明之容。是故內聖外王之道，暗而不明，鬱而不發，天下之人各為其所欲焉以自為方。悲夫，百家往而不反，必不合矣。後世之學者，不幸不見天地之純，古人之大體，道術將為天下裂。"[3] 妙哉，莊生之論。天下學問的本末、精粗、大小之所發生的緣由，均為其析而言中矣。但六藝之道不同於一般的學問，它是一個整體，儘管"學焉而得其性之所近"也可以"適道"，但畢竟不是"天地之美"、"萬物之理"，最多不過是"一曲之士"而已。馬先生說，這種情況，"佛氏謂之邊見，莊子謂之往而不反"[4]，究其原因，顯然是不知六藝可以總體統攝一切學術所致。

馬一浮先生認為，六藝統攝諸學是一個總綱，識得此綱領，方能進入六藝之道和六藝之教。六經的學問體系固然博大精深，但其精神義理並非難窺其奧。依馬先生的思理："六藝之本，即是吾人自心所具之義理。"[5] 又說："天下萬事萬物，不能外於六藝，六藝之道，不

---

[1] 《禮記‧經解》，〔清〕孫希旦撰《禮記集解》下冊，第 1254 頁。

[2] 馬一浮：《泰和宜山會語》，《馬一浮集》第一冊，第 12 頁。

[3] 《莊子‧天下》篇，〔清〕郭慶藩撰《莊子集釋》，第 938—939 頁。

[4] 馬一浮：《泰和宜山會語》，《馬一浮集》第一冊，第 12 頁。

[5] 同上，第 54 頁。

能外於自心。"[1] 此即是説，六經的義理跟每一個人的理性心性都是
相通的，不是憑空外加，而是生命個體完全可以自認自證。所以馬先
生又説："當知講明六藝不是空言，須求實踐。今人日常生活，只是
汩沒在習氣中，不知自己性分內本自具足一切義理。故六藝之教，不
是聖人安排出來，實是性分中本具之理。"[2] 這也就是孟子講的，"理
也，義也"，是"聖人先得我心之所同然"者。[3] 明白了此一層道理，
領悟六藝的精神義理就不致畏難了。換言之，就是用六經的理性精神
啟悟每個人自我的覺悟，除卻沾染的塵埃，去掉"習氣"，使人的"性
分中本具之理"顯現出來。故馬先生又説："聖人之教，使人自易其
惡，自至其中，便是變化氣質，復其本然之善。"[4] 是的，六藝之教
的終極旨歸，即在於使人"變化氣質，復其本然之善"。難哉？不難
也。孟子不是説"理義之悦我心，猶芻豢之悦我口"嗎？只不過我們
普通人，在大多數情況下經常是"日用而不知"罷了。

　　對於六藝之教，馬一浮先生實抱有至高的期許。他把立教的眼光
投向了整個人類，滿懷激情地寫道："故今日欲弘六藝之道，並不是
狹義的保存國粹，單獨的發揮自己民族精神而止。是要使此種文化普
遍的及於全人類，革新全人類習氣上之流失，而復其本然之善，全其
性德之真，方是成己成物，盡己之性，盡人之性，方是聖人之盛德大
業。若於此信不及，則是於六藝之道猶未能有所入，於此至高、特殊

---

[1]　馬一浮：《泰和宜山會語》，《馬一浮集》第一冊，第 55 頁。

[2]　同上，第 57 頁。

[3]　《孟子·告子上》。

[4]　馬一浮：《泰和宜山會語》，《馬一浮集》第一冊，第 19 頁。

的文化尚未能真正認識也。"[1] 又説："世界無盡，眾生無盡，聖人之
願力亦無有盡。人類未來之生命方長，歷史經過之時間尚短，天地之
道只是個'至誠無息'，聖人之道只是個'純亦不已'。往者過，來
者續，本無一息之停。此理決不會中斷，人心決定是同然。若使西
方有聖人出，行出來的也是這個六藝之道，但是名言不同而已。"[2]
馬先生禁不住為之讚歎曰："聖人以何聖？聖於六藝而已；學者於何
學？學於六藝而已。大哉，六藝之為道！大哉，一心之為德！學者於
此可不盡心乎哉？"[3]

　　學者天天言道，道在哪裏？説道在吾心，固不誤也。但吾心之
道，容易得一曲之偏。全體大用之道，或如莊生所説的"天地之美"
和"萬物之理"，可以説悉在六經。六藝之道與吾心合其德，方成得
六藝之人。大哉，六藝之為道也。

七、馬一浮國學論的施教內涵

　　如果我們認同馬一浮重新給國學下的定義，即認為國學是"六藝
之學"，具體包括經學和小學的內容，那麼國學在今天的具體發用，
特別是其施教內涵的展開，就是非常現實的問題了。
　　首先，它是一種學問根柢，是為學的大本，人文學者、文史學
者，都需要有此根柢。所謂為學要知本末，六經就是學問的"本"，其

---

[1]　馬一浮：《泰和宜山會語》，《馬一浮集》第一冊，第 23 頁。
[2]　同上。
[3]　同上，第 21 頁。

餘都是末。所謂做學問要明源流，六經就是源，其餘都是流。所謂知終始，六經就是始。馬一浮說的"六藝可以統攝一切學術"，就是這個意思。而且也可以知道，定義國學為"六藝之學"並不是要把國學儒學化，而是把國學復原為最高的經典之學。因為，諸家之學都可以從六經中找到淵源。實際上，談中國人文，談中國的文史之學，談中國的學問，如果不懂得六經，不懂得四書，應該難以置喙。晚清大儒沈曾植就曾說過，後生沒有唸過四書，不具備他與之交談的理由和條件。

其次，六經不僅是中國學問的源頭，也是中國人德範德傳的淵藪，是中國人立身修德之基，同時也是中華立國的精神支撐。我們華夏民族，如無"六藝"為精神依據，便人不知何以為人，國亦不知何以為國矣。葛洪說過："五經為道德之淵海"，既是"治世存正之所由"，又是"立身舉動之準繩"，"其用遠而業貴，其事大而辭美，有國有家不易之制"。[1] 斯又如一位古學先生所言："吾常昧爽櫛梳，坐於客堂，朝則誦羲文之《易》，虞夏之《書》，歷周公之典《禮》，覽仲尼之《春秋》。夕則逍遙內階，詠《詩》南軒，洋洋乎其盈目也，煥爛兮其溢目也，紛紛欣然兮其獨樂也。當此之時，不知天之為蓋，地之為輿，不知世之有人，己之有軀也。"[2] 是為讀經之樂，雖是古人的感受，亦不妨略資想象。

再次，以六藝之學為國學，則國學可以入於國民教育。2008年，我繼《論國學》之後，又寫了《國學辨義》長篇論文，對國學入

[1] 朱彝尊：《經義考》卷二百九十五通說一，第八冊，台北："中央研究院"文哲研究所校點發行，1999年，第777頁。

[2] 同上，第774頁。

於國民教育的問題進而有所探討。我主張小學、中學，大學的一二年級，作為通識教育的課程，都開設國學課。內容就是六經，而以《論語》和《孟子》作為入徑。本來開始我提出的是在小學開設國學課，香港中文大學的金耀基先生——他是有名的文化社會學家，曾擔任中文大學的校長，他看到我的《論國學》一書，寫信說，你提出了重要的問題，這一主張等於在現在通行的知識教育之外，補充上價值教育。但金先生說，何必只在小學呢？他說中學和大學也許更重要。我覺得他講得非常正確，所以在《國學辨義》長文中採納金耀基先生的高見，論述了小學、初中、高中，大學一二年級開設國學課的具體設想。當然六經的文字比較難讀，但《論語》和《孟子》可以成為六經的入門階梯。因為孔孟所講的義理，就是六經的義理，這一點宋代的二程（程顥、程頤）和朱熹，他們講得最清楚。二程子甚至說："學者當以《論語》、《孟子》為本。《論語》、《孟子》既治，則六經可不治而明矣。"朱熹做了一件思想史和教育史上的大事情，即把《論語》、《孟子》和《禮記》的《大學》、《中庸》兩篇，編訂在一起，名為"四子書"，簡稱"四書"。明清以後四書廣泛流行於社會，成為普通中國人進學的教科書。

六經雖難，四書卻讀來方便。當然《大學》、《中庸》讀懂也不容易，比較起來《論語》、《孟子》更好讀一些。所以我主張在小學、中學和大學的一二年級開設國學課，不妨從《論語》、《孟子》入手，輕鬆一點，每周一節課，五十分鐘，也不必看注釋，主要是白文選讀。小學就是《論語》和《孟子》，一二三年級也可以只讀《論語》，四五年級再讀《孟子》。開始選讀，有了基礎，再閱讀全本。中學就可以讀包括《大學》、《中庸》在內的全本四書了。高中再加上六經經文的選讀。過去的教育，中國傳統的教育，私塾的教育，書院的教育，基本的教材，都是四書、五經這些東西。這樣在百年之後，幾百年之後，這些中華文化的最基本的經典就可以成為中華兒女的文化識別符號。它不會影響青少年對現代科技的吸收，不影響你將來選擇的專業方向。我認為這是現代教育亟待解決的非常重大的問題。

再次，如果認可六藝之學為國學，現代教育系統所缺失的傳道的問題，就有著落了。自從 1905 年廢除科舉制度（這是中國教育轉型的一個分界線），其中衍生出一個非常大的問題，為人們習而不察，這就是教育和傳道的問題。晚清開始我們採取的西方的教育體制，主要是知識教育。當然這是不得不然的選擇。因為我們必須往現代的方向走，不可能不採取現代教育體制，重視知識教育，否則我們的科學技術便不會發展。但現代以知識教育為重心的教育體制，丟失了一個東西，就是"道"。我們的傳統教育，歷來把傳道放在第一位。所以韓愈的《師說》提出："師者，所以傳道授業解惑也。" 授業就是講授專門知識，解惑是回答弟子的問題，但"傳道"是放在第一位的，這是中國歷來的教育傳統。那麼道者為何？傳什麼道？既不是老莊之道，也不是佛教之道，更不是基督教或天主教的道，而是中華文化最高經典裏面的道。這個道在哪裏？在《論語》，在《孟子》，但主要是在六經。六經的基本義理就是中國思想文化的天下大道。可惜現代教育制度建立以後這個道不傳了，這是一個無可估量的損失。也許有人會講，現代教育體制來自西方，不也是知識教育嗎？人家不是也不傳道嗎？這個說法不對。西方也傳道，只不過它有單獨的系統，它的傳道是通過教會。

　　最後，以六藝之學為國學，大中小學開設國學課，其中應當有文言文的寫作練習一項。五四新文化運動，白話文代替文言文，自是不可阻擋的潮流，也是文化與社會發展的必然之勢。但徹底放棄文言、廢棄文言，則不是明智之舉。就像現代知識教育丟棄了傳道一樣，文言寫作的基本廢棄也是文化傳承的一個損失。文言有什麼好處呢？文言的重要好處是它可以保持文本書寫的莊嚴。文言表達婉曲典雅，可以不失身份地曲盡其情。其實國家的重要文誥，重要的文件，包括慶典的告白，以及外交文獻，適當使用一點文言，會顯得更加典雅莊重。誠如馬一浮先生在抗戰時期對國家文制所期許的："飛書走檄用枚臯，高文典冊用相如，中土如有復興之日，必不安於鄙倍。但將來制誥之文，必須原本經術，方可潤色鴻業，此尤須深於詩書始得。"[1]我所說的文本的莊嚴，就是這個意思，馬先生已經專門示明了。

　　所以，如果定義國學為六藝之學，國學就可以入於國民教育。反之，如果定義國學為國故學，由於繁多而不知從何說起。即使定義為我國固有學術，那也不是很多人都需要涉獵的領域。那是研究中國學術史的人所研治的範圍，不可能也不需要大家都 "熱" 在其中。唯有六藝之學，關於六經義理價值的學問，那是與每一個人都相關的學問，應該成為國民教育的基礎內容。如果一定要使用 "國學博士" 的稱謂，那麼其所作的學位論文，亦應該不出經學和小學的範圍，而且獲得此一博士學位的人應該少之又少。其他博士需要三年，這個以經

---

[1]　馬一浮：《示王子遊》，《爾雅台答問續編》，《馬一浮集》第一冊，第 667 頁。

學和小學為主要研究對象的學科，應該需要五年或者六年的時間。此外，國學教育也應該同時成為國學研究的對象。以此大學的國學院，應該有三部的設置：第一，經學部；第二，小學部；第三，國學教育部。

按此思路，如此設置，百年來的國學與現代學術分科的糾結，便可以迎刃而解了。

八、學習國學從《論語》開始

馬一浮國學論的另一貢獻，是發現《論語》裏面有 "六藝"。他說："《論語》記孔子及諸弟子之言，隨舉一章，皆可以見六藝之旨。"[1] 他的《論語首末二章義》一文，就是專為揭明此義而寫。他寫道："首章曰：'學而時習之，不亦説乎？有朋自遠方來，不亦樂乎？人不知而不愠，不亦君子乎？' 悦、樂都是自心的受用。時習是功夫，朋來是效驗。'悦' 是自受用，'樂' 是他受用，自他一體，善與人同。故 '悦' 意深微而 '樂' 意寬廣，此即兼有《禮》、《樂》二教義也。"[2] 又釋 "君子" 一語云："《易》是聖人最後之教，六藝之原，非深通天人之故者不能與《易》道相應。故知此言君子者，是《易》教義也。凡言君子者，通六藝言之，然有通有別，此於六藝為別，故説為《易》教之君子。學者讀此章，第一須認明 '學而時

---

[1]　馬一浮：《泰和宜山會語》，《馬一浮集》第一冊，第 28 頁。

[2]　同上，第 29 頁。

習之’，學是學個什麼；第二須知如何方是時習工夫；第三須自己體
驗，自心有無悦澤之意，此便是合下用力的方法。末了須認明君子是
何等人格，自己立志要做君子，不要做小人，如何才夠得上做君子，
如何才可免於為小人。其間大有事在，如此方不是泛泛讀過。”[1]

　　為何釋君子而追溯到《易經》，馬先生給出的理由是：“孔子繫
《易》，大象明法天用《易》之道，皆以君子表之。”[2] 例如《乾》卦
的“象辭”是：“天行健，君子以自強不息。”《坤》卦的“象辭”為：
“地勢坤，君子以厚德載物。” 乾、坤兩卦均以君子之名標領，可知
“厚德” 與 “自強” 是為君子之德也。已往研究者釋君子一名，有時
以 “位” 稱，有時以 “德” 稱，馬先生則認為：“君子者，唯是成德
之名。”[3] 又説：“君子但為德稱，不必其跡應帝王也。”[4] 而《易經》
涉君子一詞，一般都是 “以成德為行”[5]，這和《論語》中使用的君子
概念，是一致的。馬先生以《論語》首章為例，證明《論語》中有“六
藝之旨”，應是真實不虛。至於《論語》的末章，馬先生説，末章“不
知命，無以為君子也”，是《易》教義；“不知禮，無以立”，是《禮》
教義；“不知言，無以知人”，是《詩》教義。[6] 亦屬諦言。馬先生又
説，“首章是始教，意主於善誘”，末章是 “終教，要歸於成德”；“以
君子始，以君子終，總攝歸於《易》教”。

---

[1]　馬一浮：《泰和宜山會語》，《馬一浮集》第一冊，第 31 頁。
[2]　同上，第 29 頁。
[3]　同上，第 33 頁。
[4]　同上，第 29 頁。
[5]　《易·乾卦·爻辭》。
[6]　馬一浮：《泰和宜山會語》，《馬一浮集》第一冊，第 31 頁。

　　《論語首末二章義》在馬先生只是示例，更系統的講述主要在《復性書院講錄》中。《群經大義》是馬先生在復性書院授學講論的重頭戲，共分七講，曰《群經大義總說》，曰《論語大義》，曰《孝經大義》，曰《詩教緒論》，曰《禮教緒論》，曰《洪範約義》，曰《觀象卮言》，共二十餘萬言。而《論語大義》置於群經釋義之首，超過三萬言。他的講論方法，就是從《論語》說六藝。當然和《論語首末二章義》不同，此篇是系統論述。他說："六藝皆孔氏之遺書，七十子後學所傳。欲明其微言大義，當先求之《論語》，以其皆孔門問答之詞也。據《論語》以說六藝，庶幾能得其旨。"[1] 他分別以詩教、書教、禮樂教上中下、易教上下、春秋教上中下，闡發《論語》中的六藝之旨。內容豐富詳博，條例粲然，因非本篇題旨的重心，具體釋解分疏，不是本文的任務。我只想證明，《論語》是可以直接通六藝的，《論語》反覆講述的義理，就是六經的基本義理。因此欲學六藝不妨從《論語》開始。

　　馬一浮關於《論語》通六藝的創解，哲學家賀麟先生評價極高，寫道："進一步他提出《論語》為總經，指出《論語》中已包括六藝的大義。他以孔子言仁處，講明詩教；以孔子言政處，講明書教；以孔子言孝弟處，講明禮樂教；以孔子之言正名，為春秋大義；以孔子在川上章，於變易中見不易，及予欲無言章，明示性體本寂而神用不窮，即以此兩章，講明易教大義。提綱挈領，條理清楚，頗能融會貫

---

[1]　馬一浮：《泰和宜山會語》，《馬一浮集》第一冊，第 137 頁。

通。所以他《論語大義》一書，實最為他精要的綱。"[1] 然則《論語大義》完全可以看作是馬先生講述《群經大義》的綱。這樣我們就可以放心地提出，《論語》不僅是後人進入六經的途徑，同時也是今天我們學習國學的最便捷的途徑。

在今天，對大多數民眾而言，學習國學主要不是要進入六經的學問體系，那是一個煩難的學問世界。沒有文字學、訓詁學、音韻學的相當準備，未免障礙重重。即使有一定的小學訓練，不了解中國社會歷史和制度變遷，特別是於學術流變的歷史缺少整體的了解，進入六經的堂奧，也是困難的。所以我主張大學國學院的經學部，招生的人數不必多，學制需適當延長，最終以培養經學和小學專家或大師為職志。但一般的民眾，包括大學生、中小學教師、公務員、企業員工，主要是學習六經的價值論理。也就是班固《漢書·藝文志》説的："古之學者耕且養，三年而通一藝，存其大體，玩經文而已，是故用日少而蓄德多。" 學習國學，學習六經，主要是為了 "蓄德"。

蓄什麼德？近年我從《易經》、《禮記》、《論語》、《孝經》等中國最高經典中抽繹出五組概念，包括誠信、愛敬、忠恕、知恥、和同，都是直接關乎做人和立國的價值論理。我認為它們是中國文化的最核心的價值理念。誠信來自《易經》乾卦的爻辭，引孔子的話説："君子進德修業，忠信所以進德也。修辭立其誠，所以居業也。" 大家細想，人生在世，何求何為？"進德修業" 四字可以概括無遺。還不是想在事業上取得成功，並在道德上修為自己？而進德的前提，

---

[1] 賀麟：《五十年來的中國哲學》，上海人民出版社，2012 年，第 29—30 頁。

是"忠信"，修業的前提，是"立誠"。總之是誠信二字，可以使自己快樂自足，可以使自己事業有成，可以使自己立足天下而無愧憂。《論語》通六藝，其首章引曾子的話說："吾日三省吾身，為人謀而不忠乎？與朋友交而不信乎？"孔子則提出"主忠信"。既是孔門之教，又是六藝之旨。"愛敬"一詞連用，最早見諸《孝經》。其第二章引孔子語："愛親者，不敢惡於人；敬親者，不敢慢於人。愛敬盡於事親，而德教加於百姓。" 第十八章："生事愛敬，死事哀戚，生民之本盡矣，死生之義備矣，孝子之事親終矣。"也是孔子的話。《論語》首章載孔子的話："道千乘之國，敬事而信，節用而愛人，使民以時。""愛敬"兩字於此處全出。孔子答樊遲問仁，則曰"愛人"[1]。而子路問君子，孔子說"修己以敬"[2]。子張問如何行事，孔子的回答是："言忠信，行篤敬，雖蠻貊之邦行矣。"[3]孔子談禮儀的重要，又說："居上不寬，為禮不敬，臨喪不哀，吾何以觀之哉？"[4]則禮的精神內核應該是"敬"無疑。"愛敬"這種價值論理，也可以由《論語》而通六經。

"忠恕"則直接來源於《論語》，即曾子說的："夫子之道，忠恕而已矣。"[5]"忠"是推己，即看自己的"心"是否擺得正。"恕"是"及

---

[1] 《論語・顏淵》。

[2] 《論語・憲問》。

[3] 《論語・衛靈公》。

[4] 《論語・八佾》。

[5] 《論語・里仁》。

人”，即換位思考，將心比心。孔子對“恕”的解釋，是“己所不欲，勿施於人”[1]。我稱恕道體現了中國文化的異量之美，已成為世界公認的道德金律。“知恥”來自《禮記·中庸》，也是引孔子的話：“好學近乎知，力行近乎仁，知恥近乎勇。知斯三者，則知所以修身；知所以修身，則知所以治人；知所以治人，則知所以治天下國家矣。”我由此得出一個判斷，即修身應該從“知恥”開始。

　　“和同”是我近年研究得最多也講得最多的價值理念，其思想來自《易經》的“繫辭下”：“天下何思何慮？天下同歸而殊途，一致而百慮。”而“同人”一卦則是專門演繹“與人和同”易理的一卦。2016年《文史哲》雜誌第3期有我的《論和同》一文，兩萬餘言，析論考證“和同”之義甚詳盡，有興趣的朋友可找來參看，此不多具。“和”是由“不同”組成，不同也能共處於一個統一體中，是為“和”。如果都是由“同”組合在一起，那就不成其為事物了。所以《國語·鄭語》引史伯的話說：“和實生物，同則不繼。”史伯是古代的智者，他這句話道出了“和”、“同”關係的辯證法。由不同組成的“和”是多樣的統一，故能更新，故能發展，故能再生。如果是“同”、“同”捆綁在一起，那就無所謂更新、發展和再生了。求之《論語》，則是孔子所講：“君子和而不同。”斯言體大，窮理盡性，無漏無遺，一言九鼎。一個是“和而不同”，一個是“己所不欲，勿施於人”，我認為是孔子給出的，同時也是中國文化給出的人類麻煩解

---

[1] 《論語·衛靈公》。

決之道。我有一篇文章專門論述此義，題目是《“和而不同”是中華文化的大智慧》。關於“敬”的義理價值，2016 年第 3 期《北京大學學報》刊有我的一篇特稿，名《敬義論》，三萬字的篇幅，可以説將“敬”的義理發掘殆盡。“敬”是人的不可奪之“志”，是生命個體的“自性莊嚴”。我的結論是，“敬”這個價值理念已經進入中華文化的信仰之維。

總之，誠信、愛敬、忠恕、知恥、和同，是六藝典籍中的最重要的價值論理，也是中國傳統文化的最核心的價值論理。所謂國學，就是通過立教來傳育這些萬古不磨的價值論理，以培養、熏陶、涵化新時代的“六藝之人”。《禮記・大學》開篇之“大學之道，在明明德”以此，“在新民”，以此，“在止於至善”，更是以此。這些價值理念不僅沒有過時，而且恰合於今天的文化建設和價值重構。實際上，這些價值論理不僅適用於中國人，也適用於外國人，適用於全世界所有的人。當年馬一浮在浙江大學開國學講座的時候，他不是説過：“此是某之一種信念，但願諸生亦當具一種信念，信吾國古先哲道理之博大精微，信自己身心修養之深切而必要，信吾國學術之定可昌明，不獨要措我國家民族於磐石之安，且當進而使全人類能相生相養而不致有爭奪相殺之事。”[1] 他説只有具備了此種信念，“然後可以講國學”。馬一浮先生的思想和信念，應該成為我們每一個致力於中國文化復興的學人的思想和信念。

---

[1]　馬一浮：《泰和宜山會語》，《馬一浮集》第一冊，第 4 頁。

　　我們今天學國學，就是讓這些高貴的精神論理跟我們每個人的精神世界連接起來，跟我們中國人的精神血脈溝通起來，跟全世界人之為人的"本具之理"聯繫起來，形成現代的文化自覺，以恢復人類的本然之善。

2016 年 11 月 21 日寫訖於東塾，
載《文史哲》2017 年第 2 期

第二篇

文化與傳統

中國文化的特質及其價值取向

一、"文化傳統" 和 "傳統文化"

"文化傳統" 和 "傳統文化" 是兩個不同的概念。

"傳統文化"，是指傳統社會的文化。一般把周秦以降直至清朝最後一個皇帝退位，也就是 1911 年辛亥革命之前，稱作傳統社會；辛亥革命後，中國社會的現代形態逐漸突顯。當然無法用 1911 年把傳統與現代做一截然劃分，文化與社會的變遷比政治事變要複雜得多。寬泛一點看這個問題，也許講清末民初是中國傳統社會向現代社會過渡的轉折時期，在語義和事實上比較恰當。總之晚清以前的中國文化可稱為中國傳統社會的文化，也就是傳統文化。

傳統文化的內容，取決於我們對文化一詞如何定義。

人類學家對文化一詞的解釋是多種多樣的，美國人類學家克羅伯（Kroeber）和克拉孔（Kluckhohn）在他們 20 世紀 50 年代合著的《文化：關於概念和定義的檢討》一書中，列舉出一百六十多種西方學者關於文化的定義。1970 年代以後，符號學盛行，對文化的定義就更多了。我個人使用的定義，是自己在研究中抽繹出來的看法。

我傾向認為，文化應該指一個民族的整體生活方式及其價值系統，這是廣義的用法；狹義的用法，可以指人類的精神生產及其成果的結晶，包括知識、信仰、藝術、宗教、哲學、法律、道德等等。因此廣義地説，中國傳統文化就是指中國傳統社會中華民族的整體生活方式和價值系統。

但如果説到文化傳統，就是另外的概念了。

文化傳統是指傳統文化背後的精神連接鏈，並不是所有的文化現象都能夠連接成傳統。有的文化現象只不過是一時的時尚，它不能傳之久遠，當然不可能成為傳統。按照美國社會學家希爾斯（Edward Shils）的觀點，傳統的涵義應該指世代相傳的東西，即從過去傳衍至今的東西（至少應該傳衍三代以上）。文化傳統當然存在於傳統社會的文化現象之中，但它更多地是指這些文化現象所隱含的規則、理念、秩序和所包含的信仰。

能夠集中地體現具有同一性的規則、理念、秩序和信仰的文化現象，就是傳統的文化典範。我們面對一尊青銅器、一組編鐘、一座古建築或一個古村落，人們有時也説看到了中國文化的傳統，其實這樣説並不準確，實際上看到的是傳統的遺存物，這些遺存物所涵蘊的規則、理念、秩序和信仰，才是傳統。但能夠留存至今的遺存物本身同時也是一種文化典範，裏面藏有該民族文化傳統的一系列密碼。

對於文化傳統來説，信仰的因素非常重要。因為傳統之所以被稱為傳統，往往由於這些傳統有一種神聖的感召力，希爾斯把這種現象叫作傳統的克里斯馬（Charisma）特質 [1]，即傳統所具有的某種權威性和神聖性。可以説，如果沒有信仰的因素摻入，能否形成真正的傳

---

[1] 可參見前引希爾斯的《論傳統》一書。

統，都不是沒有疑問。即使缺少信仰的成分，也必須融進崇拜的精神，才能凝結為傳統。中國傳統社會用儒家思想編織起來的綱常倫理，對家庭的結構和文化傳承來説就是一種具有權威性的傳統，但它裏面崇拜的成分大大超過信仰。

二、文化傳統的更新與變異

傳統不是一個凝固的概念，在連接和傳衍中它會發生變異，會不斷被賦予新的內容。例如儒家思想，在先秦、在兩漢、在宋明、在清代，都有所不同，都有新的成分添入。希爾斯説，對傳統而言，"增添是一種最常見的形式"[1]。事實上，只有後來者不斷為既存的傳統增添新的內容和新的典範，傳統才更充實、更有價值，才有可能不著痕跡地融入現在，成為活著的傳統。但新增入的成分在大多數情況下只能處於邊緣狀態，而且會遭致固守既存傳統人士的反彈。除非已經進入傳統變異的另一情境，即固有傳統和新成分實現高度融合，人們已經無法分清楚傳統構成的新與舊，甚至以為新成分原來是舊相知，傳統就成為既是現在的過去又是現在的一部分了。

文化傳統在傳承的過程中，不僅需要增添新的內容新的典範，而且需要對異質文化的吸收和融合。傳統往往不是單一的，而是一種綜合。對不同質的文化傳統的吸收和融合，可以使固有傳統因注入新的血液而勃發生機，並變得更健康、更有免疫力。唐代文化氣象博大、

---

[1]　見希爾斯之《論傳統》。

心胸開闊、儀態輕鬆，就和大膽吸收西域文化、舊傳統中融入了異質的新成分有直接關係。其實這一過程就是傳統更新的過程。這一過程一般是緩慢的、漸進的、不知不覺的，因此也可以看作是一種文化的濡化過程。這種濡化過程一般不會引發激烈的衝突，也不破壞既存的文化秩序。但這需要充當異質吸收的文化主體強大、有自信力和包容精神。漢朝和唐朝的時候，中國文化的主體是具備這種條件的，所以有佛教的傳入，有和西域文化的交流。

到了晚清，國家處於被東西方列強瓜分的境地，有亡國滅種的危險，民族文化的主體性完全弱化，失去了與西方文化平等對話的條件，更不要說文化的濡化了。張之洞算是有心人，提出"中學為體，西學為用"，說到底也不過是"應變"的一種方式而已。其實處於晚清時期的中國社會與文化，與當時西方的社會與文化，彼此之間有好大一個時間差。西方已經是建構了現代文明的社會，中國還沒有從幾千年的傳統社會裏轉過身來，雙方沒有站在同一水平線上。這種情況，不可能有中國文化傳統對西方異質文化的正常吸收，必然爆發激烈的文化衝突，衝突的結果大家知道，是中國文化打了敗仗。

我們常說的中國文化，就包括中國傳統文化和文化傳統兩部分。中國古代並沒有中國文化這個直捷的概念。只有到了晚清，西方文化大規模進來了，與之相比較，才有中國文化之說。換言之，"中國文化"這個概念，是晚清知識分子自我反省檢討傳統的用語，它既包括傳統社會的文化現象，又包括傳統文化背後的精神連接鏈即文化傳統。現在我們使用中國文化這個概念，已經把傳統文化和文化傳統、古與今、傳統和現代，都連接在一起了。

三、中國傳統文化的特質及其價值取向

　　中國傳統文化是一個非常大的概念，是一個包含著諸多類分的綜合概念。我們講中國傳統文化的特質，只能找出一些共通性的問題，從一個方面、一定角度、一些類型，來看中國傳統文化的特徵，而且只能理出一些最主要的特徵。

　　那麼，中國傳統文化都有一些什麼樣的特質呢？

　　第一，是歷史悠久。中國傳統文化的歷史，自夏、商、周三代的夏朝算起，有四千多年，所以號稱五千年的歷史文明。從周秦算起，有三千多年。世界四大文化圈：古希臘羅馬文化、阿拉伯文化、印度文化和中國文化，其中中國文化是世界最古老的古文明之一。

　　第二，中國傳統文化是在一不間斷的同時也是較少變化的傳統社會形態框架內生存的文化系統。梁漱溟先生說：“百年前的中國社會，如一般所公認是沿著秦漢以來，兩千年未曾大變過的。”秦漢到晚清都是封建制度，說社會形態沒有發生根本的變化，或較少變化，應該能夠成立。但這不妨礙不同歷史段落的文化有不同的特色。如殷周時期的青銅器文化、秦漢的制度文化、唐的多元繁榮、宋的思想、明代的城市生活、清的學術等等。就文化的形而上形態學術思想而言，不同歷史階段都有不同類型的高峰期，如春秋戰國時期的子學、兩漢的經學、魏晉南北朝的玄學、隋唐的佛學、宋代的理學、明朝的心學、清代的樸學等。

　　第三，中國傳統文化是一多元文化形態。就其發生來說，是多元的。過去說中國文化是黃河文化。現在學術界的看法，長江文化是與

黃河文化不同的一源。就其族群的構成來說，華夏文化為主體，同時包括眾多民族的文化。就文化思想來說，儒、釋、道三家主要思想學說，呈多元互補之勢。

第四，中國文化是富有包容性的文化。它的同化的功能很強，孔子說："夷狄入中國，則中國之。" 各民族之間的融合，文化是最好的溶解劑。中國文化對異質文化的吸收和消化能力是驚人的，明顯的例證是對佛教的吸收。華夏民族不排外，即使窮鄉僻壤，也懂得尊重外來者的文化習俗。

第五，就生活形態來說，中國傳統社會主要是一農耕社會，所以其文化精神，正面說有吃苦耐勞、生生不息的特點；負面說常常表現為自給自足的心理、缺少冒險精神、重農輕商等等。中國傳統社會長期抑商，所以商品經濟不夠發達，這是中國傳統社會的一個癥結。晚清與外人打交道陷入被動，國力不強固然是主要原因，缺少商品意識和市場觀念，也是問題的一個重要方面。

第六，中國傳統社會屬於宗法社會的性質。以家族為本位、家國一體，是傳統的社會形態和文化形態的重要特徵。家不僅是生活單位，而且是生產單位。家庭成員一般不遠離家庭。孔子說："父母在，不遠遊。"如果一個家庭的成員長時間出離在外，就叫"遊子"，"遊子" 如同幽魂離開軀體，其身份是很悲哀的。傳統社會的家庭不只是一家一戶的家，還要擴大、輻射出 "家族"。因為家庭中以父親為主軸，父的父是祖父，父的兄是伯，父的弟是叔，父的姐妹是姑；母親方面，母的父是外祖父，母的兄弟是舅，母的姐妹是姨；父親的兄弟生的孩子，又構成堂兄弟、堂姐妹系列；母親的兄弟姐妹生的孩子，構成表兄弟、表姐妹系列。祖、父、兄、弟、伯、叔、舅都會娶妾，又會生育，於是又衍生出庶出的一大群。於是便有了嫡、庶的問題。而且每一枝系都有固定的名稱。這和西方是完全不同的。所以中國傳統社會的家族可以變得非常龐大，像《紅樓夢》裏的賈家那樣。大的家族有族長、有管家、有傭工、有保安巡邏人員、有統一的祭祖活動，對有過失的家族成員可以刑訊處罰，甚至處死。儼然是一個"準"國家。

中國古代理念上（不是說事實上）沒有"社會"這個概念，"家族"成為社會的基本單位，或者說家族的分佈和聯結網絡就相當於社會，它是以血緣為紐帶，而不是靠契約來維繫。家族還有傳宗接代的功能，娶妾的直接目的就是對家族傳宗接代功能的補充（對男性亦有性調劑的作用）。家的橫向輻射是家族，縱的聯繫就是世系。因此傳統社會常把"家族"和"世系"並稱，叫"家族世系"。因此傳統社會非常重視家譜，譜牒學是一項專門的學問。宋代的范仲淹呼籲，要切實保護宗族的利益，因此宋朝有"義莊"之設。明清兩代更為普遍，至於聚族而居成為風氣，常常一個村莊只有一個姓氏，甚至幾個村莊都是一個姓氏，所謂"六鄉一姓"的現象，史不絕書。西方人類學家重視"族群"的概念，在中國主要表現為"家族"。

中國古代甚至很少使用"國家"這個概念，經常使用的是"家國"。研究者也有的說，中國傳統社會只講"忠君"，不講"愛國"。至少中國古代並沒有"愛國"這個概念。但重視"天下"。"天下"包含"社稷"和"蒼生"兩部分內容。"社稷"原意是對土神和穀神的祭祀，後來用來指國家政權。和社稷連用的是"江山"，"江山"

指疆土、國土。社稷和江山加起來，相當於國家。"蒼生"本義是指長得很亂的草木，後專指百姓。總之，在中國傳統社會：

$$社稷＋江山＝國家$$
$$社稷＋蒼生＝天下$$

這個公式是我個人總結出來的，卻覺得頗能反映中國傳統社會政治結構的特徵。顧炎武說："天下興亡，匹夫有責。""匹夫"指單獨的男性個人，而且是很普通的男性個人；如果是唸過書的男性個人，就叫"匹士"了。明末還有"天下興亡，匹婦有責"的說法，陳寅恪表彰的柳如是就有此種信仰。值得注意的一點是，顧炎武說"天下興亡"，沒有說"國家興亡"，為什麼？也許"天下"這個概念，既包括國家政權又包括老百姓（蒼生）？而國家只包括"社稷"和"江山"，老百姓沒有包括在內。

第七，儒家思想是中國傳統社會的主流意識形態，國家的政治結構和家庭網絡主要靠儒家學說編織而成。因此儒家思想是中國傳統文化的核心價值。具體地說，"三綱五倫"就是這一核心價值的主要道德規範。"三綱"是對君臣、父子、夫婦關係的行為規範，第一項關乎國，第二、三項關乎的都是家，可見"家"在中國傳統社會的重要地位。"五倫"指君臣、父子、夫婦、長幼、朋友的關係。孟子說："父子有親、君臣有義、夫婦有別、長幼有序、朋友有信。"孟子稱這"五倫"及其規範為"人倫"。後來漢代又有"六紀"之說，包括諸父、兄弟、族人、諸舅、師長、朋友，對"五倫"做了外延性的擴大，其實就可以規範所有人與人之間的關係了。

“師長” 和 “朋友”，是家族以外的取項。傳統社會重教育和教化，師的地位很高，這是從孔子開的頭。各級官吏實際上也擔負著教化的任務。即使是王者，也需要有師。天、地、君、親、師，師的排序僅次於君、父。師的含義不僅指直接的授業啟蒙者，科舉考試時代考取的進士，也稱錄取他的考官為師，考官視他錄取的生員為門生，同榜進士則稱同年。所以傳統社會就是以家族為中心的一面大網，“三綱五倫” 或 “三綱六紀” 是這面大網的綱，通過綱常倫理來維繫家庭和社會的秩序。史學家陳寅恪甚至認為，“三綱六紀” 就是中國文化的基本定義。他說：“吾中國文化之定義，具於《白虎通》‘三綱六紀’ 之說，其意義為抽象理想最高之境。”

“三綱六紀” 所規定的倫理規範和語詞概念，有越來越細化的趨勢。光是孟子講的 “義” 和 “信”，覺得還不夠完善，所以又發展、衍生出一系列對應性的重要倫理概念。君臣關係使用 “忠”、父子關係使用 “孝”、夫婦關係用 “義”、朋友關係用 “信”。特別是 “孝”，更居於核心位置。《孝經》上說：“孝始於事親、中於事君、終於立身。”把君、父完全連接在一起，所以古代文本語言，常常以 “君父” 和 “家國” 並提。當然這些是道德規範，同時如陳寅恪所說，也是最高境界的文化理想。所以傳統士人的最高理想，是 “修身、齊家、治國、平天下”。至於能否真正做到，是另一回事。但我有一個理念的同時也是經驗的看法，就是如果了解了儒家思想及其道德規範，了解了家庭和家族的構成和來龍去脈，我們大體上可以了解中國傳統社會和傳統社會的文化。《紅樓夢》所以重要，就在於它對傳統社會的家族構成和文化結構做了一次總解剖。

第八，中國人的自然觀、對自然的態度，是主張 "天人合一" 的，相信 "人與天地萬物為一體"。這點許多學者都有過論述，我主編的《中國文化》還專門就這個問題做過討論。"天人合一" 的思想可以使人與自然不那麼對立，很適合現在的環保主張。但也有專家認為，中國人的這種哲學思想，是傳統社會缺少系統的科學、科技不發達的原因。

"天人合一" 這個命題，包括天和人兩個方面，實際上說的是兩個對立體彼此的關係。既然是兩個方面、兩個對立體的關係，就有孰強孰弱、誰佔的成分大、以誰為主的問題。在中國傳統社會，"天人合一" 這個命題是 "天" 的勢力大，還是 "人" 的勢力大？是天為主導還是人為主導？在觀念上，恐怕是要人往天那邊靠而不是相反，所以古代有 "順天"、"聽天命" 等說法。當然這個命題也有要提升人的境界的意思，所以馮友蘭講 "天地境界"。但要求太高，不容易達到。孔子講的 "五十而知天命"，已經是很高的境界了，也只是說應該知道能夠做什麼、不能夠做什麼，人的一生能夠成就到怎樣的程度，是天命決定的，不可強求——這就是孔子的意思，如是而已。

第九，中國傳統社會有最完整的文官制度，這在世界文明史上絕無僅有。文官制度和科舉考試有關，科舉考試制度是中國獨有的。唐代以詩取士，後來考八股文增加試帖詩，所以傳統社會的文官大都會寫詩。文官制度的最高表現是宰輔制度。相權對皇權有一定分解作用，他可以讓皇帝少犯錯誤。

第十，關於中國文化背景下的宗教信仰問題，總的看中國人對宗教的態度比較馬虎。孔子說：“祭神如神在。”那麼不祭呢？難道神就不存在了？宗教的態度是不允許對信仰的對象做假設的。佛教中國化之後演變為禪宗，宗教的味道已大為減弱。民間化、世俗化的佛教，隨意的成分也很強。道教是自然宗教，操作性強，信仰的力度不是很堅實。中國人對待超自然的力量，信仰的成分不如崇拜的成分大，但崇拜不是宗教意義上的信仰。在中國人的眼裏，天是至高無上的，是最大的神。但對天是崇拜而不是信仰，因為天並不總是能滿足人的願望。對祖宗也是崇拜而不是信仰。拜天祭祖是中國人的最高禮儀，近似宗教儀式，但絕不是宗教儀式。

第十一，中國傳統社會有發達的民間社會，朝野、官府和民間界限分明。儒釋道三家的思想，儒家學說成為佔統治地位的思想，道家和佛教主要在民間。因為有發達的民間社會，有儒釋道三家思想的互動互補，中國傳統社會反而有較大的思想空間和活動空間。

第十二，中國傳統社會的不同歷史時期，都有不同風格的藝術與文學。古人的文章寫得很好，記述不同的事情有不同的文體。詩學尤其發達。書法藝術很獨特，中國文化的精神可以在書法中找到。

第十三，中國傳統社會還有一些比較特異的社會現象和文化現象，比如閹官制度、有太監（明代和晚清的太監作惡多端）；施行變相的一夫多妻制，即法定的妻妾制度，男人可以娶妾。還有女人裏小腳等等。這些恐怕就是傳統文化中不一定很好的東西了。

我僅僅是為了講述問題的方便，把中國傳統文化的一些標誌性的現象列出了十三項內容，遠不能概括於萬一。這些可以說是中國傳統文化的特異現象，但中國文化也有另外的特質，我無法在一次演講中窮盡。我們可以看出，傳統社會的文化，也就是中國傳統文化，是有好有不好的，不能一概而論。

從上述中國傳統文化的一些主要特徵中，我們大體也可以明了中國傳統社會文化形態的價值取向。比如，儒家思想是傳統文化的核心價值；社會文化以家族為本位；政治文化的家國一體；道德文化則崇尚家族倫理；思想文化中的"中庸"和"恕道"；自然哲學的天人合一；宗教文化的三教並存和三教合一等等，都可以看出中國傳統文化的價值取向方面的特點。這些價值取向方面的特點，不僅屬於過去，也是今天現代中國人文化哲學和文化性格的組成基因。

載《南京師範大學學報》2004 年第 1 期

文化學視野下的文化和中華文化

我先就文化學理論的一般問題，講幾點概括性的觀點。一是到底什麼是文化，二是中國由傳統走向現代的曲折歷程，三是文化傳統和傳統文化，四是文化的大傳統和小傳統，五是中華文化的基本特質。

一、何謂文化

講中國傳統文化的價值理念，迎面而來的一個問題是，什麼是文化？

文化的定義很多，20 世紀 50 年代初，美國有兩位人類學家，克拉孔和克羅伯，他們寫了一本書，叫《文化：關於概念和定義的檢討》，他們在這本書裏列舉出西方關於文化的一百六十多種定義。而在 20 世紀 70 年代以後，符號學盛行，關於文化的定義更多了。我無法發明一個全新的定義，只能說我喜歡使用一個什麼樣的定義。

我經常使用的定義是，文化是指一個民族的整體生活方式和它的價值系統。

文化與不同人群的生活方式、不同的民族有關係，不同的民族有不同的生活方式。就像我們看東南亞一些國家，他們的生活方式跟我們不完全相同，但又有很多相同的東西，比如他們也需要吃飯，需要穿衣服，需要行走，步行或者乘車……這些基本的機能方面和追求的目標方面，跟我們有很多是相同的，因為都是人類的生活。可是具體的生活方式又跟我們不盡相同，吃的東西不完全一樣，穿的服裝不完全一樣，生活習慣不完全一樣。這些就是文化跟不同的地域、不同的人群聯繫起來之後發生的文化差異。

還需要了解一個問題，文化不是凝固的東西。假如說文化是一個結構的話，這個結構是鬆散的，充滿了張力，不是一個凝固的東西。文化不能像石頭那樣可以搬來搬去，文化是水，它只能流來流去，不能任你搬來搬去。

二、曲折的現代化旅程

我這裏講的中國文化的問題，關注點在中國的傳統文化。而傳統文化這個概念，實際上是把傳統跟現代做了一個劃分。從晚清到民國以來，到現在的一百多年，中國社會的變遷，大體上是從傳統社會往現代社會轉變的一個過程，也就是通常所說的走向現代化的進程。但是這個進程還在繼續，到現在也沒有完成。我們仍然是處在走向現代的途路上，我形容為"人在旅途"。

中國近百年以來的歷史上有過三次大規模的現代化的努力。

第一次是在晚清的時候，主要是 1860 年到 1890 年這三十年，這是清朝的洋務運動時期，代表人物是李鴻章。當時李鴻章等大吏意識到中國落後了，於是提倡學習外國的東西，辦工廠，購買洋槍洋炮。我們可以把這個過程看作是中國早期的現代化的一次初步嘗試。

為什麼是 1860 年？因為在那一年，英法聯軍火燒了圓明園，中國外交面臨空前的危機，清朝才開始決定設立總理各國事務衙門，相當於現在的外交部。在此之前，清朝政府不把外國人放在眼裏，只知有中國，不知有世界，認為自己即使不跟他們建立關係也無所謂。從 1860 年到 1890 年，三十年的時間，我是舉整數，實際上應該到 1894 年和 1895 年。1894 年發生了中日甲午戰爭，1895 年戰爭結束後簽訂了《馬關條約》，李鴻章辛勤建立的北洋海軍全軍覆沒。而在當時，中國人的眼睛裏日本只是一個小國，稱它為"蕞爾小國"，就是像一蕞草一樣的小國，但這個看法實際上不對。因為日本經過了明治維新，小國已經變成一個強國。所以當時的清朝被日本打敗不是偶然的。清朝本身不肯變革，腐敗得已經到了難以支持的地步。中國歷史上的第一次現代化嘗試，就這樣由於中日甲午戰爭，被日本打敗而中斷，不僅清政府辛苦經營的北洋艦隊全軍覆沒，戰後還賠償巨額的白銀，而且把中國的第一寶島台灣割讓給日本。一直到 1945 年第二次世界大戰日本戰敗，台灣才被歸還給中國。所以中國現代化的努力是充滿了悲傷和眼淚的。

中國在歷史上第二次現代化的努力，是國民政府的現代化努力。從 1927 年到 1937 年經過十年的努力，現代化的建設有了相當的發展，經濟、政治、教育、外交各個方面，都有比較明顯的成績，現代化進程取得相當不錯的成果。但是到 1937 年日本發動全面侵華戰爭，中國歷史上第二次現代化的努力又被打斷了，而且還是被日本人打斷的。當然此前的 1931 年日本已經侵佔了中國的東三省。

新時期改革開放以來，中國重新走上了通往現代化的大道。這是中國歷史上的第三次現代化的努力，所取得的成果是空前的，每個人都享受到了實惠，同時為全世界所矚目。但這次現代化的努力還會被打斷嗎？我在十年前第一次擔任部級領導幹部歷史文化講座主講嘉賓的時候，就提出了這個問題。當時的背景是，日本的"右翼"活躍，而台灣當政的是陳水扁政權，美國有的政客也居心叵測。所以我提出了這次中國歷史上的第三次現代化努力是否還會被打斷的問題。我覺得十年前我提出的這個話題今天並沒有過時，今天仍然需要保持高度的警醒和警覺，而且不僅需要有實力，還需要有文化的和政治的大智慧。

三、文化傳統和傳統文化

傳統文化是指傳統社會的文化。傳統社會的文化很多，首先是大量的不可勝數的文本經典，即存留下來的典籍，其數量之多，為全世界所僅見。單是乙部之學即史學方面的典籍，就多得難以計數。大家了解有二十四史，加上《清史稿》是二十五史，這是所謂官修正史。還有歷朝歷代的紀事本末、系年要錄，以及關於皇帝活動的起居注。此外還有大量的野史筆記。這些都是研究歷史可以參照的基本材料。至於集部之學，更是包羅萬象，有各色人等刊刻的文集，包括詩人、作家的集子，政治家的集子，軍事家的集子。也有什麼家都不是，但身為富商或官宦人家，有錢，有雅興，也會刻自己的文集。這個從漢代算起一直到晚清，集部之書之多也是難以想象。何況還有大量的叢書、類書。清代中葉修《四庫全書》，把中國傳統的文本典籍，按照經、史、子、集四部分類來編選，收書三千五百多種，大約有八億字。何況《四庫全書》收的書並不全，沒有收入的仍然難以計數。

此外還有大量的文物遺存，包括地上的文物遺存和地下的文物遺存。地上的例如各種類型的建築，寺廟、佛塔、民居等等，地下的則是永遠也數不清的埋藏物和發掘物。近百年以來文物考古者的收穫難以想像，大量的寶貝從地下發掘出來。很多不是自覺的發掘，而是在現代的工程建設當中無意發現的寶貝。我想可以叫寶貝，其中不乏國寶級的文物。寶貝全世界都有，但中國遺存的文化寶貝之多，不能不讓我們感到自豪。

中國地上的文物遺存，哪個省份最多？答案應該是山西。地下最多的是陝西。河南也不少，湘楚地區，湖南、湖北，以及浙江，也多得不得了。這些大量的文化遺存是中華民族的文化寶貝，我們至今到各地旅遊也好，或者有意識的到這些地方觀賞也好，到處也可以看到這些寶貝，真令人感到驚歎。這就是中國的傳統文化，大量的文本典籍，地上地下的文化遺存，它們是可以看得見摸得到的。

文化傳統是指傳統文化背後的那個精神連接的鏈條，它是由理念、規則、秩序包括信仰構成。文化傳統是看不見摸不到的，它是一個精神脈系的長流，在民族文化的血脈當中由古及今地流動。

四、文化的大傳統和小傳統

文化傳統可以分為大傳統和小傳統。

大傳統是指社會的主流思想形態，在中國來講，主要是指漢以後的儒家思想。儒家思想在先秦時期，它只不過是"諸子百家"中的一家，並沒有居於特別顯赫的地位。孔子自然可以看作是儒家思想的代表，孟子、荀子繼其後，但孔子、孟子、荀子之外，還有老子、莊子、墨子、韓非子、管子、孫子、公孫龍子等等。孔子在世時很不得志，他的思想並沒有被採納，他只不過是一個主張"有教無類"的教育家和有系統思想的思想家。

到漢代前期，有另外一種思想很流行，叫"黃老之學"。黃是黃帝，傳說中的三皇五帝之一。老是老子，差不多與孔子同時的思想家。"黃老之學"主張無為，當政者採用此種學說來治理國家，成為"黃老之治"。在漢代主要指漢文帝、漢景帝時期，政策寬平，與民休息，不折騰民眾，社會氛圍比較好，所以出現了繁榮、無為的"文景之治"。但是到漢武帝時期，漢武帝是個所謂勵精圖治的皇帝，內外作為很多。在思想方面，接受了大儒董仲舒的建議，施行史家所說的"罷黜百家，獨尊儒術"的政策，使儒家思想佔據社會的主流位置。這種狀況直到清朝最後一個皇帝退位，大體上沒有根本性的變化，所以可以稱儒家思想是中國傳統社會的大傳統。

但中國傳統社會也不能說是儒家的一統天下。緊接西漢的東漢，佛教傳來了，中國的本土宗教道教也產生了。

而到魏晉南北朝時期，佛教的思想、道教的思想、老子的和莊子的思想非常活躍，為很多士人所尊崇。這樣一個長時間段，很難講儒家還繼續佔據主流位置。當時盛行的思潮是玄學，他們反覆討論的是兩個問題：一個是"名教"和"自然"的關係，一個是"有"和"無"的關係。"名教"指社會的禮法秩序，所依據的思想資源是儒家思想。"自然"是以老莊的思想作為依據，與"名教"相對立。當時以嵇康和阮籍為代表的"竹林七賢"，是"自然"派的代表，思想上"薄周孔"、"輕禮法"。"有"、"無"的問題是哲學命題，常人難以置喙。但魏晉那個時期，就是有一批思想家，像王弼、何晏、郭象等，長於思辨，越是高深的問題越感興趣。他們爭論得很激烈，也很有風度，玄學由此盛行。

隋唐時期，佛教大行其時，武則天就是有名的佛教信徒。不過儒家思想的影響仍然很大，孔穎達釐定注疏五經，所作《五經正義》成為儒家經典在唐代的新定本。

宋代的主要學術思潮是"理學"，以大儒朱熹為代表。但宋代的"理學"已經匯聚了儒釋道三家的思想。明代則出現了以王陽明為代表的"心學"。王陽明是浙江餘姚人，他覺得朱子的"理學"未免講得太麻煩，這"理"那"理"，他認為都可以歸之一心，心外無物，所以叫"心學"。

清代的時候，主要是清中葉的乾隆時期，學術上有很大的發展，以考據學為主，也叫樸學或乾嘉漢學。

就主流思想而言，儒家佔據了社會的主流，但其他的學術思想也不是完全沒有位置。學術思想的多元化是中國文化發展流變的歷史事實。明清以後，由於科舉考試以四書為依據，儒家思想跟社會制度完全結合起來了，其主流地位更加牢固，所以可以稱儒家思想是中國文化的大傳統。

小傳統主要指民間文化、民間藝術、民間信仰。儒家思想佔據社會的主流，這是中國傳統社會的一個特徵；另一個特徵，則是民間社會發達，文化的小傳統根深葉茂。傳統社會是"家國一體"，而且"家"置於"國"的前面。因為家庭是社會的基本細胞，社會的結構是以血緣關係為紐帶，而不是像西方那樣，以契約關係作為社會的紐帶。而家庭是落戶在民間的，即使住在城市，也與鄉村有千絲萬縷的聯繫。民間社會廣大深厚，使得中國的傳統社會有很大的精神活動的空間，並不如以往的教科書講得那樣簡單，籠統地把中國傳統社會單純地看作只是一個專制的社會，以為專制得讓每個人都活得透不過氣來。

如果說儒家思想作為傳統社會的文化大傳統主要是在朝的思想，那麼佛教、道教和道家的思想則主要是在民間。過去史學界解釋中國歷史現象，採用"五種生產方式"的理論範式，把社會的歷史變遷分為原始社會、奴隸社會、封建社會、資本主義社會、社會主義社會五個歷史階段。用這種理論範式解釋中國歷史，無法解釋得通。一個是中國沒有經歷資本主義階段，另一個是被稱為"封建社會"的那個階段，從公元前 211 年秦始皇統一中國算起，到清朝最後一個皇帝退位的 1911 年，竟然長達兩千一百多年的時間。兩千多年的"封建社會"，顯然是不合適的。所以近三十年以來，學術界不再使用"五種生產方式"的理論，而是把已往的歷史社會稱為傳統社會，是與現代社會相比較而言的。那麼傳統社會的文化，自然就是傳統文化了。

五、中華文化的基本特質

中國文化到底有什麼特點？首先中國文化是一個多元共生的文化

系統，可以概括為多元一體。它的基本特質，第一是多元性，第二是包容性，第三是連續性。中華文化的多元性質表現在各個方面。

中國文化具有多元性的特點。儒家思想是傳統社會的主流思想，是大傳統。但實際上要從中國文化的整體來講，儒釋道三家的思想自魏晉南北朝以來始終是並存的，這說明中國的學術思想具有多元的性質。學術思想多元可以使人不走死胡同，不鑽牛角尖，每個人都有精神迴旋餘地。一個士人，仕途順利，官做得好，儒家思想對他非常合適，"致君堯舜上，再使風俗淳"。他們大體上走的是讀書做官，然後再為天下做貢獻的這麼一個路子。但是如果他的仕途受到挫折，甚至受到貶黜，流放到偏遠地區，或者是南方的一些瘴癘地區，他們就不活了嗎？事實上他們活得也不錯。這時候道家的思想、佛教的思想是他們的精神支柱，"達則兼濟天下，窮則獨善其身"。在精神上自己並不孤獨。儒釋道三家思想共存，交互發用，使得知識分子、士大夫擴充了個人的思想精神空間，不至於走絕路。

再一點，中國文化的發生也是多元的。中華文化是黃河文化，是黃土地文化，是內陸文化，黃河是我們的母親河。我想大家在唸書的時候，基本學的是這樣的知識，但是這種說法有一個知識局限，就是忘記了中國還有另外一條大河，即長江。長江同樣歷史久遠，與黃河是同一發源地，但在文化形態上，長江與黃河不同。長江自古航運便利，可以從四川一直航行到江蘇的出海口。長江兩岸的水土特點也不一樣，如果仍然用黃河文化的特徵來描述，說長江流域也是內陸文化、黃土地文化，恐怕就不那麼合適了。從長江地區的人的文化性格上也可以看出與黃河流域的不同。

你看長江上游的文化，幾十年前四川廣漢的三星堆，有大量青銅器出土，這些青銅器的造型很怪異，叫作千里眼、順風耳，誇張得像面具一樣的造型。我們從四川人說話的聲音裏面，可以聽到一點青銅器的聲音，金屬的聲音。四川話其實是很好聽的。可是你到長江中游的武漢地區，那是三楚文化區，包括湖南、湖北，或者叫湘楚文化。那又是另外一番景象。有一次我在武漢登黃鶴樓，在黃鶴樓上看長江兩岸的態勢，那真是雄偉得難以想象，有一種堅如磐石不可動搖之感。

長江文化是嶺南文化的"後座"，兩者是連在一起的。歷史上常將湖、廣並提，清代設總督，兩個地區統管，叫湖廣總督。嶺南文化屬於珠江流域，但嶺南文化如果離開了長江文化這個"後座"，它就有孤立感。所以歷史上任何時候珠江文化帶從來不存在獨立的問題，它離不開長江"後座"這個母親。長江下游，就到江蘇、浙江了。你看數年前河姆渡出土的大量玉器，如果光是一些飾品，首飾、耳環什麼的，不足為奇，它居然有玉斧、玉鏃，射箭的箭頭是用玉做的。一次我在杭州演講，我說你們浙江人好闊氣，打仗都用玉，這的確是事實。我們從這些玉器可以隱約看到浙江人的文化性格。浙江人的面孔比較白皙，但性格中有硬性的東西，跟吳語地區的文化性格不一樣。浙江的文化性格以浙東為代表，大量的歷史人物出現在浙東。

所以長江流域地區的文化跟黃河文化確有所不同。在文化的思想結晶方面，黃河流域的詩歌代表是《詩經》，而長江流域的代表是《楚辭》，正好是中國文學"詩"、"騷"傳統的兩個源頭。如果講《詩經》是寫實主義文學的源頭的話，那麼《楚辭》恰好是浪漫主義文學的源頭。而哲學思想方面，孔子、孟子都屬於黃河流域，老子、莊子屬於長江流域，兩者的精神向度是不同的。這其中也有南方人和北方人的性格差異的問題。所以中國的學術思想是多元的，文化的發生也是多元的，不能簡單把中國文化籠統概括為一個內陸的、黃土地的文化。

中華文化的另一個特點，是它的包容性。中國文化不排外，儒家思想對佛道的包容和吸收是一個顯例。道教也是多方面吸收。中國人也不排外，即使是偏遠的文化不發達的窮鄉僻壤，那裏的民眾也不排外。遇有不同國度、不同風俗的人們，他們對不同的衣著打扮會好奇、會圍觀，但是絕不嘲笑。也可以說，包容性是中國文化的最大特點。

中國文化還有一個特徵是它的連續性。五千年的文明，三千年有文字可考的歷史，其文化的思想和禮俗，大體上延續下來了。中間當然有變異，有時也會產生文化的斷裂，但中國文化的根脈、種姓特徵、風俗習慣，可以說一直延續到現在，這和書寫工具漢字有很大關係。我們現在用的漢字，從秦始皇統一中國實行的"書同文"，到現在過去了兩千多年，一直在使用，即使在數字化時代，也沒有感到太大的不便。漢字是中國文化的載體，也是中國文化的符號。

中華文化是"多元一體"的文化。"多元"已經在前面講了，"一體"指什麼？"一體"指的是中華民族。這個"一體"不是單指漢族，而是整個中華民族。20世紀的大史學家陳寅恪先生是很了不起的人物，他特別強調，如果吸收外來的思想，包括北美和東歐的思想，也不能忘記本來民族的歷史地位。這個"本來民族"，指的就是中華民族。

此文係 2017 年 1 月 14 日在
敦和企業集團年會所作演講之文字稿

中國傳統文化價值理念的現代意義

　　我二十年前在《中國現代學術經典》總序中曾經提出，學術思想是民族精神的理性之光，學術思想發達與否是一個民族的文化是否發達的標誌。中華文化能夠貢獻給世界的，我認為是人之為人的、群之為群的、家之為家的、國之為國的一整套精神價值理念。這些價值理念的精神旨歸，就是使人成為健全的人，使群體成為和諧的群體，使家成為有愛有敬的和睦的家，使國成為禮儀文明之邦。

一、六經的價值論理

　　中國文化的最主要的價值理念都在六經。六經指《易》、《詩》、《書》、《禮》、《樂》、《春秋》六種文本經典。《樂》這一經沒有文本傳下來，是為五經。但也有一種說法，認為《樂》本來就沒有文本，它是跟《禮》結合在一起的，所以“禮樂”並稱。儘管後來看到的是五經，可是學者們習慣上仍然稱為“六經”，直到清代還是如此。所以清初的大學者王船山的一句有名的話是“六經責我開生面”。

　　“經”是晚些時候的說法，開始的名稱叫“六藝”。孔子教學生，就是以“六藝”作為教材。但當時有兩種“六藝”，《易》、《詩》、《書》、《禮》、《樂》、《春秋》是文本經典的“六藝”，另一種是“禮、樂、射、御、書、數”，我稱之為實踐課。這裏的“書”，是指跟文字有關的“六書”，是識字課。“數”是計算，“射”是射箭，“御”是駕車。

文本經典的“六藝”即六經，孔子之前就有了。像《周易》，相傳是伏羲畫卦，文王演易，孔子作傳。所以《論語》裏記載孔子的話，說“五十以學《易》，可以無大過矣”。《詩經》是周代的詩歌，最早有三千多篇，經過孔子的刪訂，存留三百零五篇，所以《詩經》也稱“詩三百”。《書》是《尚書》，是包括虞、夏、商、周在內的上古文告、文獻彙編。《禮》有三禮，包括《周禮》、《儀禮》和《禮記》。作為六經的《禮》，一般指《禮記》。《春秋》是魯國的一個大事記，應該是孔子所作。如果不是孔子的原創，也是孔子在原有的大事記基礎上加工潤色而成。因為記事簡、措辭晦、寓意深，由此形成史家稱道的所謂“春秋筆法”。

六經都經過孔子刪訂，是中國現存的最原初的文本經典，是古人智慧的結晶，也是現代人做人和立國的基本精神依據。20世紀的大儒馬一浮稱六經為中國文化的最高的特殊的形態，大哲學家熊十力則說六經是現代人做人和立國的基本精神依據。這些大判斷，時至今日也沒有過時，反而愈見其精彩絕到。

大家知道還有“十三經”之說，能準確說出“十三經”各經的名稱，有時會感到不太容易。我想有一個方法：先記住三部，《易》、《詩》、《書》；然後記住六部，《周禮》、《儀禮》、《禮記》“三禮”，《左傳》、《公羊傳》、《穀梁傳》“三傳”；最後記住四部，《論語》、《孟子》、《孝經》、《爾雅》。順序是三、三、三、四。

二、六經中的五組價值理念

現在我們回到六經。我從六經裏面，也包括後來成為"十三經"的《論語》、《孟子》、《孝經》裏面，抽繹出幾組價值理念，包括誠信、愛敬、忠恕、知恥、和同五組概念。我覺得這些概念範疇，是中國文化中具有永恆性、普世性的價值理念，既適用於古代，也適用於今天，不僅適用於中國人，也適用於全世界所有的人。

（一）誠信

首先是誠信，這是中國文化裏面非常重要的價值理念。孔子講，"民無信不立""人而無信，不知其可也"。孟子説，"朋友有信"。老子也講，"信言不美，美言不信"。所以中華文化的原初經典把"信"放在非常高的位置。

誠和信是連在一起的，內裏面有誠，外面才有信。無誠，便不可能有信。講"誠"講得最多的是《中庸》，其中説，"誠"是"天之道"，是"物之終始，不誠無物"。而想要"誠"，則是"人之道"。《中庸》把"誠"視作"天道"和"人道"的核心問題。《中庸》是《禮記》裏的一篇，和《中庸》並提的是《大學》，也來自《禮記》。宋代的大儒朱熹把《大學》和《中庸》從《禮記》裏面抽出來，和《論語》、《孟子》編在一起，成為四書。因為《樂》這一經沒有傳下文本，六經後來也以"五經"稱。"五經"、"四書"的名稱由此而來，並成為傳統社會最基本的教科書。

"誠"是五經、四書反覆闡述的價值理念。王陽明的一個學生，他跟王陽明問學的時間很長了，最後需要離開老師，回到自己的家鄉去。告辭的時候他對王陽明説："下次見面不知何時，老師可有什麼囑託，讓我一生受用。" 王陽明説："立誠。" 這是個年齡比較大的弟子，他説天下的萬事萬物太多了，需要解決的問題無窮無盡，難道光一個"誠"就可以？還有沒有其他的東西？王陽明回答説："立誠。" 後來這個弟子體驗到了 "立誠" 的確是應該終生倚之的立德之本。

所以《易經》乾卦的 "文言" 寫的是："忠信，所以進德也。修辭立其誠，所以居業也。" 這裏的 "修辭立其誠"，就是明確提出的 "立誠"。人活在這個世界上，到底需要做什麼？仔細想來，這兩句話全包括了。人生在世，無非是想把自己變得更好，使自己成為一個有修養的人、受人尊敬的人。而要做到這一點，首要的是要講誠信。這就是《易經》上所説的 "忠信，所以進德也"。"進德" 的核心價值理念是 "忠信"。"忠" 字的直接意涵是把自己的心放正，成為一個誠實的人，講信義的人。這是人生的第一層要義。人生的第二層要義，就是事業有成，在哪一方面的專業上有自己的建樹，能夠安居樂業。而 "居業" 的前提是 "立誠"，所以是 "修辭立其誠，所以居業也"。"立誠" 是 "居業" 的前提。茲可見誠信的重要。"誠信" 兩字，是人的一生成敗得失的關鍵，可以視為中國文化的核心價值理念。

（二）愛敬

中國文化的另一個核心價值理念是 "愛敬"。"愛敬" 是《孝經》裏面的話，引用孔子的話説："愛親者，不敢惡於人；敬親者，不敢慢於人。愛敬盡於事親，而德教加於百姓。""愛敬" 是從家庭秩序中衍生出來的，父子、夫婦、弟兄之間的關係，有愛和敬存在。如果一個人對自己的尊長親人能做到有愛有敬，對家庭以外的其他人也不至於太不好，至少不會輕慢別人。《孝經》還說，"生事愛敬，死事哀戚，生民之本盡矣，死生之義備矣。" 把愛敬看作了人生之本和生死大義。人的哀愁和悲痛的情感，最初也是從家庭親人的困厄、不幸中因感同身受而產生的。夫婦之間，一般以為有愛就行了，其實光有愛是不能持久的，還須有敬，既親密無間，又相敬如賓，才是典範的夫婦關係。

對 "愛敬" 這個價值理念，魏晉時期劉劭的《人物志》解釋得最為恰切。《人物志》是一部很特別的書，既是相人之書，又是倫理之書，又是哲學之書。或者說是一部特殊的 "人論"。只有魏晉時期的人，能寫出如此奇書。劉劭在《人物志》裏寫道："蓋人道之極，莫過愛敬。是故《孝經》以愛為至德，以敬為要道。" 他把 "愛敬" 看成是人道之極，可見 "愛敬" 這個價值理念在中華文化中的位置。

"敬" 這個價值理念還可以單獨闡釋。我近年對 "敬" 這個價值理念研究比較多，寫過不少文章，最系統的一篇文章是 2016 年 3 月份，《北京大學學報》以特稿的方式刊載的《敬義論》，全文三萬字。"敬" 當然可以包括尊敬師長、尊敬前賢、尊敬長輩。但 "敬" 的價值論理的哲理義涵，是指人作為生命個體的 "自性的莊嚴"。"敬" 是人的內在性格、性體、本性的精神安頓之所，傳統文化中很多道德規範都跟 "敬" 有關係。

譬如 "孝"，你能把 "孝" 的內容全部搬到今天嗎？例如孔子說："父母在，不遠遊，遊必有方。" 傳統 "孝" 的理念中，確有子不應遠離父母的內涵，這在今天是不大可能實現的。大家都來自四面八方，離開父母已經很遠了。孟子說："不孝有三，無後為大。"我們長期奉行獨生子女政策，很多人沒有男孩，一些農村則不生一個男孩便不罷休，造成多子女，影響生計。《孝經》還說："身體髮膚，受之父母，不敢毀傷，孝之始也。"這個意思要是實行的話，遇到反對侵凌的戰爭，青年人以之為借口，說我的身體是父親母親給的，不能有任何損傷，因此拒絕上陣迎敵，顯然也是不現實的。那麼"孝"在今天到底應該傳承它的什麼內涵呢？

我講《論語》記載的一個例子。有一次，子遊問老師，到底什麼是"孝"。孔子回答說，現在的人們以為"能養"就是孝，如果"能養"就是"孝"的話，那麼犬馬也"能養"，沒有"敬"，何以別乎？所以人跟犬馬的一個區別在於，在"孝"這個問題上，人有"敬"。由此我提出，"孝"的精神內核是"敬"。所以人們通常把對老人的"孝"，稱作"孝敬"，甚至泛稱為"敬老"。中國傳統社會對官員的察選，如果不孝敬父母，就沒有做官的資格。所以民間有句話，叫"忠誠出孝子"。忠敬、誠信的人，一定孝敬父母，能孝敬父母才能成為忠於職守、仁愛天下的賢者。

舉凡一切禮儀，都必須有"敬"的精神。所以《孝經》裏面講："禮者，敬而已矣。"孔子一段有名的話說："為禮不敬，臨喪不哀，吾何以觀之哉？"禮是需要有人看的，因此有"觀禮"之說。但禮儀如果沒有"敬"，就不值得看了。孔子還有一句話，認為"祭神如神在"。他的意思是說，在祭祀的時候，要相信神是在場的，只有這樣，才能使祭祀者保持誠敬之心。中國傳統社會兩項最大的禮儀，一個是拜天，一個是祭祖。拜天是朝廷的禮儀，祭祖是家庭的禮儀。但拜天和祭祖都不是信仰，拜天是表達對天的敬畏，祭祖是表達對祖先的追懷。古代常討論的一個問題，是你祭祖宗，祖宗能夠知道嗎？朱熹認為，只要有"誠敬"之心，就會發生"感格"。意思是説祖宗會感受得到。所以《禮記‧祭統》裏講："誠信之謂盡，盡之謂敬，敬盡然後可以事神明，此祭之道也。"

祭祀在古代是頭等重要的事情。《左傳》裏的一句話説："國之大事，在祀與戎。"祀就是祭祀，戎則是軍事行動。但無論祭祀還是軍事行動，都不能沒有"敬"。軍事行動也要懂禮儀。《左傳》有很多記載，很多戰爭的發生，都是由於"不敬"或"大不敬"，引起強者一方的軍事行動。現代社會，處理國家與國家的關係，涉及外交事務，講禮儀、懂敬，同樣非常重要。禮儀、敬，是文明的指標。文明與不文明的重要分野，在於文明講禮儀。

孔子講："三軍可奪帥也，匹夫不可奪志也。"這個"志"，就是"敬"，就是不可或奪的自性莊嚴。因此我指出，"敬"是帶有終極意義的價值理念，已進入中華文化的信仰之維。

（三）忠恕

"忠恕"是孔子的重要思想。一次孔子説："吾道一以貫之。"曾子（曾參）説："唯。"（是的）後來孔子離開了，其他弟子問曾參："這話怎講？"曾子説："夫子之道，忠恕而已矣。"這説明，"忠恕"在孔子那裏是通貫全體、貫徹始終的思想。前面講了，忠和誠可以互訓，誠者必忠，"主忠信"是孔子的至高的道德律令。弟子樊遲問什麼是"仁"，孔子回答説："居處恭，執事敬，與人忠。"可知"敬"和"忠"都是仁的構件。

"忠"和"信"更為密切。取信的要道是"忠"。曾子"吾日三省吾身"的一、二兩項內容，第一是"為人謀而不忠乎？"第二是"與朋友交而不信乎？"忠和信是與人交往時隨時需要反省的問題。孔子還説："言忠信，行篤敬，雖蠻貊之邦行矣。言不忠信，行不篤敬，雖州里行乎哉？"如果做到了"忠信"，而在行為上又能體現出莊重和禮敬，即使走到不那麼文明的異邦，也能立得住腳跟。相反，如果言不由衷，對人不能以誠相待，得不到交往對象的信任，行為上又輕慢無禮，即使在自己的家鄉也照樣吃不開。孔子説的君子有"九思"，其中的兩"思"，就是"言思忠，事思敬"。忠恕的"忠"，愛敬的"敬"，作為中國文化的核心價值論理，其內涵與踐行的意義豈不大哉！

至於忠恕的"恕"，其重要性更是顯而易見。按孔子的解釋，恕就是"己所不欲，勿施於人"。《論語·衛靈公》記載，一次子貢問老師："有一言而可以終身行之者乎？"孔子回答説："其恕乎！己所不欲，勿施於人。"這裏有兩層意思：一是孔子對"恕"這個概念給出了確定的解釋，即"恕"是"己所不欲，勿施於人"；二是"恕"這個價值理念，也就是"己所不欲，勿施於人"，應該是一個人終身需要踐行的德品。"恕"這一價值理念所含蘊和所要求的意涵，通俗地説，就是設身處地，將心比心，換位思考，自己不喜歡不希望的東西不要強加於人。我認為"恕"這個價值理念，彰顯了中華文化的異量之美。這是中國文化貢獻給人類的一個偉大的思想。世界人文學界非常重視孔子的這一思想，把它奉為需要人類共同遵行的道德金律。

（四）知恥

《禮記·中庸》裏有一段講修身，引用孔子的話寫道："好學近乎知，力行近乎仁，知恥近乎勇。知斯三者，則知所以修身。" 這等於把好學、力行、知恥，當作了修身的三要素。

一個人的修為，自然離不開吸取知識，這也就是《禮記·大學》所說的 "格物致知"。因此 "學" 是修身的第一要素。學了以後何為？如果成為裝知識的器皿，或者從知識到知識，那是學了等於不學。學的要義，在於用，在於踐行。此即古人常講的 "知行合一"。所以修身的第二要素是 "力行"。學習了，也踐行了，但無法保證都正確無誤，難免會發生錯誤。出了錯誤怎麼辦？要能夠反省，善於反思，找出原因，知錯改錯，力戒重犯錯誤。當認識到錯誤的時候，人的良知會讓自己感到羞愧，感到後悔，感到不好意思。能做到這一層，就是 "知恥" 的表現。"知恥" 是改過的前提，所以修身的第三要素是 "知恥"。

修身的第一要素 "好學" 做好了，離成為有智慧的人就不遠了。第二要素做得好，離成為 "仁" 德之人就很近了。而能夠做到修身的第三要素的 "知恥"，離成為一個勇敢的人就不遠了。智、仁、勇是修身的結果。而有了智、仁、勇的德品，就可以做到大的判斷不發生錯誤，遇到困難不感到憂慮，面對威脅無所畏懼。就是孔子說的："知者不惑，仁者不憂，勇者不懼。"[1] 子貢認為，他的老師孔子是兼

---

[1] 《論語·子罕》。

有不憂、不惑、不懼三個特點的人。由此可知修身的重要。

在我看來，修身三要素中，第三要素"知恥"尤其可以看作是重中之重。我給學生講課，多次講修身應該從知恥開始。恥感是人成為人的一個文明指標，人的文明的表現之一是有羞恥心，孟子稱之為"羞惡之心"。孟子說，惻隱之心、羞惡之心、辭讓之心、是非之心，是人的"四端"。端是開始的意思，意即"四端"是做人的開始，或者說是最起碼的人的標誌。如果沒有羞惡之心，孟子說就不是人。同樣，沒有惻隱之心、沒有辭讓之心、沒有是非之心，也不是人。惻隱之心是不忍，也就是同情心，也就是"恕"，己所不欲，勿施於人；辭讓之心指文明禮貌，是非之心指社會的公平正義，而羞惡之心則是"知恥"，修身的第三要素。

"恥"跟"廉"構成一個組合概念，曰"廉恥"。管子的一個著名論述是提出：禮義廉恥，國之四維。"禮"是文明秩序，"義"是社會正義，"廉"是節儉廉潔，"恥"是道德的約束和自律。禮義廉恥沒有了，國的處境就危險了。明清之際的大學者顧炎武曾經說過："廉恥，立人之大節。"他說，如果不廉，將無所不取；而不恥，將無所不為。他還說過："士大夫之無恥，是為國恥。"

（五）和同

跟誠信、愛敬、忠恕、知恥一樣，"和同"也是中華文化最基本也最重要的價值理念。中國文化傾向於不把人與人之間的關係搞得那麼不可調和，"和而不同"是中國人面對這個世界的總原則。

"和同"的思想來源於《易經》。《易》的"同人"一卦，所演繹

的就是關於"與人和同"的理念。《易經・繫辭》概括為："天下同歸
而殊途，一致而百慮。"這是說，人們的不同，常常表現為途徑和方
法的不同，終極目標是相同的，所以最後會走到一起。朱熹有名的
"理一分殊"論，其旨趣與易道若合符契。人類社會的存在形態，人
們的生活方式和風俗習慣，彼此之間是不同的，但生活的價值追求，
人的心理指向，往往有相同的一面。孟子對此說得很明白："口之於
味也，有同耆焉；耳之於聲也，有同聽焉；目之於色也，有同美焉。
至於心，獨無所同然乎？心之所同然者何也？謂理也，義也。"[1] 孟
子這段話是說，好吃的食物、好聽的音樂、多彩的顏色，人們都會喜
歡，在這點上人和人是相同的。既然在這方面有同樣的感受，那麼人
的"心"是不是也有相同的東西呢？回答是肯定的。人心所相同者，
是"理"和"義"。

孟子講的"心"，也可以作"心理"解。恰好大學者錢鍾書先生
說過："東海西海，心理攸同。"所以，人與人之間的不同，遠沒有
想象的那麼多，誇大人類的不同，是文化的陷阱。而且在人類的不同
之中，也有"同"的一面。正因為如此，人和人之間、文化和文化之
間才可以溝通，不同也能夠共存於一個統一體中。

1999 年我在哈佛大學做訪問學者，與費正清東亞研究中心的史
華慈教授，有過兩次長時間的交談對話。他是法裔猶太人，精通多種
文字，是美國研究中國學非常有名的學者。他的基本學術理念，是主
張跨文化溝通，認為人與人之間、不同文化之間可以建立溝通。他甚

---

[1] 《孟子・告子上》。

至提出一個獨特的理論——他說語言對思維的作用並不像人們想象的那麼大。這是我們對話的時候他當面提出來的，在我是聞所未聞，過去從未聽說過。他這樣提出問題，是想證實他的跨文化溝通的理論可以成立。我當時講，如果可以給你的理論提供證據的話，應該是語言不通也可以談戀愛。當然語言不通談戀愛問題很多，可是語言相通談戀愛問題也不少，甚至語言相通談戀愛產生的問題一點也不比語言不通談戀愛產生的問題少。

不同文化之間可以共存、溝通、融合，是中國文化的一個固有的理念。這個理念基於中國文化的"和"的觀念。"和"是由諸多的"不同"構成的，沒有不同，便無所謂和。所以孔子的著名論斷是："君子和而不同。"

宋代的思想家張載有名的四句教是："為天地立心，為生民立命，為往聖繼絕學，為萬世開太平。" 張載又稱橫渠，所以這四句話又稱"橫渠四句教"。但他還有另外的"四句教"，是這樣四句話——

　　有象斯有對，

　　對必反其為，

　　有反斯有仇，

　　仇必和而解。

我把張載的這四句話稱為"哲學四句教"。因為他是對整個宇宙世界發言的。大意是說，這個世界是由一個一個的生命個體組成，有人類的、動物的、植物的，這些生命個體都是一個個的"象"，每個

“象” 是不同的。古人有一句話，叫 “佳人不同體，美人不同面”。西方也有一個説法，“世界上沒有完全相同的兩個個體”。這些不同的個體都是一個個的 “象”。這些 “象” 是流動的，不是靜止的。但 “象” 的流動方向是不同的，有的甚至相反。這就是張載 “哲學四句教” 第一、第二兩句講的 “有象斯有對，對必反其為”。

由於 “有對”，甚至 “反其為”，就會發生彼此之間的糾結，從而形成 “有反斯有仇” 的局面。這個 “仇” 字，古代寫作 “讎”，左邊一個佳，右邊一個佳，中間是言論的言字。“佳” 是一種尾巴很短的鳥。試想，這個 “讎” 字，其象徵意涵，不就是兩隻短尾巴鳥在那裏嘰嘰喳喳地説話嗎？我們還可以推測，尾巴短的鳥往往叫的聲音很高，那麼牠們就不是一般的説話，而是在討論、爭論、辯論，甚至是在鬥嘴、吵架。討論的問題我們無法得知，但結果張載的 “哲學四句教” 寫明白了。牠們經過計較、辯駁、討論、爭論的結果，並不是這個鳥把那個鳥吃掉，而是或達成共識，或求同存異，總之是和解了。所以是 “仇必和而解”。

張載 “哲學四句教” 給我們的啟示是深遠的。反觀現實，我們可以得出一個總括性的看法，就是：這個世界有差異，但差異不必然發展為衝突，衝突不必然變成你死我活，而是可以 “和而解” 的。有了這個觀念，很多事情會得到更恰當的處理。大家了解魯迅有一首詩，這首詩是關於戰後中國和日本的關係的，其中有兩句：“度盡劫波兄弟在，相逢一笑泯恩仇。” 人與人之間、群體與群體之間、族群與族群之間、國與國之間，都不應該培養仇恨。“仇” 是可以解的，直至走向 “和而解”。

　　當然這不是一方的問題，而是彼此雙方的問題，如果有橫暴強加於我，中華民族也有不為強力所屈服的優秀傳統，這就是孟子講的"威武不能屈"的"大丈夫"的精神。

本文係 2015 年 8 月 6 日在江蘇省委、
省政府領導幹部學習會上所做演講的
文字稿，載 8 月 26 日《新華日報》

文化融合是人類未來的大趨勢

一、"三語掾"

"將無同"這三個字，出現在中國歷史上學術思想最活躍的魏晉時期，為公元 220 年至 420 年。當時流行的學術思潮是玄學。學者們圍繞"名教"和"自然"的主題，展開激烈的論辯。看法雖然不同，雙方的風度很好。他們不輕視對手，只論理，而不在意對手地位的尊卑。

"竹林七賢"是當時一個有名的知識分子群體，詩人阮籍和音樂家嵇康是"七賢"的領袖。他們的立場傾向於與"名教"對立的"自然"方面，狂簡任達和思想自由，是他們追尋的目標。王戎是"七賢"最小的成員，比他大二十歲的阮籍，本來與王戎的父親王渾友善，後來接觸到王戎，相見大樂，此後便只願意和這個年僅十五歲的"阿戎談"，置王渾於一旁而不顧。

清談者的姿容儀態也很講究，最尊崇有範兒的是王戎的從弟王衍，據說他清談的時候，"神情明秀，風姿詳雅"，手裏拿的塵尾以玉為柄，因皮膚白皙，手和塵尾的玉柄渾然無有分別。另一位清談名家樂廣，以淵默簡要著稱。王衍和樂廣，極盡當時名士風流之盛，成為魏正始時期的清談領袖。

　　清談在哲學層面發生的爭論，是關於宇宙世界的 "有" 和 "無" 的問題。中國古代兩位天才的思想家王弼與何晏，就活躍於此一歷史時刻。關於 "有" 和 "無" 的爭論，參與的人比較少，"名教" 與 "自然" 的爭論牽連面廣，參與的人多，持續的時間相當之長。"名教" 關乎政治倫理秩序，"自然" 關乎個體生命的自由。王弼的觀點主要見於他的《老子注》一書，何晏則注《論語》，兩人都從儒家和道家的最高經典追溯自己思想的源頭。哲學論爭和 "名教" 與 "自然" 的爭論互為表裏，包括高人、雅士、名流在內的魏晉知識分子群體，鮮有置身於這一時代主題之外者。

　　但到了下一代，情況發生了改變。《晉書》記載，阮籍的從姪孫阮瞻，一次拜見當時已經位至 "三公" 的王戎。王戎問這位年輕人："聖人貴名教，老莊明自然，其旨同異？" 阮瞻回答説："將無同。" 當時圈內人士稱阮瞻的回答為 "三語掾"。"將無" 是不含實義的語助詞，"將無同" 就是沒有什麼不同，也就是 "同"。前輩們爭論不休的 "名教" 與 "自然" 問題，到下一代人那裏，已超越對立，擺脱執著，變成無須爭論不必爭論的問題了。

　　《世説新語》的類似記載，是王衍和阮籍的姪兒阮修的互相對問。誠如大史學家陳寅恪先生所説："答者之為阮瞻或阮修皆不關重要，其重要者只是老莊自然與周孔名教相同之説一點，蓋此為當時清談主旨所在。"[1]《晉書》記載，王戎聽了阮瞻的回答，"諮嗟良久"，

---

[1]　　陳寅恪：《陶淵明之思想與清談之關係》，《金明館叢稿初編》，北京：生活・讀書・新知三聯書店，2001 年，第 203 頁。

最後表示認同。當年持論甚堅的清談領袖，在時代前行的年輕人面前低下了高貴的頭顱。

二、破除 "迷執"

事實上，人類歷史上的許多驚心動魄或者驚天動地的爭執和論爭，到後來都因趨同而化解或由於折中而和合。人類的思維之路所以無限曲折，是由於人們有 "執"：執於 "一"，而不知有 "二"；執於此，而不及於彼；執其始，而不知所終，未能做到孔子說的 "叩其兩端"。《華嚴經》上說："一切眾生皆具如來智慧德相，但因妄想執著不能證得。"這是說，人類本身並非不具備擁有 "智慧德相"的條件，只是由於自身的 "妄想" 和 "迷執"，不能夠實現 "證得"。"證得" 就是 "證悟"，亦即思想的 "覺悟"。不能 "證得"，就是不得 "覺悟"。

三、文化自覺

如何開啟人類的 "覺悟"？我國已故的老一輩文化社會學家費孝通先生，訴諸理性良知，晚年提出 "各美其美，美人之美，美美與共，世界大同"的文化論說，即主張世界上各種不同的文化，都有其優長之處，我們既要看到自己的長處，也要看到他者的長處。所以需要 "各美其美"，也需要 "美人之美"。也就是尊重差別，尊重文化的多樣性。"美美與共"，指人類的文化最終會走向融合。這是費先生的關於 "文化自覺"的理論，對陷入 "迷執"的今天的人們而言，無疑是"潤物細無聲"的春日喜雨。

錢鍾書先生，在早年的著作《談藝錄》中，也說過："東海西海，心理攸同；南學北學，道術未裂。"錢先生的意思，東方和西方，各個國家民族的不同人群，彼此的心理結構和心理指向，常常是相同的。已故的哈佛大學中國學學者史華慈教授，提倡"跨文化溝通"，甚至提出語言對於思維並不具有人們想象的那樣大的作用。所以有時儘管語言不通，也不是完全不能交流，甚至還可以發生愛情。人類的"同"其實遠遠多於大於"不同"。

強調人類的"不同"，是因為"有執"，包括"我執"和"法執"。還由於"理障"。各種預設的"論理體系"，有時會成為隔斷人類正常交往與交流的圍牆。過多地強調人類的"不同"，是文化的陷阱。

四、"與人同者，物必歸焉"

中國最古老的文化經典《易經》，其"繫辭"寫道："天下何思何慮？天下同歸而殊途，一致而百慮。"這個意思是說，人類的不同在於方法和途徑，也就是"化跡"的不同，最終的結點總是要走在一起。《易經》"睽卦"的"象辭"也說："君子以同而異。"所以不同，是因為有同。與其標立彼此之"異"，不如首先認同求同。這一道理，《易經》的"序卦"，有更為直接的論證："與人同者，物必歸焉。"亦即要達至眾望所歸，得到他人的認同，自己必須首先"與人同"。大家熟知的孔子的名言"君子和而不同"，講的也是這個道理。

不同也可以共處在一個統一體中，不同也可以達成"和"的泰局。

五、"仇必和而解"

對這個問題闡釋得最深刻的是中國宋代的思想家張載。他在自己的代表著作《正蒙》中，用四句話表達了他對整個宇宙世界的看法。這四句話是——

> 有象斯有對，
> 對必反其為，
> 有反斯有仇，
> 仇必和而解。

我把這四句話，稱作張載的 "哲學四句教"。因為他還有另外的 "四句教"，即 "為天地立心，為生民立命，為往聖繼絕學，為萬世開太平"，表達的是宋儒的群體政治理想。

張載的 "哲學四句教" 意在說明：宇宙萬物，山川河流，微塵草芥，個體生命，這一個個有形的物體，都可叫作 "象"。"象" 不重複，人有人象，物有物象。同為人，象也不同。所謂 "佳人不同體，美人不同面" 是也。而 "有對"，就是指 "象" 的不同和不同的 "象"，它們各自所處的位置。西哲說，"世界上沒有完全相同的兩個個體"，也是此義。"象" 不是靜止的，它運行流動，無往不在，無處不在。不同的 "象"，流動的方向不必相同，因此象與象之間 "反其為" 的情形時時會出現。第三句 "有反斯有仇"，不必理解為仇敵的仇。這個字的古寫，作 "讎"，校讎的讎。左邊一個 "隹"，右邊一個 "隹"，中間是言論的言。"隹"是一種尾巴很短的鳥，顯然"讎"字的象徵義，是指兩隻短尾巴鳥，嘰嘰喳喳地爭短論長。不過爭論、討論、辯駁的結果，不是這隻鳥將另一隻鳥吃掉，而是經過互相校正，或達成共識，或存異求同，總之是"和而解"，和合共生，樂莫大焉。

張載哲學四句教的最後一句"仇必和而解"，極為重要。簡單地說，宇宙間萬事萬物，不過是對待、流行、校正、和解而已。對待與流行的結果，不是吃掉、消滅，而是通過校正，達至和解共生。"度盡劫波兄弟在，相逢一笑泯恩仇"，這是中國大作家魯迅一首詩裏的話，最能得張載義理的真傳。

六、結語

張載哲學啟示我們，世界各文明之間，雖然存在差異，卻不必然發展為衝突。人類的未來，世界歷史的大趨勢，是走向文化與文明的融合而不是相反。因此我個人無法贊同前些年哈佛大學亨廷頓教授提出的"文明衝突論"。他把西方文明跟伊斯蘭文明跟儒教文明，視為不可調和的"衝突體"。這個理論是站不住腳的。他只看到了不同文化不同文明之間的差異和糾結，沒有看到不同文化之間的對話、溝通和"化解"；只看到了"文明的衝突"，沒有看到文明的融合。

世界上不同的文化、不同的"文明體國家"，需要通過交流與對話達成文化的互補與融合。衝突是人類文明的"反動"，是禮儀文化的"棄物"。所以《論語》說："禮之用，和為貴。""和"才能成禮。衝突是愚蠢的失禮行為，為人類文明所不取。人類如果因文化的差異

與 "不同" 而出現偶然的對立，彼此當事方應該採取 "和而解" 的態度，而不是走向 "仇而亡"。這是中國古老文化的智慧，也是人類本性和人類理性所應該指向的目標。

載 2012 年 12 月 31 日《光明日報》

當代中國與傳統文化

　　近年來傳統文化越來越受到學術界、知識界甚至廣大民眾的關注。國學與傳統文化涉及很多方面的問題，這次我想談的是，在傳統文化與國學熱興起的背景下，當代中國傳統和現代之間的一種張力和互動。現在大家已經逐步意識到傳統資源並不是現代化的障礙，而是它的有益補充。就是説，現代化建設離不開自己的傳統。

　　當代中國傳統與現代的關係，有點像交響樂一般的繁麗，它呈現的是傳統與現代的多重變奏。如果比作貝多芬的交響樂，應該是第五交響曲《命運》。當代中國在傳統與現代的這種交錯互動和變奏的過程中，彰顯出中國的現代以及未來的命運。

一、"知音"難覓：如何解讀當代中國

　　當代中國有點像一個走紅的明星，注意的人多了，談論的人多了，稱讚的人多了，挑剔的人也多了。報刊、傳媒、網絡對她的引用率大幅增加。但問題是應該怎樣解讀中國。

　　早期西方的傳教士、漢學家，把中國説成是一個"謎"，所謂"謎一樣的國家"。現在沒有人説中國是謎了，但真正了解中國，並不容易。中國以外的人了解中國不容易，中國人自己也不一定對自己的國

家有真正的了解。因為了解，特別是真了解，是很難的。不用説一個國家，就是真正了解一個人也是很難的。中國古代有一部書叫《文心雕龍》，南朝時期劉勰寫的，是中國最早的一部成體系的文學理論批評著作，其中的一篇叫“知音”，開頭第一句話就説“知音其難哉？”可見“知音”難得。

我們每個人在生活中都常常感到知音難求，《紅樓夢》裏的紫鵑姑娘不是也説“萬兩黃金容易得，知音一個也難求”嗎？如果替我們國家著想，要找個知音就更難了。所以 20 世紀偉大的歷史學家陳寅恪先生，在一篇文章當中特別講到，對待古人的著作要具有“了解之同情”。這句話説得非常好。你要想了解別人，你就要設身處地，以同情的態度了解他的處境，對他不得不這樣講的話，不得不這樣做的事，能夠給予一種同情。假如我們每個人都具備這種態度，就容易處理好彼此的關係了。

中國確有不容易了解的一面。一方面，反差大，城市與鄉村、東部和西部、富人和窮人，彼此的差異判若兩極。另一方面，有多種面孔，高速發展、中國人有錢了、全民皆商、世界工廠、大工地、潛在威脅等等，對這些，不同的人可以做出完全不同的解讀，但每個人只能截取自己觀察到的一兩個側面，卻不敢自稱讀懂了中國。無法迴避的難題是：中國人口太多。在十三億人口面前，一切問題都有理由，任何弊病都非偶然。

有一個真實的故事，中美剛建交的時候，美國總統卡特到了中國，跟鄧小平見面，談得很好。最後卡特提出對中國的人權狀況表示非常關注。小平問指哪一方面。卡特説比如遷徙權、流動權不能得到保證，很多人想來美國，他們不能得到中國政府的允許。小平說你要多少，一個億夠嗎？卡特不說話了。如果真有一個億中國人到美國去，他受得了嗎？故事是真的，版本可能不同，我不過取其意而已。

但在問題叢生的同時，當代中國也給人們提供了無窮無盡的機會。這是一個前所未有的大舞台。很多留學國外的人，包括和中國有工作或者文化關聯的外國人，更不要說那些大大小小的企業高管和做生意的人，他們都感覺到、意識到，中國是當今世界可以一顯身手的地方，用一句廣告語，叫作"一切皆有可能"。

我的意思是說，當代中國是一個正在變化的中國，一個日新月異的中國。問題是，這個日新月異的中國，要到哪裏去？往什麼方向發展？總的來看，是走向富強之路，走向現代化之路，走向人類文明的共同方向。

梁啟超曾把中國歷史分為三個階段：從黃帝到秦統一，為上世史，稱作"中國之中國"；秦統一至乾隆末年，為中世史，稱作"亞洲之中國"；乾隆末年至晚清，為近世史，稱作"世界之中國"。任公先生是一家之言，這裏我是借用他提出的"中國之中國"、"亞洲之中國"、"世界之中國"三個概念。

沒有疑問，當代中國已經是"世界之中國"。現在的情況是，"世界之中國"正在走向世界。中國當代社會最突顯的特點，是處於轉型期，包括傳統向現代轉型，計劃經濟向市場經濟轉型，自我的運行機制向與國際接軌轉型，長期貧困的國家向小康社會轉型等等。轉型期就是過渡期，是未完成式，一切都處於建構的過程中，因此也可以說是"人在旅途"。許許多多問題的癥結就在這裏。

　　有人説 "現代化是陷阱"。問題是，在當今世界，即使是 "陷阱"，如果這個 "陷阱" 是中國走向現代化不可繞行的，我們也無以辭避。現代化是我們多少代人的夢想，實現夢想需要付出代價。正如1991年諾貝爾文學獎得主、墨西哥詩人帕斯（Octavio Paz）所説，發展中國家是 "命定地現代化"（condemned to modernization）。當然我們是現代化的後發國家，許多先發國家的經驗和教訓，可以成為我們 "攻玉" 的 "他山之石"，後發的好處是可以少走一些彎路。

　　中國走向現代化之路，是一個艱難的旅程，中間一再被打斷。晚清政府從1860年至1890年三十年的早期現代化嘗試，由於1894至1895年的中日甲午戰爭，被打斷了。國民政府初見成效的現代化努力，由於1937年的日本全面侵華戰爭，再一次被打斷。我們改革開放以來的現代化進程，已經三十年了，取得了令世人矚目的成就，但仍然是在現代化的進程之中。鑒於百年以來的痛苦經驗，中國人不能不有所警惕，從領導者到普通民眾，都需要格外小心，要盡一切努力，不能讓這一次現代化的進程再次被打斷，無論是出於自己的原因（比如沒有做到"一心一意"和"不動搖"等等）還是由於他者的原因。

　　我們不能否認現代化的多元模式的可能。歷史上的現代化模式，最早是歐洲的模式，後來是北美模式，而以北美模式對世界的輻射力最大。但這兩個模式，基本上是一致的，至少同多於異。再後來亞洲的現代化浪潮興起了，實際上日本模式、韓國模式、新加坡模式，已經和西方有所不同。不用説，中國作為獨立的 "文明體國家"，其現代化模式一定更帶有自己的特點。已經走過的改革開放三十年的經驗證明，我們走的是一條既不同於美國，也不同於歐洲，又不同於日本的現代化道路。但我必須強調，我們的現代化是 "人在旅途"，是未完成式。對我們三十年來所取得的成就，包括經驗和教訓，世界上都很注意。

當然，現代性的一些最基本的指標，無論東方還是西方，都應該是共指的，不同的是現代性的文化形式，否則人類便無法互相了解，實現跨文化溝通。

二、多元共生：中國文化的顯著特點

就中國文化的發生來說，有黃河文化和長江文化不同的兩源；就學術思想而言，也具有多元互補的特點，儒釋道三家思想的相互包容和互動互補是其顯例。傳統中國還有發達的民間社會，主要以家庭和家族為中心，構成文化多元存在的社會依託物。

現代化的多元模式，主要是文化的民族內涵和現代性之間的張力問題。因此，在一個社會由傳統向現代的轉型過程中，中間呈現的諸多問題，常常離不開文化的思考。就是說，從文化的視角解讀現代社會，有可能把很多問題說得更清楚一些，單一的政治解讀、經濟解讀、軍事解讀，都不容易把一個國家和社會研究明白。

我的一個看法是：社會的問題在經濟，經濟的問題在文化，文化的問題在教育。這是一個文化與社會與政治與經濟之間的互動循環圈，這個循環圈為我們提供了對社會現象做文化解讀的可能。我不是文化決定論者，但我覺得，當代中國文化方面的欠賬太多。因為我們在較長一段時間內把文化混同於意識形態，以至文化排斥多於文化建設。殊不知文化建設是需要依賴社會的。經濟的市場化自然是現代化的必經之路，但社會不能市場化，社會的教育與學術尤其不能市場化。人類的道德理性（譬如操守）和美好的情感（譬如愛情），不能市場化。總之，經濟強國的建立，不能以犧牲文化的基本價值為條件。

現代性語境下的文化問題，有一個自我的文化身份和與他者的關係問題。走向現代，那麼傳統呢？走向世界、一切方面都試圖與國際接軌，那麼自己呢？所以，便有了對自身角色做文化辨認的需要，而角色離不開自己的文化傳統。如果說一百年前、三十年前，可能還會有學者認為現代化和民族的文化傳統是不相容的，但今天，已經很少再聽到這種聲音了。我們長期反思的結論是：現代化不能完全丟開自己的文化傳統，不能離開自己的出發點，不能找不到回家的路。

中國是一個有悠久歷史文化傳統的國家。五千年的文明，三千年有文字可考的歷史，曾經創造了輝煌燦爛的古代文明與文化。當歐洲還處於中世紀的時候，中國的唐代就已經迎來了自由歌唱的歷史時期，唐代的多元繁榮是中國文化史的最輝煌的記憶。

多元共生是中國文化的顯著特點。就中國文化的發生來說，它是多元的，具體可以說有黃河文化和長江文化不同的兩源。我們過去講中國文化，一般都講黃河文化，以黃河文化為基準，因而黃土地文化、農耕文化、內陸文化、寫實主義文化等等，成為人們概括中國文化的常用語言。但長江文化為我們提供了不同於黃河文化的範例。甚至長江上游、中游和下游所呈現的文化面貌也是如此的不同。

長江上游四川廣漢的三星堆出土了大量的青銅器，這些青銅器的造型和黃河流域非常不同，有非常誇張的千里眼和順風耳，充滿了神奇的想象力，甚至使人懷疑這是中國人製作的造型嗎？從這些青銅器的構造上，我們約略可以想象出四川人的性格似乎帶有青銅器的剛性。而長江中游的楚文化完全是另外一番景象。有一年我參觀河南的博物館，看到黃河流域出土的大量青銅器，各種鼎器的造型渾厚莊嚴，有力度，感覺很震撼。後來館長帶我去看另一處存放的青銅器，一排的鼎器，但造型輕巧，下座雖大，腰身卻很細，年代也跟黃河流域差不多。館長讓我想想是哪裏出土的。我說可能是三楚。他說是啊，"楚王好細腰" 嘛。宮廷的審美取向已經影響到了青銅器的造型。由這一點可以看出，楚文化確實有自己的特點。長江下游的浙江則有大規模的玉器出土，就是有名的良渚玉器，不光有人身上佩戴的飾物，而且有生產工具和軍事器械，例如玉斧、玉刀、玉箭、玉劍等等。所以考古學家懷疑，我國古代是不是可能有一個玉器時期。這些潔白堅硬的玉器，或許也可以讓人聯想到浙江人的一些性格特徵。

所以，不僅長江文化和黃河文化不同，長江上中下游的文化也有很多差異。黃河文化的那些人們熟悉的特徵，不一定完全適用於長江文化。長江自古以來航運便利，可以直接和海洋聯繫起來。如果說黃河文化帶有內陸文化的特點，那麼長江文化已經在一定程度上帶有海洋文化的特點。長江流域南面的嶺南文化，更是很早就直接跟海外建立了廣泛的聯繫。

就學術思想而言，中國傳統文化也具有多元互補的特點。學術思想是民族精神的理性之光，是最高形態的文化。儒釋道三家思想的相互包容和互動互補，是極為獨特的景觀。佛教是在東漢時期由印度傳到中國的，這麼一個外來宗教慢慢變成中國自己的宗教，是由於儒家的思想有極大的包容性。道教的產生也在東漢，當佛教思想剛剛傳進來的時候，起來進行反駁和討論的居然不是儒家而是道教人物。因為道教是宗教，所以對另一種宗教的理念不能認同。南北朝時期的范縝寫過有名的《神滅論》，就是批評佛教思想的。他為什麼寫這個文章呢？據陳寅恪先生考證，范縝的曾祖父、祖父、父親以及他自己，都信仰天師道。天師道是道教的一個分支，范縝站出來批判佛教的信仰，這和他有道教的家傳背景有關。

　　歷史上很多國家和地區都有宗教戰爭，但是中國這麼長的歷史，很少有宗教戰爭。這是由於中國的文化思想有極大的包容性，特別是儒家思想。所以然者，在於儒家不是宗教，誠如陳寅恪先生所說，"儒家非真正之宗教"[1]。正因為傳統社會佔主流地位的儒家不是宗教，儒釋道三家的思想才融合得很好。漢以後儒家是在朝的思想，道家和道教以及佛教主要在民間。對於一個知識人士而言，三家思想的互補使得精神空間有很大的迴旋餘地，進退、順逆、浮沉，均有現成的學說依據，所謂"達則兼濟天下，窮則獨善其身"。儒家思想給人以上進的力量，修身、齊家、治國、平天下，是傳統士人的共同理想。但是，如果仕途受到了挫折，乃至革職、斥退、罷官的時候，道家無為的思想便可以給他很好的支撐。道教崇尚自然，可以讓他暢遊於山水之間。甚至遭遇罪愆，如果信奉佛教，剃度出家，也可以避世完身。總之生命個體不會陷入完全的絕境。所以，多元性、包容性和

---

[1]　陳寅恪：《陶淵明之思想與清談之關係》，《金明館叢稿初編》，第 219 頁。

自性的超越精神，是中國傳統文化價值理念的重要特徵。

傳統中國還有發達的民間社會，主要以家庭和家族為中心，構成文化多元存在的社會依託物。依據文化人類學的法則，文化傳統可以區分為大傳統和小傳統。一個社會的主流意識形態，比如中國傳統社會的儒家思想，就是大傳統；而民間文化和民間信仰則是小傳統。大小傳統是互動和互相依賴的，當大傳統遭遇危機的時候，我們仍然可以在民間文化中搜尋到它的碎片。孔子所謂"禮失，求諸野"，就是這個意思。我們今天到東南亞一帶，看到那裏的華族社會，其中國文化的根性仍然相當牢固，甚至比我們國內更重視傳世幾千年的中國文化的傳統。

中國文化自有令人自豪的不間斷的傳統，原因很多，其中一個原因和漢字有關係。漢字我們使用了兩三千年，從秦朝的統一文字到現在，一直是中華文化的載體。電腦盛行原以為會使我們的漢字遇到困難，實際結果卻並非如此，現在漢字錄入電腦極為方便，説明我們的漢字在現代背景下仍然具有強大的生命力，是我們文明不間斷的有功之臣。相反，20 世紀前半期，許多志士仁人以為漢字將成為現代化的"累贅"的想法，未免是杞人憂天。

不過從清朝中葉以後，中國的發展落在了世界文明的後面。不少史學家喜歡講清朝如何不可一世，喜歡講"康乾盛世"，但是我個人的看法，中國落後的直接觸點其實還是發生在清朝。由於康熙晚年到後來奉行閉關鎖國的政策，不與外人建立正常的交流關係，使中國處於與世界隔絕的狀態。唐朝為什麼那樣強大而且繁榮？胸懷闊廣地與中亞以及其他國家建立穩定的文化商務關係，是重要的一因。17 世紀的時候，歐洲人很願意跟中國交流，但是清朝統治者不接受他們伸出來的手。顯例是 1793 年英使馬戛爾尼以給乾隆祝壽的名義率船隊來華，帶有喬治三世國王給乾隆帝的祝壽信，希望與中方簽署一項貿易協定，並在雙方首都互設使館。清朝認為根本無此必要，價值一點五六萬英鎊的六百箱禮物收下了，馬戛爾尼則除了拿到一柄精美的玉如意，等於空手而歸。我以為至少是此次，不是西方而是清朝統治者主動放棄了交流的歷史機會。否則，如果當時能夠主動打開和歐洲經商的通道，後續的發展也許就不是後來的面貌了。

到了晚清，中國的大門被西人以堅船利炮打開，歐風美雨狂襲而至，傳統文化的核心價值發生了危機。1911 年持續幾千年的帝制解體了，最後一個皇帝被趕下龍椅，以 "三綱五倫" 為代表的儒家思想，也就是傳統社會的大傳統，還能夠繼續發用嗎？中國的固有文化能否在新的歷史條件下重生？或者換句話說，中國傳統文化與現代性應該是怎樣的關係？傳統中國經過怎樣的途徑才能順利地進入現代中國？中國傳統文化在今天還有什麼意義？百年以來一直存在爭論，直到今天仍不能說已經獲致完全的一致。

三、回歸原典：國學和經典閱讀

百年中國以來的文化傳統是處在流失與重建的過程之中。文本的經典閱讀、文化典範的熏陶和禮儀文化的熏習，是重建中華民族文化傳統的行之有效的途徑。

晚清民國以來的百年中國，是我們民族的固有文化傳統解體與重建的過程。這個過程一直隱含著、存在著兩個真實的問題，即第一，到底如何重新詮釋自己文化傳統的價值？第二，實際上存在一個民族文化的重新認同問題。因為從清末到民初到五四乃至後來，長時期唯西方是舉，只知有 "西" 不知有 "東"，而且經常的口號是："要與傳統徹底決裂"，結果使得中國自己固有的文化傳統嚴重流失，流失到自己不能辨認自己。

20 世紀 90 年代初期，我和香港中文大學校長金耀基先生，有過一次文化對話，後來發表在我主編的《中國文化》雜誌上。金先生是有名的文化社會學家，他長期致力於現代化問題的研究。他說，中國文化，20 年代不想看，80 年代看不見。20 年代，反傳統的思潮呈壓倒之勢，對傳統當然不想看。可是到了 80 年代，文化傳統大面積流失，即使想看也不容易看到了。是不是現代化必然要告別自己的文化傳統？人們發現，東亞的一些國家並不是如此。比如日本，雖然早期也有過 "脫亞入歐" 的潮流，可是後來，在現代化的過程中自己的傳統保存得相當完好。甚至比我們的現代化先行一步的台灣，也沒有和中華文化傳統徹底脫離。早幾年到台灣的時候，看到濃濃的人情味，傳統的特徵非常突出。而我們自己的文化傳統呈現於當代社會的，卻少之又少。所以 "中國和自身脫離" 是一個很大的問題。

五四反傳統，主要檢討的是社會的主流文化，文化的大傳統。五四精英、上一個世紀的文化先進，他們雖然不留情面地批判傳統，但他們本身又是受傳統熏陶的有十足中國文化味道的從業人員。胡適反傳統算是很激烈了，但他的身上，仍然保留有十足的中國傳統文化的味道。他們那一批人很早就留學國外，甚至十幾年、幾十年在國外，但他們不發生文化失重的問題，文化的根始終在文化中國。像陳寅恪先生在國外的時間非常長，到過很多國家，但是他的文化關切、學問的中國文化根基，始終沒有變。1961 年詩人吳宓自重慶赴廣州探望寅恪先生，他的印象是："寅恪兄之思想及主張，毫未改變，即仍遵守昔年 '中學為體，西學為用' 之說（中國文化本位論）。"[1]

我們文化的小傳統，即民間文化和民間信仰，後來也在相當一段時間裏遭到了破壞。我們一兩代人都是在大小傳統齊遭毀損的背景下成長起來的，很少有機會接受傳統文化典範的熏陶，從而成為民族固有文化的缺氧者。特別是動亂時期，對社會基本倫理價值的傷害是難以想象的，也是難以彌補的，我認為這個影響直到現在也不能說已經完全成為過去。

改革開放三十年來，隨著國家經濟實力的增強，政府和民間做了許多重建傳統的努力，取得的成效昭昭可睹。但由於長期與傳統脫節所造成的文化斷層，一時還不能完全找到與傳統銜接的最佳途徑。人們看到的大都是比較淺層的模仿或沒來由的懷舊，而缺乏民族文化傳統的深層底蘊。

我認為當今文化傳統的承續與重建，有三條途徑比較行之有效。第一是文本經典的閱讀，第二是文化典範的熏陶，第三是禮儀文化的熏習。

中國文本典籍之豐富，汗牛充棟不足以形容。中國很早就有修

---

[1] 吳宓：《吳宓日記續編》，1961 年 8 月 30 日條，北京：生活・讀書・新知三聯書店，2006 年。

史的傳統，各朝各代都有完整的史書，不包括《資治通鑒》，就有二十四史，加上《清史稿》，是二十五史。還有各種野史筆記，也都有豐富的史料價值。史書之外，還有叢書和類書。當然按傳統的"四部之學"，史書是"乙部之書"，另還有經部之書、子部之書，以及數量更大的個人作品集，也就是"集部之書"。

這麼多的典籍，專業的研究者尚且望洋興歎，我們一般的公眾，該讀些什麼書呢？過去做學問打基礎，或者想積累自己的傳統文化知識，最初步的是要讀"四五四"和"百三千"。"百三千"就是《百家姓》、《三字經》和《千字文》，從前的發蒙讀物。"四五四"是四書、五經和"前四史"。《史記》、《漢書》、《後漢書》和《三國志》是前四史，篇幅不是很大，如果不能全讀，選讀也可以。像《史記》，主要需要讀傳記部分，共七十篇，故事性強，不難讀的。除了"前四史"，這幾年我一直提倡讀一點"經"。現在大家講國學，什麼是國學？國學這個詞在《周禮》裏面就有了，但是我們今天講的國學，不是歷史上的國學，歷史上的國學是國家所立學校的意思。今天講的國學這個概念，是晚清出現的，可以叫作現代國學。至少 1902 年黃遵憲和梁啟超的通信裏，已經在使用國學的概念，還不一定是最早。講國學最多的是章太炎先生。他一生有四次大規模地講國學，他是當之無愧的國學大師。

國學是做中國學問的一種根底，最重要的是經學和小學。什麼是小學？小學包括文字學、訓詁學、音韻學，是過去做學問的基本功。也就是清儒常說的"讀書必先識字"。章太炎先生就是研究文字學的大專家。還有一個是經學，就是指《詩》、《書》、《禮》、《易》、

《樂》、《春秋》六經。詩是《詩經》，書是《尚書》，禮是《周禮》（還有《儀禮》、《禮記》，稱"三禮"），易是《易經》，也叫《周易》，樂是《樂經》。《春秋》也叫《春秋經》，因為是極簡短的史事記載，必須藉助於幾種"傳"方能看得明白。有《左傳》、《公羊傳》、《穀梁傳》，我以為《左傳》最重要，最便於閱讀。由於《樂經》後來沒有傳下來，空此一"經"，所以便有了"五經"的說法。

現在關於國學有幾種說法，有一種說國學就是"國故之學"的簡稱，後來大家覺得這個範圍太大，比較一致的看法，是說國學是指中國的固有學術，包括先秦的諸子百家之學，漢代的經學，魏晉南北朝的玄學，隋唐的佛學，宋代的理學，明代的心學，清代的樸學等，這是學術史的一個流變過程。可是我覺得，要是把國學看成中國學術史，很多人會望而卻步，一般的民眾怎麼可能進入呢？因此我很贊成20世紀的大儒馬一浮的觀點，他說所謂國學，就是"六藝之學"，也就是六經。馬先生的定義的好處，是抓住了中國學問的源頭，把中國文化的最高形態稱作國學，這是天經地義之事。中國人做人和立國的基本精神，都在六經裏面。而且可以和國民教育結合起來。所以我主張我們的中小學、大學的一二年級，應該設立"國學課"，內容就是以六經為主。由於六經的義理較深，可以從《論語》和《孟子》入手。《論語》、《孟子》實際上是六經的通行本。熟悉了《論語》、《孟子》，也就熟悉了六經的義理。高中和大學的一二年級，應適當增加文言文的寫作練習。如此長期熏陶，循序漸進，百年之後，六經就可以成為中華兒女的文化識別符號。

所以今天講文本的經典閱讀，我想包括《論語》和《孟子》的四書是首先該讀一讀的典籍。《論語》、《孟子》再加上《大學》、《中庸》合稱"四書"，是南宋大儒朱熹把它們合在一處的。《大學》相傳為孔子的弟子曾參所作，《中庸》的作者據說是孔子的孫子子思。《大學》和《中庸》文短理深，其實並不易讀。我的看法，主要還是要先讀《論語》、《孟子》。當然，開始階段，"百三千"即《百家姓》、《三字經》、《千字文》等蒙學讀物，讀一讀也是有百利而無一弊的。以前這些都是生之為中國人的必讀書，現在讀這些書，很大程度上是文化補課，是為了改變百年以來的文化斷層增補的幾門必要的傳統文化課。至於老莊、諸子、古文、詩詞、戲曲、小說，還有佛道經典，應該如何選讀，是另外的問題，這裏就不一一談及了。這是我講的關於文化傳統重建的第一點，文本的經典閱讀。

第二是關於文化典範的熏陶。一個文明體國家，在其發展過程中留下了無窮無盡的文化典範。文本經典也是一種文化典範。此外古代的建築，包括宮廷建築、百姓民居、佛道教的寺廟和道觀，大量的地下發掘文物，以及各種物質的和非物質的文化遺產，能夠流傳到今天的，許多都是各個歷史時期的文化典範。還有歷史上的傑出人物，也是文化典範的代表。中國是講究人物的國度。三國人物、魏晉人物、盛唐人物、晚清人物，都是有特定內涵的人物群體。我們通過和這些文化典範的接觸與對話，接受文化典範的熏陶，是文化傳承和重建文化傳統的一條重要途徑。

第三是禮儀文化的熏習。禮儀文化的提倡，可以喚起人性的莊嚴，可以幫助人們恢復對傳統的記憶。中國是禮儀之邦，可是實事求是地講，當代中國也是禮儀文化流失得最多的國家。禮儀的核心是一

個 "敬" 字，所謂無敬不成禮。所以孔子説："為禮不敬，吾何以觀之哉！" 朱熹對這句話的解釋是："禮以敬為本。" 禮敬，禮敬，如果沒有了敬，禮就不存在了。因此中國人的習慣，拜佛也稱作 "禮佛"、"敬佛"。其實 "孝" 的內核也是一個 "敬" 字。孔子認為如果沒有了 "敬"，人類的 "孝" 和犬馬的 "能養" 便無所區別了。如果聯繫我們的節日慶典和日常生活，隨處都可以看到禮儀缺失的情形。比如中小學生的校服，大都是質量很差的運動裝，根本和校服不是一回事。校服必須是禮服，國家典禮、學校開學和畢業的典禮，學生應該穿上校服，又好看又精神，很合乎禮儀。

總的來看，百年中國以來的文化傳統是處在流失與重建的過程之中。我説的文本的經典閱讀、文化典範的熏陶和禮儀文化的熏習，是重建中華民族文化傳統的一些必要途徑。包括于丹對《論語》的解讀，我個人也並不輕看，因為她旬日之間把儒家最基本的經典《論語》送到了千家萬戶。當人們對傳統的文本經典已經陌生的時候，她讓大家對《論語》重新產生了一種親近感。她幫助普通民眾拉近了與本民族文化傳統的距離。

我的願景是，希望正在走向世界的中國，同時也走向自己文化的深處，是世界的中國，同時也是中國的中國。

載 2010 年 3 月 25 日《光明日報》

賈寶玉為何替孔子背書

　　祭祀之禮的重要性，可從《左傳》"國之大事，在祀與戎"一語看出來。但如果我們追問一句：在祭祀這個"國之大事"的問題上，是祭祀的對象重要，抑或是祭祀者在祭祀的時候，所採取的態度和懷抱的精神重要？

　　以常情論，照說應該是祭祀對象重要，所祭之對象如不重要，祭又何為？然而在中國文化的話語裏，是又不然。的的確確是祭祀者所具有的"敬"的精神，比祭祀對象還要重要。《周禮·地官司徒第二》具列出如何對民須施以"十二教"，其第一教便是："以祀禮教敬，則民不苟。"《禮記·少儀》也說："賓客主恭，祭祀主敬。"此處的"祭祀主敬"一語，可以說是對"祀"與"敬"的關係的最精要的概括。

　　敬和誠一樣，都是需要"無為"的，其大忌是刻意地操持飾作。《禮記·祭統》說得好："賢者之祭也，致其誠信與其忠敬，奉之以物，道之以禮，安之以樂，參之以時，明薦之而已矣，不求其為。"忠敬和誠信是存在於人的內心世界的精神信仰，其最高的致祭境界，是本乎自然，"不求其為"。如果祭祀者故意在那裏經營操持，就失去了本身應有的真正的"誠敬"。故《禮記·祭統》說："誠信之謂盡，盡之謂敬，敬盡然後可以事神明，此祭之道也。"然則祭道之"敬"，以誠信之"盡"來標識，說明"敬"這個價值理念已經超乎語詞環境，具有了絕對的性質。

《禮記·檀弓》還有一句話，更道出了此一題義的全部謎底。這句話是："祭禮，與其敬不足而禮有餘也，不若禮不足而敬有餘也。"幾乎將"敬"視為祭禮的全部義涵。"祭禮"之禮，本來是有祭祀對象，然後才有祭祀的禮儀。可是《禮記》此篇卻說，"禮"不足尚不能算是祭禮的大問題，但如果"敬"不足，就是祭禮所絕對無法容忍者。這句話，子路說是"聞諸夫子"。《禮記》諸篇藉孔子現身說法的事例多有，此處的引述是否即為孔子話語之所原出，似不好確指。

但《論語·八佾》篇的"祭如在，祭神如神在"一語，則真真切切地是出自孔子之口。此處，孔子等於對祭祀對象做了一個假設，即在祭祀的時候，要假設"神"是存在的，或者說是"在場"的。因為只有祭祀時相信"神"是"在場"的，祭祀的人才可能守持得住純潔的誠敬之心。反之一面祭祀，一面心裏卻在懷疑"神"到底"在"還是不"在"，敬的精神便難以樹立了。顯然孔子強調的是"敬"這個價值理念在祭祀現場的發用。至於非祭祀情況下"神"是否依然存在的問題，孔子沒有回答，似乎也不想回答。

應該有兩種可能：一是"在"，一是不"在"。事實上孔子對"神"的存在與否，並不特別關心，這有他的眾多相關言論可證。《論語·述而》篇輯錄孔子的說話，有"子不語怪、力、亂、神"的記載。同一書的另一條，還記載孔子說過："務民之義，敬鬼神而遠之，可謂知矣。"而當有一次，弟子直接向他請教如何事"鬼神"的時候，孔子近乎抬槓似的回答説："未能事人，焉能事鬼。"[1] 口氣顯得很不耐煩。

祭祀的時候，假定"神"存在，不祭祀的時候，"神"存在不存在不在探尋範圍，這應該是孔子對待"神"的本然的態度。因此"神"在孔子眼裏並沒有成為信仰的對象。但對於祭祀者必須具有的敬的精神，孔子卻一點都不馬虎。他認為祭祀者的"敬"的主體價值，遠比對祭祀對象的斟詳要重要得多。這裏不妨以《紅樓夢》的男主人公賈寶玉對祭祀所持的態度，來補充、參證、領悟孔子的祭祀論。

第一個例證，是《紅樓夢》第五十八回，回目作："杏子陰假鳳泣虛凰，茜紗窗真情揆癡理。" 寫賈府專事演戲的十二個女伶中的藕官，在大觀園燒紙錢去祭死去的药官。原因是兩個人經常飾演夫妻，所以存了一份同性相愛之情。寶玉得知個中緣由，不禁視為同調，"又是歡喜，又是悲歡，又稱奇道絕"。但又特地請芳官帶話給那個燒紙錢的藕官：

> 以後斷不可燒紙錢。這紙錢原是後人異端，不是孔子遺訓。以後逢時按節，只備一個爐，到日隨便焚香，一心誠虔，就可感格了。愚人原不知，無論神佛死人，必要分出等例，各式各例的。殊不知只一誠心二字為主。即值倉皇流離之日，雖連香亦無，隨便有土有草，只以潔淨，便可為祭，不獨死者享祭，便是神鬼也來享的。你瞧瞧我那案上，只設一爐，不論日期，時常

---

[1] 《論語·先進》。

焚香。他們皆不知原故，我心裏卻各有所因。隨便有清茶便供一鐘茶，有新水就供一盞水，或有鮮花，或有鮮果，甚至葷羹腥菜，只要心誠意潔，便是佛也都可來享。所以說，只在敬，不在虛名。以後快命他不可再燒紙。

賈寶玉雖然平時有"譭僧謗道"的言動，但對祭祀的事情卻極為嚴肅認真。他此番言論的核心題旨，是關於祭者所應秉持的"誠心二字"，以及"心誠意潔"的態度，認為"一心誠虔，就可感格"。賈寶玉還說："只在敬，不在虛名。"反覆強調的祭祀態度，無非是誠敬而已。

第二個例證，是《紅樓夢》第七十八回，賈寶玉在晴雯蒙冤而死之後，撰寫了一篇《芙蓉誄》並為之祭奠。這一情節，書中是這樣寫的：

獨有寶玉一心淒楚，回至園中，猛然見池上芙蓉，想起小丫鬟說晴雯作了芙蓉之神，不覺又喜歡起來，乃看著芙蓉嗟歎了一會。忽又想起死後並未到靈前一祭，如今何不在芙蓉前一祭，豈不盡了禮，比俗人去靈前祭弔又更覺別致。想畢，便欲行禮。忽又止住道："雖如此，亦不可太草率，也須得衣冠整齊，奠儀周備，方為誠敬。"想了一想，"如今若學那世俗之奠禮，斷然不可，竟也還別開生面，另立排場，風流奇異，於世無涉，方不負我二人之為人。況且古人有云："潢污行潦，蘋蘩蘊藻之賤，可以羞王公，薦鬼神。"原不在物之貴賤，全在心之誠敬而已。

　　賈寶玉這段關於祭奠的心理獨白，也都是圍繞"誠敬"二字。而且對祭者如何誠敬有所提示，比如"衣冠整齊，奠儀周備，方為誠敬"等等。而提出祭奠之物，不在貴賤，是為祭禮勿奢之意，也是孔子的思想。

　　向被認為具有"反儒"思想的賈寶玉，卻在祭祀之道上為孔子提倡的思想正名背書，簡直是在宣講孔子的祭祀之道了。是呵！賈寶玉在第一個例證中不是同時還説，燒紙錢不是孔子遺訓，而是後人不明祭祀之理而走入的"異端"嗎？一向被認為是"異端"的怡紅公子，也在反對"異端"了。當然，問題不在於異端不異端，而是究竟何者為異端，何者是正理？《紅樓夢》作者一定充滿自信地認為，他所闡釋的才是孔子的至理真道。

　　要之，連作為經典名著的稗史説部都可以出來證明，在孔子那裏，"敬"已經具有了可以超離對象的獨立的精神本體價值，實即絕對的義理價值，也可以稱之為人類的普世價值。

本文係《敬義論》之一節，
載《北京大學學報》2016 年第 3 期

第三篇

傳統解故（上）

如何評價儒家學說的歷史地位

　　百年中國，再沒有其他學說像儒家思想這樣，經歷了如此長時間的反覆跌宕和嚴峻拷問。

　　蔡元培先生是何等樣人，中國現代教育的泰斗的稱謂，他比任何人都當之無愧。但他不贊成讀經，致使被請來與之共襄民國初立之教育部的馬一浮離他而去。當然不傷友情，五年後蔡先生出掌北京大學，又禮聘馬先生擔任文科學長。馬先生的回復是："禮有來學，未聞往教。"以古禮婉拒。於是改聘陳獨秀為文科學長，又請來胡適之執教文科講堂。

　　讀經和反對讀經，成為當時學界和輿論界爭吵不休的一椿公案。反對者顯然佔上風，連大文豪魯迅也站出來發聲，批評提倡讀經者即使是真正的老實人也不過是"笨牛"而已。

　　20 世紀 50 年代之後的中國大陸就不必說了，長時間的主導思想是與傳統徹底決裂。何況還經歷了極端的十年，不僅作為傳統社會大傳統的儒家思想成為眾矢之的，民間文化和民間信仰所呈現的文化的小傳統也被冠以"四舊"之名，必欲清除掃盡而快之。適相反照的是，當時台灣、香港、澳門卻興起了以儒學為代表的傳統文化復興的浪潮。

　　改革開放後中國撥亂反正，重新啟航，把歷史還給歷史成為思想學術界的共同呼聲。孔子由被幼童也參與唾罵的斯文掃地變而為正常的文化古人。

但儒學重啟，則是近十年的事情。20 世紀 80 年代雖經識者推動，但收效甚微。90 年代深入研究人文學術的風氣開始出現，公正評價儒家學説、重估孔子歷史地位的論著受到關注。但由於所經歷的 "毀聖棄知" 的時間實在太長，難免積非成是，改變世人乃至學界部分人士的成見尚需時日。馬一浮先生曾經擬過一副聯語："魯國多譏儒近戲，秦人惟以吏為師。" 誠然是借古典來嘲諷世情，但如果將孔子的家鄉和儒家思想的故鄉等量齊觀，則儒家思想在百年中國的遭遇，就不僅僅是以之為戲了。

所以如此的緣由，也有對儒家學説本身存在諸多誤讀不無關係。我覺得有三個與儒學直接相關的問題，需要予以澄清，在此基礎上才有可能正確評價孔子和儒學的歷史地位。

第一個問題，需要明了在儒學產生之初，即春秋戰國時期，儒家只是諸子百家中的一家，其影響比之墨家或猶有未及。所以孟子頗為焦慮地説："聖王不作，諸侯放恣，處士橫議，楊朱、墨翟之言盈天下。天下之言不歸楊，則歸墨。"[1] 他因此想起而矯正此種 "仁義充塞" 的時代風氣，欲以承繼禹舜、周公、孔子的聖道為己任。

第二個問題，漢代中期漢武帝聽從大儒董仲舒的建言，實施 "獨尊儒術，罷黜百家" 的政策，使儒學的地位驟然提升，成為社會的主流意識形態。但儒學以外的學説仍有存在空間。東漢佛教的傳入和道

---

[1] 《孟子・滕文公下》。

教的興起，即為明證。而到魏晉南北朝時期，釋、道、玄之風大熾，其思想所宗更非只有儒學一家。隋唐佛教發展的勢頭，亦不在儒學之下。但如果認為隋唐時期的思想主潮是佛而非儒，輕忽儒家的地位，又有誤讀古人之嫌。直承鄭康成而撰《五經正義》的孔穎達，即是當時繼往開來的儒學健將。明清以還，儒學的地位日趨穩固，但佛、道兩家在民間社會的影響也開始定式成型。

第三個問題，儒家思想在宋代呈現變易之勢。二程和朱子等宋代大儒，誠然是承繼了先秦以孔子、孟子為代表的儒家思想，但朱子的理學實為思想大匯流的產物，道家和道教的思想，佛教特別是禪宗的思想，一起參與進來成為理學的助發資源。"三教合一" 在學理上得到論證，肇始於唐，而宋代實為集大成，此即陳寅恪先生所謂 "新儒家之舊途徑" 是也。

我提出上述三個問題，是想證明儒家是具有包容性的學說。儒家的包容性，反映了中華文化的包容性。而儒家所以具有包容性，在於儒家不是宗教。陳寅恪先生對此斷判得十分肯定："中國自來號稱儒釋道三教，其實儒家非真正之宗教，決不能與釋道二家並論。"[1] 儒家也重 "教"，那是 "子以四教" 的教，"有教無類" 的教，"富" 而後 "教" 的教，也就是 "教化" 的教，而非宗教的教。

儒家思想作為中華文化大傳統的代表，處在不斷地被檢討和重新詮釋之中。經過檢討、詮釋，便有增加、有變易、有更化。儒家由

---

[1] 陳寅恪：《金明館叢稿二編》，北京：生活・讀書・新知三聯書店，2001 年，第219頁。

先秦而宋，已經是在增加、變易和更化了。明代心學出，是又一更化。王陽明的學理初衷，本在減少（他認為朱子增加的未免過多），但陽明心學很快被邊緣化，可以為後學所宗，卻無法成為社會的主導思潮。

學者有"制度化儒學"之稱，這在唐宋以前並不明顯，主要是明清兩朝，伴之以科舉命題以四書取義，儒學不僅制度化，而且在"制度法律公私生活"方面影響尤為深巨，因此其存在形態難免因固化而僵化。儒學在晚清社會從傳統到現代的"大變局"中出現危機，實與儒學在明清的固化與僵化直接相關。所謂危機，恰好是"制度化儒學"的危機，而非先秦孔子和孟子原初思想學說的危機。

這裏涉及儒家思想的"變"與不變的問題。變易與更化給儒家學說帶來了活力。但儒家精神亦有不變的一面。這讓我想起《易》有"三易"，即不易、簡易、變易。儒家原初思想的"簡易"，有《論語》可證。孔子深知該說什麼和不該說什麼。所以出語至簡，有時至於說"予欲無言"。理由是："天何言哉？四時行焉，百物生焉，天何言哉？"[1] 所不變者，是為儒家的理性精神和"六藝"經典的核心價值。

"六藝"後稱"六經"，有的或為孔子所作，有的是前於孔子而為孔子所刪訂的典籍文本。孔子思想與六經是一而二、二而一的關係，《論語》即可視作六經的簡易讀本，只不過表達方式已化作日用常行。馬一浮不稱"六經"而稱"六藝"，是沿用典籍的初稱。孔門之教，分技能訓練和典籍傳習兩大類。技能則禮、樂、射、御、書、

---

[1] 《論語・陽貨》。

數，此處之 "禮"，為 "執禮"，類似禮儀程序的排演，"樂" 則詠歌誦唱，不學無以為能。典籍傳習則《詩》、《書》、《禮》、《樂》、《易》、《春秋》，以為傳道之本。兩者都稱 "六藝" 而形態不同。

馬一浮所述論之 "六藝"，自是後者，故他說："此是孔子之教，吾國二千餘年來普遍承認一切學術之原皆出於此，其餘都是六藝之支流。"[1] 馬一浮的發明處，是將 "六藝" 和諸子、四部區隔開來，稱六經為中國文化的最高的特殊的文化形態。而熊十力則標稱，六經是中國人做人和立國的基本依據。這樣，"六藝" 即六經在中國的思想文化系統中，便有了至高無上的地位，不僅諸子、四部無以取代，與現代學術的文、史、哲科分亦不相重合。

六經的形上意義在於它的系統的價值倫理，也就是馬一浮所說的 "六藝之道"。唐宋儒所致力的 "傳道"，所傳者即為 "六藝之道"，也就是六經的價值倫理。近年我從《易經》、《禮記》、《孝經》，以及孔子、孟子的著作中，抽繹出一些具有代表性的價值理念，包括誠信、愛敬、忠恕、知恥、和而不同等，經過分疏論證，我認為它們是幾千年以還一直傳下來的，可以稱之為中華文化的永恆的價值理念，同時也是具有普世意義的價值理念，不僅適用於傳統社會，也適用於當今的社會。不僅適用於中國人，也可以適用於全世界的人。此正如康德所說，道德理性具有絕對價值。

六經義理內涵所呈現的，就是中華文化的具有絕對意義的道德理性，永遠不會過時。《易經》乾卦的文言引孔子的話為說："忠信所以

---

[1]　馬一浮：《泰和宜山會語》，《馬一浮》第一冊，第 10 頁。

進德也；修辭立其誠，所以居業也。" 現代人的人生選擇雖然更趨豐富，但其大道要旨，亦無非進德與居業二事。因此忠信和立誠便成為每一個人都需要具備的道德理性，甚至可以説是取得成功的前提條件。

論者有謂傳統文化需要現代的轉化，其實就道德理性的建構而言，六經的價值倫理進入現代人的精神血脈，自是順理成章之事。可惜百年以來的現代教育變成了單純的知識教育，忽略了 "傳道" 的內容，致使一千二百年前的韓愈之歎無法不繼續成為我們的今日之歎。

雖然，古與今宜有別也，禮俗政俗亦因地而異。但正如孟子所説： "口之於味也，有同耆焉；耳之於聲也，有同聽焉；目之於色也，有同美焉。" 所以如是，蓋由於人之心或曰人的心理，有理之 "所同然者"[1]。故孟子又云： "先聖後聖，其揆一也。"[2] 而近世大儒錢鍾書先生則説： "東海西海，心理攸同；南學北學，道術未裂。" 中華文化的最典範的價值倫理具有永恆性和普世性，正不足為怪。

載 2016 年 1 月 18 日《光明日報》

---

[1] 《孟子・告子上》。

[2] 《孟子・離婁下》。

孔子為何寄望 "狂狷"

——《中國文化的狂者精神》韓文版序

　　本書作為中心題旨展開的對 "狂者精神" 的書寫，是我研究中國思想文化史精神軌跡的一部分。中國自紀元前的漢代中期開始，直到清朝末年，前後兩千年的時間，儒家思想始終佔據社會的主流位置。儒家學說的創始人孔子，在人的性向品格的取向方面，主張以中道為期許、以中庸為常行、以中立為強矯、以中行為至道。但他的這一思想在他所生活的春秋時期並不行於時。即如中庸之説，孔子在力倡此説的同時，已經感到了施行的困難。相傳為孔子的孫子子思所作的《中庸》一書，是專門闡述中庸義理的典要之作，宋代思想家朱熹將其與《論語》、《孟子》、《大學》合編為四書，成為和《詩》、《書》、《禮》、《易》、《春秋》五經並列的儒家經典。

　　《中庸》頻引孔子原話，一則曰："中庸其至矣乎！民鮮能久矣。"意即中庸是很高的思想境界，一般的人很難做到，即使做到，也難於持久。二則曰："人皆曰 '予知'，擇乎中庸，而不能期月守也。"此論似更為悲觀，翻譯成現代語言無疑是説，很多人都認為自己聰明，可是如果選擇中庸作為自己的人生信條，大約連一個月也堅持不了。所以孔子非常失望地承認："道之不行也，我知之矣。" 至於此道何以行不通？孔子想到的理由是："知者過之，愚者不及也"、"賢

者過之，不肖者不及也"。聰明的人、智慧高的人，往往超過中道而
走在前面；不夠聰明的人、智慧不那樣高的人，則落在了守中的後
面。同樣，品格優秀的人也會超過中道，而操行不端的人則達不到中
道的要求。可惜很多人不懂得這其中所包含的奧妙，孔子不免為之惋
歎，他稱此種情況就如同"人莫不飲食"，卻"鮮能知味"一樣。看
來真的是"道其不行矣夫"了。可是孔子仍然不願放棄中庸理念所包
含的人生理想，認為"依乎中庸"是君子必須具備的品格，即使"遁
世不見知"也不應該後悔。

　　然則什麼樣的人有可能達至中庸的品格呢？孔子說："唯聖者能
之。"這樣一來，無形中提高了能夠躬行中庸之道的人群的層級，
不僅社會的普通人，甚至道德修為可圈可點的"君子"，也難於達到
此種境界。孔子失望之餘的一線期許是，看來只有聖人才能真正做
到"依乎中庸"。問題是，揆諸春秋時期各國的實況和"士"階層的
狀況，能看到幾個可以稱得上"聖人"的人呢！連孔子自己不是也不
敢以"聖"自居嗎？他說："若聖與仁，則吾豈敢。"[1] 而且有一次感
慨至深地說："聖人吾不得而見之矣！得見君子者，斯可矣。"[2] 這等
於說，在孔子的眼裏，現實中其實並沒有"聖人"，能夠見到"君子"
已經很不錯了。結果如此美妙的中庸之道，在人間世竟是沒有人能夠
踐履的品格。我們的孔子終於明白了這個矛盾重重的問題，為何不能
最終顯現出解套的光亮。他不得已只好憤憤地說："天下國家，可均

---

[1]　《論語·述而》。

[2]　同上。

也；爵祿，可辭也；白刃，可蹈也；中庸不可能也。"[1] 孔子的意思，是説治理國家是非常困難的事情，但實現 "治平" 並非沒有可能；高官厚祿的誘惑很大，但也可以做到堅辭不就；刀刃雖然鋒利，必要時也還有人敢於在上面踏行；只有守持中庸，卻無論如何沒有做到的可能。

正是在此種情況下，孔子提出了打破原來宗旨的新的人格性向建構方案："不得中行而與之，必也狂狷乎。狂者進取，狷者有所不為也。"[2] 中庸不能實現，中行不得而遇，只好寄望於 "狂狷" 了。"狂者" 的特點是敢想、敢説、敢做，行為比一般人超前；"狷者" 的特點，是不趨熱鬧、不隨大流，踽踽獨行，自有主張。"狂者" 和 "狷者" 的共同特徵，是特立獨行，富於創造精神。如果對 "狂者" 和 "狷者" 試作現代的分疏，則 "狂者" 體現的更多的是意志的自由，"狷者" 代表的更多是意志的獨立。儘管求之學理，獨立是自由的根基，自由是獨立的延伸，兩者無法截然分開。

置於諸位面前的這本規模不大的書，就是從疏解孔子的狂狷思想開始的。我在本書中提出，孔子的狂狷思想在中國思想文化史上具有革新的甚至革命的意義。特別是 "士" 階層以及秦漢以後社會的知識人和文化人的 "狂者精神"，事實上已經成為藝術與人文學術創造力自我發抒的源泉。我通過對 "狂者精神" 的歷史考察發現，凡是 "狂者精神" 得以張揚發抒的歷史時刻，大都是中國歷史上創造力噴湧、

[1] 《中庸》。

[2] 《論語·子路》。

人才輩出、藝術與人文的精神成果集中結晶的時代。而一旦"狂者"斂聲，"狷者"避席，社會將陷於沉悶，士失其精彩，知識人和文化人的創造力因受到束縛而不得發揮。這也許就是西方思想家何以要把瘋癲和天才聯繫在一起的緣故。希臘的聖哲柏拉圖說過："沒有某種一定的瘋癲，就成不了詩人。"亞里士多德也說過："沒有一個偉大的天才不是帶有幾分瘋癲的。"德國哲學家叔本華更是對這種現象做了專門研究，詳析古往今來各種天才與瘋癲的案例，最後得出的結論是："天才"無一例外都具有某種精神上的優越性，"而這種優越性同時就帶有些輕微的瘋狂性"。他援引薄樸的話："大智與瘋癲，誠如親與鄰，隔牆如紙薄，莫將畛域分。"並且補充說："這樣看起來，好像是人的智力每一超出通常的限度，作為一種反常現象就已有瘋癲的傾向了。"[1] 是的，天才的思維特點恰恰在於與眾不同，在於"反常"。"反常"和反"中庸"可以作語義互釋，因為復按各家義疏，大都認同"庸者，常也"的詮解。

不過孔子的寄望"狂狷"，實帶有不得已的性質。孟子對此看得最清楚，當一次面對弟子萬章的提問："孔子在陳，何思魯之狂士？"他回答說："孔子豈不欲中道哉？不可必得，故思其次也。"[2] 可見"狂狷"在孔子心目中是退而求其次的選項，也可以說是被困境"逼"出來的思想。然而人類在學理上的發明，大多數情況下都是因"逼"而獲得突破。孔子思想的核心價值是忠恕仁愛，即仁者愛人，泛愛眾而

---

[1] 叔本華著，石沖白譯：《作為意志和表象的世界》，北京：商務印書館，1982 年，第 266 頁。

[2] 《孟子・盡心下》。

親仁，己所不欲勿施於人。教育思想則為"有教無類"，也是要賦予每一個人以受教育的權利。孔子學說的偉大之處，是當"禮崩樂壞"的由周而秦的社會轉型期，重新發現了"人"和人的價值。作為自然本體的"人"的特性，孔子固然沒有忽視，所以提出"飲食男女，人之大欲存焉"[1] 的絕大命題。但孔子最為關注的，還是"人"的性體如何在社會關係中得以展現。"仁者，人也"[2] 的全稱歸結，即為孔子"人"學思想的全提。因為它的反命題"人者，仁也"，同樣成立。在孔子看來，人只有在"二人"以上的和他人的關係中，才能彰顯出"人"的本質特徵。所以人需要知"禮"，需要明了處身文明秩序中的自我身份。必不可少的途徑是訴諸教育。通過教育的手段，使每個"人"都成為有教養的文明人。孔子設定的具體目標，是使人成為文質彬彬、坦蕩無欺的"君子"。他給出了"君子"應具有的種種品格特徵，諸如嚴謹好學、不憂不懼、不拉幫結派、不以人廢言，即使發達富貴也不驕矜，而是以義為旨歸、行不違仁，以及能夠知命、成人之美等等。跟"君子"相對應的是"小人"。小人的特點是不知命、不知義、斤斤計較、唯利是從，整個身心言動都是反忠恕仁愛之道而行之。歸根結底，小人無非私也，君子無非公也。

孔子把人的性體品相分為中行、狂、狷、鄉愿四個級次。他最不能容忍的是"鄉愿"，稱之為"德之賊"，即正義與德行的敗壞者和虐害者。孟子解釋為："賊仁者謂之賊，賊義者謂之殘。"[3] 可謂得

---

[1] 《禮記·禮運》。

[2] 《中庸》引孔子語。

[3] 《孟子·梁惠王下》。

義。"鄉愿"的特徵，是"同乎流俗，合乎污世，居之似忠信，行之似廉潔"，總之是"閹然媚於世也者"[1]。揆之世相，"鄉愿"是小人的性體屬性，君子則反"鄉愿"。孔子所以深惡鄉愿，在於鄉愿具有"似而非者"的詭貌。正如孟子引孔子的話所說："惡似而非者。惡莠，恐其亂苗也；惡佞，恐其亂義也；惡利口，恐其亂信也；惡鄭聲，恐其亂樂也；惡紫，恐其亂朱也；惡鄉愿，恐其亂德也。"[2] 可知"鄉愿"之立義，其喬裝偽似、閹然"亂德"之罪也大矣。難怪孔子不僅蔑稱鄉愿為"德之賊"，而且取譬為說云："譬諸小人，其猶穿窬之盜也與。"[3] 將鄉愿與偷偷摸摸穿牆越貨的盜賊為比，可見聖人之惡鄉愿已經到了無以復加的地步。

然則"鄉愿"所"似"者為何耶？沒想到竟是孔子最為期許卻又無法做到的"中行"。本書之寫作，在我個人可為一大收穫者，是發現"鄉愿"和"中行"極有可能發生"不正常"的關係。此無他，蓋由於鄉愿的品相性體"貌似中行"。而"鄉愿"和"中行"在對待"狂"、"狷"的態度上，不可避免地會結成聯盟。此正如《文史通義》的作者章學誠所說："鄉愿者流，貌似中行而譏狂狷。"[4] 於是人的性體的"四品取向"，如果以價值理念的進（狂）、立（狷）、守（中）、反（鄉愿）為宗趣，則排序應變為："狂、狷、中行、鄉愿"，而不是原來理解的"中行、狂、狷、鄉愿"。"狂者"和"狷者"對思想

[1] 《孟子·盡心下》。

[2] 同上。

[3] 《論語·陽貨》。

[4] 《文史通義·質性》。

革新和社會進步所起的作用，猶如大地之於翱翔天空的雄鷹，大海之於濤頭的弄潮兒，絕非其他選項所能比擬。人類文化人格的精彩，其要義亦在於不"媚於世"。中國現代史學大師陳寅恪所說的："士之讀書治學，蓋將以脫心志於俗諦之桎梏，真理因得以發揚。"亦即斯義。所謂"媚於世"，就是通常所說的"曲學阿世"，乃是學問人生之大桎梏也。

歷史的哲學命題原來是這樣：一個社會如果無狂了，也就是人的主體意志的自由失去了，那麼這個社會也就停滯了。但狂有正、邪：狂之正者，有益於世道人心；狂之邪者，亦可為妖。所以需要"裁之"。正是在此一意義層面，中庸、中道、中行可以成為節制狂狷的垂範聖道。它可以發出天籟之音，警示在陷阱邊冥行的人們，左右都有懸崖，前行莫陷渠溝。太史公豈不云乎："雖不能至，然心嚮往之。"其實宇宙人生的至道，都是可參可悟而不可行的絕對。本書對此一意義層面亦不無辨正。孔子"狂狷"思想的提出，使中國的聖人和古希臘的聖者站在了同一個水平線上。東西方共生的所謂思想文化的"軸心時代"，也許本書敍論的案例可以為之提供一個具體而微的證據，說明雖然文化背景懸隔，思維的心理是相通的，正所謂東聖西聖，"其揆一也"。

我不了解韓國的情況，不敢期待貴國的文化人士會對本書產生共鳴。但有機會得到不同文化背景的讀者的閱讀和指正，是令人想往的。這要感謝本書的韓文譯者韓惠京教授和李國熙教授，通過他們既忠實於原著又能化入化出的譯筆，使我的這本小書得以"投胎轉世"

（the transmigration of souls），並有機會與讀此書的陌生朋友一結“文字因緣”，自是樂莫大焉。

載 2015 年 3 月 30 日《光明日報》，
《紅旗文摘》2015 年第 4 期轉刊

莊子與現代和後現代

　　莊子其人其書其學，在中國思想史、學術史、文學史上是一個極特殊的景觀，甚至可以說是個異數。抉發人心世道的說理文章，文辭竟然這樣優美，想象力如此豐富，意象這般瑰麗，先秦諸子中，找不到第二家。也許只有屈原的《離騷》差可比並，但《離騷》是韻文，《莊子》是散文，文體不同。魯迅稱《史記》為"無韻之《離騷》"，《莊子》應該是真正的無韻之《離騷》。恰好莊子和屈原都是楚人，莊、騷的華麗繁複的文體，反映出我國古代長江文化區域和黃河文化區域不同的文化色調。

　　中國傳統學問講求考據、義理、詞章，莊子已開學人詞章優美的先河。史學家陳寅恪論《再生緣》的文體曾說："無自由之思想，則無優美之文學。" 此論用來解莊，恰切至極。莊子詞章之美，來源於思想的自由。莊子所追求的是自由無礙、自然無恃的人生境界。"其寐也魂交，其覺也形開，與接為構，日以心鬥"[1]，這種煩惱人生，莊子最不能接受。"終身役役，而不見其成功；苶然疲役，而不知其所歸"[2]，這種不能自主的被動人生，也為莊子所厭棄。他把因不能自由

---

[1]　《齊物論》。

[2]　同上。

生活所引起的種種人生困境，給定一個名稱，叫作“天刑”。他的正面主張，是“乘物以遊心”[1]，即順應自然律，保持心靈的自由。這種境界的最高表現，是“無己”、“無功”、“無名”[2]。但“三無”之中，“無己”最重要，所以莊子又稱“無己”為“吾喪我”[3]。而做到這一點，也就解決了人生的最大最後一個問題——生死問題。“大塊載我以形，勞我以生，佚我以老，息我以死。故善吾生者，乃所以善吾死也。”[4]“上與造物者遊，而下與外生死、無終始者為友。”[5]從而進入莊子的最高人生理想境界——“至人”的境界。

莊子和老子都是道家的代表人物。但我的看法，莊子並不是老子衣鉢的承繼者，而是另闢天地，自立宗旨，於道家的哲學有獨立建樹。老子和莊子，同樣都是道家的創闢人物，他們試圖解決的宇宙人生的根本問題互有不同。老子解決的是“天人”問題，莊子解決的是“人我”問題。而孔子，則解決的是“人人”問題。“人人”關係，受制於社會變遷，所以儒學多變，大家知道的，儒學有三期或四期之分，也許四期的說法，不無道理。漢代的董仲舒倡“天人合一”之說，是不是也含有彌補先秦儒學主要解決“人人”問題而忽略“天人”問題的不足之處？儒家當然也講天，但孔子講的天，有一個模模糊糊的人格神在，不純是自然之天。莊子之天，則純乎自然之天。道，孔

---

[1] 《人間世》。

[2] 《逍遙遊》。

[3] 《齊物論》。

[4] 《大宗師》。

[5] 《天下》。

子、老子、莊子都講，但孔子重人道，名言是"天道遠，人道邇"。老、莊重天道。老、莊的道，也有區別。老之道，很有點像黑格爾的"絕對精神"；莊之道，則像康德的"自在之物"。道是高度抽象的絕對，無論康德、黑格爾、老子、莊子，都是如此。但康德、黑格爾的絕對是死的，老、莊的絕對是活的。老子的命題："人法地，地法天，天法道，道法自然。"如果這一命題停留在"天法道"的階段，就和黑格爾的"絕對精神"或者康德的"自在之物"沒有區別，但後面還有"道法自然"一句。莊、老之道，因自然而活，因自然而獲得生命。

莊學本乎自然，其學說建立在大千世界千變萬化的基礎上，不求永恆，只述相對，反而使自己的哲學意涵具恆在意義。儒家一意求永恆，守"天不變，道亦不變"的律條，反而常常發生危機。最大的危機在晚清。危機之根源，在儒學的依託物是社會的經濟與政治結構。老之學是超離於社會的經濟政治結構之上的絕對律令，無須隨社會結構的變化而變化。莊之學不僅超離社會，還超離個人，因此也無須隨時趨變。儒學在詮釋中獲得生命。老學和莊學不必詮釋就可以流傳。晚清以還社會結構的變化，造成傳統儒學價值的崩塌，以傳薪續命為己任的新儒家，故有"花果飄零"之歎。

而傳統儒學與東亞的經濟起飛是否有直接或間接的互動關係？或者說，中國的儒家傳統與現代性是否相關？這類話題正在為許多學者所關注並因此而爭論不休的時候，莊子哲學已經為現代人迷惑纏陷、為外物所困的遭受"天刑"的處境，提供精神解脫的普遍性資源了。西方思想界近年極重視老莊學說，原因就在於此。人們越來越認識到，老子是超越一切東儒西哲、往聖今賢的人類最高智能的結晶，老子哲學是不受時空限制的哲學的哲學。在現代和後現代社會，政治將不再主宰一切，權力也不能決定一切。知識，世俗化了；知識分子，邊緣化了。人類嚮往個體自由的精神，需要莊子哲學來點燃並打開自蔽的牢籠。莊子主張個體精神自由，並不傷害社會；老子冀圖權力者學會 "治大國，若烹小鮮" 的本領，減少政治動蕩，盡量保持社會的完型。如果說儒家是維護社會的整體秩序，道家則是希望保護個體生命良性運動的自由秩序。

莊子所追求的這種個體生命的自由，見諸生活，是一種享受；訴諸人生，則是一種審美。中國學術，不能無孔子、孟子，也不能無老子、莊子；中國文化，不能無儒家、釋家，也不能無道家。我個人不贊成傳統文化的儒家中心說，但並不低估儒家的思想的、哲學的、政治的歷史作用。中國歷史上，儒學大多數情況下都是佔統治地位的學說。儒學弘明正大，但宋學的理性之美，同樣令人愛慕。釋家和道家，特別是道家思想，其對社會、對個人的影響不可低估。儒釋道三家、三派、三教的相拒相融，互動互補，是中國傳統思想與文化的特殊存在狀態。我們固然應該從社會結構中去尋找思想形態的歸根結底的原因，同樣，中國傳統社會的政治與經濟結構的變遷，也可以從儒、釋、道三家的互補互動中得到可靠的消息。

我因為研究學術史，所以格外喜歡莊子的《天下》篇。"天下大亂，賢聖不明，道德不一，天下多得一察焉以自好。比如耳目鼻口，皆有所明，不能相通。猶百家眾技也，皆有所長，時有所用。" 其述晚周百家之學，明通如此。我傾向於認為《天下》篇是《莊子》"內篇"的後序，因此也有可能出自莊周自己的手筆。是耶非耶？質之高明。

載 2001 年 1 月 17 日《中華讀書報》，
節稿刊香港《明報月刊》2001 年第 1 期

讀《漫述莊禪》致李澤厚

澤厚兄：

久違了。你在哪裏？我找不到你。你進入莊禪的境界了，自然無法找到你。莊子曰："形形之不形乎？"

我無法描述讀了《漫述莊禪》的喜悅心境。屋中的塵物、桌子、書櫥、筆筒、茶杯、台燈、窗簾……一下子都蒙上一層光輝，彷彿與往日、異時大不一樣。我來回踱著步，身心一陣輕鬆，後來竟笑了起來。我想，大約這就是"個體感性經驗的某種神秘飛躍"罷。當然我自知還沒有獲得佛性，距離成佛做祖還無限遙遠，只是產生了一種審美愉快；而這愉快，是從大作中感受和領悟來的。確如你所說："經此一'悟'之後，原來的對象世界就似乎大不一樣了。"因此，我不僅在思辨上，在道理上同意你對莊玄禪的論述，在實感上、在審美上也被你的論述征服了。

我由此想到，陶淵明所謂"好讀書，不求甚解，每有會意，便欣然忘食"指的也是這樣一種境界。他追求的是直覺領悟，而不是一章、一句、一詞、一字的具體含義。這有他的"此中有真意，欲辨已忘言"詩句可證。你在文章中提到了陶詩"採菊東籬下"，並說具有禪味的詩比許多禪詩更接近於禪，可謂至論。

你對禪宗大講特講的"悟"，解釋得如此精妙："並非理智認識，又不是不認識，而只是一種不可言說的領悟、感受。"又說："'悟道' 既不是知識或認識，而是個體對人生謎、生死關的參悟，當然就不是通過普遍的律則和共同的規範所能傳授，而只有靠個體去親身體驗才能獲得。" 因此語言、概念、思辨便沒有用武之地了，"不立文字" 說於是得到了最確切的說明。有的文章涉及這個問題，大都強調不可言傳的神秘感，而沒有從把握對象的獨特方式上去考慮，不是悟道之論。"在感情自身中獲得超越，既超越又不離感性。" —— 你描摹得太準確了，迦葉有知，也會再次拈花微笑的。而且你還進一步從哲學上揭穿了禪宗頓悟的秘密："乃是對時間的某種神秘的領悟，即所謂 '永恆在瞬刻' 或 '瞬刻即可永恆' 這一直覺感受。" 我知道，這是你對禪宗哲學的一個哲學發現。理論意義很重大。趙樸老不滿意范老對佛教的批判，原因之一是他認為范老太看輕了佛教哲學，只有批判，缺少感悟。前些時見到樸老，談起佛教哲學，他還表述了這個觀點。如看到你的文章，他會認作知音的，我準備複印一份送樸老一閱。

"既已超時空、因果，也就超越一切有無分別，於是也就獲得了從一切世事中解放出來的自由感。" 絕妙的論述！你不僅把禪宗，把整個哲學都現代化了。我讀《漫述莊禪》之後，"就獲得了從一切世事中解放出來的自由感"，真的得到了，絕非虛言。"某種精神的愉快和歡樂" 我在讀大作時也得到了，我竟然一個人高興得笑起來。昨天和再復曾談起我這種感受。大約兩個月前，再復向我訴說，他已經發現了、找到了心目中的上帝。他說他心裏有個上帝。我當時沒有理解，以為是他寫散文詩產生的一種特定心境。不料你在文章中對此做出了回答："禪宗宣揚的神秘感受……接近於悅神類的審美經驗……不僅主客觀渾然一致，超功利，無思慮；而且似乎有某種對整個世界的規律性與自身的目的性相合一的感受。" 你説一些人把這種感受説成了自由想象，從而相信上帝。真是不幸而言中！再復產生的就是這樣一種感受。不過，這種感受的層次可能大有分別。主客渾然，情景交融，我佛同體，天人合一，物我兩忘，同時實現，可能是這種感受的最高境界，常人恐達不到，最多在某一方面實現（如情景交融）就是難得的享受了。禪宗的悟，應該是高層次的，而且在時間上也應該持續得比較久遠。所謂一去不復返是也。如果一會悟，一會又返，説明還沒有得佛性。也許大多數僧眾都是悟─返─悟─返，循環往復，矛盾終生？你的文章裏沒有談及悟持續的時間問題，是一缺陷。

你在文章結尾集中談了莊禪的直觀思維方式，提出："中國思維更著重於在特殊、具體的直觀領悟中去把握真理。" 又説："禪的激烈機鋒在打斷鑽牛角的邏輯束縛，否定認識和知識的固定化等方面，更有啟發、震醒作用，它使人們在某種似乎是邏輯悖論或從一般知識或科學看來是荒謬和不可能的地方，注意有某種重要的真實性和可能性。而所有這些，又與中國從孔學開始重視心理整體（如情感原則），而不把思維僅當作推理機器的基本精神，是一脈相通的，即不只是依靠邏輯而是依靠整個心靈的各種功能去認識、發現、把握世界，其中特別重視個體性的獨特體驗與領悟（這與每個個體的先天素質、後天經驗各不相同有關係）。我以為這在今日的思維科學中有重要的借鑒意義。因為這種非分析非歸納的創造直觀或形象思維正是人不同於機器，是人之所以能作真正科學發現的重要心理方式。" 太對了，也太重要了！這正是人文科學和自然科學、科學與文學、理論和經驗、理智與情感等許多邊緣處不解之謎的根源，古往今來的那許多科學家、文學家、藝術家進行創造思維的動人故事，從此都可以有科學的謎底了。雖然這還需要深入地、系統地研究（可以建立和發展一門或幾門新的邊緣科學），但你已經把問題揭破了，整篇《漫述莊禪》即可以看作是對此一問題的啟悟性回答。你發現了中國思維的特點，這可不是小事情。這是大貢獻呀！

"總之，無論莊禪，都在即使厭棄否定現實世界而追求虛無寂滅之中，也依然透出了對人生、生命、自然、感性的情趣和肯定，並表現出直觀領悟高於推理思維的特徵，也許，這就是中國傳統不同於西方（無論是希伯來的割裂靈肉、希臘的對立感性與理性）的重要之處？也許，在剔出了其中的糟粕之後，這就是中華民族將以它富有生命力的健康精神和聰明敏銳的優秀頭腦對世界文化做出自己貢獻時，也應該珍惜的一份傳統遺產？"你用的是設問句式，並希望讀者認真想一想再加可否，說明你很審慎。唯其如此，更看出你對自己的結論是充滿信心的，而且你意識到了這一哲學發現的重要意義。我等不得"想想，再想想"了，我現在就向你表示祝賀！

現在各學科領域都在追尋和探索我們本民族的特點，國家總的發展口號也是建設有中國特色的社會主義。到底什麼是中國特色？我們民族的特異之處何在？很少有人講得清楚。你發現了中國思維的特徵是直觀領悟高於推理思維，這就為建立具有中國特點的思維科學準備了條件，進而還可以在與西方思維方式相比較中，為探討整個人類的思維規律做出貢獻。還有，人文科學領域爭論不休的批判繼承問題，到底從古代思想文化遺產中繼承什麼？繼承孔子的"仁者愛人"？孟子的"捨生取義"？似乎不容易直接搬過來、立刻生效，因為每個人都有自己的出發點，即便做出"愛人"或"捨生"的舉動，也不是從孔、孟那裏吸收的養料；相反，這樣做的人倒不一定要做"仁者"，或者目的就是為了"取義"。毋寧説，他們是不自覺的。如果出於自覺的道德目的，行為本身反而不那麼道德了。那麼向傳統繼承什麼？繼承杜甫的"細雨魚兒出，微風燕子斜"？繼承這寫景詩中的靈動？或者繼承李商隱的"春蠶到死絲方盡，蠟炬成灰淚始乾"？但前者寫微風細雨、後者寫情愛相思已到至境，後人無法在這兩個具體景、情上繼承什麼了。讀了你的文章，我悟到：你總結的中國思維的特徵和規律，倒是我們今天必須繼承下來的，實際上每個人都在事實上繼承了，整個文化結構中就包含著這個方面。真正繼承下來的東西，是悄悄地、默默地繼承的，即使理論家論證不該繼承，政治家反對繼承，也無濟於事。理論的作用是有限的，而經驗啟悟是無限的。就拿《漫述莊禪》來説，你論述的是莊玄禪的同、通、異、別，從中總結思維規律，對象本身是界限分明的，你並沒有想通過一篇文章解決一切哲學問題。但由於你不光是運用邏輯思辨，更多的是描摹，確切地説是以悟解悟，因此我從中得到的東西幾乎具有無限性，遠遠超過了莊禪本身。所以我認為你這篇文章的價值、意義，真是不可估量——它將為思想史的研究、傳統美學的研究，開一新生面，引入目的性和規律性合一的科學途徑。

你在肯定直觀領悟高於推理思維是一份值得珍惜的傳統遺產時，強調須剔除其中的糟粕後才能達到目的。這是全面不偏的看法。不過作為思維特徵而言，無所謂精華和糟粕，只有長短之分。直觀領悟高於推理思維，這正是中國思維的特徵，就長處而言，它產生了聰穎銳敏的靈動頭腦，有利於造就藝術產品；就短處而言，使得思辨不發達，很多學科缺少系統的理論創造。甚至人情大於王法，凡事不細密驗證，以意為之等弊端也和這種思維方式有關。但集中體現中國思維特徵的莊禪就有精華和糟粕之分了，你在文章中對此論述甚詳盡，我完全贊同。"莊玄禪正是在這個意義上可以陶冶、培育和豐富人的精神世界和心靈境界。它可以教人們忘懷得失，擺脫利害，超越種種庸俗無聊的現實計較和生活束縛，或高舉遠慕，或怡然自適，與活潑流動盎然生意的大自然打成一片，從中獲得生活的力量和生命的意趣。它可以替代宗教來作為心靈創傷、生活苦難的某種慰安和撫慰。這也就是歷代士大夫知識分子在巨大失敗或不幸之後並不真正毀滅自己或走進宗教，而更多的是保全生命、堅持節操、隱逸遁世，而以山水自娛、潔身自好的道理。" 這講的全部是實情。莊禪確在這方面有它的長處，有它的積極面，而且在傳統文化層面裏影響是很大的，造就了中國知識分子特有的面貌。

但與此同時，也因此帶來很大的消極性。我們中國人，尤其知識分子，太善於自我解脫了。當主觀改變不了客觀時，就離開客觀，在主觀上自行解脫，而不容易化作歷史行動。中國封建社會的改朝換代，本來就是封建社會自身的一種調解；每個有知識的人又都那樣善於自我調解，結果封建政權可以得到"解脫"，個人也可以得到"解脫"，遂使歷史變動就遲緩了。當然也變，但萬變不離其宗，實際上是變的不變，就如同不變中的變一樣。反映到文學藝術上，則缺少真正的悲劇，多的是悲喜劇。順便說一句，中國知識分子裏面，被迫害死的多，自殺的則很少，這到底是優點還缺點？幸還是不幸？我覺得自殺不失為使人類警醒的一種動力。說到底，中國知識分子太愛惜自己了，太容易解脫了，追其原因，蓋由於有莊禪給他們提供藏身之地。還有，在許多人那裏，是非感淡漠，面對橫道和邪惡，不置一詞；馬路上出一件什麼事，大家立即擁上去圍觀，但看客一般是沒有表情的，除非是覺得好玩。"中國哲學的趨向和頂峰不是宗教，而是美學。" 誠然如此。對人生採取審美態度是好的，但遊戲人生則不好。我說得離開本題了。總之莊禪的消極性也不容低估。從這個側面來說，你的哲學發現也是非常重要的，可以由此理解並解決中國傳統文化心理方面的許多難題。

莊禪之外的論述古代思想史的其他幾篇大作，我還未來得及拜讀，想在最近都找來一一學習。再復看過墨子和孔子的兩篇，他說都極好，我們兩個談你談得異常興奮，幾乎要進入莊禪的境界了。什麼時候我們能夠一聚？寫個便函給我，然後我約上再復一起去看你。

沒想到一下子寫了這許多，可見沒有頓悟，甚至連 "至言無言" 的古訓都違背了——凡夫俗子，不可與之談禪矣！

祝好！

弟　夢溪

一九八五年一月六日　敬上

　　附語：我與李澤厚是多年的好友，卻忘記了二十六年前曾給他寫過很長的一封信。前年他回國說及此事，我說是嗎？今年他拿來了原物，說很多信函未及保留，唯此封完好無缺。我一看，果然是我當年的字跡，只是沒想到有那麼長，十五頁之多，四千多字。當時澤厚正一篇一篇地寫《中國古代思想史論》，因為是在《美的歷程》和《中國近代思想史論》引起的學術地震之後，大家不免趨之若鶩。所以信中有和劉再復相與討論的話語。澤厚 1960 年代的一篇殘稿，同意在本期《中國文化》刊載，我這封信正好可以作陪。其實信的內容，主要是當年讀《漫述莊禪》所產生的一次審美體驗，情感價值遠勝於學理價值。重新檢視，理則文義疏誤可笑自不待言。好在情真、境真、意真，二十六年前的這封信，庶幾可以一真遮百醜。故不易一字，原文照刊，敬請博雅君子哂正可也。

2011 年 9 月 27 日清晨七時整附此說明

載《中國文化》2011 年秋季號

陽明學的性格

　　我很高興有機會參加在王陽明悟道的貴陽召開的這次國際學術研討會。前天，我剛從南昌回到北京。我去南昌，是應邀參加中國首屆研究大史學家陳寅恪的祖父陳寶箴和父尊陳三立的學術會議。陳寶箴是戊戌變法時期的湖南巡撫，一位了不起的實際改革家。過去一提起戊戌變法，就講康、梁及譚嗣同等“六君子”，卻很少有人認真講起陳寶箴、陳三立父子。其實陳氏父子在晚清變革中所起的作用，是不可替代的。當時湖南改革走在全國的最前面。陳三立是著名詩人，也是湖南改革的具體組織者和精神領袖，但這樣兩位極重要的歷史人物長期被忽略了。因為陳氏父子是江西義寧人（民國以後改為修水），所以江西省有關單位發起召開了這次專門的研討會，試圖給陳寅恪的祖父和父親以新的與歷史相吻合的評價。

　　因緣湊巧的是，義寧陳氏一門也是王學的忠實信仰者。陳寶箴的父親陳琢如（陳寅恪的曾祖父）先生，對王陽明的學說情有獨鍾，青年時期讀陽明書即“有如宿契”，嘗廢書而歎曰：“為學當如是矣！奔馳乎富貴，泛濫乎詞章，其人之學，自賊其心者也。惟陽明氏有發聾振瞶之功。”他因此在江西義寧州創辦了義寧書院，發揮王學，為國家敦教植才。他說：“士失教久矣，自天下莫不然，獨義寧也歟！

誠欲興起人才，必自學始。"[1] 陳寶箴、陳三立、陳寅恪一家的家學淵源，確可以直接追溯到陽明之學。

我本人近十餘年來主要研究學術史和文化史。由研究學術史，而致力於以陳寅恪為代表的義寧陳氏之學的研究。因為研究陳氏之學，才追溯到陳氏之學的王學淵源。我個人的學術思想，現在在精神上也產生了向王學皈依的趨向。我讀陽明子，也不禁有與琢如公相同的感歎存焉，因此於當今流行之學不敢多讚一詞。

王學的特徵至少可以從以下幾方面略加概括。

第一，王學是有力量的，是具有承載力的學問。中國歷來的學術，常常缺少力量，逃避主義是中國傳統文化一個方面的特徵。特別是近百年來，知識分子大都有一種無可奈何的無力感。但王學，不主張逃避，敢於承擔苦難，敢於正面相向。王陽明一生坎坷，政治上並不得志，其心路歷程有"五溺三變"之說，他的悟道，也是由於"居夷處困"，在為同僚辯屈遭廷杖四十貶謫到貴州龍場之後，歷大艱危而意志不動搖，於是對格物致知之說尋得新解。

第二，王學所以有力量，在於它的獨立精神和自由思想。首先是它的獨立性，也就是龍場悟道時所說的"聖人之道，吾性自足"，又說："夫學貴得之心。求之於心而非也，雖其言之出於孔子，不敢以為是也，而況其未及孔子者乎？求之於心而是也，雖其言之出於庸常，不敢以為非也，而況其出於孔子者乎？"[2] 還說："夫道，天下之

---

[1] 郭嵩燾：《陳府君墓碑銘》，《郭嵩燾詩文集》，長沙：岳麓書社，1984 年，第 438 頁。

[2] 《傳習錄》。

公道也；學，天下之公學也。非朱子可得而私也，非孔子可得而私也。"[1] 在明代當時具體的歷史環境下，這是何等的石破天驚之語。他在《答人問良知》詩裏還説："良知即是獨知時，此知之外更無知。" 王學的獨立精神和自由思想，使其學説具有一種空諸倚傍的氣概。

而就其與傳統儒家思想的關係而言，王陽明既是繼承者，又是叛逆者。生活在今天的知識人士都喜歡談自由，但自由的前提是個體的獨立。獨立是個體的一種收縮，收縮可以凝聚為力量。每個個體都獨立了，個體與個體之間的距離就拉開了，個體活動的空間也就隨之擴大了，個體自身就自由了。個體與個體之間的運行規則，就是社會約定的民主。因此，如果我們大家喜歡自由，希望建立一種民主制度，那麼個體的獨立是不可逾越的前提。王學的出發點，就是追求個體生命的獨立，他主張 "心即理"，認為 "心" 外無 "事"，"心" 外無 "理"。這就是他的 "心本體" 説。此説為個體生命的獨立奠定了理性根基。而且他説："心之本體，即天理也。" 這使得王學完全突破了朱熹的 "理"、"事" 二元哲學的框子。所以王學有 "狂" 的特徵，但陽明之 "狂"，早期或有 "狂狷" 之義，後來可以説是 "聖狂"，是為學為人的完全獨立的精神。王學作為傳統思想資源在今天的意義，我以為首先就在這裏。

第三，王學的基本概念——"致良知"，最符合人類本性，最純潔，起信點是要減少人們的精神雜質。它的基本假定是相信人性是無善無惡的，只是由於被物欲所蒙蔽，人性被異化了。陽明先生説：

---

[1] 《傳習錄》。

"良知即是天植靈根，自生生不息；但著了私累，把此根戕賊蔽塞，不得發生耳。"其"四句教"更明白地昭示："無善無惡是心之體，有善有惡是意之動。知善知惡是良知，為善去惡是格物。"所謂"良知"，王陽明認為就是人的辨別是非之心，如果連起碼的是非都不能辨別，就意味良知的泯滅。"致良知"就是"致吾心之良知"，使人的蔽塞之心恢復"一點靈明"。在我看來，陽明"致良知"理念的提出，一定有他本人的經驗體悟在裏面——他對明代社會的官場黑暗、顛倒是非黑白的怪現狀感受至深，所以"致良知"實際上亦頗有直接現實的針對性。職是之故，陽明對人類精神之提升所做之貢獻可謂大矣。現在不是講要提升全民族的文化素質嗎？王學至少可以在理念上達致起信的作用。

第四，王學重實行。他的名教是"知行合一"。他說："世間有兩種人，或是不解思維即任意去做，或是懸空思索不肯躬行。"他想擺脫這對立的兩極，說："某今說個知行合一，正是對病的藥。"又說："知之真切篤實處，即是行；行之明覺精察處，即是知。"而所以"知行"能夠"合一"，是緣自不去"外心"以"求理"，即"心即理"。此種"知行合一"的學說，使王學雖講"心本體"，卻無鑿空之弊。學術史、思想史上講王學空疏，如指王的後學則可，指王本身，則不可。

第五，王學絕無門戶之見。按學術淵源來說，陽明固直承陸九淵，所以稱"陸王之學"，但他對程朱之學，在批評的同時，絕無排斥之意。宋儒的缺失，在宗派和門戶，王陽明則不同，他本身清明，故無須間雜連累往聖前賢。當然他很自負，自信自己的學說能得中行，其他學說則不及自己的明快通透。

第六，因此我們可以説，王學了無障礙，簡便易行，只不過王學歷來不為傳統社會的主流勢力所重，其遭排抑、打壓的命運，終明清兩朝迄無改變。只是到了晚清，清統治者的處境每況愈下，反主流的文化思想盛行，王學又為思想界的骨鯁之士所推重。

但曾幾何時，王學又因主觀唯心論的頭銜被長期塵封起來。現在去掉塵霾、恢復王學的本來面貌，恰逢其時。祝今次陽明心學國際對話獲得成功。

本文係 1994 年 9 月 20 日在貴州
"陽明心學國際對話會" 上的發言

明清易代與士人之出處大節

　　張中行先生筆舌恣肆，不拘常格，自是當世文章作手。但我深感抱愧，此前很少從頭到尾完整地讀過張先生的文章。這次拿到 1995 年第十二期《讀書》，也是隨便翻翻，看到一頁上有柳如是、錢牧齋字樣，引起了閱讀興趣。讀罷全文，感到不無可商可議之處。但久矣夫不作討論文字了，因為不知從什麼時候起，我對真理越辯越明的古訓產生了懷疑。後來看到《文匯報》筆會專刊上黃裳先生的文章，連類觸發，不禁手癢，寫幾點讀後感想，向張中行先生請教。

　　張先生提到對農民起義的評價問題，他不贊成 “凡是農民起義都是好的” 那種以往的教條。這沒有什麼不對。說張獻忠 “幾乎把四川人殺光了”，雖有所誇張，也不是毫無歷史真實的影像。但接下去他說：“說句不怕高論家恥笑的話，如果我不幸生於其時，就寧可做朱氏或愛新覺羅氏的順民，而不願往四川分享農民起義的光榮，因為我無大志而捨不得小命。” 這個假設就有問題了。

　　首先歷史不能假設。不僅歷史事件的過程研究者不能假設，單獨個人的歷史經歷，自己追悔固可，卻不能重新走過。因此張先生設想如果他生在明末如何如何，倒真的是絕無法兌現也無法復按的 “高論”。其次是假設如果能夠成立，結果也不一定只有張先生設定的一種可能。現成的就有另外一種，即張先生非常不幸地偶然地情非所願地遭遇了起義軍（當時京畿地區常有起義軍的密探），他被俘獲了，而且並沒有像殺四川人一樣殺掉他，而是賞慕他的文筆詞章，要用其所長，請他做一名幕僚或隨軍文書什麼的。如果當時的歷史規定情境是這樣，張先生何以自處？逃跑？繼續"做朱氏或愛新覺羅氏的順民"？自然是一種選擇，但身陷軍中，恐不易實現。餘下的只有兩條路：自殺或者做"起義軍"的文字工具（不只是順民）。從張先生的聲稱自己"無大志而捨不得小命"，以及對陳子龍的不滿來看，他肯定不會選擇前者。可是後者，就有一個張先生不甚喜歡的知識分子的出處和立身的大節問題了。

當然可以爭辯說，還有另外一條路，就是不管情願不情願，先假裝接受下來，爭取時間，再謀他途。許多歷史人物都曾這麼想過，也這麼做過，可是踐履起來，常常事與願違。權力者常常不給你"徐圖之"的時間，而是逼迫你立刻做出決定，結果還是需要面對或降或死的更明快的抉擇。當然也可以設想投降之後，用自己素所堅持的"人文主義"思想去教育、感化、改造他們，不讓他們殺那麼多人；歷史經驗昭示，很少有這麼做獲得成功的先例。退一步說，即使接受了你的建議，推翻朱明政權的宗旨仍不會改變，那麼，你是幫助他攻打明朝，還是站在朱明一邊反對他的既定目標？總不可以既幫助起義軍打明朝又幫著明朝不讓起義軍去打吧？於是很不幸的張先生又面臨一個知識分子的何去何從的抉擇問題——而這抉擇，便可見出、反映出、考驗出一個被稱作有知識的人的操守、品行、氣節、道德。

張先生說："人文主義要的是實實在在的福利，常常不管本性可疑的光彩不光彩。"這說法可有問題。什麼是人文主義？無非指一種思想態度，按照這種態度，人和人的價值被強調，人對自然的優越性得以突顯。但人的價值、人的優越性，離不開對真善美的追求，包括人格尊嚴、榮譽感，也就是生之為人時不時會遇到的"光彩不光彩"的問題，都應該是人文主義的構成內容。人與動物的區別之一，是人有恥感，因此寡廉鮮恥是一種惡德。中國傳統文化裏面，"恥"這個概念居於非常特殊的地位，孔子說："行己有恥。"孟子說："人不可以無恥。"特別是官員和知識階層，恥感更其重要。所以顧炎武有"士大夫之無恥，是為國恥"之說。不過"行己有恥"這四個字，對一個文明人來說，要求並不算高，主要由於受現實利欲（包括張先生說的"實實在在的福利"）的誘惑，難免有時忘掉了生之為人的恥感，即變得不知恥。所以教化、文明，為一個健康的社會所必需。文明，總是人文主義所需要的罷？張先生視為利器（他說"乾脆抽出匕首"）的"評定事的是非"的"人文主義"標尺，不是就包含"趨向文明"的內容嗎？如果有一種"人文主義"，其內涵與人的"光彩不光彩"也就是人的尊嚴、恥感互不搭界，甚至相排斥，只"要的是實實在在的福利"，這種人文主義的"本性"，我看倒真正是"可疑的"。

至於說到對明清鼎革之際士人出處問題如何評價，張先生的人文主義標尺，就更其矛盾而不敷所用了。錢牧齋的遭後世詬病，是由於他沒有"以身殉"、"完蛋於煤山"的崇禎皇帝嗎？史載明思宗朱由檢自縊於萬歲山之壽皇亭，是在崇禎十七年甲申，即公元 1644 年 3 月，正當李自成率部攻入北京的時候。而錢牧齋的降清，在乙酉即 1645 年 5 月，此時與清廷對峙的是南明政權，只要當朝的弘光皇帝不偃駕，就不存在對君的"身殉"不"身殉"問題。如果有殉，是殉國、殉難。但另一個問題卻分明地存在著，這就是當清軍屠罷揚州之後又兵臨南明首府南京，皇帝出逃，大臣撤離，此情此景，身為內閣大臣，又是有影響的文壇領袖的錢謙益，該如何處置己身的選擇問題。眾所周知，他是投降了，而且是迎門納款，堂而皇之地投降的。投降後逼令剃髮，據說他表現得也比其他降臣順訓。

那麼，不妨用張中行先生制定的"評定事的是非（或對錯、好壞）"的標尺衡量一番，錢氏之降清"能不能使所有有關（包括受間接影響）的人獲得幸福，趨向文明"，恐怕衍生不出這樣的預設作用。相反，異族以武力相侵，立即迎降，總不能看作是很"文明"、很道德的行為罷？陳寅恪先生撰寫《柳如是別傳》，對河東君讚頌有加，對錢謙益在一定程度上有所回護，但仍指出："牧齋之降清，乃其一生污點。"《小腆紀年附考》所說的"謙益謬附東林，以為名高，既以患得患失之心，為倒行逆施之舉，勢利熏心，廉恥道喪，蓋自漢唐以來，文人之晚節莫蓋，無如謙益之甚者"等等，這些"痛詆之言"，寅恪先生也認為"固是事實"。可是張中行先生卻向我們問道："錢牧齋，除了沒隨著崇禎皇帝死之外，你還能舉出他什麼劣跡？"

錢牧齋本人如果得知張先生這樣評價他，也要汗顏難安的。因為錢牧齋降清之後內心甚為悔愧，所以晚年與河東君一起參與了秘密復明活動。陳寅老的《柳如是別傳》對此考訂甚詳，茲不多贅。但不妨拈出一例，即錢牧齋的《西湖雜詠》序裏有如下一段話："想湖山之繁華，數都會之佳麗。舊夢依然，新吾安在。況復彼都人士，痛絕禾黍。今此下民，甘忘桑葚，侮食相矜，左言若性。何以謂之，嘻其甚矣。"其中"侮食相矜，左言若性"句，典出王元長《三月三日曲水詩序》[1]，寅恪先生說："牧齋用此典以罵當日降清之老漢奸輩，雖己身亦未免在其中，然尚肯明白言之，是天良猶存，殊可哀矣。" 可見錢牧齋對自己的降清充滿著悔恨交加的複雜心情，並沒有悄悄地引以為榮耀。然而張中行先生說，"走錢牧齋的路也未可厚非"，公開提倡異族以強力威迫，我們不妨投降。立論雖有 "新意"，或說 "深意"，當然是 "高論"，卻未免厚誣古人也強加今人了。

中國傳統文化中的綱常名教部分，許多已不適合於今天，這是事實，比如 "忠君"，自然不應再去提倡。張先生文章對忠君觀念痛乎言之，鞭撻留痕，也不為過。但張先生說，幾千年來的知識分子都在這個問題上 "受騙"（或自騙），動機如果不考慮，"結果就成為，為歷代的專制魔王做了幫兇"。這話可有些言之過重之嫌。

談歷史，不能離開歷史環境。彼時彼地和此時此地、古人和今人，不能混為一談。周秦以還、1911 年以前，中國一直是帝制社會，既是帝制，就有皇帝，就有皇帝和臣民，因此就需要建立一套協調君臣關係的倫理。"忠" 這種協調君臣關係的倫理約定就是這樣產生的。如果我們不願接受 "凡是否定現存秩序的言動就是好的、肯定現在秩序的言動就是壞的" 這種破壞性的直線二分史觀，就不必對傳統社會的忠君觀念格外深惡痛絕。在有些時候，忠君和愛國還有點難解難分，雖大家如屈、杜，也不免為之困擾。就說忠君不好，對歷史人物也須平等待之。忠於朱明、崇禎皇帝這一邊，張先生憤然而又憤然，認為那是替專制魔王做幫兇。投降到與朱明對峙的那一邊，就認

---

[1] 見《文選》卷四十六 "序下"。

為 "未可厚非"，雖然那邊也有皇帝，也殺人，也需要盡忠。這樣雙重標準評價歷史人物，總有點不公平、不夠 "人文主義" 罷。何況復按史乘，也並不如張先生所講，知識分子全都 "受騙"（或自騙）。明清之際，已有不少思想家對君權泛濫提出嚴屬批評，其中和顧亭林一樣留戀明朝而不滿清朝的黃宗羲，就不客氣地説過："為天下之大害者，君而已矣。"唐甄更進一步："自秦以來，凡為帝王者皆賊也。"這可是面對 "今上" 説的，設身處地地想想，不能不佩服生活在三百年前的這些大知識分子的勇氣。

　　張先生對顧炎武偷祭十三陵頗致不滿，責怪這位精通歷史的大學者竟忘記了從朱元璋、朱棣到正德、天啓、崇禎這些故明皇帝，曾經做過不少禍國殃民的壞事。他說："不忘而一筆勾銷，就是因為心中有忠君思想盤踞著，以至於認為，既然坐上寶座，就無論什麼都是正義。"在顧炎武面前談正義，可要小心。因為同時期很少有另外的人能夠像亭林先生那樣，既洞明歷史真諦，又深明民族的大義。皇帝的不成器和胡作非為，他當然知道而且不會忘記，否則他就不必寫《天下郡國利病書》了。只不過在他心目中，除了皇帝，還有故國在，這兩者相連而並不相同。如何對待故國舊君，是傳統社會檢驗知識人士立身德性的一包小小的試劑。"有亡國，有亡天下，亡國與亡天下奚辨？曰：易姓改號，謂之亡國；仁義充塞，而至於率獸食人，人將相食，謂之亡天下。"這段著名的話，就出自亭林先生之手。何等明白、警醒！所謂亡天下，就是亡一國之文化。清代的強行剃髮易服，不就是要亡華夏的固有文化嗎？顧亭林的家鄉江蘇昆山縣，乙酉六月陷入清兵之手，他的嗣母王氏絕食十餘天不屈而死，遺書愛子："無為異國臣子，無負世世國恩。”難道這種在強暴面前表現出來的民族氣節（絕不是殉君），就一定和張先生的 “人文主義” 標尺相衝突？

我倒以為，明清易代，生靈塗炭，文化失其種姓，社會失其軌則，因此抗爭之持久而有韌性、殉國者之多、場面之壯烈，為華夏民族有史以來所罕見，這正是一個文明古國長期文化累積和人文化成的結果。今天的讀書人何必操一把以 “實實在在的福利” 相昭示的 “人文主義” 的標尺，來把幾千年累積下來的含蘊民族正氣的歷史文明的花果統統連根拔掉？“嗚呼！建州入關，明之忠臣烈士，殺身殉國者多矣。甚至北里名媛，南曲才娃，亦有心懸海外之雲（指延平王），目斷月中之樹（指永曆帝），預聞復楚亡秦之事者。然終無救於明室之覆滅，豈天意之難回，抑人謀之不臧耶？”[1] 姑以陳寅老《柳如是別傳》中這段與評價錢牧齋有關的話作為我這篇文章的結語。

載 1996 年 2 月 6 日《文匯報》

---

[1]　陳寅恪：《柳如是別傳》下冊，北京：生活・讀書・新知三聯書店，2001 年，第1143 頁。

士人的狂者精神在清代的斂退

　　明清易代不僅是政權的鼎革，也有文化的激變，所以顧炎武有
"亡天下"之説。明中期以後城市經濟發展迅猛，長江中下游出現了
士商合流的現象，社會的中上層的生活趨於精緻化和休閑化，這為作
為知識人的士階層和商業精英的自由狂放提供了適宜的土壤。1644
年清兵入關問鼎，第二年南下摧毀南明小朝廷，帶來的是強悍的同時
也是粗糙的生活方式。陳寅恪《柳如是別傳》第四章援引河東君的友
人汪然明的一封信函，頗及明清之變給西湖景觀造成的影響，其中寫
道："三十年前虎林王謝子弟多好夜遊看花，選妓徵歌，集於六橋；
一樹桃花一角燈，風來生動，如燭龍欲飛。較秦淮五日燈船，尤為
曠麗。滄桑後，且變為飲馬之池。畫遊者尚多畏縮，欲不早歸不得
矣。"[1] 汪信中的"滄桑後"一語，指的就是明清鼎革。晚明之時如
此繁華旖旎的西湖，陡然間變成了清兵的"飲馬之池"，這是何等的
滄桑巨變。不用説"選妓徵歌"的夜遊狂歡了，白晝裏遊人尚且因恐
懼而畏葸不前。

　　陳寅恪先生在徵引汪然明的信函之後寫道："蓋清兵入關，駐防
杭州，西湖勝地亦變而為滿軍戎馬之區。迄今三百年猶存'旗下'之

[1]　陳寅恪：《柳如是別傳》中冊，第 377—378 頁。

名。然明身值此際，舉明末啟禎與清初順治兩時代之湖舫嬉遊相比論，其盛衰興亡之感，自較他人為深。吁！可哀也已。"[1] 寅老的史家之歎，給我們留下諸多思考。實際上，清之代明而起，知識人和文化人首當其衝，要麼投降，要麼死節，生命尚且難保，除了偶爾的因病而狂者（"病狂"），哪裏還能找到正常的"書狂"和"士狂"？更不要說龍性使然的"龍德之狂"了。四十年的武力征伐（1644 年入關到康熙二十二年平定三藩），百年的文字獄（順治十六年的莊廷鑨修《明史》案到乾隆五十三年賀世盛的《篤國策》案，中間經過一百二十八年的時間），已經讓社會欲哭無淚，知識人士欲言無聲。狂的社會條件沒有了，狂的心理基礎也不存在了。相反裁狂、悔狂、制狂、刺狂成為一個時期流行的社會風氣。

清初三大思想家顧炎武、黃宗羲、王夫之，他們從學術思想上不能認同王學流裔的肆狂之風，他們主張學術的經世致用。黃宗羲明確提出，應該"追蹤往烈，裁正狂簡"[2]，而且認為根源就在宋明之學。他說："自周、程、朱、陸、楊、陳、王、羅之說，漸染斯民之耳目，而後聖學失傳，可不為病狂喪心之言與？"[3] 還說："余嘗疑世風浮薄，狂子僇民群起，糞掃六經，溢言曼辭而外，豈有岩穴之士為當世所不指名者？"[4] 這已經是直接針對晚明的學術風氣和社會風氣開刀了。"狂子僇民"、"溢言曼辭"八字，可為晚明"狂士"寫照。王

[1] 陳寅恪：《柳如是別傳》中冊，第 377—378 頁。

[2] 《黃梨洲文集》卷四"前翰林院庶吉士韋庵魯先生墓誌銘"。

[3] 《黃梨洲文集》卷三"與友人論學"。

[4] 《張元岵先生墓誌銘》。

夫之則以自己的"不隨眾狂"[1] 而自詡，並諄諄告誡子姪："狂在須臾，九牛莫制。"[2] 亦即要從小做起，把"狂"消滅在萌生狀態，瞬間的狂念，都會造成將來的不容易改正。吳梅村的精神為明清易代所扭曲，心繫故國，身仕新朝，詩中未免發為慨歎："比來狂太減，翻致禍無端。"[3] 可是另一方面在《梅村詩話》裏，又不忘頌美抗清英雄瞿式耜的氣節，特摘引其就義前的《浩氣吟》其三的名句"願作須臾階下鬼，何妨慷慨殿中狂"，及稼軒好友別山和詩中的句子："白刃臨頭唯一笑，青天在上任人狂。"[4] 可以想象他的內心是多麼矛盾呵！

　　《文史通義》的作者章學誠的生平大體與乾隆一朝相終始，已經是"海晏河清"的所謂"盛世"了，但他通古今，知流變，對思想潮流的消長隆替有自己的特識。他對晚明的"狂"風也是持批評態度的，《文史通義》"繁稱"篇的自注有云："歐、蘇諸集，已欠簡要，猶取文足重也。近代文集，逐狂更甚，則無理取鬧矣。" 所謂"近代文集"云云，自然指的是中晚明的文風。而"逐狂更甚"、"無理取鬧"的判語，批評未免過矣。他接受孔子的"狂狷"思想，但不能認同後世的解釋。他認為孔子"不得中行，則思狂狷"是取材於《尚書》"洪範"的"三德"，即"一曰正直，二曰剛克，三曰柔克"。換言之，在章學誠看來，"正直"相當於"中行"，"剛克"相當於"狂"，"柔克"相當於"狷"。問題是那個"鄉愿"，本不在"三德"範圍之內，卻

[1] 《薑齋文集》卷八"章靈賦"。

[2] 《薑齋文集》卷四"示子姪"。

[3] 《送王子惟夏以牽染北行四首》其二。

[4] 〔明〕瞿式耜《瞿式耜集》，上海古籍出版社，1981 年，第 233、235 頁。

"貌似中行而譏狂狷"，結果"亂而為四"。他說鄉愿是"偽中行者"。而且人心不古，除了"偽中行者"，還有"偽狂偽狷者"，這樣就"亂四而為六"了。於是由孔子的"四品取向"變成了中行、狂、狷、偽中行、偽狂、偽狷的"六品取向"。難道是章學誠陷入了現代解釋學所謂"過度詮釋"嗎？非也。他也許是從歷史流變的人生世相中看到了某種"實相"。那麼"亂四而為六"的結果呢？結果是"不特中行不可希冀，即求狂狷之誠然，何可得耶？"[1] 甚而由於有"三偽"惑亂其間，最後連"三德"恐怕也存而無地了。

我們不必懷疑章氏是有所為而發。乾隆朝是清代文字獄最頻發的時期，知識人士動輒得咎，噤若寒蟬，而罪名一律是一個"狂"字。上海書店出版社 2007 年版新編《清代文字獄檔》，輯案七十起，六十九起都發生在乾隆朝。再看每一宗案例擬罪之語詞，均不出"狂悖"、"狂誕"、"狂妄"、"狂謬"、"狂逆"、"狂縱"、"狂吠"、"瘋子"、"癲狂"、"喪心病狂"之屬。這些語詞都可以在《清代文字獄檔》中復按，只是為避繁冗，未一一注出。連"四庫全書館"建言宜"改毀"錢牧齋的著作，乾隆的上諭也寫道："如錢謙益等，均不能死節，妄肆狂狺，自應查明毀棄。"[2] "妄肆狂狺"四字赫然在目。因此"狂"在清中葉已成為違禁的代詞，自無異議矣。試想在此種嚴峻的環境背景之下，誰還敢"狂"，誰還敢"狷"呢？如果有，一定難脫章學誠的"偽狂偽狷"之誚。

---

[1] 參見《文史通義》"質性"。

[2] 《清史稿》卷十四"高宗本紀五"。

　　或問乾嘉時期那些重量級的大儒大學者呢？他們忙於整理國故，爬梳音義，做專門學問去了。而做專門學問需要汰除情感，實事求是，不動聲色，最要不得的態度就是“狂”。為此，因“士之能狂”而推波助瀾的明朝的心性之學，和南宋的性理之學，都在他們詰難之列。他們的目標是“由宋返漢”，重新回到經學的原典。沒有誰能夠否定他們整理古代典籍的總成績，他們考證的細密，可謂前無古人，後無來者。至今做傳統學問的人還在受其沾 。但如果筆者提出，清代乾嘉時期有學者而無“士”，這一判斷是否和歷史本真尚無太大的矛盾？如果無“士”，當然也就沒有“士之能狂”了。

　　“狂”在清代事實上已完全成為負面的語詞。作為參證，只要看看同是乾隆時期的小說《紅樓夢》，在怎樣的意義上使用“狂”這個字眼，就能洞其大體。《紅樓夢》第八回寫黛玉笑道：“不說丫鬟們太小心過餘，還只當我素日是這等輕狂慣了呢。”第九回寫茗煙心裏想道：“不給他個利害，下次越發狂縱難制了。”第三十一回襲人拉了寶玉的手笑道：“你這一鬧不打緊，鬧起多少人來，倒抱怨我輕狂。”第三十七回襲人說：“少輕狂罷！你們誰取了碟子來是正經。”第五十五回鳳姐說：“如今有一種輕狂人，先要打聽姑娘是正出庶出，多有為庶出不要的。”第五十八回晴雯說：“都是芳官不省事，不知狂的什麼也不是。”第五十九回春燕的娘罵道：“小娼婦，你能上去了幾年？你也跟那起輕狂浪小婦學，怎麼就管不得你們了？”第七十四回王夫人問鳳姐：“上次我們跟了老太太進園逛去，有一個水蛇腰，削肩膀，眉眼又有些像你林妹妹的，正在那裏罵小丫頭。我的心裏很看不上那狂樣子。”第七十五回又寫王夫人訓斥晴雯：“好個美人！真像病西施了。你天天作這輕狂樣兒給誰看？”這些描寫中的“輕狂”、“狂的”、“狂縱”、“狂樣子”、“輕狂樣兒”等等，無一不具有否定的義涵。這說明在清代，至少是清中葉，不僅權力階層，一般社會生活的層面對“狂”的價值取向也都是做負面解讀的。這和明代的尚狂精神，不啻兩重天地，兩個世界。

只有到了清朝的中晚期，內憂外患加劇，統治秩序鬆弛，一個略有狂意的人物才艱難地走上歷史舞台。這個人物就是龔自珍。他是當時今文學派的代表，社會的弊病他敏銳地看在眼裏，提出了變革現狀的種種主張。他感到方方面面的人才都缺乏：“左無才相，右無才史，閫無才將，庠序無才士，隴無才民，廛無才工，衢無才商，抑巷無才偷，市無才駔，藪澤無才盜，則非但鮮君子也，抑小人甚鮮。”[1]在龔自珍眼裏，不獨君子少有，小人也少見，甚至有才能的小偷和盜賊都不容易遇到。這個社會真的是危機重重了。因此他大聲呼喚人才：“九州生氣恃風雷，萬馬齊喑究可哀。我勸天公重抖擻，不拘一格降人才。”[2]這是一首令人精神震顫的詩篇。“怨去吹簫，狂來說劍”的名句，也出自他的筆下。“頹波難挽挽頹心，壯歲曾為九牧箴。鐘虡蒼涼行色晚，狂言重起廿年喑”[3]反映了他的焦灼的期待。他是中國近代改革的先覺者。他生於乾隆五十七年（1792年），而逝世的頭一年（道光二十一年），作為中國近代開端標誌的鴉片戰爭已經爆發了。憂憤交織的一生，只活了五十歲。

---

[1] 《乙丙之際箸議》第九。

[2] 《己亥雜詩》第二百二十首。

[3] 《己亥雜詩》第十四首。

　　龔自珍只不過是當古老中國 "萬馬齊喑" 之際，泛起的一個小小的氣泡而已。時代沒有提供讓他一展懷抱的契機緣會。"一簫一劍平生意，負盡狂名十五年。"[1] "隻片語告君休怒，收拾狂名須趁早。"[2] "重整頓清狂，也未年華暮。"[3] "笑有限狂名，懺來易盡。"[4] 這些詞曲反映了他欲狂不能的無可奈何的心情。但我們畢竟在康乾一百五十年之後，重新聽到了明以後久已失聲的 "言大志大" 的一點狂音了。他的那首送友人詩："不是逢人苦譽君，亦狂亦俠亦溫文。照人膽似秦時月，送我情如嶺上雲。"[5] 每次讀起都能感受到一種溫暖清新的俠骨柔情。

---

[1] 《漫感》。

[2] 《金縷曲·贈李生》。

[3] 《摸魚兒》。

[4] 《齊天樂》。

[5] 《己亥雜詩》第二十八首。

白鹿洞書院訪學記

一

我國現代教育體制，在文化傳承方面有一項重大的遺漏，就是傳統的書院方式不僅傳授知識，而且 "傳道"，甚至 "傳道" 是更主要的。現代的大學制度反是，基本變成了知識的生產和消費的工廠，教師只教書，不再育人。辯者或曰西方即如是，不是也很好嗎？殊不知西方並非不傳道，只是另有途徑罷了。西方的教會就是他們專門傳道的場所，宗教和教育分別扮演不同的角色。

唐代韓愈作《原道》，發 "道斷" 之歎。他說自亞聖孟子之後，"道" 已滯而不傳。然則所滯者何 "道"？既不是佛之 "道"，也不是老之道、莊之道。老莊之道，在於個體生命的涵化，無須也不能夠通過社會來承傳。儒家思想所規範的不只是生命個體的人，更主要的是 "推己及人"，"道" 之相傳也必須藉助家庭與社會的網絡。所以韓愈說："吾所謂道也，非向所謂老與佛之道也。堯以是傳之舜，舜以是傳之禹，禹以是傳之湯，湯以是傳之文武周公，文武周公傳之孔子，孔子傳之孟軻，軻之死，不得其傳焉。"

韓愈排擊的目標是佛老二氏，而所 "原" 之 "道"，則是孔孟先儒的仁義道德之道，也就是修齊治平之道、內聖外王之道，或率性之謂道。但韓愈如果生在宋代，他的這一擔心就是多餘的了。宋代周敦頤、張載、程顥、程頤和朱熹、陸九淵諸大儒出，以賡續先儒之道為己任，又斟酌吸納佛、道二氏之學説，成為不同於先秦兩漢儒學的"新儒學"，而以朱熹為集大成者。

二

宋儒最常見的活動方式是聚徒講學，而講學需要場所，書院由是興焉。

實際上唐代已有類似書院的組織，只不過不叫書院，以藏書和文人士子的研修為主，頗似佛教的禪林。白鹿洞書院最初就是唐貞元間李渤的隱居讀書處，因養一白鹿而得名。李自己也就成了"白鹿先生"。李渤，字澹之，河南洛陽人，唐穆宗時召為考功員外郎，歷任虔州、江州刺史等職，性率直，為權臣所忌。公元 826 年江州刺史任上，為白鹿洞修建亭榭房舍，補植花草樹木，使知道此洞風光的人日益增多。至南唐始立學館，稱作"廬山國學"，洞主為國子監九經李善道，專事藏書講學，生徒多至百人之眾。但不久五代時期的變亂來臨，"廬山國學"無以為繼。

北宋初始有振刷，太宗趙光義於太平興國二年（977 年），詔令將國子監刻印的《詩》、《書》、《易》和"三禮"（《禮記》、《儀禮》、《周禮》）、"三傳"（《左傳》、《公羊傳》、《穀梁傳》）、"九經" 頒賜給書院，使白鹿洞成為宋初四大書院（餘為登封嵩陽、長沙嶽麓、商丘應天）之首。但未及興旺，便於宋仁宗皇祐六年（1054 年）毀於兵火之災，而且名稱當時尚未完全固定，有時仍叫白鹿洞學館或學堂。

真正建成遐邇聞名的書院是在南宋，主要是朱熹的功勞至偉。

三

南宋淳熙六年，即公元 1179 年，朱熹屢辭不獲而知南康軍事。白鹿洞就在南康軍治下的星子縣界。三月三十日到任，十月十五日下元節來到白鹿洞故址，"見其山川環合，草木修潤"，但昔日 "閒燕講學之區"，如今已是 "荒涼廢壞，無復棟宇"。而同是此地此山的佛、道二氏的祠宮，雖經損壞，但很快就能修繕，獨儒館 "莽為荊榛"。他對此頗感不平。於是先給本軍即南康軍郡，再給尚書省和尚書禮部，又給尚書本人，統統打了 "乞修白鹿洞書院" 的報告。苦口婆心，陳詞剴切，內容亦不免重複。在給尚書的報告（劄子）裏，還提出由自己充任洞主的請求。結果所有這些 "上峰高管"，根本未理會朱熹的苦心，甚至 "朝野喧傳，相與譏笑，以為怪事"，成為世人的笑柄。

可知辦書院之難，不獨今日，不獨抗戰時期的馬一浮先生，千年前的宋朝，即便是名可驚座的大儒朱熹亦復如是。

所幸朱熹打報告的時候，已著手草創，至次年三月粗畢其功，房舍建有二十餘楹，招得生徒十有餘人，三月十八日釋菜開講，朱子登堂，宣講《中庸首章或問》。所賦詩則云："重營舊館喜初成，要共群賢聽鹿鳴。三爵何妨奠萍藻，一編詎敢議明誠。深源定自閒中得，妙用原從樂處生。莫問無窮庵外事，此心聊與此山盟。" 並為書院訂立學規，書之屋楣。特別徵集圖書一項，朱熹費盡了心力，連結識未久的陸游，也成為求書的對象。為使書院立於合法的地位，還上書孝宗皇帝乞賜敕額及 "九經" 注疏，但石沉大海。淳熙八年，朱熹已離開南康，改任浙東提舉，趁方允奏事的機會再申前請："今乃廢而不舉，使其有屋廬而無敕額，有生徒而無賜書，流俗所輕，廢壞無日，此臣所以大懼而不能安也。" 這一次，孝宗皇帝經過 "委屈訪問" 之後才勉強准奏。

因為當時朝廷裏詆譭二程之學的聲浪甚囂塵上，秘書郎趙彥中曾直接攻訐洛學為 "飾怪驚愚，外假誠敬之名，內濟虛偽之實"。可以想見朱子的處境何等艱難。而當其知南康軍之時，已經因多次 "極論時事" 而冒犯天威，若不是巧於周旋的廷臣趙雄婉為回護，孝宗就要下令懲處他了。趙雄的理由頗平淡："熹狂生，詞窮理短，罪之適成其名。若天涵地育，置而不問可也。" 亦即像朱子這樣的大儒，越加害於他，他的名氣會越大，莫如 "置而不問"。細想此法實在是上上策。但前提是還須懂得 "天涵地育" 四字的深刻義涵。此種時候，朱熹還念念不忘他的白鹿洞書院，上面能不拖著不予理會嗎？

不過朱熹還是為白鹿洞書院的終於建成而高興。

更讓他高興的是，淳熙八年的春二月，他所尊敬的學問諍友陸九淵來了，乃請升白鹿洞書院講席。子靜（陸九淵字子靜）於是以 "君子喻於義，小人喻於利" 為題，講得舉座動容，以至於有流涕而泣者。時在二月十日，天尚微冷，朱子已經因出汗而揮扇了。講後朱熹致辭說："熹當與諸生共守之，以無忘陸先生之訓。" 他們五年前在鉛山曾有鵝湖之會，就理學和心學的取向問題展開辯論。朱陸有異同，但彼此無心結。鵝湖之會反增加了他們的友誼。不幸的是，陸九淵的兄長陸九齡（字子壽）忽於淳熙七年九月二十九日病逝。陸九淵到南康，就為的向朱熹請其兄的墓誌銘。

後來朱子請子靜把所講內容筆之於書，作為文獻保存在書院，以勵後學。南宋寧宗嘉定十年（1217 年），已經是史家所謂 "更化" 之後，朱熹的兒子朱在以大理寺正的身份知南康軍，"揚休命，成先志"，使白鹿洞書院達到全盛期。朱熹的門人黃榦在《南康軍新修白鹿書院記》中寫道："榦頃從先生遊，及觀書院之始，後三十有八年，復睹書院之成。既悲往哲之不復見，又喜賢侯之善繼其志。" 這顯然是說，白鹿洞書院因朱子而始建基，而由其子最後完成，時距朱子之逝已一十有七年矣。

四

元明清三代白鹿洞書院的命運，更是在屢興屢廢和時放時禁的文化顛簸中度過的。

元代雖然是非漢族政權，但政治控制相對較為鬆散，所以白鹿洞書院在元代曾有所發展。元初一度遭遇不慎之火，旋即重建，但元末又毀於兵災。明朝定都南京的前兩年，即元至正二十六年（1366 年），文學家王禕來到白鹿洞，看到的景象是 "樹生瓦礫間"，只餘 "濯纓"、"枕流" 兩石橋耳。此時距 "書院毀已十五年"。又過了七十二年，已經是明朝的正統三年（1438 年），一位叫翟溥福的廣東東莞人被任命為南康軍的郡守，對"前賢講學之所，乃廢弛若是"
深表惋歎，於是帶頭捐出俸祿，動員同僚，多方集資，加以重修。
二十七年後的明成化元年（1465年），江西提學李齡會同南康知府
何睿，再次補修重建。此後弘治十年（1497年）、十四年（1501年）
又有兩次修繕增擴。

　　明代的白鹿洞書院不僅恢復了南宋的舊觀，而且建築規模和相關
設施均超過已往而臻於完善，學員人數也一度達至五百人之多。特
別是正德、嘉靖年間，即公元 1506 至 1566 年，是白鹿洞書院少有
的持續一甲子的興盛期。王陽明來過了，在書院流連忘返，"徘徊久
之"。王的弟子王畿來過了。與王學分庭自立的湛學創主湛若水也帶
領弟子來了。而尤以李夢陽對書院的貢獻為大，留下的詩文墨跡也最
多。如今門楣上的"白鹿洞書院"五個刻石大字，就出自李的手筆。

　　但到了萬曆年間，大學士張居正出於黨同伐異的需要，提出廢除
書院的主張，白鹿洞書院遭受重創。歷來興建書院的舉措，莫過於購
置田畝，以農林來養文教。張居正以"充邊需"為名，責令各地書
院悉賣其院田，等於釜底抽薪，切斷資金來源。幸好此項政策持續
得不算太久，至萬曆十年（1582年）張逝去之後，院田得以陸續贖
回。明天啓二年（1622年）南康府推官李應升主持洞事，書院又興
旺起來。但不久閹臣魏忠賢也有廢毀書院之舉。這時已經到了明亡的
前夕。

　　清代雖未採取廢除書院的措施，但控制言路遠超已往。順治九年
（1652年）明令"軍民一切利病，不許生員上書陳言，如有一言建
白，以違制論，黜革治罪"。同時下令："不許別創書院，群聚結黨，

及號召地方遊食之徒空談廢業。"康雍乾時期文字獄變本加厲，房舍建築雖不無增補修繕，甚至還有賜書題額的鼓勵措施，但書院的生氣早已蕩然。乾隆時不獨山長，講席和生員也須經過官府審核，有的甚至設督院，課程增添大量官課的內容，民學實際上辦成了官學。嘉、道以後，白鹿洞書院日漸衰落，直至清末光緒二十七年（1901年）明令廢止，改書院為學堂。

辛亥過後，書院遺址又遭遇火災，抗戰時期復經日人百般蹂躪，參天古樹慘遭砍伐，已經是再次由廢而毀了。

五

回顧白鹿洞書院千餘年的歷史，誠如明朝的大學士李賢所說："此書院傾廢之日多而興起之日少。"20世紀50年代風氣所及，主流思想視傳統為敝屣，人心趨新若騖，大學院系尚且經過脫胎換骨的調整，況久廢之書院乎。故我們今天看到的白鹿洞書院的一些建築，大都是改革開放之初重新修繕或重建，形制規模較宋明固然不相屬，功用亦不過為廬山景區增一旅遊景點耳。

不過現在的廬山管理部門聚集了一批以護持文化薪火為己任的有心人，他們自去年起，決意賡續書院的洙泗之風，延聘碩學，重開講筵，欲使千年古洞再聞弦歌。但本人成為啟動此盛舉的第一個主講人，卻萬萬不曾想到。

說來都緣於廬山管理局第一擔綱鄭翔先生的文化理想。長期在廬山植物園工作的經歷使他對天人合一有獨特的感悟。閱盡滄桑的參天古樹和陳封懷、胡先驌、秦仁昌三位植物園創始人的墓地，成為他每天趁著夕陽坐對忘年的格物對象。他隱約感到了宇宙的浩淼，自然的神秘，前賢的偉大，個體的微渺。當這種感悟和 20 世紀的大史學家陳寅恪聯繫在一起的時候，他與一個多年致力於陳學研究的人產生了共鳴。他突發奇想，欲因人設事，請這位從來未嘗一面的人做廬山的文化顧問。

2007 年的春天，包括管理局副局長在內的他的三位副手來到北京，登門致意敦請。我以和廬山淵源不深、資輩也淺等緣由，婉拒了他們的雅意。第二次又來，我又辭謝。最後鄭翔先生帶領他的班子的成員一起來了，這是我們第一次晤面，主要談陳寅恪和陳氏家族，不禁相見而喜。當要告辭的時候，副局長王迎春先生拿出一幀預先寫好的聘我為文化顧問的正式聘書。我向鄭翔先生陳說為什麼不必如此的道理，他表示理解，但希望方便的時候能夠去廬山，因此便有了2008 年春天訪學白鹿洞書院的廬山之行。

六

鄭翔先生為此做了精心的安排。4 月 27 日上午 11 時抵南昌，然後王迎春先生陪同驅車廬山景區。白鹿洞書院地處廬山五老峰南麓，四面山環樹繞，景色清幽秀蔚，蜿蜒駛入，即有一組亭閣庭院式建築掩映在參天古木之中。鄭先生等管理局領導和書院院長已在等候，見我尚無倦意，遂先行觀覽書院建築和歷史遺存。目今主要建築由禮聖殿、先賢書院、白鹿書院、紫陽書院和延賓館五個院落組成。禮聖殿居書院建築群的中心位置，前有櫺星門，中間為禮聖門，最後面是始建於南宋爾後一再毀建交織的禮聖殿，現在殿裏有《孔子行教圖》和顏子、曾子、子思、孟子"四聖"的模刻。

先賢書院在禮聖殿西側，兩進院落，朱子祠和報功祠是院內主要建築。禮聖殿東面的第一個院落，從前到後依次為門廊、御書閣、明倫堂和思賢台，如今統稱此院落為白鹿書院。禮聖殿東面的第二個院落則是紫陽書院，標誌性建築為文會堂。最東邊的院落是延賓館，內分三級，第二級有一朱子銅雕坐像，香港孔教學院所贈。第三級上是可留宿賓客的春風樓，當晚我即住宿於此樓。延賓館前面有兩層小洋房一棟，係辛亥前一年在書院原址建的林業學堂，現歸九江學院使用。先賢書院左右兩廊的碑刻為西碑廊，紫陽書院的碑刻為東碑廊，藏明清迄於民國的碑刻甚豐。紫陽書院文會堂前有周子敦頤的塑像，尤栩栩如生。在周朱像前，我良久駐足，思默悟空。

參觀完書院的房舍勝跡，已是夕陽西下，我和鄭翔先生簡單回答了記者的幾個問題，便到獨對亭晚餐。獨對亭在書院左前方的山下，與書院隔溪相望。溪名貫道溪，上有石橋曰枕流橋，因橋下有巨石，溪水從石上散漫流淌，故得名。當年朱子所書"枕流"二字，以手電照射，清晰可睹。席間大家問起我初來白鹿洞的感受，我説已得"喜敬"二字。參觀過程，我的內心純是喜見樂聞的歡愉，而對前賢往聖，特別是朱子，則滿載禮敬之懷。此刻之心情與鄭翔先生悟對大自然和三老墓的寧靜自得，應屬情同此理，貌異心同。

第二天清晨，鄭、王等又前來一起進早點，問可曾睡好。我説一夜無夢，歡愉不減。我齋名雖云無夢，平時睡眠卻常有夢相伴，習以為常，不以為擾。但昨宿文化廬山，酣睡朱子故地，居然無夢，豈不異哉，豈不異哉。昔錢鍾書先生有句云 "夜來無夢過邯鄲"，寓妄心退淨之意。今我無夢，則是人已置身夢中，夢與非夢，實不知耳。

　　演講安排在第二天，即 4 月 28 日上午 9 時，地點在禮聖殿前面的院庭，人很多，除廬山管理局的公職人員，省社科院、九江大學等單位的人也來了，禮聖門內外坐滿了聽講者。鄭翔先生致開場辭，説明 "廬山白鹿洞書院講座" 第一講請今天這位講者的因由。講題是 "國學與傳統文化"，我主要對這兩個概念做了學理分疏，並追溯其歷史淵源流變以及在當下的意義。我講到了中國文化的多元性和儒家因不是宗教所具有的包容。對先儒和宋儒何以視 "敬" 為社會人倫甚至生之為人的基本價值，我做了重點闡釋。

　　我提出，"敬" 既是道德倫理，又是中國人和中國社會普遍持久的人文指標，可以看作是中國文化話語裏面的具有永恆價值的道德理性。如果説在宗教與信仰層面，儒家思想尚留有一定空缺的話，那麼 "主敬" 思想應是一種恰如其分的補充。"敬" 雖然不是信仰本身，但它是中國文化背景下通向信仰的直捷橋樑。講後互動熱烈，對 "敬" 可以使中國人的文化性格莊嚴起來的命題大家最感興趣。其實我講 "敬"，心裏一直想著朱子，因為宋儒都 "主敬"。

七

　　我本來提議由杜維明先生或者湯一介先生擔任 "廬山白鹿洞書院講座" 開壇的主講嘉賓，辭不獲請的結果，使我佔了接受傳統書院文化熏染的先機。但不敢稱講學，循名責實應該是訪學才是，所以本文由古及今，先述書院歷史。白鹿洞書院獨得歷史人文和山川靈秀佳氣之勝，置身其地，道自存焉。

千年古洞，歷盡興廢滄桑，益覺其文化蘊蓄深厚。單是東西兩廊的碑刻墨跡和各處門庭廊柱的諸多聯語，即可引領你通往參玄悟道之境。禮聖殿孔子像兩側的聯語是：「廬山上釋家幾處，道家幾處，二氏逃歸，斯受之，廟貌赫臨；書院中你講一場，我講一場，眾言淆亂，折諸聖，宗門大啟。」原為明朝的都御史周相所書，現在是河南大學石如燦的手筆。這是極有意思的一副對聯。明倫堂外廊柱的對聯則云：「鹿豕與遊，物我相忘之地；泉峰交映，仁智獨得之天。」更可令參謁者腦際胸中無幾多剩義。

更讓我感歎的是，欞星門裏泮齋的江西歷代進士題名錄顯示，全國科舉考試，歷代進士的數量，江蘇第一，浙江第二，江西第三。而狀元最多的省份，則是江蘇第一，江西第二，浙江第三。這是我從前不曾留意的。江浙多進士自然知曉，江西如是，前所未知，此可見歷代江西人文之盛。

八

白鹿洞書院訪學是我此行廬山的中心題旨，但不是經歷的全部。4 月 28 日下午到廬山植物園拜掃陳寅恪墓，4 月 29 日往修水拜謁竹陳氏老屋，所感受的「憶往事，思來者」的精神沉澱，亦非身臨其境所不能知也。明人吳國倫《重遊白鹿洞》詩有句云：「煙霞自昔封

丹洞，竹柏春深護講筵。山意欲留曾住客，地靈應了再來緣。” 此行
我深深感到，今天擔負起 “護講筵” 使命的，已經不光是作為自然景
觀的節侯與竹柏樹木的山川之勝了，而是有斯人也，斯有斯事。然則
文化之傳承與興衰，天耶？抑或人耶？

載 2009 年 8 月 9 日《文匯報》

附白：承白鹿洞書院高峰院長惠賜平面圖覽，使本文所敘五
院方位不致有誤，謹深致謝忱。

第四篇

傳統解故（下）

"以色取人" 與古代的男寵

> 柔曼之傾意，非獨女德，蓋亦有男色焉。
>
> ——《漢書·佞倖傳》

　　兩漢魏晉時期，最高統治者以色取人，一旦獲寵，立刻封官晉爵，已成為相當普遍的現象。所以司馬遷特地為佞倖立傳，開篇就提出："非獨女以色媚，而士宦亦有之。" 班固在《漢書·佞倖傳》中同發一慨："柔曼之傾意，非獨女德，蓋亦有男色焉。" 至於《晉書·五行志》説的 "自咸寧、太康之後，男寵大興，甚於女色，士大夫莫不尚之，天下相仿效，或至夫婦離絕，多生怨曠"，已超出以色獲得貴寵的範圍，這裏姑且不論。但由此也可以看出流風之所及，給社會精神氣候帶來多麼嚴重的影響。

　　司馬遷在《史記·佞倖列傳》裏寫道："昔以色倖者多矣。" 這裏的 "昔"，指的是秦漢以前的春秋戰國時期。不過那時男寵的含義比較局限，只是愛其色，陪伴左右，寵而驕之，有虛位，而無實權。《左傳》定公十年記載，宋景公寵倖向魋，把胞弟公子地的四匹白馬的鬣尾都染成紅色，送給向魋，此事激怒了公子地，立刻派人奪了回去，使得向魋很恐慌，決定逃亡別國。景公對此亦無可奈何，關起門來大哭，眼睛都哭腫了。

　　魏王和龍陽君的故事，聽起來還要動人。一次兩個人同船垂釣，龍陽君突然掩面而泣，王問所以，回答是釣到了魚。魏王感到奇怪，說釣到了魚為什麼還要哭？龍陽君說，釣到魚自然高興，但釣到更大的，就不想要前面那條了。因此聯想到天下的美人多的是，難免撩起衣裳往大王身邊跑，終有一天我會被拋棄，想到這一層，能不哭泣嗎？魏王為表示寵愛之心堅不可移，當即佈令全國，如果有誰敢於胡說亂道美人之類，就處以滅族之罪。寵倖得可以說無以復加了。但龍陽君本人並沒有因此得到實際權位，致使他臨釣而泣的潛在因素始終存在。

　　到了漢代，色臣的地位發生了變化，一旦恩寵，便授以重位，不僅內承床第之私，而且外與天下之事。漢文帝寵鄧通，漢武帝寵韓嫣，已官拜上大夫，賞賜巨萬，猶稱小者。最典型的是董賢，漢哀帝一見之下，"悦其儀貌"，即拜為黃門侍郎，並將其父遷為光祿大夫。不久又升賢為駙馬都尉侍中，"出則參乘，入御左右，旬月間賞賜累巨萬，貴震朝廷"。甚至與之同床晝寢，董賢壓住皇帝的一隻衣袖，漢哀帝寧可用寶劍斬斷衣袖，自己悄悄地爬起來，也不願因自己的不慎而驚醒愛臣的美夢。後來寵倖加碼，又遷董賢的父親為少府，賜爵關內侯，董賢的妻父也封為將作大匠，連董家的僮僕也破例受到賞賜。

　　董賢本人，經過柔媚婉曲的不懈追尋，終於詔封為高安侯，食邑千戶，不久又加封二千戶，與丞相孔光並為三公，權力之大，幾乎"與人主侔矣"。而一次在麒麟殿的筵席上，哀帝趁著酒意，揚言要效法堯舜禪讓之制，把帝位禪讓給董賢。嚇得群臣慌忙奏報："天下乃高皇帝天下，非陛下之有也。陛下承宗廟，當傳子孫於無窮。統業至重，天子無戲言。"哀帝聽了老大不高興，如不是幾個月之後駕崩，事情如何發展，正難逆料。史書上說，董賢的超人絕技是"性柔和便闢，善為媚以自固"。宜乎有這樣的特點，才能因寵而獲致如此高位。

這也就難怪《史》、《漢》兩書均重視色臣專寵的問題。

班書針對董賢的教訓，認為西漢的衰亡，"咎在親便嬖，所任非仁賢"，違背了孔子關於不"友便闢、友善柔，友便佞"的遺教，諄諄致戒後世，一定要懂得"王者不私人以官"的道理。

司馬遷身遭李陵之禍，在武帝之世言"今上"，運筆較為含蓄，不正面論次蓄寵者的是非得失，而是通過記述史實，證明鄧通、韓嫣、李延年一干寵臣，到後來非逐即誅，沒有一個有好下場。他的結論是："甚哉，愛憎之時！"意思是說，既然以色事人，就會有因色衰而愛弛的一天，色臣們固寵雖然有方，卻無法抗拒"愛憎之時"的客觀規律。

就對後世的警策而言，《史》、《漢》各有側重，確有異曲同工之妙。

但史家的警策之論，只不過是歷史經驗的總結，歷史本身並不因此有任何改變。漢以後男寵色臣為患，事實上更趨嚴重，直到南北朝時期一些王朝的瀕於危亡，也還有這一因素摻雜其間。

沈約撰《宋書》，追溯劉宋一朝的興衰，毫不寬貸"易親之色"和"權倖之徒"的危害，根據《漢書》的《恩澤侯表》及《佞倖傳》的名目，別列《恩幸篇》，痛陳民何以"忘宋德"的原因。其中寫道：

"人君南面，九重奧絕，陪奉朝夕，義隔卿士，階闥之任，宜有司存。既而恩以倖生，信由恩固，無可憚之姿，有易親之色。" 又説："挾朋樹黨，政以賄成，鈇鉞創痏，構於筵筜之曲，服冕乘軒，出乎言笑之下。" 縷陳條析得頭頭是道，比史、班更無所顧忌。司馬遷在《佞倖列傳》結尾處曾説："自是以後，內寵孊臣大底外戚之家"，不愧為遠識卓斷。

　　總之最高統治者 "以色取人" 和權佞色臣以色固寵，始終是中國傳統社會的一個亂源，不論這中間表現形式生出多少變化，王者 "親便孊"、"私人以官" 則一，它可以把任何健全的選官制度都變成有其名而無其實。

　　陳寅恪先生寫有一首《男旦》詩："改男造女態全新，鞠部精華舊絕倫。太息風流衰歇後，傳薪翻是讀書人。" 意在諷刺某些沒有骨骼的知識界人士在奉行 "妾婦之道"。但如果説這些淵源有自的 "妾婦之道"，也包含有 "柔曼之傾意，非獨女德，蓋亦有男色焉" 的流風遺韻，恐怕不致有牽強附會之嫌。

寫於 1991 年 11 月 14 日，載香港《明報月刊》

梁武帝的佞佛與大度

　　梁武帝蕭衍怕是中國歷史上最遭非議和最富爭議的一個皇帝了。

　　他三十八歲登基，八十六歲死於侯景之亂，在位四十八年。南朝的宋、齊、梁、陳四朝都是短命的政權，其中宋經歷八個皇帝，共五十九年；齊經歷七帝，二十三年；梁四帝五十五年；陳五帝三十二年。前後二十四位南朝皇帝，梁武帝的統治時間固然為最，置諸秦統一中國後之帝王世系中，也是屈指可數的幾個享國最久的皇帝之一，只略遜於康熙的六十一年、乾隆的六十年和漢武帝劉徹的五十三年，而與明神宗朱翊鈞同以六八之數並列第四。

　　可是結局就不能和漢武或康、乾乃至萬曆帝同日而語了。

　　漢武帝一生功成名遂，在他統治時期漢代達到了全盛，雖然晚年求仙有些走火入魔，終究死得較為平安。康、乾有“盛世”之稱，他們身後仍有一百多年的天下。晚年的康熙因諸皇子奪嫡，弄得心煩意迷，甚至有人懷疑其駕崩係皇四子胤禛做了手腳所致，但此說缺乏證據，平實而論，也許還是死於心臟病突發較為可信。至於乾隆，早在臨宇之初，就發誓在執政六十年的時候，把皇位傳給嗣子，後來果然實踐諾言，當御極周甲子大慶之際，傳位給嘉親王永琰（嘉慶帝），又過四年，安然而逝，終年八十九歲。而萬曆帝病死之後，明室也還延續二十餘年始亡。

　　梁武帝則不同，他是在侯景攻陷建康，城中十餘萬男女只剩下二三千人的情況下，被軟禁起來，病餓而死的。人們並不同情他，因為侯景之亂係他一手釀成。當時南北朝臣無不知侯景是個機詐多變、反覆無常的小人，在降梁之前已有過多次叛而降、降而叛的記錄。梁武帝不納眾諫，荒唐地把夜夢天下太平和侯景求降聯繫起來，以為統一中原的時機已到，迫不及待地委以重任，結果鑄成大錯，落得國破身亡。

　　史載公元 547 年，梁朝主力軍五萬人在彭城寒山堰被東魏大將慕容紹宗擊敗，梁武帝聞訊緊張得差點從床上掉下來。可是兵敗之後，他繼續任命侯景為豫州刺史，並賜給青布萬段，信使相望，完全到了至死不悟的地步。難怪羈留北方的文學家庾信在《哀江南賦》裏要說他"用無賴之子弟，舉江東而全棄"了。

　　梁武帝另一件遭詬病的事是佞佛。

　　本來這在儒、釋、道並存兼容的中國傳統社會，也算不得什麼。漢武帝為神仙方士所惑，前面已附及。英明如唐太宗李世民，也不能避免與和尚、道士打交道。南北朝時期戰亂頻仍，政權更迭頻繁，王室之間，骨肉相殘，殺人如麻，僅齊梁之際，史家就有"內難九興，外寇三作"的說法，民謠則謂："遙望建康城，江水逆流縈。前見子殺父，後見弟殺兄。"上至群臣君上，下至草野黎庶，均有朝不保夕之感。佛教藉此彌漫，土壤氣候，正復相宜。梁武帝父兄曾佐命蕭道成奪取劉宋政權，他本人也是在殺戮中走過來的，皈依釋氏，應屬自然。

　　問題是，他佞佛佞得有些過火，反而覺得當皇帝很委屈，一再表白"有天下，本非宿志"，寧願"歸志園林，任情草澤"，雅不情願在這裏"膺大寶"。這還不說，當大愛敬寺、大智度寺、同泰寺三座規模宏闊的佛寺建成之後，他親自到同泰寺捨了身，三日後才還宮。兩年後更進而脫掉帝衣，穿上僧服，住進同泰寺便房，在講堂法座為四部大眾講起了《涅槃經》。佛教稱這種捨身方法為"清淨大捨"，走到這一步，就不容易回來了。

梁朝公卿群臣於是慌了手腳，不得已出錢一億萬，才把皇帝贖出來。不料後來又有第二、第三次捨身，再出一億萬奉贖，皇帝雖然沒跑掉，滿朝上下早已雞飛狗跳，不成體統。所以當朝就有一個名叫荀濟的人發出警告："宋齊兩代重佛敬僧，國移廟改者，但是佛妖僧偽，奸詐為心，墮胎殺子，昏淫亂道，故使宋齊磨滅。今宋齊寺像見在，陛下承事，則宋齊之變，不言而顯矣。"後來更有人以武帝佞佛為蕭梁喪亂敗亡的直接原因。

梁武帝因佞佛，大造寺院，廣施僧錢，上行下效，給國家造成巨大浪費，固是事實。屢次捨身，勢必引起朝政廢弛，也毋庸諱言。但要說蕭梁的敗亡主要是由皇帝佞佛所致，則未必允當。錢鍾書先生在《管錐編》卷論《全梁文》部分，對此廣徵博引，析論甚詳，並引而為說："夫世間法與出世間法，究其理則勢不兩立，而見諸行則事必折衷，損益調停，經亦從權。故諂道佞佛，雖甚妨御宇為政，而不能盡廢御宇為政。"[1] 又說："梁武台城之殍，宋徽青城之俘，佞佛諂道

---

[1]　錢鍾書：《管錐編》第四冊，第 2133—2134 頁。

與有咎焉，卻不能專其咎也。"[1] 可謂理通明辨之論。何況撥開雲翳，以實為史，梁武帝自有其長處，否則不會享國那麼久。

史載他勤奮好學，善為文辭，"千賦百詩，直疏便就"；對經學、文學都很有造詣，著有《群經講疏》二百餘卷，《通史》六百卷；工書法，喜卜筮，長騎射。且生活尚儉，穿布衣，吃粗食，一日只一餐。不飲酒，不聽音聲，勤於案牘，冬天四更便起床，把燈燭披覽，凍裂雙手，仍堅持不懈。由於浸沉佛法，即使所下詔諭，也帶有 "煦煦為仁" 之意。惹得與南朝對峙的東魏丞相高歡不無妒意，說："江東有一吳兒老翁蕭衍，事事衣冠禮樂，中原士大夫望之以為正朔所在。"[2] 其實早在稱帝之前，當蕭衍與沈約、謝朓等在竟陵王蕭子良的西邸並稱 "八友" 的時候，他的這種儒雅之風就開始養成。只不過流俗史家的眼睛難免摻進勢利，容易蹈以成敗論人的歷史覆轍，既然佞佛和納降侯景是梁武帝生平兩大顯污明誤，餘下種種便化作微德小善而不為人所注意了。

不過依筆者的看法，梁武帝還有兩點至為難能的地方，於今思之，仍會產生莊肅誠敬之感。一是他佞佛佞得真誠，是真信仰，不是假信仰。這有他寫給蕭寶夤的手書所說 "自有天下，絕棄房室，斷除滋味" 可證。《淨業賦》的序裏也提到此點。另外《梁書》本紀有 "五十外便斷房室" 的記載。時間容或有出入，要之至少有三四十年之久梁武帝真正做到了拒女色、"斷房室""不食魚肉"，應是不爭

---

[1]　錢鍾書：《管錐編》第四冊，第 2134 頁。

[2]　《北史》卷五十五 "杜弼傳"。

的事實。《孟子》說 "食色性也"，做到這點，可不是容易的事，沒有發自內心的真誠信仰和義無反顧的宗教精神，萬不可能。二是梁武帝自己雖然佞佛，對反對佞佛、撰寫《神滅論》的范縝，卻不施加迫害，而是訴諸理性，親率群臣與之辯難，自己還專門寫了《敕答臣下〈神滅論〉》一文，提出："欲談無佛，應設賓主，標其宗旨，辨其短長。" 頗有平等論爭的學者風度。這在傳統專制社會，站在九五之尊的立場，可不是一件小事。

只這一點，就不該忘記南朝有個梁武帝。

所有今人的論著，無不稱讚范縝有理論勇氣。殊不知勇氣的產生，也須有相應的思想文化環境。《管錐編》作者論范縝有云："縝洵大勇，倘亦有恃梁武之大度而無所恐歟？皆難能可貴者矣。" 是呵，是呵！

寫於 1991 年 10 月 28 日，
載香港《明報月刊》，原題作《話說梁武帝》

歷史上哪個朝代最開放

政治開明：唐太宗獎勵不同意見

我給研究生講中國文化史導論課，唐朝這一講，以《唐朝的氣象》為題。講著講著，自己也禁不住欣賞起這個青史無二的朝代來了。

唐太宗李世民，真可以説是千古一帝，也可以説是空前絕後的開明君主，空前沒有問題，絕後其實也沒有問題。他最重要的開明明智之處，是貞觀帝號一開始，剛登上龍座，就不斷跟大臣們探討，前一代的隋朝為什麼滅亡得那樣快？原因何在？反覆討論這個問題。譬如貞觀二年，唐太宗問宰相魏徵：什麼樣的君主算作明君，什麼樣的君主算作暗君？魏徵的回答很有意思，説君主所以明，是由於能夠兼聽，君主所以暗，是由於偏信。當著皇帝的面，直截了當，可不是容易的事情。

貞觀十年，唐太宗對大臣們説，帝王之業，草創和守成到底哪個難？已經是貞觀十年了，在位已經十年，還在探討創業和守成的問題。房玄齡也是宰相，房玄齡講，創業是非常難的。魏徵則説守成更難。唐太宗覺得兩者説得都對。他説，房玄齡跟他一起定天下，知道創業九死一生，是很難的，而魏徵從治國的角度看，覺得守成更難，他也很佩服。這樣的君主，何其明白事理呵！

貞觀十五年的時候，他又跟大臣們講起打天下和守天下的難易問題，魏徵回答說，創業和守成都難。唐太宗說，一定會那麼難嗎？如果能夠任賢能，聽別人的意見，這又有什麼難的呢？魏徵說，自古的帝王，在憂危的時候，困難的時候，容易聽別人的意見，而一旦安樂，心懷比較寬怠的時候，就不容易聽別人的意見，以至於後來走向滅亡。你注意，已經是唐太宗在位十五年了，魏徵當面就講，一旦天下太平，比較安樂的時候，皇帝不容易聽意見，不聽意見最後就可能滅亡。這個話，講出來難，聽也不容易。

唐太宗有時提出各種各樣的問題，跟宰相們討論，他對這些宰相也稱讚備至。他說哪些人常常提出一些意見，令他覺得非常可信，而且這些意見都非常穩妥，如果說治國有什麼成就的話，這不是他一個人的成功，是大家跟我一起的成功。當時以魏徵為代表的這些大臣，真是不客氣，都直截了當地講話。在這些直諫當中，魏徵是第一位的。有一次唐太宗跟魏徵說，你前後向我諫了二百多件事情，如果不是摯誠，怎麼能夠做到這樣？他誇讚魏徵為人摯誠。他又跟別人講，說有人認為魏徵舉止疏慢，禮貌不夠。他說你們覺得他是疏慢了，可是我覺得他非常嫵媚，覺得他非常可愛。

歷史上，像唐太宗跟魏徵這樣的君臣關係是很少見的，但是在唐太宗在位期間，貞觀時期，敢於提意見，講真心話的，能夠直諫的，不止魏徵一個人，當時有一批人。比如說像薛收也是宰相，唐太宗本人武功很好，也喜歡征戰，但是薛收跟他講，這個事情不要做得太多，太多了，以皇帝之身，以為你是一種遊樂，雖然你是愛好，但應該不那麼多的做。薛收提了這個意見以後，唐太宗獎給他四十錠金。

還有一位叫孫伏伽的，提出法律方面的意見，唐太宗賜給他一個公主園，這個園值百萬。有人說給得太多了，他提意見你不殺他就不錯了，你還給他報答。唐太宗講，我繼位之初，一開始沒有那麼多人敢諫，除了魏徵之外，其他人不敢諫，我獎勵是為了大家多給我提出意見。溫彥博，很有名的宰相。長安的守令姓楊，工作上有很大的失誤，開始唐太宗想給他死罪，但是溫彥博提出，此人不應該是死罪，唐太宗於是赦他不死。還有其他很多大臣、宰輔的進諫，一般唐太宗都能聽得進去。你要知道唐太宗不是一般的人，他英武、聰明、智慧、有韜略，各方面都是一等的人。其實越是一等的人，越能夠聽意見，越是自己肚子裏的東西少的人，越不容易聽意見，容易頑固。

如果看《貞觀政要》，裏面大量記載唐太宗如何納諫，宰輔大臣如何直諫的故事。有一次很有趣，褚遂良是書法家，也是宰輔，他提意見，這個意見一般人不會接受的。有一位官員叫張玄素，令史出身，令史的地位比較低，唐太宗當面問他，說你是做什麼的？張玄素覺得出身低微，感到羞愧，沒有立刻答出來。這個時候褚遂良跟唐太宗講，張玄素現在已經升到三品了，陛下不應該再窮其門戶，還那麼細查人家的履歷，這涉及個人的尊嚴問題。唐太宗馬上聽了褚遂良的意見，感到很後悔，意識到對大臣個人的私事和來歷，不應該問得那麼細。唐太宗一次議論山東人如何如何，有一位輔臣叫張行成，他說皇帝應該四海為家，不要集中議論一個地方的人物。唐太宗覺得這個話說得對，給他一匹馬，十萬錢，還給他一套衣服。

唐太宗有時候感歎，設宴招待韋挺、虞世南、姚思廉等輔臣，跟他們說，龍有逆鱗，皇帝不能例外。可是你們這些人常常來觸犯我，我也沒有責怪，什麼原因？我是在考慮江山的危亡問題。大臣能夠直諫、敢諫，原因在於唐太宗能夠接受這些直諫，你講幾次不接受了，就沒有人敢講話了。只要講了他覺得對，立刻接受，立刻自悔，立刻自責，這樣的皇帝，這樣的人，可不多呀。

唐太宗所以接受群臣的意見，接受宰輔的意見，他是鑒於隋朝的教訓。隋煬帝的特點是剛愎猜忌，史書上講“予智自雄”，自以為聰明，結果人情瓦解，全國的盜賊蜂起他都不知道，最後亡國。這個教訓唐太宗深深地記在心裏。所以他經常講，一個人的耳目有限，思想不一定周到，思慮難周，非得集思廣益才能達到智。不聽大家的意見，拒諫，自身會招禍。這都是貞觀多少年之後，還反覆講這個問題。

因為歷史上記載著，隋煬帝拒絕別人的意見，他自己講，有諫者我當時不殺，但是到最後絕對不讓他在地上，他只好到地下去。當時很有名的故事就是蕭瑀對伐遼問題提出意見，立刻把他趕出朝廷，到地方上做一個小官。還有一位董純建議隋煬帝能到江都去看看，因為他去揚州，董純建議他是不是也能到江都，結果立刻把提出意見的人殺了。結果導致隋朝沒有哪個人敢講意見。史書上記載，直到喪國亡身而不顧。隋朝的敗亡，隋煬帝的倒行逆施，給李世民深刻的教訓。他說這是我所親見，所以我恐懼審慎，一旦生活條件改變了，地位穩固了，就忘了過去的苦難了，但是唐太宗不忘。

貞觀時期：宰輔制度的典範

當時能夠進諫的大臣，除了魏徵之外，還有一批賢明的宰輔，像房玄齡，唐太宗跟他一見，好像是舊相識一樣。還有杜如晦，這個人也是了不起的人，也是宰輔，唐太宗非常聽他的意見。魏徵是河北巨鹿人，太宗發現他的才能，放在重要的位置。在李世民尚未殺他的兩兄弟的時候，魏徵就向李建成建議說，你應該早想辦法，免得自己亡身。魏徵這個話，李世民後來知道了，在殺了李建成和李元吉以後，唐太宗跟魏徵講，說你這個話不是離間我們兄弟嗎？魏徵坦承地說，當時他聽我的話，他就不會有今天的禍。他既維護唐太宗，又為當時另外一個人著想，這是偉大的胸懷。這個話一出，唐太宗的不愉快就沒有了，而且送以厚禮。那時魏徵還沒有當宰相，拜諫議大夫。唐太宗常常說，魏徵敢於直諫，敢於"犯顏切諫"，不許我為非，我所以重之。

還有王珪，也是當時的宰輔，也敢於直言。唐太宗跟王珪講，如果我有過失的話，你能夠直言，我才能改呀，我們一起這樣做，國家的安全和安定有何憂慮呢？當時房玄齡、魏徵、李靖、溫彥博、戴胄和王珪同知國政。有一次他們在宴會上一起吃飯，唐太宗跟王珪說，你問題看得深刻，看得又準，識鑒精通，而且善談論。我請問你，你和大家相比，誰更優秀呢？誰更賢呢？王珪講，說孜孜奉國，知無不為，臣不如玄齡。每以諫諍之心，恥君不及堯舜，臣不如魏徵。才兼文武，出將入相，臣不如李靖。敷奏寫得詳明，出納惟允，臣不如溫彥博。處理繁雜的事情，條條有理，我不如戴胄。他能講出他的同僚的各自的所長，這是王珪。我們很容易記住魏徵，但是跟魏徵同時的這些宰輔，一個個胸懷如此，難怪唐太宗喜歡。

還有虞世南，大家了解他的書法，他的長相，其貌不揚，很瘦，衣服寬大不修邊幅，個性強，"志性抗烈"，所以一旦論到古代帝王的得失，他一定講出很多激烈的意見。但是唐太宗能夠接納。唐太宗講，我跟虞世南商榷古今，我哪怕有一句說對了，虞世南都會感到高興，但是我只要一句話說不對了，虞世南立刻不高興，"未嘗不悵恨"。這樣的君臣關係，好像大臣處在審視的地位，皇帝講了一句正確的話，他內心非常高興，一句話講錯了，立刻顯得不高興。唐太宗說，他誠懇如此，"朕用嘉焉"。如果大家都像虞世南這樣，天下何憂不治？唐太宗誇讚虞世南的特點，說他有五絕，第一是德行，第二是忠直，第三是博學，第四是辭藻，第五是書翰。虞世南死的時候，唐太宗大哭，說虞世南和自己就像一個人一樣，是一體，這是何等樣的皇帝呀？他說虞世南"拾遺補闕，無日暫忘，實當代名臣，人倫準的"。"吾有小善，必將順而成之；吾有小失，必犯顏而諫。"他說今天他去世了，朝廷當中再也找不到這樣的人了，真可惜呀，原文是"痛惜豈可言邪？"

還有一個例證，貞觀二年的時候，曾在隋朝時任通事舍人的鄭仁基，他的女兒長到十六七歲了，絕頂美麗，當時無人能比。"容色絕殊，當時莫及。"唐太宗的文德皇后發現此人出眾，就想把她選到宮裏做嬪御，伺候唐太宗。唐太宗當然也同意，事情已辦得差不多了，詔書都發出了。可是這個時候魏徵提了意見，他說聽說這個女孩子已經有主了，聽說已經許配給陸家，如果叫她到朝廷來，有損聖德。唐太宗聽後大驚，立刻說，如果人家已經有主的話，斷不可以。這個時候其他幾個宰相，房玄齡、王珪等都講，說有主這件事還不夠明確，還沒有定下來，現在詔書已發，就不要終止了。這樣一講，唐太宗有一點遲疑。但是魏徵這個時候講，以臣度之，如果你這樣做了，等於把陛下跟太上皇等同了。因為李淵曾有過這樣的經歷。這個意見太厲害了。唐太宗於是另發一個手詔，說鄭氏之女已受人禮聘，前日出的文書 "事不詳審，此乃朕之不是，亦為有司之過"，這是我的不對，相關的方面，管這件事情的，也有過錯，要求立刻停止這件事。

要知道魏徵這是什麼樣的意見呵！那麼漂亮的女孩子，十六七歲的女孩子，漂亮絕倫，已經下詔書了，決定了，還要 "朝令夕改"，何等了不起！但如果不發第二個詔書，第一個詔書就沒有失效，置那女子家庭於何地？問題是還認錯，說是自己的不對，有關的機構不對，這太了不起了。

再講一個例子。貞觀六年的時候，魏徵的地位相當之高了，但是也有人妒忌他，說魏徵對他的親戚過分照顧，等於提出魏徵的一個問題來。唐太宗就讓御史大夫溫彥博查查有沒有其事。並叫溫彥博跟魏徵講，代表唐太宗講，你提了我數百條意見了，我都接受了，現在人家說你有這麼一件事，你應該注意一點，這是小事，但是不要因為這種小事有損你的公共形象（有損 "眾美"）。因此你應該考慮一下，注意這個問題。但是過了好幾天，唐太宗見到魏徵，問到底有沒有不對的地方？怎麼不存形跡？魏徵說，前天溫彥博給他講了這個意思，但 "君臣同氣，義均一體"，沒有弄清是非，就存形跡，這樣君臣關係不會好的，最後對國家不利。皇帝提的意見，魏徵理都不理，當作沒有這回事，不存形跡。結果不是魏徵做了自我批評，而是批評魏徵的唐太宗，當今皇帝做了自我批評。他說以前說的那個話現在越想越後悔，真是不對，你不要在乎我這個錯。魏徵這個時候給唐太宗下拜，說："臣以身許國，直道而行，必不敢有所欺負。但願陛下使臣為良臣，勿使臣為忠臣。"

唐太宗問忠臣跟良臣有什麼區別？魏徵說："良臣使身獲美名，君受顯號，子孫傳世，福祿無疆。"而忠臣就是"身受誅夷，君陷大惡，家國並喪，徒有其名"。忠臣就是拚一死，你殺了我也不怕，這叫忠臣。其實殺了一個了不起的人，皇帝也有過失，所以寧做良臣，不要做忠臣。唐太宗說，你講出這個話，我永遠不敢忘國家利益了，不敢忘社稷，賜給你二百匹上好的絹。

唐太宗有一個規矩——中國歷代都有皇帝的《起居注》，有專門大臣、史臣把皇帝的言論、行動都記下來，一直有這個傳統。但是唐朝有一個規定，皇帝不准看《起居注》。怎麼寫的你不能看，這個規矩太厲害了。雖然像唐太宗這樣的英主，有時未免也想看看人家怎麼寫他。他跟姓朱的史官說，我還是想看看。這個史官叫朱子奢，說你要看，後來的史官就容易招禍了。史官全身畏死，悠悠千載，以後還能做嗎？後來唐太宗還是未能看到《起居注》。後來的皇帝，也有想看的。這些史官都很講原則，有一位史官講，我讓你看了我就失職了，你如果看的話，我以後寫我會迴避，不敢把真相寫出來。

所以我有一個結論性的意見。唐朝的貞觀時期，是宰輔制度的典範。你要知道，歷史上的中國是一個帝制社會，皇權天下獨尊，有一無二，所以長期的中國帝制社會都是皇權過重。但是這個社會居然有一個機制，這個機制是從唐朝開始的，皇帝有話跟宰相商量，宰相可以直接講自己的意見，皇帝不直接對外單獨講宰相不知道的意見，他對外發佈的法令都是經過宰相斟酌過的。這樣一種制度，是相權對皇權的一種分解，對皇權的一種再平衡，使得唐朝這個社會是一個良性的社會，這跟宰輔制度有很大的關係。因為皇權是絕對的，如果皇權沒有制衡，皇帝就要犯錯誤。貞觀時期唐太宗所以不犯錯誤，少犯錯誤，就是由於宰相制度起了作用。宰相制度是帝制制度改良的一個成功的嘗試，唐朝創立了典範。但是宰相制度，除了需要有賢臣，也需要有英主。唐太宗之後，這種宰輔制度雖然存在，但是皇帝如果不是英主，問題照樣多得不可收拾。

對外開放：遠人盡有如歸樂

要説開放，歷史上的中國，還是唐朝最開放。唐朝的首都長安，是當時最繁榮開放的一個都城，縱向看歷史，前後都不大容易與之為比，橫向看世界，長安當時已成為全世界各國文化的交流中心。一個時代如果國內混亂，統治秩序動搖，對內怕得不得了，這個時候對外來文化，一定會排斥拒絕。唐朝在強盛的時候，政治上有健全的宰相制度，敢於聽取尖鋭的"異見"，文化上張開雙臂，接納東西南北的各方文化使者和經濟客商。王國維的《詠史》詩："南海商船來大食，西京祆寺建波斯。遠人盡有如歸樂，知是唐家全盛時。" 可為寫照。

當時各國人士，都爭相來長安觀光、旅遊、瞻仰。中亞的許多國家，初唐到開元年間，都有使者到長安。唐太宗時，有康國的人，獻金銀桃，種在皇家花園裏面。開元時，又送來胡旋舞，連跳胡旋舞的舞女，一起送給唐朝。而中亞以及西域的大食國，也送來馬匹等禮物。這些使者按照他們的風俗，不拜也不跪，唐太宗照樣很高興。不像清朝，1793 年英使馬戛爾尼來中國，為了跪拜不跪拜，爭論一個月。

開元天寶年間，各方來使更多了，有東羅馬即拜占庭，前後五次派遣唐使來長安。南亞的天竺，就是印度，跟中國建立了友好關係，南天竺、北天竺、中天竺，都有遣唐使到長安。日本的遣唐使更有名，前後十九次之多。他們有意識地觀摩、汲取唐朝的文化，挑選的遣唐使都是文學、繪畫以及懂經學和史學的文臣，還包括學問僧。隊伍浩浩蕩蕩，有時幾百人，最多的一次達五百人。回國以後，這些遣唐使像鍍了金一樣，在日本國內享有諸多榮譽。

當時長安還有很多外國貴族，各種原因前來，都受到唐朝政府的禮遇。他們在長安照樣做官。契丹、回鶻、吐蕃，都有人供職唐朝。許多國家，像大食、波斯、安國、康國、天竺、高麗、新羅、百濟、日本，不少人久居長安，並接受官職。當時遷入長安居住的外國人史載有近萬家。不少都融入中華文化之中，能詩善賦，與唐朝的著名詩人，往來相送，成為好友。有的外國貴族，在長安住久了，就娶中國的女性為妻，落地生根，以華夏為故土。西域的安國人，有李抱玉、李抱真兩兄弟，是唐朝有名的良將。還有的在中國參加科舉考試，這個有姓名錄的詳細記載。新羅人有一個叫朴球，是唐朝的棋待詔，回去的時候，中國方面的負責人寫詩給他，說："海東誰敵手，歸去道應孤。闕下傳新勢，船中復舊圖。"說在你們那邊，應該沒有敵手了。

　　日本一個漢名叫晁衡的人，隨日本遣唐使來留學，學成後留在長安做官，當左補闕，前後在長安住了五十年，與很多中國上層人士關係密切。天寶年間他歸國，王維寫詩送他："鄉樹扶桑外，主人孤島中。別離方異域，音信若為通。" 晁衡的船遇到風險，傳說晁衡可能死了，李白寫詩哭悼，"日本晁卿辭帝都，征帆一片繞蓬壺。明月不歸沉碧海，白雲愁色滿蒼梧。" 其實是誤傳，後來得知晁衡並沒有死。可見雙方友誼之深。長安的外國留學生之多，居住時間之長，有的住到二十年、三十年，他們的生活方式，深受唐朝文化的影響。

　　中日關係在唐朝是雙方友好交流的關係，是異域朋友間的關係。中國的建築風格，對日本有明顯影響。中間一個有名的故事，是鑒真東渡。中國的大和尚鑒真，幾次破除萬險到日本，成為歷史上了不起的文化大事件。日本現在還有大招提寺，完全是友誼唐風的結果。中日兩國歷史上也有過非常美好的時期，雙方有理由不忘記並記住這段歷史。

　　文化是相互影響，唐朝文化遠播外域，同時也受外域文化的影響。其中西域文化影響於華夏者，可以說非常之大。直到後來我們使用的很多樂器、舞蹈、食物、生活用具等，都帶一 "胡" 字，就是證明。按陳寅恪先生的考證，"狐臭" 也稱 "胡臭"，可見西域文化之影響何等深細。野史筆記中有一種叫《東城老父傳》，就是說當時的長安，與胡人雜處，娶妻生子，致使 "長安中少年，有胡心矣"。而人們佩戴的首飾靴服之制，也不同往昔，至有 "妖物" 之稱。

　　唐的貞元、元和間，長安流行胡服，所以白居易的《時世妝》詩，說當時女性是 "斜紅不暈赭面狀"，把面孔塗成紅褐色，像歌舞伎一樣。白詩又說："元和妝梳君記取，髻椎面赭非華風。"不僅面孔變了顏色，髮式也奇形怪狀，堆得高聳入雲，搖搖欲墜，眉毛則畫作低八字形。當時的長安大街上，女性服飾之華麗，裝束之妖豔怪異，可謂大唐的一大奇特景觀。

　　唐朝的開放是全面的開放，是全體的繁榮，是人心的充實，是社會的喜悅。但任何社會都有盛衰的更替，天下沒有不散的筵席。當後來牛李黨爭加劇，宮廷內鬥到火併的地步，唐朝的氣象就黯淡下去，以致終於走到歷史的盡頭。不過，即使是衰敗的晚唐，文化照樣發出微芒，大詩人李商隱恰逢其時地出現了，杜牧出現了，輕柔細膩嬌花好女般的溫庭筠也出現了。只不知詩仙李白和詩聖杜甫，該如何看這些後來者的文學掙扎。

載 2013 年 10 月 14 日《人民政協報》，
《北京觀察》2013 年第 9 期同時刊載

魏晉的人才閘門是如何打開的

——從曹操的"求才三令"說起

一

　　中國歷史上的魏晉南北朝時期，是思想紛呈、人才輩出的時代。儒釋道三家，各有時代的代表人物，風格秀出，逸品獨標，商酌辯難而不失其雅量。政治派分、權力攘奪，固然杆隔影響於其間，致使"名士少有全者"，但有殘酷，有殺戮，也有熱情，有聲音。嵇康臨刑，還撫奏了一曲《廣陵散》。

　　那個時代，禮讚人才，尊重對手。南朝佛教鼎盛，反佛的聲音也能表達。於是辟佛勇士范縝出現了。畢生佞佛、三次捨身的梁武帝帶頭和范縝辯論，親撰《敕答臣下〈神滅論〉》，寫道："欲談無佛，應設賓主，標其宗旨，辨其短長，來就佛理，以屈佛理，則有佛之義既躓，神滅之論自行"，有模有樣不失風度地據理力辯。

　　梁武帝的"敕答"，經釋法雲轉達給王公大臣會覽，臨川王蕭宏、南平王蕭偉、長沙王蕭淵業、豫章王行事蕭昂，以及沈約等六十餘人群起難范，可以想見對范縝的壓力有多大。但范縝毫無退縮，不可謂不勇敢。而所以之故，也和梁武帝能夠守持思想辯論的規則，不以政治權力剿滅異端有關。誠如錢鍾書先生所說："縝洵大勇，倘亦有恃梁武之大度而無所恐懾？皆難能可貴者矣。"可知，當時終於形成我國歷史上的人文鼎盛、著述宏富的一代文化景觀，不是偶然所至，而是淵源有自。

二

問題是魏晉南北朝時期的人才閘門是如何打開的。如果"振葉以尋根，觀瀾而索源"，不能不追溯到當時後世一個不一定為人們所喜歡的人物。此人不是別個，乃是大名鼎鼎、千秋萬世罵名不絕於耳的魏武帝曹操。

曹操其人，羅貫中《三國演義》首發其難，寫出了一個活脫脫的奸雄形象，塗上的白臉，層層復復厚幾許，要想剝掉難上難。但後世的文史研究者，欲還曹阿瞞歷史本真的也不在少數。大家都記得郭沫若 1959 年寫過《替曹操翻案》，但早在郭老之前，魯迅在《魏晉風度及文章與藥及酒之關係》的著名文章裏，就說曹操是一個很有本事的人，至少是一個英雄，並說他雖不是曹操一黨，但無論如何"總是非常佩服他"，時間在 1927 年。

對曹操給予特殊評價的還有大史學家陳寅恪。

陳寅恪在研究魏晉思想的一篇文字裏[1]也說："夫曹孟德者，曠世之梟傑也"，"讀史者於曹孟德之使詐使貪，唯議其私人之過失，而不知此實有轉移數百年世局之作用，非僅一時一事之關係也。"肯

---

[1] 《書世説新語文學類鐘會撰四本論始畢條後》。

定曹操對"轉移數百年世局"起了作用，這個評價可不低。

三

那麼曹操的"轉移數百年世局"的歷史作用，我們該從哪裏説起呢？毫無疑問，應該從他的"求才三令"説起。所謂"求才三令"，指的是建安十五年、建安十九年、建安二十二年，七年之中，接連頒佈的三道廣招人才的詔令。為介紹之方便，我們不妨以第一、第二、第三令分別稱之。

第一令主要表明思賢若渴、求賢之急，迫切希望與賢人君子"共治天下"，因此提出了"唯才是舉"的鮮明口號。等於説，只要是人才就好，其他條件均可暫置而不提。第二令是補充第一令所不夠具體者，特別説明，不要怕用有缺點的人才，尤其不必處處都以德行來限人。所以如是，道理在於："有行之士，未必能進取，進取之士，未必能有行也。"如果由於人才的某些"偏短"，而廢棄這個人才，那麼蘇秦、陳平都不必用了。而無此二人，戰國時期燕國的弱勢如何改變？漢代的江山大業，又如何成就？只有明白這個道理，才能做到"士無遺滯，官無廢業"。

第三令網開更大，提出用人不要講究出身，不要在乎有沒有"污辱之名"。此令詞赫然寫道："昔伊摯、傅説出於賤人，管仲，桓公賊也，皆用之以興。蕭何、曹參，縣吏也，韓信、陳平負污辱之名，有見笑之恥，卒能成就王業，聲著千載。"甚至即使"不仁不孝而有治國用兵之術"，也並非不可以啟用。這未免太過出人意外了。

四

　　此三令一出，各類人才、各種人物，河滿江瀉矣。陳寅恪先生認為，曹氏所以頒此三令，主要是針對他的對手而言，目的是破除漢以來既有的吏治結構，而以“有德者未必有才”的口號相昭示，其摧廓作用自必可觀。然道出多門、魚龍混雜、泥沙俱下、奇詭爭競亦在所難免。儘管如此，最終畢竟釀成魏晉六朝的人才鼎盛之局。寅老所謂曹氏不無“轉移數百年世局”之功用，其歷史深涵，倘在斯乎？倘在斯乎？

載 2013 年 7 月 15 日《北京日報》、
《中國人力資源社會保障》2013 年第 8 期，
《現代人才》2013 年第 4 期轉載

魏晉士風

——從"竹林"到"田園"到"禪林"

　　魏晉南北朝的社會與思想形態大異於秦漢帝國。其實東漢已經與西漢有所不同了。後來三國鼎立而歸之於魏，曹魏篡漢之後，又有司馬氏篡魏。政權更迭頻仍，帝國統制鬆弛。儒學在漢武之世為之大振，後因"五經博士"專業說經而"碎義逃難"，反而使經學失卻真宰。佛教靜悄悄地傳入中土。道教不密而宣地擎幟高揚。儒釋道三家的思想成為士人可以任意取資的精神糧倉。多元並立的文化格局代替了一家獨尊的思想一律，中國文化迎來魏晉時期以張揚個性和崇尚自然為特徵的思想解放時代。

　　如果就狂者精神的衍變而言，魏晉時期的個性張揚未免過於失序。狂者已經不願繼續取資於孔子的狂狷思想，佛道兩家特別是道家和道教的崇尚自然的觀念，給了魏晉士人以個體生命也許可以走向自由的遐想。他們追求自我的無約束的放任，幾乎陷入了裸露癖和裸露狂。他們說脫就脫，毫無顧忌。《晉書》"五行志"所載的貴族子弟之"狂"，應該是那一時代的世風共相："惠帝元康中，貴遊子弟相與為散髮裸身之飲，對弄婢妾，逆之者傷好，非之者負譏，希世之士恥不與焉。蓋貌之不恭，胡狄侵中國之萌也。其後遂有二胡之亂，此又失在狂也。"[1] 東晉遭遇"二胡之亂"是不是由於貴族子弟相與裸戲，我們姑且不管，但其狂得失去規儀，不顧羞慚，則是歷史故實。《晉書》"儒林傳"亦載范宣的話説："漢興，貴經術，至於石渠之論，實以儒為弊。正始以來，世尚老莊。逮晉之初，競以裸裎為高。"[2] 另外還有王湛的一個玄孫輩後人名王忱者，官至方伯，《晉書》本傳說他："性任達不拘，末年尤嗜酒，一飲連月不醒，或裸體而遊，每歎三日不飲，便覺形神不相親。"一次他的岳父遇到了傷心的事情，王忱前去慰安，和十幾個賓客一起"被髮裸身而入"，繞了三圈便遽然離去。[3] 王戎的從弟王澄和胡毋輔之等，史載也皆"任放為達，或至裸體者"[4]。這説明，魏晉時的風氣，不獨貴族子弟，甚至士人官宦，裸體、裸裎、裸遊也司空見慣，幾乎到了習焉不察的地步，這正是孔子所警告的"狂而蕩"的現象。

　　裴頠在其所作的《崇有論》中，對晉的世風和士風有更為集中的描述，他寫道："人情所殉，篤夫名利。於是文者衍其辭，訥者讚其旨，染其眾也。是以立言籍於虛無，謂之玄妙；處官不親所司，謂之雅遠；奉身散其廉操，謂之曠達。故砥礪之風，彌以陵遲。放者因斯，或悖吉凶之禮，而忽容止之表，瀆棄長幼之序，混漫貴賤之級。其甚者，至於裸裎，言笑亡宜，以不惜為弘，士行又虧矣。"[5] 其中

[1] 《晉書》卷二十七"五行志上"，中華書局校點本，第三冊，第 820 頁。

[2] 《晉書》卷九十一"儒林傳"之"范宣傳"，中華書局校點本，第八冊，第 2360 頁。

[3] 《晉書》卷七十五、列傳第四十五，中華書局校點本，第七冊，第 1973 頁。

[4] 《晉書》卷四十三、列傳第十三，中華書局校點本，第四冊，第 1245 頁。

[5] 《晉書》卷三十五、列傳第五，中華書局校點本，第四冊，第 1045 頁。

的 "立言籍於虛無，謂之玄妙；處官不親所司，謂之雅遠" 兩句，錢鍾書先生認為可以和干寶《晉紀總論》、孫綽《劉真長誄》及《抱朴子》外篇的《漢過》對觀。[1] 干《論》有 "當官者以望空為高，而笑勤恪" 之句，孫《誄》有 "居官無官官之事，處事無事事之心" 的對語，《漢過》則云："懶看文書，望空下名者，謂之業大志高；仰賴強親，位過其才者，謂之四豪之匹。"[2] 都認為漢之季世至晉世，社會風氣的敝俗、辟邪、誕狂到了極點。

《世說新語》第一篇 "德行" 也有類似敍寫："王平子、胡毋彥國諸人，皆以任放為達，或有裸體者。"[3] 而劉孝標注引王隱《晉書》則說："魏末阮籍，嗜酒荒放，露頭散髮，裸袒箕踞。其後貴遊子弟阮瞻、王澄、謝鯤、胡毋輔之之徒，皆祖述於籍，謂得大道之本。故去巾幘，脫衣服，露醜惡，同禽獸。甚者名之為通，次者名之為達也。"[4] 這裏以及上引，需要注意其中的 "性任達"、"任放為達" 及 "通" 和 "達" 幾個關鍵語詞。顯然 "通達" 和 "任達"，受到了史家的特殊重視。"任" 是無所不為，"通" 是無為不可。魏晉人士就是以此作為行為的觀念依據。研究者有的認為，魏晉的風尚實導源於莊老之學，而尤以王弼、何晏二子罪孽深重。王、何都是深於玄理的絕頂天才，王以注《老子》和《周易》，何以解《論語》聞名於世。王

[1] 錢鍾書：《管錐編》第三冊，第 1784—1785 頁。

[2] 《抱朴子·外篇·漢過》，楊明照校箋本下冊，北京：中華書局，1997 年，第 127 頁。

[3] 《世說新語·德行》，余嘉錫撰《世說新語箋疏》，北京：中華書局，1983 年，第 24 頁。

[4] 同上，第 24 頁。

的義理玄思 "以無為本"，主張 "道泛濫無所不適，可左右上下周旋而用，則無所不至也"[1]，但又不排除 "情性" 的作用，既貴無，又重情。相反，何晏卻認為聖人沒有喜怒哀樂，著論也相當精到。王弼不認同，說道："聖人茂於人者神明也，同於人者五情也，神明茂故能體衝和以通無，五情同故不能無哀樂以應物，然則聖人之情，應物而無累於物者也。今以其無累，便謂不復應物，失之多矣。"[2] 何劭《王弼傳》還說王弼善為 "高麗言"[3]，這句 "應物而無累於物"，就是一句深微淡遠的 "高麗言"。

何晏生於漢獻帝初平元年（190 年），王弼生於魏的黃初七年（226 年），何比王大三十六歲，且居吏部尚書之高位，但其雅量也是驚人的。史載何平叔（晏字平叔）"甚奇弼"，稱 "後生可畏"，並發為感歎："若斯人者，可與言天人之際乎！"[4] 兩人都注《老子》，交談中何見王的義旨高於自己，便取消注老的計劃，而另作《道德論》。何劭的《王弼傳》還有載："（弼）論道，附會文辭，不如何晏，自然有所拔得，多晏也。"[5] 王何的長短，於此可見。"拔得" 應指昇華了的玄理旨趣，蓋王對 "道" 和 "玄" 的深微遠大，實有人所不及的思辨能力。所以錢鍾書《管錐編》論老，必以《老子王弼注》

---

[1] 王弼：《老子道德經注》第三十四章，《王弼集》，北京：中華書局，1980 年，第 86 頁。

[2] 何劭：《王弼傳》，《三國志》卷二十八《魏書·鐘會傳》裴松之注所引，中華書局校點本第三冊，第 795 頁。

[3] 同上，第 796 頁。

[4] 同上，第 795 頁。

[5] 同上。

為藍本，且評之曰："王弼注本《老子》詞氣邃舒，文理最勝，行世亦最廣。"[1] 則淵雅如鍾書先生對輔嗣（王弼字輔嗣）亦情有所鍾乎？抑高才雅致惺惺相惜耶？然而輔嗣"天才卓出，當其所得，莫能奪也"[2]，天生就有一種"知性的傲慢"。要說狂，應該屬於知性之狂和理性之狂。余英時先生在論述新儒家的"心理構造"時，嘗援引西方的"知性的傲慢"一語，以和新儒家的"良知的傲慢"對觀。[3] 蓋王弼之"莫能奪"，顯係"理傲"，故更合於"知性的傲慢"。

可惜王弼只活了二十三歲，正始十年（公元 249 年），就因癘疾離開了人世。這一年，他的學問知己何晏，也在其靠山曹爽被殺之後亦為司馬氏所害。何晏的傲慢也是驚人的，《三國志‧魏書‧諸夏侯曹傳》裴（松之）注對何平叔有如下評論："晏嘗曰：'唯深也，故能通天下之志，夏侯泰初是也；唯幾也，故能成天下之務，司馬子元是也；惟神也，不疾而速，不行而至，吾聞其語，未見其人。' 蓋欲以神況諸己也。"[4] 公然神化自己，其傲狂亦不在輔嗣之下了。關於晉世的任誕之狂和"理傲"之狂，《晉書‧王衍傳》的一段記載，可見其大概：

　　　　魏正始中，何晏、王弼等祖述老、莊，立論以為："天地萬

---

[1] 錢鍾書：《管錐編》第二冊，第 629 頁。

[2] 何劭：《王弼傳》，《三國志》卷二十八《魏書‧鍾會傳》裴松之注所引，中華書局校點本第三冊，第 795 頁。

[3] 余英時：《猶記風吹水上鱗》，台北：三民書局，1991 年初版，第 93—94 頁。

[4] 《三國志》卷九《魏書‧諸夏侯曹傳》裴松之注所引，中華書局校點本第一冊，第 293 頁。

物皆以無為本。無也者，開物成務，無往不存者也。陰陽恃以化生，萬物恃以成形，賢者恃以成德，不肖恃以免身。故無之為用，無爵而貴矣。"衍甚重之。惟裴頠以為非，著論以譏之，而衍處之自若。衍既有盛才美貌，明悟若神，常自比子貢。兼聲名藉甚，傾動當世。妙善玄言，唯談老、莊為事。每捉玉柄麈尾，與手同色。義理有所不安，隨即改更，世號"口中雌黃"。朝野翕然，謂之"一世龍門"矣。累居顯職，後進之士，莫不景慕放效。選舉登朝，皆以為稱首。矜高浮誕，遂成風俗焉。衍嘗喪幼子，山簡弔之。衍悲不自勝，簡曰："孩抱中物，何至於此！"衍曰："聖人忘情，最下不及於情。然則情之所鍾，正在我輩。"簡服其言，更為之慟。[1]

這段敍述在時間上特別突出"正始中"，正始是魏齊王芳的年號，即公元 240 至 249 年，前後只十年的時間。這段時間正是王弼、何晏思想風行的盛期，所以才說"何晏、王弼等祖述老、莊"如何如何。然後講王衍對王、何思想如何重視，而對《崇有論》的作者裴頠的主張，儘管是堂兄王戎的女婿，卻渾然不顧。

所以如此，由於王衍本人就是玄風的熱烈追隨者和提倡者。而且他還踵事增華地創立了一種玄談的風姿，手持麈尾，妙善玄言，義有未安，隨即改更。再加上他的"盛才美貌，明悟若神"的天姿自然，

---

[1] 《晉書》卷四十三、列傳第十三"王戎傳"，中華書局校點本，第四冊，第 1236—1237 頁。

王、何也要讓出一地了。王弼為論述"理"不廢"情"，説了一串玄旨幽深淡遠的話。可是這位王衍，因喪幼子而大哭不止，友人勸慰，則宣言似的説："情之所鍾，正在我輩。" 玄理和性情在他身上無間的結合，而把聖人的"忘情"和最下面層次的"不及於情"，拋在了一邊。世號"口中雌黃"，朝野翕然，謂之"一世龍門"，可見其地位之高和影響之大。《晉書》本傳讚"衍俊秀有令望，希心玄遠，未嘗語利。王敦過江，常稱之曰：'夷甫處眾中，如珠玉在瓦石間。'顧愷之作畫讚，亦稱衍岩岩清峙，壁立千仞。其為人所尚如此。"[1]

《晉書》"王衍傳"論正始玄風的"矜高浮誕，遂成風俗"的八字判語，可以視作魏晉誕狂之風的真實寫照。王衍是"竹林七賢"最小的成員王戎的從弟，其思想和王戎不無一脈相承之處。開始，阮籍與王戎的父親王渾友善，自從和比自己小二十歲的濬沖（王戎字濬沖）接觸以後，便只樂於和"阿戎談"，而棄王渾於一旁而不顧。王戎進以見解高明和預見性見長，史稱"有人倫鑒識"。但仕途並不順利，靠"與時舒卷，無蹇諤之節"，方幾次免得一死。最後這位"神彩秀徹"、善於審世相人的穎悟之士，終變成了一個晝夜以牙籌數錢自娛的慳吝人。[2] 王衍在王戎眼裏，原是"神姿高徹，如瑤林瓊樹，自然是風塵表物"似的人物，由於身處魏晉的變亂之局，儘管以"口不論世事，唯雅詠玄虛"和"不以經國為念，而思自全之計"，以致官至太尉、尚書令的三公的高位，也無法回既倒之狂瀾，最後還是被石

---

[1] 《晉書》卷四十三、列傳第十三"王戎傳"，中華書局校點本，第四冊，第1238頁。

[2] 同上，第1234—1235頁。

勒倒牆活埋了，時年五十六歲。將死之際，王衍顧左右而言曰："嗚呼！吾曹雖不如古人，向若不祖尚浮虛，戮力以匡天下，猶可不至今日。"[1] 對自己一世鍾情浮誕之風似有反省自悔之意。

然則晉世之亡，真的是由於祖述老莊之玄談和任誕之狂風所致麼？難道確如范寧所說，"其源始於王弼、何晏，二人之罪，深於桀紂"？且看范氏著論的理由何在？他寫道：

> 王何蔑棄典文，不遵禮度，游辭浮說，波蕩後生，飾華言以翳實，騁繁文以惑世。搢紳之徒，翻然改轍，洙泗之風，緬焉將墜。遂令仁義幽淪，儒雅蒙塵，禮壞樂崩，中原傾覆。古之所謂言偽而辯、行僻而堅者，其斯人之徒歟！昔夫子斬少正於魯，太公戮華士於齊，豈非曠世而同誅乎！桀紂暴虐，正足以滅身覆國，為後世鑒誡耳，豈能回百姓之視聽哉！王何叨海內之浮譽，資膏粱之傲誕，畫螭魅以為巧，扇無檢以為俗。鄭聲之亂樂，利口之覆邦，信矣哉！吾固以為一世之禍輕，歷代之罪重，自喪之釁小，迷眾之愆大也。[2]

看來這位范寧，守持的是儒家的立點，故曰"王何蔑棄典文，不遵禮度"，與孔子所誅的少正卯同一罪狀。但點題者則是"傲誕"二

---

[1] 《晉書》卷四十三、列傳第十三"王戎傳"，中華書局校點本，第四冊，第1235—1238頁。

[2] 《晉書》卷七十五、列傳第四十五，中華書局校點本，第七冊，第1984—1985頁。

字，亦即由於王弼、何晏倡行誕狂，敗壞了當時的社會風俗。不僅影響 "一世"，且禍及 "歷代"；自己丟人事小，主要是迷惑了社會大眾。其 "罪狀" 自然在桀紂之上了。另外一位南朝齊梁時期有 "山中宰相" 之稱的醫學家陶弘景，也寫詩説："夷甫任散誕，平叔坐談空。不意昭陽殿，化作單於宮。"[1] 似乎也認為晉的覆亡與王弼的任誕和何晏的談玄有關。有趣的是，就連當年覬覦晉室大寶的北伐大將桓溫，兵過淮、泗與諸僚屬登平乘樓眺望中原之際，也發為感慨説："遂使神州陸沉，百年丘墟，王夷甫諸人，不得不任其責。"[2] 但清代學者錢大昕不作如是觀，他説 "寧之論過矣"，認為 "以是咎嵇、阮可，以是罪王、何不可"[3]。

對當時後世諸如此類的悠悠之口，錢鍾書先生揭明兩點，一是 "晉人之於老、莊二子，亦猶 '六經注我'，名曰師法，實取利便；借口有資，從心以扯，長惡轉而逢惡，飾非進而煽非。晉人習尚未始萌發於老、莊，而老、莊確曾滋成其習尚"[4]。二是 "義理學説，視若虛遠而闊於事情，實足以禍天下後世，為害甚於暴君苛政"[5]。並引用宋徽宗賜號為 "高尚先生" 的劉卞功的話説："常人以嗜欲殺身，以財貨殺子孫，以政事殺民，以學術殺天下後世。"[6] 還有汪士鐸《悔

---

[1] 《梁書》卷五十六、列傳第五十，中華書局校點本，第三冊，第 863 頁。

[2] 《世説新語·輕詆》，余嘉錫撰《世説新語箋疏》，第 834 頁。

[3] 錢大昕：《何晏論》，《潛研堂文集》，上海古籍出版社，1989 年，第 29 頁。

[4] 錢鍾書：《管錐編》第三冊，第 1784 頁。

[5] 同上，第 1790—1791 頁。

[6] 同上，第 1791 頁。

翁乙丙日記》裏的話："由今思之，王、何罪浮桀紂一倍，釋、老罪
浮十倍，周、程、朱、張罪浮百倍。彌近理，彌無用，徒美談以惑世
誣民，不似桀紂亂只其身數十年也。"[1] 錢鍾書先生最後歸結説："人
欲、私欲可以殺身殺人，統紀而弘闡之，以為'天理'、'公理'，準
四海而垂百世，則可以殺天下後世矣。"[2] 老、莊未嘗殺人，周、程、
朱、張也未嘗殺人，問題在於"統紀"，如果"統紀"弘而闡之，視
一家之學説為"天理"和"公理"，以為"準四海而垂百世"，那就
難免要"殺天下後世"了。大哉！鍾書先生之論，與吾心亦有戚戚焉。

如果説王弼、何晏所代表的，是以祖述老莊為特徵的魏晉玄風的
任達和"理傲"的一派，那麼王衍和"竹林七賢"為代表的則是魏晉
玄風的佯狂和誕狂的一派。

"竹林七賢"是一個以文采和異行著稱的知識分子群體，以嵇康
和阮籍為代表，成員有山濤、向秀、劉伶、阮咸和王戎。《三國志·
魏書·王衛二劉傅傳》裴鬆之注引《魏氏春秋》云："康寓居河內之
山陽縣，與之遊者，未嘗見其喜慍之色。與陳留阮籍、河內山濤、河
南向秀、籍兄子咸、琅邪王戎、沛人劉伶相與友善，遊於竹林，號為
七賢。"[3]《世説新語·任誕》也有載："陳留阮籍、譙國嵇康、河內
山濤三人年皆相比，康年少亞之。預此契者，沛國劉伶、陳留阮咸、
河內向秀、琅邪王戎。七人常集於竹林之下，肆意酣暢，故世謂'竹

---

[1] 錢鍾書：《管錐編》第三冊，第 1791—1792 頁。

[2] 同上，第 1792 頁。

[3] 《三國志》卷二十一《魏書·王衛二劉傅傳》裴松之注引《魏氏春秋》，中華書局
　　校點本第三冊，第 606 頁。

林七賢'。"[1] 這七位 "賢者"，文采菁華，不可一世，個個都 "狂"
得可以。

《世説新語》裏記載多則他們的和 "狂" 有關的故事。劉伶寫有
《酒德賦》，聲言 "唯酒是務，焉知其餘"。酒醉之後，裸形於屋，遇
有置疑，則説："天地是我的房屋，房屋是我的褲子，諸位怎麼進到
我褲襠裏來了？"[2] 阮籍的姪子阮咸，竟然和群豬一起飲酒。阮籍無
目的地駕車出遊，有路則行，無路便痛哭而返。看到當壚賣酒的鄰人
之妻有美色，他就黏著不斷去喝酒，喝醉了還一頭睡在那位美婦身
邊。聽説一個美色女子未嫁而死，儘管與其家人素不相識，也跑去
大哭一場。這種 "狂"，屬於半是佯狂半酒狂，也許還要加上一點色
狂。他們幽憤於心，放浪於外，口不論人過，眸子判然。所以嵇康的
名篇直接題作《幽憤詩》。而阮籍的代表他文學成就的八十二首《詠
懷詩》，其精神糾結，亦無非 "憂思" 二字。故第一首開篇便直抒胸
臆："夜中不能寐，起坐彈鳴琴。薄帷鑒明月，清風吹我衿。孤鴻號
外野，翔鳥鳴北林。徘徊將何見，憂思獨傷心。"[3] 詩的結句 "憂思
獨傷心"，已經自我點題。所憂者何？蓋雅不情願與司馬氏合作也。
司馬昭聽説阮籍的女兒貌美而賢，便請人為自己的兒子司馬炎説親，
致使阮籍竟有兩個月的時間醉酒不起，從事者見無從言説，才不得不

---

[1] 《世説新語·任誕》，余嘉錫撰《世説新語箋疏》，第 727 頁。

[2] 同上，第 731 頁。

[3] 阮籍：《詠懷詩》，《文選》卷二十三，上海古籍出版社，1986 年，第三冊，第
1067 頁。

寢罷此議。

　　"竹林七賢" 的領袖人物嵇康，由於娶了與曹魏有血緣關係的長樂亭主（魏武的曾孫女）為妻，才升遷為郎中，拜中散大夫。只這一層，篡魏立晉的司馬氏便不肯善罷甘休。史載："譙郡嵇康，文辭壯麗，好言老莊，而尚奇任俠。"[1] 此可知其思想淵源之所從出，而 "尚奇任俠" 一語，證明他在行動上也是很特立獨出的。因此司馬氏集團始終把嵇康作為關注的重點對象殊不為怪。起初的策略並非不想籠絡收買，但嵇康不買賬。負有覘伺任務的鍾會，一次前往觀察動向，看見嵇康正在大樹下面打鐵，幫助他鼓風的則是 "七賢" 之友向秀。鍾會只管盯盯地看，嵇康卻 "揚錘不輟，旁若無人"，一言不發。當尷尬的鍾士季（鍾會字士季）要怏怏歸去的時候，嵇康才發聲問道："何所聞而來？何所見而去？" 鍾會也很厲害，回說："聞所聞而來，見所見而去。"[2] 一問一答之間，各有玄機。

　　嵇康的友人山濤，欲薦他代己為官，於是他寫了那封千載傳頌的《與山巨源絕交書》，自道 "必不堪者七，甚不可者二"，其中包括 "每非湯、武而薄周、孔"，"會顯世教所不容，此甚不可一也"，"剛腸疾惡，輕肆直言，遇事便發，此甚不可二也"。還有 "縱逸來久，情意傲散，簡與禮相背，懶與慢相成"，以及 "又讀莊、老，重增其

---

[1] 《三國志》卷二十一《魏書·王衛二劉傳傳》，中華書局校點本第三冊，第 605 頁。
[2] 《世說新語·簡傲》，余嘉錫撰《世說新語箋疏》，第 767 頁。

放"，"長而見羈，則狂顧頓纓，赴蹈湯火"[1] 等等，其狂傲悖理、不為世所容的名士態度畢肖紙上。但阮、嵇二人亦有區別，誠如錢鍾書先生所說："嵇、阮皆號狂士，然阮乃避世之狂，所以免禍；嵇則忤世之狂，故以招禍。"[2] 錢先生又引伏義《與阮嗣宗書》之疑阮為鬼物附身的"風魔"，進而申論說："不知'風魔'之可出'詐作'，既明且哲，遂似癲如狂也。" 又說："忤世之狂則狂狷、狂傲，稱心而言，率性而行，如梵志之翻著襪然，寧刺人眼，且適己腳。既'直性狹中，多所不堪'，而又'有好盡之累''不喜俗人''剛腸疾惡，輕肆直言，遇事便發'，安望世之能見容而人之不相仇乎？"[3] 換而言之，阮、嵇雖同為狂者，但阮往往"河漢大言，不著邊際"，而嵇康之狂，則"一狂而刺切"，兩廂比較，可以見阮嗣宗和嵇叔夜不同之為人也。[4]

因此當嵇康步入不惑之年，終於被司馬氏投入獄中。起因是他的好友呂安因故得罪，司馬氏欲以不孝罪誅之。嵇康為之辯護，竭力保明其事。鍾會於是在廷論時歷數其罪狀云："今皇道開明，四海風靡，邊鄙無詭隨之民，街巷無異口之議。而康上不臣天子，下不事王侯，輕時傲世，不為物用，無益於今，有敗於俗。昔太公誅華士，孔

---

[1] 嵇康：《與山巨源絕交書》，《文選》卷四十三，上海古籍出版社，1986 年，第三冊，第 1925—1927 頁。

[2] 錢鍾書：《管錐編》第三冊，第 1725 頁。

[3] 同上，第 1725—1726 頁。

[4] 同上，第 1727 頁。

子戮少正卯，以其負才亂群惑眾也。今不誅康，無以清潔王道。"[1]
嵇康臨刑之際，出人意外地撫奏了一曲《廣陵散》，曲罷發為感慨：
"《廣陵散》於今絕矣。" 然後從容就戮。這不禁讓我想起了西哲蘇
格拉底之死，他的弟子柏拉圖的《斐多篇》所記載的蘇氏之死，也是
很從容的——在被迫飲了毒藥之後，還在若無其事地談哲學。但比
較起來，嵇康死得似乎更有詩意，而且有三千太學生群言欲"請以為
師"[2]，那麼寂寞的嵇康，其身後已不那麼寂寞了。

據說嵇康是個罕見的美男子，一米八二（魏制七尺八寸）的身
高，"龍章鳳姿，天質自然"[3]，不像魏晉其他名士，為打扮自己可能
還要擦粉之類。山濤讚美說："嵇叔夜之為人也，岩岩若孤松之獨
立，其醉也傀俄若玉山之將崩。"[4] 美而有風骨，有英姿，則嵇康之
狂，又不只是佯狂和誕狂，同時也是清醒之狂和美俊之狂。

嵇康逝後，竹林荒落，人去廬空。七賢舊友向子期（向秀字子
期）作《思舊賦》，序云："余與嵇康、呂安居止接近，其人並有不
羈之才，嵇意遠而疏，呂心曠而放，其後並以事見法。嵇博綜技藝，
於絲竹特妙。臨當就命，顧視日影，索琴而彈之。余逝將西邁，經其
舊廬。於時日薄虞淵，寒冰淒然。鄰人有吹笛者，發聲寥亮。追思曩

[1] 《世說新語・雅量》，余嘉錫撰《世說新語箋疏》注引《文士傳》，第 344 頁。

[2] 《晉書》卷四十九、列傳第十九，中華書局校點本，第五冊，第 1374 頁。

[3] 同上，第 1369 頁。

[4] 《世說新語・容止》，余嘉錫撰《世說新語箋疏》，第 609 頁。

昔遊宴之好，感音而歎，故作賦云。"[1] 其賦則又曰：

> 將命適於遠京兮，遂旋反而北徂。濟黃河以泛舟兮，經山陽
> 之舊居。瞻曠野之蕭條兮，息余駕乎城隅。踐二子之遺跡兮，歷
> 窮巷之空廬。歎《黍離》之湣周兮，悲《麥秀》於殷墟。惟古昔
> 以懷今兮，心徘徊以躊躇。棟宇存而弗毀兮，形神逝其焉如。昔
> 李斯之受罪兮，歎黃犬而長吟。悼嵇生之永辭兮，顧日影而彈
> 琴。託運遇於領會兮，寄餘命於寸陰。聽鳴笛之慷慨兮，妙聲絕
> 而復尋。停駕言其將邁兮，故援翰以寫心。[2]

論者或謂向賦欲言又止，是呵！他又能多說些什麼呢？此時的向
秀已應歲舉來到帝京洛陽，大將軍司馬文王引見，問曰："聞有箕山
之志，何以在此？"向秀說："以為巢許狷介之士，未達堯心，豈足
多慕。"[3] 意謂竹林並不是實現自己理想的可靠途徑。結果文王大為
感歎，慶幸子期終於醒悟。不久，向秀得到了散騎侍郎轉黃門侍郎的
閑差，由在野之"竹林"一變而混跡"魏闕"。不過史載他"在朝不
任職，容跡而已"[4]，是又不無耐人尋味處。

魏晉的玄遠任達狂誕之風，一直持續到南北朝尚有風流餘緒存

---

[1] 向秀：《思舊賦》，《文選》卷十六，第二冊，上海古籍出版社，1986 年，第
　　720 頁。

[2] 同上，第 720—722 頁。

[3] 《晉書》卷四十九、列傳第十九，中華書局校點本，第五冊，第 1375 頁。

[4] 同上。

焉。陶淵明的歸隱田園，未嘗不是此一風氣的一個歸結點。《文心雕龍》"明詩"篇説："江左篇制，溺乎玄風，嗤笑徇務之志，崇盛亡機之談。袁孫已下，雖各有雕采，而辭趣一揆，莫與爭雄，所以景純《仙篇》，挺拔而為俊矣。宋初文詠，體有因革，莊老告退，而山水方滋，儷采百字之偶，爭價一句之奇，情必極貌以寫物，辭必窮力而追新，此近世之所競也。"[1] 其中關於南朝宋初的 "莊老告退，而山水方滋"一語，指的就是此種風氣轉變情形。所以陳寅恪先生認為，陶淵明的思想是 "承襲魏晉清談演變之結果"[2]。但陶的思想屬性，寅老以為是 "外儒而內道"[3]，而與佛教學說沒有多少關聯。

　　陶淵明找到了自己的精神家園。他已經從名教與自然的撕裂糾纏中走了出來，既不必像山濤那樣在"宮闕"和"竹林"之間兩廂和悦，也無須如向秀一般始離而後附。阮籍似的一面竭力衝破名教的網羅，一面得到 "大將軍"暗中保護的尷尬，也不必了。他回歸到了可以使自己安身立命的 "田園"。魏晉南北朝時期士人由 "魏闕"到 "竹林"再到 "田園"的精神巡遊路向的轉變，不僅是生活道路的轉變，也是個體生命的歸宿和精神理想棲居之所的轉變。如同寅恪先生所說，淵明的 "非名教之意僅限於不與當時政治勢力合作，而不似阮籍、劉伶輩之佯狂任誕"[4]。

---

[1] 劉勰：《文心雕龍·明詩》，周振甫注本，北京：人民文學出版社，1981 年，第 49 頁。

[2] 陳寅恪：《陶淵明之思想與清談之關係》，《金明館叢稿初編》，第 228 頁。

[3] 同上，第 229 頁。

[4] 陳寅恪：《陶淵明之思想與清談之關係》，《金明館叢稿初編》，第 228 頁。

　　當時的士人其實還有另外的精神棲居點和歸宿，這就是佛教和道教。南北朝是佛教大行其道的時期，此一新信仰同樣可以讓士人得到哪怕是瞬間的安寧。南朝由東晉而宋而齊而梁而陳，二百七十二年的時間，五易朝綱，對浮屠的篤信始終未嘗有變。梁朝之武帝蕭衍甚至宣佈佛教為國教，自己則三捨其身，這在中國歷史上絕無僅有。北朝雖然出現了北魏太武帝和北周的武帝兩次毀佛的舉動，但為時甚暫，並未從根本上影響佛教在北朝的發展。只不過呈現的方式和歸宗的旨趣，南北殊有別耳。湯用彤先生說"南方偏尚玄學義理，上承魏晉以來之系統，北方重在宗教行為，下接隋唐以後之宗派"[1]，將南北朝時期的佛教分為"南統"和"北統"，誠為不刊之論。而且北方當佛教受阻的時候，道教有了長足的發展。道士寇謙之被北魏宰相崔浩尊之為師，魏太武帝為表示尊崇道教，親自為寇氏起道場，並改年號為太平真君。當然佛道相較，則即使經歷了毀佛事件的北朝，也還是釋迦的勢力更佔上風。

　　因此南北朝時期的士人精神之旅，在"宮闕"、"竹林"、"田園"之外，還有"禪林"和"道場"可以安頓自己。當然各種精神棲居之所，往往是互相交錯的，而不是彼此無與，截然分離。東晉的清談，特點之一就是儒道結合和玄佛結合，只不過玄風佔有明顯優勢，所以王導才能夠無所顧忌地調笑僧淵："鼻者面之山，目者面之淵。山不高則不靈，淵不深則不清。"[2] 待到南朝的齊梁之後，玄風漸呈被佛

---

[1]　湯用彤：《漢魏兩晉南北朝佛教史》，《湯用彤全集》第一卷，石家庄：河北人民出版社，2000 年，第 368 頁。

[2]　《世說新語・排調》，余嘉錫撰《世說新語箋疏》，第 799 頁。

理吞沒的趨勢。儒道、儒佛、佛道之間儘管在宗趣和義理上經常有撞擊，但總的來說相處得很好，"三教合一"的種子，在彼此初相遇的魏晉南北朝時期，就悄悄地埋下了。治史者或謂此一時期之玄遠任誕傲狂之風，繼之以佛道神仙的超世間力量的坐大其間，社會的慣常秩序被顛倒瓦解，難免有失敬不德的亂世之目。然細按史乘，此一時代實為吾國精神成果結晶最豐碩的時期，多少影響當時後世的風流卓絕之士和藝文學理的重要發明，都雨後春筍般湧現於此一時期。哲學思辨因探求玄遠而登上最高樓，文學眾星燦爛不可一世，佛道義學大師雲集，史學著述層出不窮，書法繪畫肇始登峰。《世說新語》、《文選》、《文心雕龍》、《水經注》、《顏氏家訓》、《齊民要術》、《洛陽伽藍記》等經典奇書，都在此時創生。北方世家大族的永嘉南渡，改變了中古文化生態，那是很壯觀的。還有北方拓跋氏的漢化，都在證實魏晉南北朝同時是吾國文化大融合的時期。

當然這也是一個政治變亂多故的時代，《晉書·阮籍傳》寫道："魏晉之際，天下多故，名士少有全者。"[1] 但有殘酷，有殺戮，也有熱情，有聲音。嵇康臨刑，還能撫奏《廣陵散》呢。他們禮讚人才，尊重對手。南朝佛教鼎盛，反佛的聲音也能表達，闢佛勇士范縝出現了。梁武帝帶頭和范縝辯論，親撰《敕答臣下〈神滅論〉》，寫道："欲談無佛，應設賓主，標其宗旨，辨其短長，來就佛理，以屈佛理，則有佛之義既躓，神滅之論自行。"[2] 有模有樣不失風度的據理力辯。

---

[1] 《晉書》卷四十九、列傳第十九，中華書局校點本，第五冊，第 1360 頁。

[2] 梁武帝蕭衍：《敕答臣下〈神滅論〉》，《全梁文》卷五，《全上古三代秦漢三國六朝文》第七冊，石家庄：河北教育出版社，1997 年，第 54 頁。

雖然此《敕答》經釋法雲轉達給王公大臣會覽，臨川王蕭宏、南平王蕭偉、長沙王蕭淵業、豫章王行事蕭昂以及沈約等六十餘人群起難範，可以想見對范縝的壓力是很大的，但范縝毫無退縮，不可謂不勇敢。而所以之故，也和梁武帝能夠守持思想辯論的規則，不以政治權力剿滅異端有關。誠如錢鍾書先生所說："縝洵大勇，倘亦有恃梁武之大度而無所恐歟？皆難能可貴者矣。"[1]

六朝多故，但斯文未滅，很多六朝人物都帶有貴族氣象。由此可知，魏晉南北朝為隋唐統一和大唐帝國的盛績偉業準備下了怎樣和煦暢達的精神氣候和豐厚肥沃的土壤。

原載《讀書》2010 年第 3 期，亦可參看拙著《中國文化的狂者精神》第四章，
生活·讀書·新知三聯書店 2012 年版，第 40—44 頁

---

[1] 錢鍾書：《管錐編》第四冊，第 2216 頁。

宮廷文化與時尚

—— "紫禁城論壇" 上的發言

一

　　剛才李學勤先生講，參加這個會議有點惶恐，因為他研究的對象，是在故宮學範圍的兩千年以前的事情。我就更惶恐了，我近年研究的是故宮成為故宮以後，清朝最後一個皇帝遜位之後的這段歷史，也就是近現代的思想與學術。因此嚴格來講，我來這裏參加討論故宮學的會，條件是不很充分的。當然也不能説一點關係都沒有。我有一段時間研究《紅樓夢》，《紅樓夢》裏有一句詩，説 "芳園築向帝城西"，你看，不是已經沾一點邊了？書裏寫元妃省親，和皇帝也有了聯繫。而研究王國維，他在溥儀被趕出宮之前，曾給溥儀當過老師，又有了一點關係。

　　重要的是，紫禁城出版社的社長王亞民先生，是我二十年的好朋友。我做人 "不忘舊"，有點像《紅樓夢》裏的晴雯。也有點像花襲人，跟著賈母的時候，一心一意地跟賈母，後來跟了寶玉，就一心一意跟寶玉。我和出版社聯繫，常常也是跟這個人聯繫了以後，就不再跟這個出版社的其他人聯繫。所以亞民兄在的時候，我的書多請他出，他走了以後，就不在那裏出了。還有一個原因，是鄭欣淼院長，我第一次見到他，有點像賈寶玉看到林黛玉，說 "這個人我見過"。
因為直覺告訴我，他雖然是一個官員，但他心性是善良的，這從他的
眼睛中能夠看到。因此之故，這個會我又不能不來，儘管條件不是那
樣充足。

本來也是今天，浙江的海寧開王國維的學術研討會，那是我的不
打折扣的研討範圍，論文都寄過去了，題目是《中國現代學術的四重
疑問》，主要探討王先生對為學的古今、中西、有用無用以及手段和
目的的論述。但由於亞民兄在這裏，我只好棄彼取此。我特地準備了
一個比較詳細的發言提綱，還反覆改了幾次。我談的內容，不完全局
限於明清兩代的故宮文化，而是往前追溯，向外擴展，以 "宮廷文化
與時尚" 作為題目，也許還不算完全離題。

二

說起來我們有理由感到高興，近三十年來，特別是近十幾年來，
傳統已不再是一個陌生的概念。我們雖然有五千年的文明，但是晚
清、民國初年以來，也就是近百年來，我們的文化曾經遇到危機，特
別是作為傳統文化核心價值的儒家思想遭遇到了危機。原因是西潮衝
擊，社會轉型，原來的綱常倫理所依附的社會形態發生了變化。晚清
人所說的 "大變局"，就是指此。陳寅恪說 "三綱六紀" 是中國文化
抽象理想的通性，但一個沒有了皇帝的社會，君臣一綱還有繼續存在
的理由嗎？在百年來家庭解體的情況下，"父子"、"夫婦" 兩綱，還
會繼續發用嗎？頗有一些學者，例如哈佛的杜維明先生，試圖對 "五

倫”重新給以解釋，但常常遇到學理上的困難。

我們除了從傳統到現代的變遷過程遇到極大的挑戰，還遇到了“文革”這樣的與傳統“徹底決裂”的災難。我曾經有一個看法，認為五四的反傳統主要是對大傳統的清理，而“文革”則是對小傳統的直接的破壞。因為它破壞了民間的東西，破壞了民間信仰和家庭倫理。因此不能否認我們的文化曾經有過斷層。一方面是五千年的文明綿延不斷，而不斷的原因，我同意李學勤先生的意見，很大程度上是由於它的文字。不久前我去了埃及，看到那些法老文字，非常震撼，但它完全是具象的，鳥、樹、眼睛，畫得像我們的工筆畫那樣逼真，這樣的文字今天不可能繼續使用。但是中國的文字，形成“六書”之後，已經抽象化了，所以漢字一直使用到今天，甚至可以方便地輸入電腦。漢字是中國文化的基本載體，我們的文化不間斷確跟漢字有很大關係。另一方面，晚清民國以來文化傳統的流失也是有目共睹的事實。

總的我們是處在文化傳統的流失與重建的過程之中。近三十年來經過各方面的努力，包括學者的努力，領導階層的努力，民間的努力，還有經濟發展的大背景，傳統的重建已經看到了一些成績。至少認為傳統是與現代性相衝突的看法，沒有多少人贊成了。而一般民眾對傳統也減少了陌生感。剛才鄭欣淼先生講到了接續傳統的兩個途徑，一個是文本閱讀，還有一個是文化遺存和文化典範的保護與開發。也就是陳寅恪講王國維的學術方法，可以概括為三個內容：第一個是地下實物和紙上遺文互相釋證，二是異族的故書和我國的舊籍互相補正，三是外來觀念和固有材料互相參證。而尤以第一條最為根本。所以我不低估于丹的 "論語心得" 的意義。你不必從文字訓詁的角度去看她講的哪幾個字解釋得是否有誤，其實歷來對《論語》的解釋一直有不同的看法。于丹的最大價值，在於她把儒家的文本經典送到了千家萬戶。現在《論語》大家不再陌生了，一般民眾對傳統也有了一定的親近感。于丹有首創之功，這個很了不起。因此我也不輕看中央電視台的歷史文化講論，包括閻崇年先生，更是學者的講論。文本的經典閱讀是我們重建傳統的一個很重要的途徑。

還有就是歷史的文化遺存，包括物質的和非物質的。其實文明在相當程度上是物化的形態，這可能是文明和文化的一個分野。因此故宮的存在，本身就是我們連接以及重建傳統的一個非常好的途徑。故宮雖然是明清兩代持續地建立起來的，但重要的它是我國文化的一個寶庫，是傳統文化的象徵，它的存在本身就具有文化傳統的象徵意義。剛才鄭欣淼先生講到台北的故宮博物院和這裏的異同的問題，我也去過幾次台北的故宮，當然不得不承認它那裏的一些精品是很了不起的，特別是書畫。可是重要的是，故宮的文物只有放在故宮裏，才更具有文化根性的顯現。你把它放在另外一個地方，只不過是個收藏館而已。因為文化的結晶是連通它的生態環境一起呈現的。漢高祖想把他的父親從鄉下搬過來，他父親不願意離開舊居，即使蓋和故鄉一樣的房子，他父親還是不習慣。故宮文化的緩衝區的概念，是非常正確的。

總之，我們長期留下來的文化典範，包括文本經典和歷史遺存，這兩個方面都是我們可以接續傳統以及重建傳統的重要途徑。

三

　　宮廷文化常常扮演引領時代文化潮流的角色。這在國外也有例子。像法國路易十四（1643 年至 1715 年在位）時期的建築、美術、音樂、家具，是法國歷史上最輝煌的時期。凡爾賽宮就是路易十四時代建造的，找當時最著名的建築大師來設計施工，所有一切環節都非常考究。路易十四本人是藝術家，舞蹈跳得很好，鑒賞眼光也不錯，很多細節都親自過問。非常有意思的是，那個時期和康熙建避暑山莊的時期大體相同，也是在郊外建造的皇宮。路易十四時期宮廷文化確實引領了當時的文化潮流。

　　中國的宮廷文化是不是也有引領時尚潮流的作用？中國歷來民間社會發達完整，民間文化自成一體，有自己的流行，有自己的時尚，不必一切都向朝廷看齊。相反，"禮失，求諸野"，是中國文化的一個特點。但宮廷文化的影響，還是存在的，特別在文化的審美方面對時尚發生的影響更為明顯。

　　我舉幾個個案來談一談這個問題。

　　個案之一，就是大家都了解的成典 "楚王好細腰"。這不是傳說，而是歷史實錄。據《戰國策》楚一 "威王問於莫敖子華" 篇的記載，楚威王和大臣莫敖子華有過一段對話。對話中，楚威王耐心傾聽莫敖子華對過去五位楚國名臣的介紹，內心非常羨慕，不禁發為慨歎說，現在恐怕找不到類似的傑出人物了？莫敖子華於是講了一個故事：

昔者，先君靈王好小要，楚士約食，馮而能立，式而能
起。食之可欲，忍而不入；死之可惡，就而不避。

意思是說，從前楚靈王喜歡腰身纖細的人，楚國的士大夫們為了
使自己的腰身保持纖細，便都來節食減肥，一個個餓得頭昏眼花，站
不起身來。甚至坐在席子上的人想站起來，也需要扶著牆壁才成，坐
在馬車上的人要站起來，必須藉助於車軾。誰都想吃美好的食物，但
人們都強忍住不吃，為了腰身纖細，即使餓死了也心甘情願。

莫敖子華接著對這個故事做了發揮性闡釋，說臣子們哪個不希望
得到君王的青睞呢，如果大王真心誠意喜歡賢人，引導大家都爭當賢
人，楚國不難再出現像五位前賢一樣的能臣。莫敖子華深知九五之尊
愛憎好惡的重要，他希望通過這個故事，讓楚威王明白 "上有好之，
下必隨之" 的道理。就是說，君主是否真的喜歡賢臣，才是問題的
關鍵。

《墨子》的 "兼愛" 篇，也講了同一個故事，但加上了 "晉文公
好惡衣" 和 "越王好勇士" 兩個典故。

昔者晉文公好士之惡衣，故文公之臣皆牂羊之裘，韋以帶
劍，練帛之冠，入以見於君，出以踐於朝。是其故何也？君說
之，故臣為之也。昔者楚靈王好士細要，故靈王之臣皆以一飯為
節，脅息然後帶，扶牆然後起。比期年，朝有黧黑之色。是其
故何也？君說之，故臣能之也。昔越王勾踐好士之勇，教訓其
臣，和合之焚舟失火，試其士曰："越國之寶盡在此。" 越王親

自鼓其士而進之。士聞鼓音，破碎亂行，蹈火而死者左右百人有餘。越王擊金而退之。

墨子提倡的學說是"兼相愛，交相利"，而且認為做到這一點並不難，問題出在"上弗以為政，士不以為行"。如果君主把"兼愛"作為政策，"士"又能夠身體力行，推行起來就不會有問題。

《韓非子》、《管子》、《尹文子》、《晏子春秋》等典籍，也都講述過大體相同的故事。另外《後漢書·馬援傳》記載，馬援的兒子馬廖寫的《上長樂宮以勸成德政疏》，對這一故事的講述又有新的發揮，變成："傳曰：'吳王好劍客，百姓多創瘢；楚王好細腰，宮中多餓死。'長安語曰：'城中好高髻，四方高一尺；城中好廣眉，四方且半額；城中好大袖，四方全匹帛。'"不僅有"楚王好細腰"和越王的"殺身而名"，還增加了城裏面的髮式、眉樣和服裝式樣對社會發生的影響。而且"楚王好細腰，宮中多餓死"的極端措辭，也第一次以文本的形式出現了。

後來唐代詩人李商隱寫《夢澤》詩，他的文學天才使他對這個故事的敘述，更具有審美誇張性，他寫道："夢澤悲風動白茅，楚王葬盡滿城嬌。未知歌舞能多少，虛減宮廚為細腰。"為了宮女的"細腰"，皇宮裏的廚師也來個大裁員，是否史有其事，我們不得而知。但"滿城"的女嬌娃都"葬盡"，恐怕就是詩人的想象之詞了。

問題是這些例證告訴我們，最高權力者的"愛好"，不僅波及宮中，而且影響社會，甚至成為一種流行的時尚。2007年年初，我有幸到河南博物館看他們的收藏，其中青銅器藏品最豐富，各式各樣的青銅器都有，但黃河流域出土的青銅器，或方或圓，一體莊嚴渾重，只有楚地出土的青銅器，腰身窄細，造型輕俏。博物館的專家介紹説，這是由於楚國君主的特殊愛好，使得青銅器的形狀也不同於黃河流域。"楚王好細腰" 的宮廷審美取向，竟然影響到青銅器的造型，"上有好之，下必隨之" 的道理，能不信哉！

個案之二是 "環肥燕瘦"。楊貴妃體態豐盈，史不乏書。有的材料説她的身高是一米六四，體重一百三十八斤。對一個古代女子而言，已經是很豐碩了。作為旁證，是楊玉環對安祿山肥碩體魄的特殊欣賞。史載安的肚子很大，可以在肚子上點燃蠟燭，跳胡旋舞。也有的記載説楊貴妃還曾與祿山一起起舞。當然此事直接釀成了安史之亂，使唐代由強盛走向衰敗。我們固然不好説是楊貴妃影響了唐代的審美風尚，但唐代女性崇尚豐滿之美是肯定的。甚至直接影響到唐代的各種藝術，尤其是造型藝術，例如唐三彩。而漢代的趙飛燕瘦削苗條，甚至輕盈到可以作掌上舞，歷史上也是有記載的。我們雖不能斷定由於趙飛燕的影響，漢代的審美取向是以瘦為美，但其在歷史上的影響，直至成為瘦美人的典範，應該是不爭的事實。所以 "環肥燕瘦" 這個典故，也就變成一個闡釋不盡的主題。

我可以舉蘇東坡的一首詩，就是他的談書法的詩《孫莘老求墨妙亭詩》，其中有句："杜陵評書貴瘦硬，此諭未公吾不憑。短長肥瘦各有態，玉環飛燕誰敢憎。" 蘇東坡主張書法藝術的多樣風格，而不以 "短長肥瘦" 為軒輊。他説楊玉環、趙飛燕都是美人，顯然不能以胖瘦來作審美的依據。"環肥燕瘦" 後來已經成為不同風格的美人的代替語。

個案之三，從髮髻的式樣看宮廷審美怎樣引領時尚。古代女性的頭髮不是披散下來的，要結成各種不同式樣的髮髻。周文王的時候髮髻很高，叫作鳳髻，而且走起來還可以搖動，稱作"步步搖"。秦始皇時期梳神仙髻，翠眉、紅妝。漢朝大體學秦朝，漢隨秦制，髮髻樣式，迎春髻、垂雲髻成為時尚。漢武帝寵倖的李夫人，把玉簪插在頭上，於是宮人便都用玉。所以漢代髮髻插玉也成了一種時尚。漢明帝的時候，宮人開始梳百合分髾髻，和"同心髻"。魏武帝的時候是反綰髻和百花髻。晉惠帝的時候，有芙蓉髻，插通草五色花。陳朝是隨雲髻，也叫作暈妝。隋文帝的時候，宮中梳九真髻，紅妝，也叫桃花妝。隋煬帝的時候，宮人梳八鬟髻，插翡翠釵的，叫日妝，另外還有"啼妝"。唐朝武德中期，宮中的髮髻樣式更多，有版飛髻、反綰髻、樂遊髻等。而在開元中期的時候，則有雙鬟望仙髻、回鶻髻等。楊貴妃梳的愁來髻。宮人的髮髻樣式又影響到社會，多元繁榮的唐代，女性的髮式也花樣繁多。據說當時的首都長安，時裝旬月就發生變化，而流行的髮髻式樣，千奇百怪不足以形容，例如有盤恆髻、驚鵠髻、妥鬟髻、墮馬髻等等，不一而足。

個案之四，關於宮廷的愛情和文學傳播。明顯的例子是唐玄宗和楊貴妃的愛情，這是一個主要的文學母題，寫他們的作品很多。最有名的當然是白居易的《長恨歌》，還有清代洪昇的《長生殿》。到現在蘇崑演的《長生殿》還很好看。它寫的是皇帝和貴妃之間的刻骨銘心的愛情。我覺得這個不完全是傳說。還有光武帝劉秀和陰麗華的愛情，也是個很有趣的故事。"娶妻要娶陰麗華"原是劉秀在老家的一個願望，後來果然實現了。但是當光武帝讓陰麗華當皇后的時候，她謝絕了，還是讓原來的妻子當了皇后。這位陰麗華，容貌品德俱佳，傳說頭髮極長，美麗無比。

歷史上另一個美麗的女子是張麗華，她和南朝陳後主的愛情也很動人。漢朝講"娶妻要娶陰麗華"，南朝的時候講"娶妻要娶張麗華"。據說張麗華"髮長七尺，眉目如畫，玉樹後庭花"。而且說她有才辯，記憶力過人。史書上講，"人間有一言一事，她都會先知道"。傳說陳後主在臨朝的時候，讓張麗華坐在他的膝上，一起決定朝廷大事。但後來陳朝很快地滅亡了，於是有人說，這個朝代的滅亡和張麗華這個女人有關係。

還有就是漢武帝和李夫人的愛情。這段愛情故事甚至讓我們看到了，美也可以成為一種策略。李夫人是宮廷樂師李延年的妹妹。有一首歌，張藝謀拍的《十面埋伏》中的主題歌就是這一首。"北國有佳人，絕世而獨立，一顧傾人城，再顧傾人國，寧不知傾城與傾國，佳人難再得。"李延年唱這首歌，漢武帝問，真有這樣一個人嗎？旁邊的人說有的，李延年的妹妹就是這樣的美人。後來她成為漢武帝的寵妾。但很快李夫人生病了，漢武帝去看她，她把面遮起來，不讓武帝看見。這變成了一個典故。美國一位漢學家宇文所安寫的一篇文章就叫作《一見》。漢武帝愛李夫人是由於她的美色，生病以後面容不好看，一旦看了不喜歡的面容，愛就不能維持了。所以她決定不見。她雖然無論如何不見漢武帝，卻向武帝提出一個要求，就是她死之後希望漢武帝能夠保全她的家人。這個女人很厲害，她已經把美作為一種策略了。

當然晚一些的，還有一對宮廷愛情，就是順治和董鄂妃的愛情。

閻先生（閻崇年），我研究《紅樓夢》，紅學中有一說，說寫的是順治和董小宛的愛情，您覺得有可能嗎？（閻崇年：孟森考證了，差十八歲。）我是看陳寅恪先生寫的《柳如是別傳》，他常常把柳如是和《紅樓夢》裏的人物聯繫起來，甚至和蒲松齡寫的那些狐鬼也聯繫起來。陳寅老說，蒲松齡寫的那些清言麗質的狐鬼，其實在長江中下游的佳麗之地，不過是鄰居發生的事情，比如秦淮八豔的故事。以陳寅恪的博學，他似乎有點相信董小宛這件事是真實的，如果是真實的，那麼順治就有可能是真的出家了。閻先生，您如何看？（閻崇年：沒有材料證明。）那麼吳梅村的詩呢？（閻崇年：詩還要再證明一次。）假如不是董小宛，順治和董鄂妃之間的愛情也是很纏綿的。皇帝的愛情後來變成用文學的手段來傳播，這也是宮廷文化影響社會影響後世的一個例證。

　　我就講這些，這已經是故宮學的後續和外緣了。

**本文為 2007 年 11 月 10 日出席故宮博物院召開的
"紫禁城論壇" 所作發言的錄音整理稿，
首刊於作者新浪博客，同時出席論壇的有李學勤、
閻崇年、馮驥才、鐵凝、熊召政五位嘉賓**

《紅樓夢》裏怎樣過春節

　　《紅樓夢》描寫的節慶活動很多，但春節只有一次，即五十三回的 "寧國府除夕祭宗祠，榮國府元宵開夜宴"。賈家這個大家族，春節是怎麼個過法呢？當然並不叫 "春節"，而是過年。"春節" 的稱呼是 1914 年民國政府改叫的，其實並不準確，也許恢復已往的傳統，繼續叫過年更好些，公曆的 1 月 1 日則仍然叫元旦——這是題外的話。

　　《紅樓夢》第五十三回寫道："當下已是臘月，離年日近，王夫人與鳳姐治辦年事。" 這是説，時令一到臘月，就該治辦年事了。而年事最重要者莫過於祭祖，所以寧國府賈珍那邊先把宗祠打開，派人打掃，同時收拾供器，為祭祀做準備。當年榮寧二公，寧公居長，所以宗祠在寧國府。其次是壓歲，就是發放壓歲錢。賈府的壓歲錢做得很精致，用一百五十三兩碎金子鑄了二百二十個小錁子，有梅花式的，有海棠式的，還有筆錠如意、八寶連春等等不同樣式。三是送年禮，賈家收受的大宗禮物當然是黑山村烏莊頭送來的，折合銀子有二千五百兩之多。而北府水王爺送的是字聯和荷包。四是向本府子弟們發放年物。五是貼對聯，換門神。書中説，到了臘月二十九，榮寧二府已經 "換了門神、聯對"。六是門面、掛牌等顯眼之處，一般需要油飾見新，故書中有 "新油了桃符，煥然一新" 等字樣。這些都屬於過年的準備。

祭祖的時間在年三十，這是過年的最大禮儀。因為賈母有誥封，須先進宮朝賀，然後來到宗祠，諸子弟們早已經列隊迎候。主祭人本來應該是寧府的嫡長子，但因長子賈敷只活了八九歲，便由次子賈敬主祭。雖然這位敬老爺不理家事，平時只住在城外和道士們一起煉丹燒汞，一心想成仙，但年關祭祖大事，他無法推卸。陪祭為賈赦。餘次賈珍獻爵，賈璉捧帛，寶玉捧香，賈菖展拜毯。赦老爺剛因鴛鴦拒婚而大受精神挫折，他的陪祭能否持敬如儀，尚待細心人觀察。祭祀開始的時候，有樂隊奏樂，共獻爵三次，然後次第焚帛奠酒，然後所有參加祭祀者一起行禮。

祭罷宗祠，大隊人馬再到正堂向祖宗遺像禮拜。家人和小廝一律在儀門之外，賈府子姪挨次列隊於儀門至正堂的廊下。正堂門檻外面是賈敬和賈赦，門檻裏面是眾女眷。只有賈蓉因是長房長孫，也隨女眷在檻內。供品以菜飯湯點酒茶為主，每當一道菜上來，都是先到儀門，再按次傳至賈敬手中，賈敬傳賈蓉，賈蓉傳其妻，再傳鳳姐、尤氏等。到供桌前，方傳給王夫人，再由王夫人傳給賈母，最後經賈母捧放在供桌上。供品擺放完之後，賈母拈香下拜，這時賈府一族之人也悉皆跪下。書中說，如此一跪不打緊，竟“將五間大廳、三間抱廈、內外廊簷、階上階下、兩丹墀內，花團錦簇，塞的無一隙空地”，可以想象，現場的情景一定煞是壯觀。

再接下去就是給賈家現在的最高長者賈母行禮了。賈母居榮國府，大家於是又來到榮國府賈母的正室，先由和賈母同為妯娌的幾位老太太行禮，然後賈敬、賈赦帶領諸子弟，男一起，女一起，分別行禮，是為禮拜尊者。拜完尊之後，還要拜長。各階次的主子一一歸座，接受兩府男婦小廝丫鬟們的行禮。受禮的同時開始散壓歲錢，包括準備好的金銀錁和荷包等。受禮散錢之後，開始全家的和歡宴。當晚還有給各處的佛堂、灶王焚香上供的節目。整個除夕之夜，兩府內外，榮寧街上，統統都是燈火高挑，爆竹齊鳴，笑語喧闐，竟夜不絕。本來是守歲之夕，看來賈府的風氣，守歲也守得鬧中無靜，怪不得賈寶玉最受不了的就是榮寧兩府的熱鬧。

大年初一開始，至正月十五，前後半個月的時間，主要是拜年、吃年酒。朋友親戚，迎來送往，彼此互拜。吃年酒包括請吃和赴吃，但禮儀上不宜重複，所以需要事先一一擬好日期單子。賈珍特別強調，頭一年就因為時間沒安排好，結果重複了幾家，好像自家虛情怕費事似的。而到了正月十五元宵節，是年的尾聲，是過年的又一個高潮。所以賈母在十五日這天晚上，在大花廳擺了十來桌酒席，還定了戲班子，是為榮寧兩府子姪孫男孫媳的家宴。戲唱的是《西樓會》，看的賈母高興，吩咐賞錢，立刻有三個媳婦將預備好的散銅錢，一人撮了一笸籮，便往台上撒。一會兒，元宵獻上來了，大家便吃元宵。上元節（元宵節又稱上元節）吃元宵，是自古以來的風俗，尊貴如賈府也不能違背此俗。連唱戲的小伶們，也停下戲和大家一起吃元宵。接著又有女先生說書、擊鼓傳花、賈母和王熙鳳講笑話等節目，元宵之夜的熱鬧幾乎不亞於除夕之夜。

一直到正月十七，賈府宗祠的大門才關上，供奉的祖宗影像也收了起來。但祀祖的活動結束時還要行一次集體禮。概念上，至此年應該算作過完了，實際又並非如此。十七日當天薛姨媽就來請賈母吃年酒，十八日是賴大家，十九日是賴升家，二十日是林之孝家，二十一日單大良家，二十二日吳新登家。另還有王子騰家來請等等。當然賈母不會都去，主要交給王夫人和鳳姐料理，寶玉有的也可以應應差。其實一來二去也就到正月底了。這就是《紅樓夢》裏賈家的過年方式和過年的時間。巨家大族既是傳統社會的支柱，也是傳統文化的凝聚範例，藉由賈家過年的種種禮俗儀式，我們可以了解傳統社會春節文化的一般特徵。

農曆己丑年正月初一晚十時四十五分寫畢於京東寓所，
首載作者新浪博客，經多家報刊轉載

《紅樓夢》與文化傳統

　　《紅樓夢》是獨特的，她在中國文學史乃至文化史上的出現絕非偶然，是特定文化背景的產物。就像莎士比亞出現在英國、巴爾扎克出現在法國、歌德出現在德國、托爾斯泰出現在俄國，而不是互易其地一樣，只有中國這塊土地才能孕育出曹雪芹這樣的偉大作家。

一、歷史背景和文化環境

　　廣一點說，到清中葉為止的持續四千多年的中國古老文化，都可以看作是《紅樓夢》產生的大的歷史文化背景。長期的文化累積為文化藝術典範的產生提供了適宜的土壤。當然還有明清之際的具體文化背景，這也是至關重要的，它決定一部文化精品在這個時候出現，而不是出現在另外的時候。

　　清王朝雖以文化比較落後的部族入主中原，且經過明末清初的大動蕩，給文化秩序造成的創傷不可言喻。但清統治者的特點，是不排拒漢族為中心的文化傳統，甚至還以繼統者自居。康熙中葉以後，社會經濟得到了恢復和發展，文化也開始復蘇。到了曹雪芹生活的時代——清朝的康熙末年和雍正、乾隆時期，經濟與文化呈現相對繁榮的局面，綜合國力大幅提升。不管出於何種原因，包括是不是也有越是文化弱勢的族源越需要用文化來裝點門面的緣故，清統治者對文化典籍的重視是驚人的。僅康熙一朝，就有《佩文韻府》、《淵鑒類函》、《分類字錦》、《圖書集成》等類書，以及《全唐詩》、《古文淵鑒》、《歷代賦匯》、《唐宋元明四朝詩選》等總集的編纂。誠如清史專家孟森先生所説："古帝王於一代之中，成就學林沾溉之書，多至如此，雖文治極盛之朝，未易相比。"[1]

如果説清朝開國之初，滿族的達官顯貴於漢文化甚覺隔膜，因而朝儀宮規尚需閹侍一一指點，到康、雍、乾時期，則已實現了滿漢文化的進一步融合，王公大臣及宗室子弟甘願接受傳統文化熏陶，無不以華夏文化正宗繼承者自命。曹雪芹和他的家族，就是這一歷史時期特定文化環境的產物。中華傳統文化的大背景，明清之際的具體文化背景，和曹氏家族的文化環境，這三者在曹雪芹身上合而為一了。

二、傳統文化的結晶

《紅樓夢》是傳統文化的結晶，裏面滲透的傳統文化的因子異常豐富。就反映生活的豐富性來説，確實可以稱作傳統社會的"百科全書"；就其所包含的文化因子來説，堪稱中華民族傳統文化的總匯。古典文學、藝術和技藝的各種形式，包括詩、詞、曲、賦、歌、讚、誄、偈、匾額、對聯、尺牘、謎語、笑話、酒令、説書、百戲、雕刻、泥塑、參禪、測字、占卜、醫藥，以及詩話、文評、畫論、琴

---

[1] 孟森：《清史講義》，北京：中華書局，2006 年，第 192 頁。

理，《紅樓夢》中應有盡有，真可以說做到了文備眾體。沒有多方面的文化素養，絕寫不出《紅樓夢》這樣的作品。

同樣，讀懂《紅樓夢》，也需要相應的知識準備。這就是為什麼五大古典小說中，《水滸傳》、《西遊記》、《三國演義》為一般讀者廣泛接受，而《紅樓夢》更受知識階層歡迎的原因。不僅僅是題材的問題，《儒林外史》寫的也是知識分子，但接受起來比《紅樓夢》容易得多。文化典範的生產和接受，需要作家和讀者兩方面都具備相當條件。當然，文學史上任何經受住時間檢驗的偉大作品，都是藝術傑構，無不是某一種文化的結晶；只不過《紅樓夢》的品級更高，不僅代表中國的傳統文化，而且是中國傳統文化的一個寶庫。

《紅樓夢》用很多篇幅描寫 18 世紀中葉貴族社會的日常生活，其中很大一部分屬於文化生活，如吟詩、作賦、猜謎、行令、品茗、繪畫、下棋、撫琴、說書、觀戲、鬥草、簪花、遊園、宴飲等，都是當時社會上層的文化活動。飲饌一般應是物質的享受，但在《紅樓夢》裏已有所變異，已經昇華為一種藝術，成為文化活動的一部分。第三十八回寶釵協助湘雲做東，請賈母等吃螃蟹，是和遊園、賞花、作詩結合在一起的，藝術價值超越了實用價值。第四十回賈母給史湘雲還席，場面尤其奇特，不直接寫吃的食物如何，而是以細緻的筆觸，大寫相關陳設和次序——

這裏鳳姐已帶著人擺設整齊，上面左右兩張榻，榻上都鋪著錦裀蓉簟，每一榻前有兩張雕漆几，也有海棠式的，也有梅花式的，也有荷葉式的，也有葵花式的，也有方的，也有圓的，其式不一。一個上面放著爐瓶，一個攢盒。一個上面空設著，預備放入所喜食物。上面二榻四几，是賈母薛姨媽，下面一椅兩几，是王夫人的，餘者都是一椅一几。東邊是劉姥姥，劉姥姥之下便是王夫人。西邊便是史湘雲，第二便是寶釵，第三便是黛玉，第四迎春、探春、惜春挨次下去，寶玉在末。李紈鳳姐二人之几設於三層檻內，二層紗廚之外。攢盒式樣，亦隨几之式樣。每人一把烏銀洋鏨自斟壺，一個十錦琺琅杯。

作者通過對這些精緻的陳設和飲食用具的描寫，以及座次排序的一絲不亂，是要表現飲饌方式的雅趣和進餐時的款儀，而不是在於所進食物的本身。這種寫法襯托出賈府的飲食過程不僅是為了滿足人的日常需要，而且是豐富的藝術享受和生活禮儀的展示。而接下去大寫特寫的熱鬧非凡的牙牌遊戲，則將飲食與文化娛樂結合了起來。

第七十一回賈母八旬大壽，榮寧二府齊開筵宴，寧府請官客，榮府請堂客，以及各種形式的家宴，前後持續一周，還穿插著觀戲等活動，但重點是凸現排場和禮儀，總離不開文化的內容。按《紅樓夢》裏的菜譜進行烹調，甚至開一家餐館，用賈府的菜單招待顧客，這樣的"紅學家"兼實業家從來不乏其人，但成功者寥寥。原因在哪裏？就在於《紅樓夢》裏的飲饌，觀賞價值多於實用價值。曹雪芹一方面把藝術生活化了，另一方面也把生活藝術化了。謂予不信，劉姥姥讚不絕口的那種"茄鯗"，誰按料如法做一個試試看？恐怕難以成型，難以入口，且不說能否上得席面。

三、人物的文化性格

《紅樓夢》滲透的中國傳統文化的因子，不僅表現在大量對文化生活和文化活動的直接描寫之中，更主要是書裏面的許多人物，集中代表了中國人的文化性格。中國長期是一宗法社會，以家族為本位，"三綱五倫" 是維繫社會道德秩序的基本紐帶。單獨的個人在傳統社會簡直無以立足，只有在人際關係中才能見出一個人的性格。

《紅樓夢》中的各色人物，均圍繞賈府這一大家族旋轉，縱橫捭闔，互相勾連，生出無窮事故。文學作品裏的人物猶如生活中的人物一樣，彼此互為依存，自是常理，但像《紅樓夢》這樣，把人物之間的關係編織得如此細密，各自都在自己特定的位置上活動，我中有你，你中有我，無你即無我，同時也無他，達到牽一髮而動全身的境地，其他小說中並不多見。所謂 "晴" 為 "黛影"，所謂 "襲" 為 "釵副"，既是寫人物的一種手法，又是同處一家族環境中人物性格的相斥相融的審美類分。書中的眾多女子，各有不同的文化層次和文化內涵，高低、貴賤、雅俗、文野，彼此互為區別。

賈家四姐妹，以探春的文化內涵最突出，元春、迎春、惜春次之，但也不乏優良的教養，只是各有偏長罷了。同是服侍主子的丫鬟，襲人、紫鵑、平兒、鴛鴦，地位相當，個性互不相同，但性分教養中又都有受傳統文化熏陶的共同的一面。她們自己雖然不能讀書識字，卻有一定的文化教養，完全是環境習染所致。即使是雪雁、麝月、鶯兒、翠縷、玉釧等小丫頭，耳濡目染，也無異於 "鄭家詩婢"。

文化是個大概念，不獨閱讀、學習書本知識是文化，言談、行為、舉止、待人、接物、儀表、服飾，都反映一個人的文化風貌。劉姥姥誤把平兒當作鳳姐，不單是看見平兒遍身綾羅，插金帶銀，恐怕也和平兒的舉止不凡有關。就連與詩書無緣的鳳姐，心機、鋒芒、手段固然勝人一籌，甚而有撒潑打滾、胡攪惡罵的表演，另一方面也極善處理老幼尊卑各種複雜的關係，反映出大族固有的文化教養。賈母說："我喜歡他這樣，況且他又不是那不知高低的孩子。" 賈母說的 "高低"，就是指處理人際關係需要掌握的 "度"，也就是象徵文化教養的 "禮"。所謂 "禮出大家" 就是指此而言。鳳姐的一個側面，是不知書卻能達理。

當然，文化素養最高，不僅在《紅樓夢》中出類拔萃，置諸青史亦光輝熠熠的，是寶釵和黛玉，這是兩個古典文化熔鑄出來的藝術典型，而又分別代表著 "禮" 和 "詩" 兩個不同的文化流脈。就傳統文化的功能和作用來說，詩和禮是統一的，就其表現形態來說，二者又有所不同。《禮記‧樂記》寫道："樂由中出，禮自外作。樂由中出故靜，禮自外作故文。" 前者可為黛玉寫照，後者可為寶釵擬形。一個是藝術精神，一個是道德精神，共同象徵著中國傳統文化的神韻。賈家被作者稱作 "詩禮簪纓之族"，和釵黛二人這樣的文化性格完全能夠諧調起來，可謂有斯世，有斯家，方有斯人。

寶玉是作為傳統禮教的不諧和音出現的，他的思想、性格、言論、行為常常與當時社會的倫理秩序格格不入。但他並沒有離開民族文化的精神土壤，相反，他身上溶解著豐富的傳統文化的因子。按書中所寫，寶玉的故事大都發生在十三至十五歲之間，一個十足的少年，其幼稚之處人所共見。但細心的讀者不難發現，寶玉也有相當成熟老練的一面。例如對處理複雜的人際關係，他頗能應付自如，而且不是運用手段，已經變成一種修養，一種文化性格。他遇事謙讓，從不為自己爭什麼。作詩，總是說自己的不好。對人則充分體諒，不僅對女孩子，對同族兄弟也敬恕有加，不願因自己的特殊地位給別人造成難堪。

第二十四回寫寶玉給賈赦請安，邢夫人讓至上房，同坐一個坐褥，又用手百般摩挲撫弄寶玉，使賈環看了大不自在，使眼色相約賈蘭離去。寶玉見此情景也起身告辭，表示要一同回去。這就是"知禮"的一種表現，說明他不自恃特殊，冷落別人。第二十五回賈環故意推翻蠟燈，燙傷了寶玉的臉，王夫人大發雷霆，把趙姨娘和賈環痛罵了一頓。寶玉說："有些疼，還不妨事。明兒老太太問，就說是我自己燙的罷了。"則又表現出寬仁慈厚的恕道。第三十三回捱打以後，襲人把這一事件和薛蟠聯繫起來，寶玉立即制止："薛大哥哥從來不這樣的，你們不可渾猜度。"第六十六回柳湘蓮向寶玉詢問尤三姐的品行，寶玉說："你既深知，又來問我作什麼？"不做正面回答。這些地方都見出寶玉性格修養有度的一面。包括對信念的執著和在強力面前的無可奈何，也都滲透著民族文化的某些特性。

《紅樓夢》中許多人物，二百多年後的今天，仍然能在生活中看到他們的影子，原因無非是中國人的文化性格裏面有易時而通的恆在性。

四、賞會藝術的妙悟神解

中國傳統的藝術鑒賞理論，崇尚妙悟神解，相信"文章本天成，妙手偶得之"。藝術作品的客觀物象固然無法迴避，但在創作主張上更突出意境和意象。《文子·道德篇》說："上學以神聽，中學以心聽，下學以耳聽。"被列為"上學"的"以神聽"，就是通常所說的"心領神會"，也就是妙悟。

藝術的表現和表達，也務求簡約，經常點到為止，不求窮盡而留有空白，所謂"言有盡而意無窮"。它的極致是司空表聖所謂"不著一字，盡得風流"。這又和"道不可言，言而非也""言者所以在意，得意而忘言"的老莊哲學，以及佛教的禪學互為表裏。形諸文學批評的概念，大都具有比喻性、象徵性、不確定性，如氣、韻、格、調、風、骨、神、味等。這些特徵，我們在《紅樓夢》中都可以復按。

這裏不妨以第二十三回"牡丹亭豔曲驚芳心"為例略加分析。這一回先寫寶玉和眾姊妹搬入大觀園之後的歡樂情景，接著寫寶玉的苦悶，所以讓茗煙到坊中買了許多古今小說、傳奇腳本。然後是寶、黛在沁芳閘橋邊共讀《西廂》，藉書中張、崔的纏綿語詞來傳遞初萌的愛意。

正在這時，襲人傳賈母命叫寶玉去看望賈赦，於是黛玉一個人便覺悶悶的——

正欲回房，剛走到梨香院牆角邊，只聽牆內笛韻悠揚，歌聲婉轉，林黛玉便知是那十二個女孩子演習戲文呢。只因林黛玉素習不大喜看戲文，便不留心，只管往前走。偶然兩句吹到耳內，明明白白，一字不落，唱道是："原來姹紫嫣紅開遍，似這般都付與斷井頹垣。" 林黛玉聽了，倒也十分感慨纏綿，便止住步側耳細聽。又聽唱道是："良辰美景奈何天，賞心樂事誰家院。" 聽了這兩句，不覺點頭自歎，心下自思道："原來戲上也有好文章。可惜世人只知看戲，未必能領略這其中的趣味。" 想畢，又後悔不該胡想，耽誤了聽曲子。又側耳時，只聽唱道："則為你如花美眷，似水流年……" 林黛玉聽了這兩句，不覺心動神搖。又聽道 "你在幽閨自憐" 等句，亦發如醉如癡，站立不住，便一蹲身坐在一塊山子石上，細嚼 "如花美眷，似水流年" 八個字的滋味。忽又想起前日見古人詩中有 "水流花謝兩無情" 之句，再又有詞中有 "流水落花春去也，天上人間" 之句，又兼方才所見《西廂記》中 "花落水流紅，閒愁萬種" 之句，都一時想起來，湊聚在一處，仔細忖度，不覺心痛神癡，眼中落淚。

我們應該感謝《紅樓夢》的作者曹雪芹，他為我們描繪出一幅惟妙惟肖的藝術欣賞達到共鳴的圖畫。不僅寫出了共鳴現象本身，還寫出了由欣賞達到共鳴的全部過程，就中包括藝術領悟和藝術理解的各個層次。

開始是聽者無心，兩句戲文不過偶然吹到耳內，黛玉僅僅感到 "倒也十分感慨纏綿"。聽了 "良辰美景奈何天" 兩句，才 "點頭自歎"，意識到戲裏也有好文章，但想到的是 "世人"，沒有和自身聯繫起來。接著聽了 "如花美眷，似水流年" 兩句，黛玉 "心動神搖"，漸漸進入到欣賞藝術的境界。隨後又進一步，由“心動神搖”到達“如醉如癡”，不能自持，竟一蹲身坐在一塊山子石上，反覆咀嚼戲文的滋味。至此，林黛玉作為欣賞者已經完全為湯顯祖的戲曲藝術所征服。

可以想見，黛玉一定是結合自己的生活際遇來細嚼“如花美眷，似水流年”八個字的滋味的。藝術欣賞過程到這裏本可以完結了。不料《紅樓夢》作者另出手眼，讓黛玉展開一系列豐富的聯想，用自己的藝術經驗不斷加以印證補充，把欣賞中的共鳴推向極致。這就是“忽又想起”古人詩句，即唐代崔涂《旅懷》詩中的“水流花謝兩無情”；“再又”記起前人詞中的句子，即李煜《浪淘沙令》中的“流水落花春去也，天上人間”；“又兼方才”和寶玉讀《西廂》看到的“花落水流紅，閑愁萬種”的句子。一時間都想起來，“湊聚在一處，仔細忖度，不覺心痛神癡，眼中落淚”。整個過程是，始而“點頭自歎”，繼而“心動神搖”，最後“心痛神癡”。一環套一環，層層逼近，漸次深入，藝術領悟的程度越來越高。而且在形容欣賞者受藝術打動的情態時，連用三個“不覺”，就是説，這一層比一層深入的情感變化，是不自覺的，非預設的，目的性沒起任何作用，純然是超功利的審美過程。

理解的方式則是感悟，自由聯想代替了邏輯推演。文化素養在這裏構成了藝術欣賞深化的必要條件。如果不是林黛玉，而是一個缺乏文化知識的普通丫頭，即使看到《牡丹亭》的演出，也不一定產生共鳴，甚至食而不知其味，至少不會達到如此高層次的美學境界。我們從這段描寫中可以領悟到藝術美學的多少大道理呵！

五、出神入化的寫人本領

　　《紅樓夢》寫人物尤其不同凡響，可以説集中了中國古典小説寫人物之大成。人物語言的充分個性化，讀者根據説話的聲口便可以分辨出是哪個人物，以及人物形象的生動、逼真、傳神，每個讀《紅樓夢》的人都留有深刻的印象。值得注意的是，作者善於同中見異、異中見同、相似而不相同、疊影而不重複的那種出神入化的寫人本領。

　　黛玉、寶釵、湘雲在賈府的地位和身份基本上是相同的，教養也大體相似，性格卻迥然有別。同為"客卿"，同為知識女性，如果説黛玉的性格和人生是藝術化的，寶釵和湘雲則一個是社會化的，一個是自然化的。元、迎、探、惜賈家四姊妹，性格差異就更明顯了，元春"理"，迎春"木"，探春"屬"，惜春"懦"，雖然她們的身份都是貴族小姐。服侍小姐的丫鬟們同樣如此。一個個伶牙俐齒，俏麗多姿，遠遠望去，實難分別；但為人、行事、言談、舉止，即氣質和個性，又千差萬別。如晴雯之尖鋭、襲人之陰柔、平兒之寬平、鴛鴦之剛烈、紫鵑之篤厚，每個人最主要的性格特徵總不見雷同。晴雯和小紅的嘴巴言辭都很厲害，但晴雯清高，小紅淺薄。論治家的才幹，探春和鳳姐旗鼓相當，但一個文，一個野，所以鳳姐承認探春比她還厲害一層。

　　還有《紅樓夢》作者從不把人物簡單化，善於多層次地展現人物性格的特徵。薛蟠不過是一大家的紈絝子弟，打架鬥毆，劣跡多端，但內心深處不無忠厚的一面。賈珍與秦可卿的曖昧關係固然不足取，可是當秦可卿死後，賈珍的種種表現，卻是很真誠的。"哭的淚人一般"誠然是一種失態，而能夠當眾失態，到底因為對秦可卿不乏真情。至於寶釵的豐富內涵，使得研究者和讀者長期聚訟紛紜，褒貶萬殊，迄無定論。歸根結底還是由於這個人物的內心世界和外在表現太豐富了，簡單的線性思維絕做不出正確的結論。

《紅樓夢》裏的許多女子，才貌都相當出眾，但作者在寫法上採取的是工筆和寫意相結合的手法，經常把具象抽象化，把形體靈動化，把相貌神韻化，把環境意象化，給讀者留下無窮無盡的想象的餘地。

黛玉的相貌自然是絕頂出眾的，但翻遍全書，竟找不到關於黛玉相貌長得如何的具體描寫，甚至面孔是長是圓，眼睛是大是小，身材是高是低，皮膚是白是黑，都未涉及。只在第三回進賈府時，通過寶玉的眼睛，說她形容特別，連用了五個排句："兩彎似蹙非蹙罥煙眉，一雙似喜非喜含情目。態生兩靨之愁，嬌襲一身之病。淚光點點，嬌喘微微。閑靜時如姣花照水，行動處似弱柳扶風。心較比干多一竅，病如西子勝三分。"眼睛寫到了，但只說是一雙"含情目"，作"似喜非喜"狀，絕口不提形狀大小及眸子光暗深淺的程度。眉毛則像一抹輕煙，粗細、長短沒有說明。作者越是這樣寫，越讓人感到黛玉美麗，美到難以想象、無法落實的地步。而且每個讀者都可以有自己的想象，每個人心目中都有自己的林妹妹。這就是藝術表現上的不求窮盡，留有餘地，調動起讀者的想象力和作者一起創造人物。

寫史湘雲更奇，壓根兒沒講湘雲長得什麼樣，面孔、眉毛、眼睛、嘴巴，都未作正面說明，一個字也沒有提。第二十一回，寫湘雲睡覺，"一把青絲拖於枕畔，被只齊胸，一彎雪白的膀子撂於被外，又帶著兩個金鐲子"。寫到了頭髮的黑，臂膀的白，但沒有涉及面容。第四十九回寫湘雲雪天的裝束："穿著賈母與他的一件貂鼠腦袋面子大毛黑灰鼠裏子裏外發燒大褂子，頭上戴著一頂挖雲鵝黃片金裏大紅猩猩氈昭君套，又圍著大貂鼠風領。" 脫了褂子，"裏頭穿著一件半新的靠色三鑲領袖秋香色盤金五色繡龍窄 小袖掩衿銀鼠短襖，裏面短短的一件水紅裝緞狐肷褶子，腰裏緊緊束著一條蝴蝶結子長穗五色宮絛，腳下也穿著麀皮小靴，越顯得蜂腰猿背，鶴勢螂形"。從外到裏，衣著打扮寫得極細，就是不及容貌。

但也透露出湘雲身姿的特殊之點，就是現代一點的說法，應該是三圍反差明顯，胸、臀特殊的豐滿，而腰極細巧。試想 "蜂腰" 一詞，形態可知矣。那麼 "螂形"，則是上下兩圍的形容無疑，亦思過半矣。第六十二回湘雲醉臥芍藥裀，從別人的眼裏看是："湘雲臥於山石僻處一個石凳子上，業經香夢沉酣，四面芍藥花飛了一身，滿頭臉衣襟上皆是紅香散亂，手中的扇子在地下，也半被落花埋了，一群蜂蝶鬧嚷嚷的圍著他，又用鮫帕包了一包芍藥花瓣枕著。" 不獨未及面孔，連身體形態也不著一筆。散落的芍藥花、半埋的扇子、鬧嚷嚷的蜂蝶、鮫帕包的花枕，都是湘雲的身外之物。但一美人形象已活脫脫躍然紙上。再就是我們知道湘雲好笑，喜歡講話，又有點大舌頭。全部關於史湘雲的外貌描寫就是這些了。可是《紅樓夢》的讀者都覺得湘雲長得好看，與黛玉、寶釵相比，鼎足而三，難分高下，不好說誰比誰更出眾一些。

當然我們會想象出釵、黛、雲的一些美的輪廓：論膚色，寶釵最白，湘雲次之，黛玉又次之。臉孔，寶釵是大圓臉，湘雲是長圓臉，黛玉是鴨蛋臉。至於胖瘦，應該是寶釵最胖，湘雲次之，黛玉則瘦弱非常，所謂最苗條是也。需要多麼高的寫作藝術，才能把人物的相同而不相似，寫到如此出神入化的地步。要說模糊思維是藝術家慣用的一種思維方式，曹雪芹應該是運用這種思維方式的最出色的作家。

載《紅樓夢學刊》1986 年第 2 期

第五篇

傳統的反思與重建

大學之道與“止於至善”

　　金耀基先生的《從大學之道說中國哲學之方向》，實在是不可多得的學術妙文。此文雖先期披載於香港的學術刊物，考慮到其對百年以來的教育思想和教育實踐的檢討與反思，以及對當代中國社會的價值建構的點睛和切中，我們還是在剛剛出版的《中國文化》雜誌 2015 年春季號上予以重新刊佈，以饗對此方面的話題投以關注的讀者。

　　自 1905 年清廷廢科舉、興學校以來，不同於傳統教育方式的新型教育體制，在我國迄今已有一百一十年的歷史。新舊交替，歷史轉型，波詭雲譎，異說異是。然大歷史格局裏面的文化與社會的遞嬗，實有事與勢的不得不然者。金耀基先生把此一轉變在教育方面的呈現，概括為由經學到科學。揆諸 20 世紀的教育實況，我們無法不信服金先生的觀察。20 世紀的主流哲學思潮，則主要是分析哲學和實證哲學，所追尋的是理性的客觀知識，金先生將其目的與或任務概括為“求真”。此正如老輩中已故的哲學魁楚金岳霖先生所說：“現代研究工作的基本信條之一，就是要研究者超脫他的研究對象。要做到這一點，只有培養他對於客觀真理的感情，使這種感情蓋過他可能發生的其他有關研究的感情。人顯然不能擺脫自己的感情，連科學家也難辦到，但是他如果經過訓練，學會讓自己對於客觀真理的感情蓋過研究中的其他感情，那就已經獲得科學研究所需要的那種超脫法了。這樣做，哲學家或多或少超脫了自己的哲學。他推理、論證，但並不傳道。"[1] 在此點上 "二金" 同歸，他們絲毫不否認這種哲學的論理意義，但絕不滿意這種哲學的不近人情的冰冷的精神氣質。金岳霖不禁懷戀起中國哲學，說他們都是不同程度的蘇格拉底式人物，在他們那裏，倫理、政治、反思和認識集於哲學家一身，知識和美德呈現為不可分的一體。金耀基則順理成章地聯想到他所熟悉的唐君毅、牟宗三等新儒家領軍人物，特別是他們所期待的關於科學之外的一種滿懷惻怛之仁與悲憫之心的學問，這就是最高的善論，也可以稱作 "立人極" 之學。

那麼行進已逾百年的現代教育呢？如果說中國傳統教育的旨趣是《禮記・大學》所做的概括："大學之道，在新民，在止於至善。" 金耀基先生說，今天的大學之道，則可以表述為："大學之道，在明明 '理'（科學之理），在新 '知'（創立新知識），在止於至 '真'（科學之真理）。" 由科學統領的知識教育毫無疑問是現代教育的核心，其成功和成就，沒有誰能夠予以否認。但單純的知識教育的局限，以及因成功形成的傲慢與獨斷，隨著時間的推移，也變得有目共睹。事實上，海耶克（Friedrich Hayek）、哈貝馬斯（Jürgen Habermas）等學者，對將科學等同於知識的 "科學主義" 已經有所批評了。而在2006 年，曾擔任過哈佛大學文理學院院長的魯易士（H. Lewis），也尖銳地提出，哈佛大學失去了甚至是自願放棄了鑄造學生靈魂的道德

---

[1]　金岳霖：《金岳霖全集》第六卷，北京：人民出版社，2013 年，第 387 頁。

權威的責任。金先生文章中這方面的豐富引證與論述，不由得讓人服膺，同時又讓人警醒。他的結論是："今日否定科學之貢獻者可謂非愚即妄。但大學教育之目的，在求真之外，必不能不求善。古代的求'善'的大學之道必須與今日求'真'的大學之道結合為一，不可偏廢，否則大學很難培育出德智兼修的學生。"

這讓我們想起老金先生岳霖前輩類似的話："知識本身是否具有直接的影響，這是值得懷疑的。如果它曾經有，那麼對於大多數人來說，它現在已經不再有了。在大多數人那裏，知識是像牙刷一類的用具，只要不用，就被掛起來了。知識是否是某種意義的美德？古希臘人認為是，我們無須斷言它在今天已經不是了。知識是中性的，影響不了我們愛好的口味。它的分寸感太強，使我們不能靠它來解決它的恰當範圍以外的問題；它太外在，不能支持我們以信仰來行動；它太軟弱，不能為我們提供幫助。它不是情感和欲望的主宰者或夥伴，相反，它成了它們的奴隸。"[1] 而當話題涉及教育目的時，老金先生更為直截了當："教育的主要目的是培養個性，消除野性，使人變得堅定；是在衝突的人生需求之間建立平衡，養成某種節操以便自我控制其他方面；是修養本性從而使受到滋養的本性變得有教養和有文化的內涵。價值觀念必須自覺的接受。這裏的意思不是說教育應該灌輸價值或觀念，但是教育肯定應當對價值和信仰加以分辨，應當鼓勵青年人清醒地意識到自己的選擇，使他們能夠明確地說出自己的價值觀念

---

[1] 金岳霖：《金岳霖全集》第六卷，第 398 頁。

是什麼，並確信自己無愧於天地。"[1] 他還鍾情於優雅這個概念，認為只有把平等和優雅結合起來，才可能成為真正的人。論者有的或謂，如今的第一流的高等學府已經成為造就"精緻利己主義"的溫床，則老金先生之論，不知可否使那些"精緻"的人精，在哪怕是期待中的優雅秩序面前生出些許愧疚。

金耀基先生道出了他的古典想往。他認為亞里士多德視倫理學為關乎人如何活及人的快樂的知識，是無比正確的。他說："如果我們想對我們自己或者對科學有一種清醒與人性的觀點，那麼，一種承認知識之領域是大於'科學'之領域的知識觀，就成為一種文化上的必須了。"他主張回復到古希臘時代的"一個更擴大的知識範典"。而老金先生則說，中國哲學屬於蘇格拉底、柏拉圖那一類。"一位傑出的儒家哲人，即便不在生前，至少在他死後，是無冕之王，或者是一位無任所大臣，因為是他陶鑄了時代精神，使社會生活在不同程度上得到維繫。"因此他為蘇格拉底式人物的一去不復返而深深感到惋惜。[2] 而陶鑄和養育這樣人物的精神範典，在中國古老傳統背景下唯六經足以當之。中華文化的基本價值理念和價值結構悉在六經，中國人做人和立國的基本學理依據悉在六經。所謂國學，離開經學，實無所取義矣。

本文所引老金先生的文字，一為《中國哲學》，寫於 1943 年，一為《哲學與生活》，寫於 1944 年，原稿都是英文寫就，翻譯成中

---

[1] 金岳霖：《金岳霖全集》第六卷，第 403—404 頁。

[2] 同上，第 385—386 頁。

文發表是後來的事。兩金同舉並談，可以加深對金耀基先生文章構意的理解，亦可知文化的歷史軌跡原來如此奇妙，不僅東聖西聖，其揆一也，前賢後賢，其揆亦似非異。但昔日的話題重現於今日，已經是在觀念的糾結和實踐的翻覆過去差不多七十年之後了，那義蘊玄規和對經驗材料的把握，自有前所不能比之於後的不同品貌和學理深度。

2015 年 5 月 3 日寫訖於東塾，
載 2015 年 6 月 18 日上海《社會科學報》

古籍今譯不應大力提倡

古籍今譯是個比較複雜的問題，不好一概而論。所謂今譯，就是將原來的文言翻譯成今天的白話。一些史書，包括二十四史，翻譯成白話，有助於歷史知識的普及。六經要不要今譯，回答起來頗費躊躇。《樂》經不傳，只有《詩》、《書》、《禮》、《易》、《春秋》五經存留下來，這是中國文化的最高形態，中國人立國立身的基本價值都在五經裏面。對最高經典，放在第一位考量的，是如何得其本義真義的問題。如果不能做到正確傳達經的本義，則與其今譯，就不如不譯了。

詩詞古文類文學作品要不要今譯，也須分別看待。古代詩歌的不能今譯，許多人包括學術大家，都有如是的看法。唐詩、宋詞、元散曲小令，或律詩、絕句、歌行等等，是古代詩歌的特殊表現方式，離開這些特殊的表現方式，古代詩歌便不復存在。這與翻譯外國文學作品不同。外國文字譯成中文，主要是傳達文字所包含的內容信息，語言形式反而可以多種多樣，既可以用白話也可以用文言進行翻譯。古籍今譯，尤其詩歌的今譯，不僅是語言形式的轉換，同時也是文體的改變，使原來的特定文體不復存在，今譯的效果不能不適得其反。這也就是舊體詩詞至今還有人寫、還在流傳、還不能為白話詩完全取代的原因。人們常說的，經過今譯能否保持原詩的神韻，還不是最主要的問題所在。

　　古代的書面文字，即通常所說的文言文，本身有一個演化的過程，不同歷史時期、不同的文體，文字的難易，很有分別。孔、孟、荀、韓、莊、老等先秦諸子之文，並不特別難讀，篇幅短，反覆涵詠，文義自見。難讀的是六經原典和經解經注。漢賦也很難讀。唐宋古文就要好讀一些。宋儒語錄，已接近當時的白話。清代知識分子處境艱難，有時不免在文字裏捉迷藏，越晚越容易讀這個話，還不好說定。而且難易係相對而言，不同的讀者對象有不同的要求。專門的研究者，不需要今譯。一般古典文學愛好者，如果不喜歡古典文學的語言形式，就談不上愛好。因此我傾向認為，除史書等少數例外，大多數古代典籍一般都不需要今譯。

　　還可以從文化傳承的角度談這個問題。我國歷史悠久，文化遺產宏富，但流傳下來成為今天人們生活組成部分的文化元素，並不很多。連漢民族的服飾，也沒有真正流傳下來。唐宋裝漂亮，日本多有承繼，我們自己則由於清代的薙髮易服，反而從中阻斷了。文言文作為古代典籍的一種載體，只要古代典籍本身尚有生命力，文言文就不會死亡。文言外殼包裹著的有我們民族活的文化傳統，不能因為白話文成為普通的書面文體，而抹殺了文言文傳承歷史文化的偉大功績。

　　五四文學革命，以白話文代替文言文，自然是無法阻遏的歷史潮流，但對文言文歷史作用的估計，五四先賢們不無偏頗。他們的心態過於急切，沒有充分顧及文化本身的特性，致使後五四時期各種類型的新文學史，很少為舊體詩詞的寫作者留一席地位。只有錢基博先生的《現代中國文學史》是個例外。而錢鍾書先生的學術著作《管錐編》，撰寫於 20 世紀 70 年代末，用的是典雅純正的文言，這又該如何評價？要不要也今譯一番？

　　古籍今譯的局限不可忽視。如果長此以往，各出版機構爭相今譯，甚至造成今譯成為流行，原典反被冷落，青少年只以讀白話的古代作品為滿足，文化傳承便成了一句空話。中國文化的最高經典五經，以及《論語》、《孟子》、《中庸》、《大學》四書，最好是直接讀原典。不涵詠原典原文，難以得其滋味。經典的意義在於常讀常新，在於其不可代替性。今譯得再好，也難逃離 "本" 之譏。我所說的 "本"，不僅指內容，而且包括文體和語言表達方式。

　　古籍今譯大熱起來雖然是近年的事情，追根溯源倒也淵源有自。五四以後，郭沫若翻譯過屈原的作品，後來文懷沙又譯過。陳子展、余冠英則試譯過《詩經》。50 年代初期有關部門曾予以提倡，以為是整理和繼承古代文化遺產的一種可行的方法。實際上，大多數今譯的試驗都沒有成功，沒有哪一個讀者肯拋開原文而去讀譯作。大手筆尚且難以奏效，如今臨時湊人馬，急著趕進度，一出就是逾千萬字的全譯本，結果可想而知。

　　因此依筆者之見，古籍今譯不宜大力提倡，不必大規模地施行。更迫切需要的是，不忘我民族的歷史地位，養成閱讀原典原文的風氣，使今日之中國和歷史的中國連成一氣。

載 2015 年 7 月 20 日《北京日報》

不贊同公私學校施行跪拜禮

　　最近十年來的國學熱、傳統文化熱，是文化傳承和文化重建的不得不然的現象。它根源於百年以來不間斷地反傳統，特別是對十年內亂期間 "大破四舊"、"跟傳統徹底決裂" 思潮的一種反彈。極而反之、"反者道之動"，情理自在自成，如是而已。但傳統文化、文化傳統、國學與教育、禮儀與道德，其義理內涵及化跡形態，極為深邃複雜，今之學者分疏起來，猶感匪易，化入現行教育體制或成為可以踐行的當代人的生活倫理，更是知難行亦難的艱辛旅程。

　　好在中國有廣大博厚的民間社會，當佔據社會主流的價值系統 "禮崩樂壞" 的時候，還可以在民間找到那些文化的碎片，即所謂 "禮失求諸野"。因此雖經過長期地對文化的大、小傳統的污名毀棄，我民族的文化傳統仍然還能斷而相續、不絕如縷。新儒家將後五四時期的傳統文化，形容為 "花果飄零"，固為的論。但根脈尚存，只要有培育的土壤，重新著花結果，並非不可期待。有意思的是，正如改革開放的經濟起步，是從農村和長三角、珠三角的民營企業的興起開始的一樣，我國文化小傳統的重建，也是首先從那些經濟改革先行一步的地區開始的。早已被棄若敝屣的民間習俗、民間文化、民間信仰如同雨後春筍般恢復起來。吾民族文化的再生能力，可謂具有強韌的特性。

　　民間習俗、民間文化、民間信仰，在文化學理論上稱為文化的小傳統。而大傳統則是指社會佔據主流位置的思想形態，例如漢代中葉以來的儒家思想。五四 "反傳統" 主要是反思和試圖整合文化的大傳統，民間社會的小傳統未曾發生深層的動搖。當下我們所致力的，是在民間小傳統先期重建之後，再一次對大傳統的整合與重建。這是一個接續民族文化的精神血脈、重建我國固有文化價值信仰的文化揚厲過程。我們高興地看到，百年時日從未曾有過的文化人和國家中樞，正在合力創造文化重建的新世局。新的文化復興的曙光已經在華夏聖土露出潛發的微茫。

　　儘管如此，我個人仍然不能贊同公私學校施行跪拜禮。最近北京一所書院，因開學典禮施行學員跪拜方式而引發輿情爭議。院方的回應是，此種方式係 "學生表達敬意"，是 "對中國傳統文化中師徒關係的詮釋和傳承"，屬於 "雙向的情感生成過程"。竊以為此論不具說服力。蓋跪拜方式緣於古代原初的生活方式。桌椅產生之前，人們經常的習慣是席地而坐。坐姿則或盤膝，或雙膝著地而將臀部輕置於足跟。當對坐交談，為對方的言論所折服時，會自然前傾以示傾服之意。深度折服，則會不自覺地前傾至於前額及地。後來由此形成特定的禮節禮儀，當几案桌椅發明之後，依舊保持下來，以致衍生出諸多的跪拜方式。

　　《周禮・春官》記載大祝掌管祈福求祥之禮，對 "九拜" 的方式做了分別，其中包括稽首、頓首、空首的分別。稽首為頭至地而有片刻停留，頓首為頭及地旋即抬起，空首為拜頭至手而不至地。禮儀分別繁縟而嚴格。後來朝廷施行的跪拜，則不僅是禮儀，而且是對皇權的臣服。唐宋還好，跪拜盡禮之後，大臣奏報言事，可以站立平身而談，有時還會賜座。明代時興"廷杖"，稍不如意，當場便沒完沒了地打屁股，臣僚們的尊嚴掃地以無。清朝極而一律跪地奏事，臣和君的關係變成奴才和主子的關係。所以辛亥革命後民國建立，孫中山立即明文規定廢除跪拜之禮，是為空前的社會進步，即歷來的守舊者也鮮見持有疑義。作為"禮"的殘留，只有社會的少數行道，例如藝人收徒、匠人傳藝等，有時會施以此禮，廣大公私學校則完全廢止了跪拜的方式。1939 年馬一浮創辦的復性書院舉行開講禮，也只是向孔子致禮，以及師生間互禮，都是鞠躬而未跪拜。

民國廢跪拜，取而代之的是鞠躬，簡潔恭敬，男女均可施行，為全社會所接受。也有的喜歡拱手抱拳，互相致意，亦不失雅飭，但僅限於男性。握手擁抱是西方的禮節，一部分人願意為此，社會亦不反對，所謂禮並行而不悖也。從細想來，握手真不如鞠躬好。手是否清潔暫且不論，即握手時間的長短，也不易做得允當無疵。但無論如何不能重新施行廢止百年的跪拜禮。孔子當年尚且說："殷因於夏禮，所損益，可知也；周因於殷禮，所損益，可知也。"[1] 殷、夏之間，周、殷之間，禮儀秩序還有廢除和增加的變化，難道正在為現代化而竭心盡力的中國，還要固守早已廢除的陳舊而不合時宜的"古禮"而不肯更化嗎？

大家一定記得《詩經》裏的名句："周雖舊邦，其命維新。"《禮記》的"大學"篇，更引湯之《盤銘》說："苟日新，日日新，又日

---

[1] 《論語·為政》。

新。"這同樣是對中國文化的真精神的絕好概括。我們今天承繼中華文化，弘揚中華文化，均離不開新時代的創新。所以才說"周雖舊邦，其命維新"呵！

一國之內也應尊重文化差異

　　近年國際上以及我國文化界的一件大事，是聯合國教科文組織於 2003 年 10 月 17 日，通過了《保護非物質文化遺產公約》，我國隨即在 2004 年 12 月 3 日，遞交了由國家主席簽署的批准書，使中國成為這一國際公約的正式締約國。

　　2011 年 2 月 25 日，第十一屆全國人民代表大會常務委員會又審議通過《中華人民共和國非物質文化遺產法》，並從 6 月 1 日起開始實施。這意味著，我國已就非物質文化遺產保護問題正式立法。

　　《保護非物質文化遺產公約》有很多條款，包括對所涉內涵的界定，把各個國家的口頭傳統和表現形式，如作為非物質文化遺產媒介的語言，以及表演藝術、社會實踐的儀式、節慶活動、有關自然界和宇宙的知識與實踐，及傳統手工藝等，列為備選目錄。而制定此一公約主要理念，是尊重差異，尊重和保護文化的多樣性。

　　文化上的尊重差異，既指國與國、民族與民族的文化差異，也包括同一國家之內不同社區、不同群體，有時甚至是不同的個人，他們作為文化遺產組成部分的社會實踐、觀念表述、表現形式、文化場所等方面的文化差異。因此《公約》強調："這種非物質文化遺產世代相傳，在各社區和群體適應周圍環境以及與自然和歷史的互動中，被不斷地再創造，為這些社區和群體提供認同感和持續感，從而增強對文化多樣性和人類創造力的尊重。"

　　"對文化多樣性和人類創造力的尊重"，這是極為重要的文化理念。按照這一理念，我們對世界上任何一個國家、民族的文化獨特性，包括一國之內不同族群的文化獨特性，都應抱持尊重的態度，而不允許有任何歧視。

　　本來中華文化是最具包容性的文化，中國文化精神裏面不乏異量之美。典範的顯例，是唐朝的全面開放態度。全面開放帶來了盛唐的豐足富強。而清朝長期閉關鎖國的結果，使自己遠遠落在世界文明走向現代的後面。我國近三十年發展的成就，以致成為世界第二大經濟體，"國寶秘訣"無他，只是緣於改革開放。開放的國度，自然需要有開放的胸懷。

　　如果沒有開放的胸懷，何來"一國兩制"？全世界的善良人士都笑納了這個偉大的構想。既然是"一國兩制"，就得承認香港和內地的不同。首先是制度的不同，由此帶來文化秩序和文化規則的不同。對於內地各文化域區的差異，我們尚且需要尊重，對不屬於同一制度的中國的香港這個文化域區，難道不應該更要尊重嗎？

　　1842 年割讓香港島、1860 年割讓九龍半島、1898 年租借新界給英國，那是當時昏聵無能的中國政府幹的事，與香港人民何干？如果由於香港有過一百五十多年的這樣一番經歷，而且在正式回歸的十五年之後，還作為"口實"、"把柄"，以致和英國人的"殖民統治"聯繫起來，指責香港人如何如何，不僅不符合歷史的全然真實，也不夠人道。

　　何況，英國人留給香港的並非都是負面的遺產，中國的領導人和香港的有識之士，都認為英國人成功地治理了香港。因此在 20 世紀 70 年代香港才成為赫赫有名的亞洲"四小龍"之一。香港的交通秩序，特別是地鐵，世界上沒有哪個國家能與之相比並。近年內地許多城市都建了地鐵，和香港地鐵一比，差的何止幾里許。我的幾位在港島各大學任教的朋友，都有在歐美留學或工作的經歷，至今在說，香港的文秘和助理，其專業訓練和職業道德，世界上少有出其右者。

1992 年年底，我在香港訪學之餘，寫了一篇《初讀香港》，發表在 1993 年第三期香港《明報月刊》，其中有一段抒懷論議的話，不妨抄錄在這裏——

　　香港是不平等條約的犧牲品，是大英帝國強佔的中國領土，是中國的南大門，是連接中國和世界的橋樑，是臨時的政治飛地，是繁榮的東方通都大邑，是世界金融與貿易的中心，1997 年以後是一國兩制的實驗場。但比所有這一切都重要的應該是：香港是中國人的驕傲！她向世界表明，在社會不被破壞的情況下，中國人能創造怎樣的現代經濟與文明的奇跡。沒有深圳經濟特區，談不上 20 世紀 80 年代的中國經濟改革；而沒有香港，便不會有深圳經濟特區，也不會有一國兩制的思路。香港的地位，香港人自己應明了。五十年不變，如果是歷史的思考，何必如此吝嗇？我相信是舉成數。甚或如《周易》所示，五十乃大衍之數，麗象繁垂，時空變幻，盡在其中。

此文是在香港回歸五年前寫的，到今年已過去二十年，仍然不覺得過時。我仍然要堅持說：“香港是中國人的驕傲！”

　　文明與文化不是同一概念，現代文明需要有支撐其存在的物化指標。文化傳統綿長，不意味著現代文明秩序完整。在這方面，無論大陸還是台灣，都有需要向香港學習的地方。中國近三十年經濟和國力的增長是驚人的，國人有理由為之自豪；但同時以缺少誠信為標誌的道德滑落，也是驚人的，國人沒有理由不予正視。不遵守環境衛生的規約，公共場合大聲喧嘩，與人論理大放粗口，不屬於非物質文化遺產國際公約所指的文化多樣性，也不是文化差異，因此並不在保護之列，而是有沒有現代文明意識、是否缺乏社會公德的問題。

　　香港回歸之後，有沒有文化乃至民族國家的認同問題？當然有，特別是年輕人。連內地也存在民族文化的認同問題。但這個問題急不得。香港回歸之前，有多少港人惴惴不安呵！當時遷移到英國、加拿大以及澳洲的人，多著呢。可是回歸之後，漸漸地，他們又回來了。回來就是認同的開始。這些人是否都中了英國殖民者的“毒”？也不盡然。因為 20 世紀 50 年代以後，中國的運動太多了，直到“文革”十年浩劫。當時“地富反壞右五類分子”，是清肅的對象，不必說了，另外還有“十種人”，其中就包括“港台關係”，倘若沾其一者，便不被信用，升學、工作都受到萬劫不復的影響。這樣歷史地反思，今天香港人回歸認同的意識，可是值得大圈大點。包括內地動亂期間從深圳逃到香港去的重獲生機者，今天也抹去傷痛，愛國不落人後，為國家的經濟建設貢獻了一份可貴的力量。

　　文化中國的範圍廣袤無垠，按照杜維明先生的研究，可以劃分為四個不同的意義世界。中華的偉大，一個重要方面，是文化的多樣性和多元性。千年以降的主流文化，還包括儒釋道三家，理念不同卻相處得很好，至有"三教合一"之稱。各個文化域區的種種差異，愈見其"佳人不同面"的姿色之美和充實之美。各地語言不同，但文字相同，故不礙交流。京腔的響亮，吳語的纏綿，中原的厚重，關中的質樸，粵語的音韻，閩南的低迴，巴蜀的清剛……真是鳴囀悠揚，各盡其美，美不勝收。

最後，我想引一點古，看古聖、前賢是怎樣看待中華大地各方人士的文化差異的。孔子有一次說："飽食終日，無所用心，難矣哉。"[1] 又說："群居終日，言不及義，好行小慧，難矣哉。"[2] 後來明末的大學者顧炎武提出，孔子的前一個說法，可以用來形容北方的學者，後面的說法很像南方的學者。也就是在顧寧人（顧炎武，字寧人）看來，南北學者都有自己的"病"，只是病兆容有不同罷了，而無須以南攻北，或以北訐南。

魯迅後來把這個問題擴大為"北方人"和"南方人"的區別，寫道："據我所見，北人的優點是厚重，南人的優點是機靈。但厚重之弊也愚，機靈之弊也狡，所以某先生曾經指出缺點道，北方人是'飽食終日，無所用心'，南方人是'群居終日，言不及義'。就有閑階級而言，我以為大體是的確的。"[3] 魯迅說的"某先生"，顯係指顧炎武。但他補充上了各自的"優點"："北人的優點是厚重，南人的優點

---

[1]　《論語・陽貨》。

[2]　《論語・衛靈公》。

[3]　魯迅：《魯迅全集》第五卷 "南人與北人"，北京：人民文學出版社，2005 年，第 456 頁。

是機靈。" 可是，"厚重" 有可能導致 "愚"，"機靈" 則有可能流於 "狡"。

　　要問到底是南人好，還是北人好？其實難分軒輊。這是多樣的文化中華，都好，也都有人性的弱點。看內地人和港人，我們不妨也作如是觀。

2012 年壬辰上元後二日寫於京城之東塾，載 2012 年 3 月 8 日
《社會科學報》，暨《藝術評論》2012 年第 3 期

讀朱維錚的《走出中世紀》兩書

沒想到朱維錚先生也去參加了杭州的馬一浮研討會。我們對馬持論固異，見面交談卻能生出快意。我喜歡他的直言無隱的風格。其實我們吵過架，但很快重歸於好。我因此説維錚是 "學之諍友而士之君子"。會後去滬，與維錚同行，候車閑話，得聆他非常時期的非常經歷，益增了解。復旦演講後的餐敍，維錚夫婦在座，《走出中世紀》（增訂本）和《走出中世紀二集》兩書，就是此時所贈。最近才斷續讀完。讀維錚的書，如對作者本人，音容意氣充溢字裏行間。他氣盛文暢，有時竟是 "使氣以命詩"。但理據充足，合於《詩》"大雅"的 "天生烝民，有物有則"。名物考史，詩文證史，非其所長，也非其所好。他相信在歷史的陳述中可以發現歷史的實相。

置於兩書卷首接而相續的六萬多字的長文《走出中世紀——從晚明至晚清的歷史斷想》，就是這種歷史陳述的典要之作，最能見出維錚治史的卓識與功力。讀時我心志清醒，眼睛極累，卻又不願罷手，只好一氣了之。即使對明清史事尚不算陌生的筆者，也無法不被他的理據情采所折服。理緣於據，即歷史事實本身；採緣於情，即作者的愛憎態度。他對明清的二祖（明太祖、明成祖）三帝（康熙、雍正、乾隆）尤多惡感。被新舊史家一説再説而為不知情者所景慕的 "康乾盛世"，維錚不以為然，這與鄙見不無針芥之合。增訂本《戮心的盛世》、《滿清盛世的“小報告”》和關於年羹堯、汪景祺、和珅諸案的文字，則是對此一問題具體而微的論述。如果說於康熙他還心存顧惜，對雍乾及其所效法的“二祖”，則發覆掘隱不遺餘力。他認為“體制性腐敗”、“權力腐敗”是大清帝國的“國病”兼“死穴”。他說雍乾及“二祖”是恐怖政治的製造者，而“政治冷淡症正是恐怖政治的女兒”。致使清中葉惠（棟）、戴（震）等諸漢學巨擘，不得不扮演“錮天下聰明智慧盡出於無用一途”的歷史角色。雖然他引用的是魏源的話，但他本人的態度朗若晨星。

維錚自然不會否定清代漢學的群體學術成就，這有他的《梁啟超和清學史》和《清學史：學者與思想家》（《走出中世紀二集》）及其他關涉清代學術的論著可證。況且他的學術駐點原未嘗離開過章（太炎）、梁（啟超）、胡（適）等現代諸學術碩彥，他們對清學的態度，維錚豈能完全知而不認。只不過他試圖將思想和學術做一區分，似乎認為清中葉縱有名副其實的學者，卻鮮有真正的思想家。也許寫《孟子字義疏證》提出“人死於法猶有憐之者，死於理其誰憐之”的戴東原是一個特例，但也止於《孟子字義疏證》一書而已（戴《與某書》亦曾直言“後儒以理殺人”）。因此他對盛行於明清兩代的程朱理學，不稍加寬宥地痛而闢之。甚至連程朱祖述宗奉的孔孟，也不肯通融緩頰。他對儒家殊少敬意與好感。《史》、《漢》兩家對公孫弘“習文法吏事，而又緣飾以儒術，上大悅之”的書寫，他一再引為學術知己。而錢穆《中國近三百年學術史》自序的“求以合之當世”一語，他臚列眾多今典予以駁正。不消說當 20 世紀 90 年代看到徐中舒的《甲骨文中所見的儒》一文，他是何等的驚喜。因為這一考古實證可以把孔子從儒的祖師的地位上拉下來，維錚當然樂觀其盛。而且此公案直接牽涉康有為、章太炎、胡適、郭沫若幾位名可驚座的大人物，即使是他們九泉之下的欣喜或窘態，維錚自必也樂於靜觀冥想。

然而維錚對儒家的這種態度，在我看來有未能將漢以後滲入家國社會結構的意識形態儒學，和作為先秦思想家的孔子和孟子區分開來的嫌疑；也有未能將宋代的哲學家程朱和明清權力者裝飾過的程朱理學區分開來的嫌疑。王國維、陳寅恪都指宋代為中國思想文化的最高峰（措辭不同其意則一），陳寅恪更視宋代新儒學的產生與傳衍，為我國思想史上“一大事因緣”。這些維錚必早已熟知。孔孟所建之儒家道統，是否如韓愈所驚呼的孟軻之後已不得其傳？宋儒在重建儒家道統方面的建樹，宜有哪些可圈可點？似還有絕大的探討空間。我很高興在《走出中世紀二集》裏讀到《百年來的韓愈》一文，這是一篇不可多得的絕妙好詞。只有朱維錚教授有這樣的本領，以一個歷史人物為中心，串聯起晚清以還那麼多的人物與故事，曾國藩、嚴復、張之洞、譚嗣同、毛澤東、蔣介石、陳寅恪、俞平伯、馮友蘭、劉大傑，都一一坐定位置，成為他用可信史料編排的舞台劇中的一個角色。他議論風生，舉重若輕，剝蕉至心，是非分明。但他的冷峻的語言風格，容易讓讀者以為他只有了解，沒有同情。清儒“實事求是，無證不信”的信條，他奉為圭臬，但錢曉徵告白於海內的“實事求是，護惜古人之苦心”，亦即前賢往聖著筆立說的不得不如是的苦心孤詣，我們的維錚似尚缺乏“了解之同情”。

章學誠有言曰：“高明者多獨斷之學，沉潛者尚考索之功。”我讀維錚書看到的作者，宜乎“獨斷之學”勝於“考索之功”。因此他是一位名副其實的"高明者"。他看重思想的力量。他的學問是活學問，不是死學問。但如果有人以為他的學問根底不夠堅實，那就難免犯不知人也不知學的錯誤。他的學問根底來自五十年如一日的文本典籍的閱讀。他習慣夜裏讀寫，上午睡眠。上帝雖未垂顧於他，卻為他撥出比常人多得多的時間。瘋狂閱讀加上驚人的記憶力加上超強的理性分疏能力，成為朱維錚學問過程的主體精神結構。包括《中國近代學術名著》在內的他編的那些文史典籍，我們切忌以俗眼揣度，在他可是自己吞食原典資料的天賜良機。牽涉學術的理和事，他從不"尸位素餐"。如同錢鍾書說"善述"不亞於"善創"，好的編選整理，與文獻研究庶幾近之，遠非誇張篇幅的浮詞空論所能比並。課堂上下，大會小會，維錚可以隨時挑出時賢後生關乎古典今典以及時地人事的瑕疵舛誤，就緣於他的記憶和閱讀。

至於文情詞采，我是這次才發現的。當他的筆觸行至清季的甲午之戰，因日人長期預謀蓄勢，一旦開釁，陸戰清軍節節潰敗，要不要決戰海上？翁同龢和李鴻章兩個冤家爭論激烈，而且都想得到握有實權的慈禧太后的支持。作者於是寫道："豈知這時太上女皇突然'病'了，連皇帝也拒見。她的行為，似乎可解讀為聽任皇帝自主決策。於是翁師傅也膽大了，親赴天津逼迫李鴻章出戰。既然慈禧心態莫測，那麼面對今上對之言聽計從的帝師的壓力，李鴻章能不孤注一擲嗎？果不其然，黃海一戰，北洋艦隊慘敗。也許這正合滿漢權貴之意。他們早將當年懷疑曾國藩的陰沉目光，移向實力最強的淮軍首領李鴻章，認定他有'不臣之心'，'挾外洋以自重'，所以不肯與'倭賊'決戰。待北洋水師全軍覆沒，他們反而彈冠相慶，以為李鴻章的賭本輸光了。"結果"光緒帝和他的重臣因主戰而忍詬，李鴻章和他的淮系因喪師而失權，恭親王等滿洲權貴從此退縮自保。至於'公車上書'突顯的舉國同仇敵愾，在太后更是覷若無物，她不是早就宣稱，誰要掃了她'六旬萬壽'之興，她就決不饒恕嗎？""倒黴的是李鴻章。他在甲午海戰敗後，便被皇帝下詔拔去三眼花翎，在當時外國人眼裏，已如公雞失去了尾巴。"這些詼奇跌宕而又語勢流貫的文字，讀得我們幾乎要撇開歷史故實，束手駐足來專賞史家的詞采文章。

現在好像又有豪傑之士欲尾隨為"則天武后"翻案的昔日時髦，也在替"狡詐的老太婆"慈禧說項了，包括稱讚她的"美麗"。在這個問題上，即使不曾欣賞"郁郁乎文哉"的朱氏之論我也一定"從朱"。"狡詐的老太婆"是已故史學家翦伯贊給慈禧下的考語，見於他的《義和團運動》一文（新版翦著《歷史問題論叢》合編本作"狡猾"，不知是後改還是原文本如此而維錚筆誤）。維錚引來，甚獲我心。也是這次才知道，維錚對《三國演義》、《儒林外史》和《紅樓夢》，還有如許的興趣。蘇州姑娘林妹妹的家政名言，也為他屢引而無倦意。關於耶教來華及西來學術和中外接觸史的研究，也成為他關心垂顧的領域，也是這次所見識。我想他一定到徐家匯看過那些珍藏的相關史料。但清代漢學和西學的關係，竊以為至今還是假設多於求證的未竟課題。"盛清"的國力雖不弱，但近代科技遠遜於西方，甚至不是"先進"和"落後"的問題，而是"有"和"無"的問題。中國近代科技的不發達，那是要走到歷史的深層，藉助文化與信仰的大背景來詮釋。新世紀曙光的不能應運而來，如果僅僅歸之於"體制腐敗"的"國病"，似尚嫌過於籠統。

　　總之維錚先生的學問結構，史學是其地基，經學是其屋棚四壁，近代人物是屋中暫住的過客，思想是其柱石。說開來，他所治之學主要還是思想史。他也是以此自負自居的。他的不可一世的書生意氣，一則由於不為人所理解的思想的苦痛，二則由於“高明者”的知性傲慢，三則是性情的直率與天真，最後也許還要加上長期走不出“中世紀”的“閑愁胡恨”。

　　他優越地驅遣著入於他研究領域的歷史人物與事件，他既不想充當歷史人物的“辯護士”，也不想做歷史事件的“事後諸葛亮”，但他不免相信自己對歷史的清理（他偏愛馬克思的這句話），沒有為後來者留下多少空地。然則即使是“高明者”的“獨斷”，也有失手的時候。《走出中世紀二集》中《關於馬一浮的“國學”》那篇，就是顯例。

　　想不到一向謹嚴的維錚竟這樣立論：“他（指馬一浮）對今天最重要的是什麼？如果一定要作價值判斷，那麼在我看來，如今此等老宿已近於無‥”就是說已經沒有價值。“是這樣嗎？”這裏我套用一句幾次出現在此兩書中維錚詰問他者的俏皮話。而且說馬先生“在政治上總隨改朝換代而轉向”，“越發堅持其‘用世’為歸宿的所謂儒學教旨”，“可謂‘與時俱進’”，如果不是厚誣前賢，我以為也是言重了。馬對釋氏義學和禪學的洞悉達恉（許慎稱《說文》有“究洞聖人之微恉”之意）並不弱於儒學。在蠲戲老人心目中，佛學和儒學具有同等重要的地位。對宋儒的吸納二氏而又在言辭中隱其來路的做法，馬一浮不予認同。馬的學術思想其實是儒佛並重，以佛解儒，儒佛會通。只以儒之一脈來匡馬的思想，未免失卻半壁江山。至於指抗戰時期馬先生在四川樂山創辦復性書院，是想充當 "帝師"，恐怕也是缺少足夠理據支持的過當之詞。我雖愛重維錚，但此篇文章的立論則期期以為不然。其實維錚完全可以不寫這篇文章。當然文章糾正時人的一些舛誤，自然是好的，抑又未可全然抹殺也。

另外，《百年來的韓愈》詞密理周，徇為不可多得之作，已如上述。但第六節析論陳寅恪的《論韓愈》，認為陳所列舉的韓之 "排斥佛老，匡救政俗之弊害"，也許可以解釋為對 20 世紀 50 年代初 "三反" 和 "抗美" 的 "贊同"，以及陳文論韓之 "改進文體，廣收宣傳之效用"，是對毛的《反對黨八股》的 "贊同" 等等，恐怕亦難逃附會的嫌疑。是又我愛維錚，亦不敢悉為維錚辯也。

2008 年 12 月 26 日寫於京東寓所，
載 2014 年 8 月 19 日《中華讀書報》

讀孫機著《中國古代物質文化》書後

　　孫機先生是我國文物考古領域的著名專家，生於 1929 年，1960年畢業於北京大學考古學專業，今年八十又七，值米壽之期。他長期擔任國家文物鑒定委員會委員，所鑒定文物，為該界人士所服膺。他學術的興趣及所從事的專學，主要側重科技文明和生產與生活的名物之研究與考證，特別對農牧、膳食、飲品、醫藥、紡織、服飾、器具、文具、樂器、礦冶、交通、武備等名物，有深湛的研究。往往能夠由物正名，因名見物，考鏡源流，證發中西。前此的代表著作是《中國古輿服論叢》、《漢代物質文化資料圖說》和《中國聖火》。實事求是、無證不言、人樸學質，厚積薄發，著述精要，是其一生為學的特點。

　　《中國古代物質文化》一書，是在國家博物館系列演講基礎上成書，事前有詳備文稿，嗣後經過重新修訂釐定，撰寫成著述文本。絕非通常所謂演講體，而是全新的專業著述。內容可視為他已往研究創獲的總匯。書分十目：一曰農業與膳食，二曰酒茶糖煙，三曰紡織與服裝，四曰建築與家具，五曰交通工具，六曰冶金，七曰玉器、漆器、瓷器，八曰文具、印刷、樂器，九曰武備，十曰科學技術。每一目均從人類生產和生活方式的一名一物說起，解名釋義，明辨源流，取證中外，探河窮源。完全做到了無一物無來歷，無一例無出處。且配以手繪圖例，因名見物，以物正名。考索敍論方式，則地下發掘和紙上故書互相比證，異域物典與中土文物彼此參證，此正是王靜安所倡行的二重證據法也。至其筆力文風，語言邏輯，更是舉重若輕，如話家常，取證豐，下筆慎，行文簡。化奧名僻典於日用常行，使專業著論變成趣味講述。真真大家之著述也。

　　茲以第二目之酒之一項為例。照一般理解，酒之製作須用麴。但著者根據翔實史料，確認原初的酒並不用麴，而是將麥芽和穀物同浸於水，再經過濾，而成醴酒。為此徵引《呂氏春秋》高誘注、《釋名・釋飲食》等載籍予以證實。麴是在蒸煮穀物過程中發現的一種可產生酶的真菌，著者寫道："有了麴，糧食酒遂正式問世。"[1] 經典證據是《尚書・説命》的記載："若作酒醴，爾惟麴糵。" 徵引之後，接著分析製作過程因發酵產生的醛和酯的多寡，使酒呈現不同的香味。因此有淡酒，是為醴；香酒，是為鬯。並進而考證出；"鬯酒又名秬鬯；秬是黑黍，鬯是香草。" 根據是《説文》有解："鬯，以秬釀香草，芬芳條暢以降神也。" 那麼像鬯酒這樣高級的酒，應該用什麼樣的飲酒器呢？孫機先生的考證以此為轉折而進入他的酒論之妙境。

　　他提到當時有一種高級酒器叫卣。證據一，甲骨刻辭有 "鬯一卣" "鬯三卣" "鬯五卣" 的字樣；證據二，《尚書・文侯之命》和《詩經・江漢》都有 "秬鬯一卣" 的記載；證據三，《尚書・洛誥》有 "秬鬯二卣" 的記載。看來 "卣" 這種飲酒器的文字記載無可異議。但此種酒器的形狀，是宋人定名，故著者說："卣究係何物，仍是一個未

---

[1]　孫機：《中國古代物質文化》，北京：中華書局，2014年，第38頁。

解之謎。"[1] 沒有看到遺存實物，儘管有文獻記載，仍然存疑，這就是孫機先生的學術風格。但另一種酒器 "爵"，可是有實物存焉。他說河南偃師二里頭就出土過夏代的銅爵。但此爵有很長的 "流"[2] 平直伸出，有的還是 "管狀流"。孫先生斷判此物並非飲酒器，而是敬神時使用的以酒灌地的器具。根據是《說文》對爵的解釋為："中有鬯酒。" 又《禮記·禮器》云："宗廟之祭，貴者獻以爵。"《論語·八佾》的皇侃義疏又說："使酒味滲入淵泉以降神也。" 則爵非為飲酒器可以論定矣。況爵有三足，係加熱用。孫先生寫道："二里頭出土的銅爵，有的器身廋長，下接向外膨起的假腹，呈覆盂狀，上面開有四個出煙孔。加溫時，這種構造便於攏聚熱量，吸引火勢，使爵中的鬯酒迅速沸騰，冒出蒸氣。" 又說："古人認為神雖不飲食，然而喜歡嗅香味。" 此點也有文獻記載，《尚書·君陳》的孔傳曰："芬芳香氣，動於神明。" 孫機先生的引證可以說是步步為營，一絲不漏。

本來考證析論至此，已可以結束。然而孫先生還要進一步往下追究新名新義新解。他說以香氣享神叫 "歆"，斯義來自《左傳·襄公二十七年》的杜預注："歆，享也，使鬼神享其祭。" 又引《說文》："歆，神食氣也。" 再引《詩·大雅·皇矣》之孔疏："鬼神食氣謂之歆。" 孫先生寫道："升歆灌地，上下交泰，所以盛鬯酒的爵是祭祀中重要的禮器，不是飲器。" 那麼《禮記·玉藻》裏面說的 "君子之飲酒也"，"受一爵" 如何，"受二爵" "受三爵" 如何，係何所指稱？

---

[1]　孫機：《中國古代物質文化》，第 38 頁。

[2]　猶今之壺嘴。

孫先生回答說，此處所強調的是量的概念，證之以文獻記載則《考工記·梓人》、《儀禮·士昏禮》的鄭玄注，都認為爵就是一升 [1] 的意思。

爵既然不是飲酒器，那麼先秦時飲酒用什麼器具呢？孫先生告訴我們，當時飲酒用的是圓口深腹的觚。後來爵也成為飲酒器了，只不過絕不是先秦。孫先生的結論在此。職是之故，哈佛大學的 L.G. 胡博先生提出的伊朗南部沙赫達德出土的帶流器，可能是中國爵的原型的說法就不能立足了。孫先生說："由於社會習俗大不相同，古代西亞不曾有先秦之歆灌的觀念，完全不具備製出這類禮器的前提。何況沙赫達德之帶流器是紅銅錘鍱成型，與二里頭鑄造的青銅爵判然有別。用途迥異，形制不侔、工藝懸殊且全無關聯之萬里雲霄以外的一件器物，怎麼能成為中國銅爵的'原型'呢！"[2] 考證而兼辯難駁論，益增服人力度。而關於觚為飲酒，著者舉出《大戴禮記·曾子事父母》："執觴觚杯豆而不醉。" 典籍鑿鑿，自可為據。

到了漢代，著者說 "儲酒用甕、用壺，盛酒則用桶形或盆形的尊"，山西右玉出土的兩件漢代銅酒尊可作為物證。此兩件酒尊，一盆形，銘文中有 "酒尊" 兩字；一桶形，自名為 "溫酒尊"。著者復又釋證道："'溫' 是 '醞' 的借字，指反覆重釀多次的酒。它是用連續投料法重釀而成，釀造過程歷時較長，澱粉的糖化和酒化較充分，酒味醲冽，為世所珍。"[3] 如此佳釀，用以盛酒的器具自宜不同尋常。所以著者以故宮所藏東漢建武二十一年的一件鎏金銅醞酒尊為

---

[1]　孫機：《中國古代物質文化》，第 40 頁。

[2]　同上。

[3]　同上，第 43 頁。

例，稱其"底座下有三熊足，鑲嵌綠松石和襯以朱色的水晶石，與鎏金的尊體相輝映，非常華麗"[1]。這是指桶形尊。至於盆形尊，著者説唐代出現頻頻。證據有洛陽出土的唐乾元二年的高士飲宴圖螺鈿鏡，陝西長安南里王村的唐墓壁畫，宋人摹的唐畫《宮樂圖》，上面都有此物的身影。

那麼漢代的飲酒器又為何物？著者説漢代已不用觚而是開始用杯了。但漢代的"杯"和現代漢語所説的杯，不是同一物。著者娓娓言之曰："漢杯源於手掬之抔。《禮記・禮運》曾云'抔飲'，鄭玄注：'杯飲，手掬之也。' 從手掬發展出來的杯，平面接近雙手合掬所形成的橢圓形。"[2] 又説："合掬時位於左右的拇指則相當杯耳。所謂耳杯，即由杯耳得名。"[3] 漢代人飲酒，用的就是這種耳杯。這有長沙楊家嶺西漢墓出土的銅耳杯為證，上面的刻銘有"張瑞君酒杯"字樣。除此之外，還有卮。著者以陸德明釋《莊子》引《字略》為證云："卮，圓酒器也。" 又引《史記・高祖本紀》："未央宮成，高祖大朝諸侯群臣，置酒未央殿前。高祖奉玉卮，起為太上皇壽。" 實物證據則是秦阿房宮遺址出土的雲紋高足玉卮，著者認為兩者應相彷彿。卮當然不是漢代始有，但漢代飲酒在用"杯"的同時也用卮，應為歷史本真。我們所佩服的，是孫機先生著論的取證詳博，每一物都能確指其來歷。

孫機先生對古人早期所飲酒是熱酒抑或涼酒的考證，尤為精妙。

---

[1]　孫機：《中國古代物質文化》，第 43 頁。

[2]　同上，第 44 頁。

[3]　同上。

敬神用冒著蒸氣的熱酒，前面已簡要介紹。但人們通常飲用則是涼酒。孫先生的取證是《楚辭·大招》：“清馨凍飲，不啜役只。”以及王逸注：“醇釀之酒，清而且香，宜於寒飲。”又湖北隨州戰國曾侯乙墓出土的大冰鑒中有固定的儲酒方壺，證明喝的是涼酒。不僅此也，他還不忘清末經學家皮錫瑞，引其《經學通論》的“論古宮室、衣冠、飲食不與今同”部分，其中有古酒為“新釀冷飲”的説法，一併為其證據。[1] 可謂廣徵博引，層層深入也。至於飲溫酒始於何時，著者未予詳考，但魏晉以還的例證，他一則舉孫思邈的《千金方》，二則舉《世説新語》，證明當時已廣泛飲用“溫酒”。至唐則李白、元稹、白居易的詩中，“溫酒”一詞已是頻頻。然則孫機之考證名物，不僅以實物、典籍為憑，且亦如同義寧之學之“以詩證史”了。

由於飲溫酒成風氣，原來的盆形尊散熱快，就不合所用了。於是有了酒注。孫機説：“為了保溫，後來還在酒注之外套上儲熱水的溫碗。”另還有酒盞和類似茶盞托盤的酒台子。酒注、溫碗、酒盞、酒台子，是為配合成套的酒具，名為“台盞”。這一整套設施，孫機考證出要到宋代才配置完備。他説《遼史·禮志》有“執台盞進酒”字樣。元代亦復如是，他引《事林廣記·拜見新禮》中有“主人持台盞，左右執壺瓶”一語為證。復又引據關漢卿的《玉鏡台》，孫機先生是這樣寫的，《玉鏡台》中，溫倩英給溫矯敬酒：“且奉酒科，云：‘哥哥滿飲一杯。’做遞酒科。正末唱：‘雖是副輕台盞無斤兩，則他這手纖細怎擎將！’”引錄的重點顯然在“台盞”二字，這是著者一

---

[1] 孫機：《中國古代物質文化》，第 43 頁。

路考證的關鍵詞。但引錄之後，你猜我們的孫先生該如何論析作結？他輕輕地低語："但溫倩英如果端上這件西湖出水的銀酒台，上承銀酒盞，再斟滿酒，分量可就不輕了。"居然幽溫小姐一默。然而無法否認，他的考證既文不離題而又嚴謹得如同老吏斷獄。很難想到的是，他的行文也如此簡省入妙，這是許多學術著作不曾達到的境界。

孫機先生的《中國古代物質文化》一書，其所考證論析，大率類此。我特以酒論一項，冀窺一斑而見全豹。是書雖主要是文物考古和名物考證，但書中所呈現的豐富內涵，則是中國古代社會的生活史和風俗史，其學術價值絕不遜於精深的史論之著。遑論泛泛者眾，就無須入於我們的眼中筆下了。

我總的看法，《中國古代物質文化》一書，實為近年學界所僅見的名物考古之大著述，是頂尖級的學術著作。它提供給讀者的不只是詳博的歷史文化知識，還有貫穿在名物後面的規則、理念和文化精神。

2016 年 10 月 31 日寫於東塾

第六篇

現代學術與傳統

現代學術背景下的大師與傳統

——鳳凰衛視"世紀大講堂"演講現場全記錄

演講前和主持人對話

曾子墨（主持人）：在過去的一個世紀裏，中國的學術界，出現了很多泰斗級的人物，比如説像大家都非常熟悉的陳寅恪、錢穆、王國維，還有梁啟超等等，他們被我們稱為是大師，他們的學術成就在中國的學術史上，具有既開風氣又為師的地位，以至於在今天有很多人都在紛紛地感歎，與他們的成就相比較，今天的中國已經看不見大師了。因此我們也想追問，是什麼原因造就了他們如此輝煌的學術成就，而他們的治學精神在當今的中國，又有著怎樣的借鑒意義，今天，我們很榮幸地邀請到了著名學者劉夢溪先生。

溫文爾雅，我想這是很多人用來形容您的一個詞，今天我見到您的時候，也確實有這樣一種感受，是什麼原因造就了這樣溫文爾雅的氣質，和您所從事的專業有關係嗎？

劉夢溪：謝謝，不過我不敢當。我想也許跟讀書有關係，讀書可以改變人的氣質，這是我的一個看法。當然我讀的書不夠多，比起前輩學者來，我的書讀得還太少。

曾子墨：我們知道，早年您是對《紅樓夢》有比較深入的研究，是吧，後來呢開始研究現代學術史，這個轉變僅僅是因為興趣嗎，還是有其他的原因？

劉夢溪：是的，我有這麼一個轉變。文學很有意思，當你年輕的時候，我想每個人都是文學愛好者，甚至每個人都是詩人，隨著年齡的增長，你的知識提升以後，感到文學不能滿足自己的需求，願意追求歷史的真相，願意追求事物的本真，所以願意離開文學，進入史學和哲學。我覺得是一個學術興趣以及對學術求真的探求，使我有相當一段離開了文學，甚至有點兒厭棄文學，可是我現在又必須講，當年齡又往前走的時候，回過頭來又感到文學是史學和哲學的一個很好的補充，甚至史學和哲學探索不到的東西，文學卻可以感悟到，而且它可以補充我的情感。

曾子墨：在您從事學術史專業研究的過程當中，我想有很長一段時間，您天天都是與我們所熟悉的這些大家相伴的，儘管可能不能夠見面，但是我想有一種神交的感覺，那也有很多人都評論説，這些大家，國學的功底非常的深厚，西學功底也很深厚，也就是説中西結合得好。那到了今天呢，21 世紀的中國，可能會更加開放，接受西方的東西會更加多，但是大家會有疑問説，為什麼我們很少或者説根本就看不見大師了？

劉夢溪：這個問題很具有挑戰性，我想它的原因跟我們百年中國的文化斷裂有關係。中國是一個很有文化傳統的國家，幾千年的文化史，幾千年的歷史，當然有自己的傳統。但是我們不能不承認，當清朝末年、民國初年，晚清的時候，那是一個文化大的斷裂時期，主要是傳統思想的核心價值，儒學思想解體了。而後來戰亂，以及 20

世紀 50 年代以後，我也覺得運動太多了一點，學者問學的時間比較少，造成了文化的斷裂，學術上也有斷裂。沒有學術根柢，大師就不容易出現了。所以當我們閱讀 20 世紀這些大師著作的時候，我們常常覺得，不能望其項背，他們的特點不僅是對歷史，對本民族的文化有了解，而且他們對西學也非常——如果不用精通這個詞的話——他們西學的修養也相當之好。如果說古代的學者是通古今的話，20 世紀這些學者，他們是通中西，他們常常十幾歲就到西方留學，那麼西學這個根柢，如果說現在的青年或者將來可以有所彌補的話，但是在傳統的學問的根柢方面，國學根柢方面，後來者不容易趕上他們。所以這也許是大師不容易出現的一個原因。

曾子墨：那如果說在這一代人當中，我們看不見大師了，在未來呢，在下一代人，現在在成長的這些孩子當中，會造就出大師嗎？我們需要什麼樣的環境，什麼樣的必要的條件？

劉夢溪：我想未來的事情，我們不好預料，我希望有，可惜我不一定看得到。

時光回溯，百年流轉，近代中國在艱難的蛻變中尋求新生。危難時節顯才俊，中西碰撞出大儒。章太炎、王國維、陳寅恪，一時多少豪傑！他們一手摹畫了中國現代學術的傳統，既開風氣又為師。我們追問的是，他們為何會取得如此輝煌成就？大師留給我們什麼精神義諦？今天如何接續那些漸行漸遠的傳統？大師其大，傳承其憂。著名學者劉夢溪做客《世紀大講堂》，評說“大師與傳統”。

演講現場全記錄

劉夢溪：現在是 2007 年夏天，如果我們把時光上推八十年，那是 1927 年的夏天，在那一年的 6 月 2 日發生了一件事，清華國學研究院的導師，遜位皇帝溥儀的老師，中國現代學術的開山人物，王國維先生，他在頤和園昆明湖的魚藻軒投水自殺，他死的時候五十一歲。這個事件震動了中國，也震驚了世界，同時也給現代學術史增添了一個謎團，因為迄今為止，學術界對王國維的死因，還沒有一致的看法，有的說，他是殉清，有的說，他是跟羅振玉的矛盾。我個人的看法，陳寅恪先生對他的死因的解釋最符合實際。王國維死後，陳寅恪先生寫有一首輓詩，並且還有一篇輓詞，他在輓詞的序言當中提出，王國維的死，跟殉清沒有關係，而是由於文化的苦痛，他用自己的方式結束了自己的生命。

現在"大師"這個稱號很流行，其實如果把名副其實、實至名歸作為條件，我們就會知道，並不是任何跟學問沾邊的人都可以稱作大師，時尚和流行應該與學術大師沒有緣分。但是王國維和陳寅恪，我們卻可以稱他們為學術大師，如果你要說他是國學大師，我覺得也可以。而且我們從王國維和陳寅恪的身上，看到了中國現代學術的一些傳統，我曾經講過，學術思想是文化的精髓，是民族精神的理性之光，王國維說，提倡最高的學術是國家最大的榮譽，這是王先生的話，我們大家可以設想，假如中國現代學術史沒有王國維和陳寅恪，現代學術史就會黯淡許多。

王國維自沉昆明湖。知己陳寅恪把死因歸結為文化的苦痛。"自由共道文人筆，最是文人不自由。" 由此開啟了現代學術之門。那麼，現代學術和傳統學術有何區別？現代學術精神傳統何在？

劉夢溪：中國現代學術這個概念，是和傳統學術相比較而言的。傳統學術，是指傳統社會的學術，從先秦直到晚清，兩千多年的中國學術，都可以看作是傳統學術。

傳統學術的特點——

第一，不同歷史時期，都有代表性的學術思潮。

第二，中國傳統學術思想是多元並立的。"儒釋道" 三教的並存，以及它們的互動互補，就是中國傳統學術思想多元並立的標誌。

第三，中國傳統社會的學術思想是互相融合的。再沒有比佛教的傳入，以及它本土化的過程更能說明中國學術思想是融合的特點。佛教是一個外來的宗教，是從印度傳來的，但是到中國以後，直到宗派產生，有了禪宗，它變成中國的東西，它跟儒學當然有矛盾，但是它們合作得很好，所以在中國，學者們都講，"三教" 是可以並存，甚至是互相融合的。

但是中國傳統社會到了晚清的時候，出現了 "大變局"，當時曾國藩、李鴻章、張之洞，都提出 "大變局" 的思想，而在學術方面，也開始了傳統學術向現代學術的轉變。"大變局" 的主要標誌，是西方人大規模進入中國，學術思想的轉變，也和西潮洶湧而來有關。我想有三個方面的特點，可以把現代學術和傳統學術做一個劃分。

　　第一，學者開始追求思想自由，不是說以前不追求自由，但是這個時候，學者追求思想自由，成為一個普遍性的趨向。

　　第二，開始了學術獨立的訴求。不是說中國古代沒有獨立的想法，我想孔子提出來的，說"古之學者為己，今之學者為人"，我想孔子是不滿意春秋時期的學風，他是肯定為己之學的，因為學術為己不是一個私利，而是你不追求學問以外的目的，這種學術就容易是純正的，如果學問，做學問，想到的是跟別的什麼有關係，這個學問可能是不純正的。所以中國傳統的"為己之學"，有一點點學術獨立思想的這種萌芽，但是它不是現代思想的學術獨立。

　　第三，中國現代學術的另一個特點，是吸收了新的學術觀念和研究方法。

　　我想這三點，應該是中國現代學術的標誌。

　　中國現代學術的發端，應該開始於 1898 年到 1905 年這一段時間。學術思想的演變，一般地講不大容易用一個年份來斷代的，但是我們仔細看這段時間，在 1898 年到 1905 年這段時間，確實出現了一些狀況，使我們覺得傳統學術已經不能範圍它了。這個時候，嚴復寫了《論治學治事宜分為二途》，他把學術跟"事功"主張分開。1902 年，梁啟超發表《新史學》，他的史學觀念的提出，跟傳統的乙部之學的概念已經不完全相同了。特別是 1904 年，王國維發表《紅樓夢評論》，這是在中國近現代歷史上，中國學者第一次用西方的哲學美學觀念來解釋中國的古典，這樣一些表現，我覺得傳統學術的概念就沒法範圍了，所以我說，在這一段時間，應該是中國現代學術的開端。

　　中國現代學術的繁榮期，主要是後五四時期，直到 30 年代、40 年代，我的看法，那應該是乾嘉之後，中國學術又一個高峰期，學術創獲，果實纍纍，大師巨子，層出不窮。我們覺得，它既承前啟後，在一定的意義上，也可以說是空前絕後。承前啟後比較容易理解，他們起到了橋樑的作用，為什麼我又講它是空前絕後呢？因為他們開始大量地吸收西方的學術思想和觀念，在這點上，不論是宋儒還是清儒，他們都沒有這個條件。在對西學的掌握上，我們說它空前，我想沒有人會反對。而另一方面，他們在傳統文化的根柢方面，國學的修養方面，後來者不大容易望其項背，所以在這個意義上，我覺得 20 世紀的大師，他們既承前啟後，在一定意義上也是空前絕後的。

　　中國現代學術不僅收穫了豐富的果實，而且形成多方面的學術傳統，包括學術獨立的傳統，科學考據的傳統，廣為吸納外域經驗又不忘記本民族歷史地位的傳統，還有學者能詩的傳統，會寫詩，重視學術分類的傳統，重視通學通儒的傳統等等。其中尤其以學術獨立的傳統最為重要，甚至現代學術這個概念，也和學術獨立直接相關，產生並開始學術獨立的訴求，是現代學術和傳統學術相區別的一個重要標誌。

　　王國維說，“學術之發達，存乎其獨立而已”，梁啟超說，“學問之為物，應離致用的意味，獨立生存”，陳獨秀說，“中國學術不發達最大的原因，莫如學者本身不知道學術獨立的神聖”，蕭公權說，“所謂學術獨立，其基本意義，不過就是尊重學術，以學術具有本身的價值”。

　　如果我們拿這些論述和今天的學術界狀況做一個比照，不難發現，我們今天的學術未免過分強調實用，我指的是人文學術，而忽略了為學術而學術的真理性和神聖性。我認為文史哲人文學術如果只是追求實用，那將使人文學走向迷途。

至於陳寅恪先生，他更是畢生都在為學術獨立而訴求，而抗爭，他的最有名的話是，"獨立之精神，自由之思想"，這是 1929 年他在《王觀堂先生紀念碑銘》中講的話。他說，"思想而不自由，毋寧死耳。" 他還說，"先生之著述，或有時而不章，先生之學說，或有時而可商，唯此獨立之精神，自由之思想，立千萬祀，與天壤而同久，共三光而永光。" 實際上陳先生把獨立之精神和自由之思想，看作一定程度的永恆的東西。

二十四年之後，1953 年，陳先生在撰寫《論再生緣》這本書時，他又一次提出，"無自由的思想，就沒有優美的文學"。而在 1954 年，通過《柳如是別傳》的撰寫，陳寅恪先生把 "獨立之精神，自由之思想"，昇華到我民族精神原旨的高度。《柳如是別傳》，它是陳寅恪晚年一個最大的著述，全書八十萬言，有人曾經遺憾，說陳先生，大史學家，但沒有寫出一本通史，在我看來，他的這本《柳如是別傳》，其學術的價值絕不在通史之下，他是為一個奇女子立傳，所寫的一部明清文化痛史。主人公是明末的一個名妓，當然不是一般的現在我們理解的某一行業的人。她是一個特殊的人，她是一個有個性的人，她是一個有民族氣節的人，她是為了追求愛情不惜一切的人。她早期喜歡陳子龍，後來跟錢謙益結合，整個她的一生，她的作為，以及她的精神追求，可以說，都是陳寅恪先生一手發掘出來的，他寫這部書不僅是為了表彰柳如是，主要是為了表彰我們民族的獨立之精神，自由之思想。

陳寅恪先生在《柳如是別傳》的緣起裏說：“夫三戶亡秦之志，九章哀郢之辭（即發自當日之士大夫），猶應珍惜引申，以表彰我民族獨立之精神，自由之思想。”何況是被歷史灰塵所埋沒，為當時的迂腐之人所攻擊，被後來的輕薄之徒所誣陷的一個小女子呢。

還有，1953 年，他和汪籛的談話，把獨立的精神，自由之思想的義諦表述得更為直接，更加不容置疑，這就是有名的《對科學院的答覆》。他往昔的學生汪籛，受命前來廣州，試圖說服老師，不拒絕科學院的約請，能夠北上，就任歷史第二所所長。陳寅恪先生未能讓他的弟子如願，反而出了一個天大的難題，他提出了兩個條件：第一，他說去，可以，但是他主持的研究所應該不奉行馬列主義，也不做政治學習；第二，他希望毛公或者劉公能寫一封信，作為他的允許證明書。這個條件在當時的背景下，是太困難了。當然我們知道，毛公或者劉公，並沒有給陳先生寫一個允許書，當然陳寅恪先生也沒有北上就職。

通觀 1950 年代以後的中國思想學術界，在中國現代學人當中，可以說沒有第二人能把為學的這種精神義諦保持到如此的強度和純度。主張並堅持學術獨立的地位和獨立價值，是中國現代學術的重要傳統，許多學人的力量源泉就來自於此。

　　不奉行馬列主義。要毛澤東、劉少奇寫證明書。由陳寅恪揭櫫並畢生躬行的 “獨立之精神，自由之思想”，是現代學術精神傳統的第一要義。劉夢溪認為，現代學術大師們還有 “通儒” 的精神、學者能詩的傳統。"通" 者何謂？詩心為何？

劉夢溪：中國現代學術還有重視學術分類的傳統，還有重視通學和通儒的傳統。特別是後者，我覺得在今天提起，特別重要。中國現代學者當中，很多都是通儒，章太炎、梁啟超、嚴復、王國維、陳寅恪、馬一浮、梁漱溟、熊十力，我們可以舉出一長串的名字，他們都是通儒大儒。

中國學術史上自古就有專家和通儒的區別。

古代的通儒是通古今，而現代的通儒還需要通中西，現代學者的所謂通，一個是要中西會通，這一點 20 世紀的許多大師都是如此，還有就是四部兼通。中國傳統的學問是四部之學，就是經、史、子、集，它是四部分類法，一個通儒，他需要兼通四部。在中國現代學者當中，能夠做到這一點的，也不是很多。比較明顯的，我覺得錢賓四先生，大體上講，他是通四部的，我們看他的著作，不僅有經學的著作，還有史學的著作，還有哲學的著作，甚至還有文學和藝術的著作。還有一個人，現在容易被人所忽略，那就是張舜徽先生，要講學問通四部的話，他應該在錢賓四之上。張先生的學問根柢深厚，他通讀過 "二十四史"，而且懂經學，懂小學。

中西會通，四部兼通，還有一通，就是文史打通。中國現代學者，一些大儒、通儒，他們是文史打通的，代表性的是陳寅恪先生和錢鍾書先生。陳先生，一生所為，都是用詩文來證史，他開闢了史學研究的新的途徑，不論是早年的《元白詩箋證稿》，還是晚年的《論再生緣》和《柳如是別傳》，都是以詩文來證史的重要的學術著作。

還有錢鍾書先生，他基本的學術理念是主張文史打通，這個話是他自己親口跟他的朋友、廈門大學的鄭朝宗教授講的，鄭先生在一篇文章中專門講錢先生這個思想。我們看錢先生的《管錐編》和《談藝錄》，他主要的目的在打通文史，而不是像有些人所理解的，它是一個比較文學的著作，它不完全是比較文學的著作。打通，會通，兼通，才能產生思想，所以通儒不僅是學者，而且是思想家，這一點就更重要了。我覺得當代學者當中，很多是專家，很多是學者，但是思想家未免太少。

說到這裏，我想附帶說幾句關於學術研究的課題制問題。因為現在大學和研究機構，基本上都是以課題來作為學術運作的基本方式，當然這很好，可以得到國家的撥款，而有一些大的著述，不通過課題制，也不能很好地完成，多卷本的通史一類著作，只能集中很多專家，通力合作來完成。但是我也應該說明，課題制不容易產生思想，產生的是思想的妥協，而不是思想的創生。課題制可以帶動人才，但是也局限人才。

中國現代學術還有一個傳統，是學者能詩的傳統。中國現代學者當中，有很多人都會寫詩，不是一般地會寫，而是喜歡寫，善於寫詩，詩是他們學術生命的一部分，是他們學問的別體。王國維、馬一浮、陳寅恪、蕭公權、錢鍾書先生，他們都是學人兼詩人，既是第一流的學人，又是第一流的詩人。我有一個見解，馬一浮的學問主要在詩裏，因為馬先生的著作並不太多，《泰和宜山會語》、《復性書院演講錄》等，但是他的學問20世紀當中，20世紀裏邊，很少有另外的人能跟他相比，他的學問表現在哪裏，他的學問在他的書信裏，特別是在他的詩裏，如果不信，可以去看看。

　　總之，中國現代學術造就了大批大師級的人物，在發展過程當中，又形成諸多的學術傳統，這些對今天而言，彌足珍貴。至於那一時期，學界勝流為學精神的堅韌性和頑強性，則是時代風雨和學術理性雙重鑄造的結果，即使是戰亂時期，他們也沒有停止過學問的探究。最不可思議的是西南聯大，在戰亂期間，也是他們成果出得最多的時期。抗戰時期，北大、清華、南開大學合並為西南聯大，在西南一隅，但是他們的學問研究沒有停止，有的簡直是奇跡。

　　還有，中國現代學者，他們許多人並不是一開始就致力學術，他們是受時代潮流的激蕩，往往一個時期，無意為學，有心問政，中年以後，漸悟政治不可為，轉而潛心學術，又在學術上卓然立說。康有為、梁啟超、章太炎、黃侃、熊十力等，都是如此。章先生是聲名顯赫的革命家，大家知道。黃侃和熊十力，年輕的時候也熱衷政治活動，甚至他們成為地方的群眾領袖。這種情況使他們有豐富的人生閱歷，增加了他們潛心學問的深度，他們的學術歷練和文化擔當，與清初的大儒有一脈相通之處。我說的是顧炎武、王夫之、黃宗羲，清代的大儒，他們都是通學，都是通儒，中國現代學者，他們的第一流的人物，在學術精神的取向上，跟明末清初的這幾位大儒確有相通之處，而他們的學術訓練和執著單純的精神，又很類似乾嘉諸老。

　　乾嘉的學者們，他們專心向學，他們的學問存在的方式是很單純的，而現代學者一些第一流的人物，他們的學問也是很單純的，如果用馬一浮的一句話，他特別講，人的心不應該有"間雜"，中間的"間"，私心雜念的"雜"，一個人如果他內心有很多"間雜"，並不好。我可以說，20世紀的第一流的學人，他們的內心世界是單純的，沒有"間雜"的。

還有，他們許多學人的立身行事，流品之高，更有很多可以感歎而可歌可泣者。比如像王國維的自殺，蔡元培的出走，馬一浮的歸隱，李叔同的出家，黃侃拜師，辜鴻銘穿著前清的裝束執教於北京大學，胡適講課，看見女生衣服單薄，走下講台，親手去關窗，還有梁漱溟和毛澤東吵架，還有錢鍾書先生論學，手杖捅破了蚊帳，以及傅斯年的雄霸，熊十力的傲岸，陳寅恪的哀傷，吳宓的浪漫，湯用彤的溫良，這樣一些異事奇節、嘉德懿行，當時後世必有警世勵人、啟迪心智的作用。

雖然有的傳統已經昔不至今，"昔不至今"這個話是佛學大家僧肇的話，他有一個論《肇論》，裏邊有一篇叫《物不遷論》，說昔物，過去的物，來不到今天，昔物不至今。北京大學百年校慶的時候，湯一介先生有一篇文章使用了這個概念，我看了以後，非常感動，他是講，北大過去的傳統並沒有傳遞到今天，他是指蔡元培的傳統，昔不至今。雖然我講的20世紀的這些大師們確立的學術傳統，有的已經昔不至今，但是今天的學人，要使自己學有根基，取徑有門，中國現代學術大師們的風範，他們建立的傳統，不僅沒法忽略，而且必將成為今天的學人獲得靈感的源泉。

謝謝各位。

知識爆炸的年代如何通識？陳寅恪"了解之同情"所指為何？五四以來廢棄文言文對文化發展有何影響？

現場答問互動

曾子墨：好，感謝劉夢溪先生帶給我們很精彩的演講。聽過您的演講之後呢，我們特別想了解，在演講當中您一一列舉的這些大師級的人物，您個人最欣賞的是哪一位？

劉夢溪：我個人最欣賞的是兩個人，一個是站在地上的人，陳寅恪，一個是站在天上的人，馬一浮。陳寅恪先生，我覺得是 20 世紀最偉大的史學大師，他是開闢性的人物，他不僅僅是學者，而且是大思想家。我研究他多年。還有一個人就是馬一浮，馬先生留下的著述不多，可是他的學術思想的高度和深度，很少能有跟他相比的，我曾經講過，梁漱溟、熊十力、馬一浮，是被稱作新儒家的"三聖"的，如果說這三個人都是"聖"的話，我覺得馬先生為學的本我境界，要高於熊先生和梁先生。當然有時候不太好比，可是我自己的偏愛如此。謝謝。

曾子墨：剛才呢您提到的陳寅恪先生，在演講當中，您也花了相當大的篇幅來強調陳寅恪先生，一直推崇一種學術的獨立精神，那我記得，他曾經說過，他這樣做呢，是希望所有的中國的文人能夠走出那樣一個老路子，就是"學而優則仕"。那今天您強調學術的獨立精神，用意是在哪裏？

劉夢溪：我覺得今天的學者，我不能不講，在學風方面和 20 世紀的大師相比，存在的問題不少。因為高等學校是學術的重鎮，以前的高校是沒有錢的，現在突然發現，高等學校是可以賺錢的，甚至變成一個賺錢的機器，我覺得學術有一點滑坡，所以在這種情況之下，學者們應該不被金錢所引誘，也不要被其他的因素所干擾，應該淨守為學。所以我講陳先生的這個 "獨立之精神，自由之思想"，我覺得對今天是有針對性的。

曾子墨：那現在的學術滑坡，您認為更多的是制度造成的，環境造成的，還是學者本身個人的素質造成的？

劉夢溪：我覺得兩方面的因素都有，這個世界誘惑太多了，甘心為學的人不容易，有的也有制度問題，比如學術體系的評價問題，人文學科不大好用量化的方式來評價的，可是現在很多研究單位，都用量化的方式，論文的多少來確立你的學術水平。你要用這個方式來確立，馬一浮先生就不合格了，寫的東西太少了，可是你不能否認他是真正的大師。

聽眾一：你好，劉先生，我是來自中國人民大學，因為我所學的專業是中西文化比較，所以我想請問您一個問題，您說的陳寅恪先生作為一位通儒，他又有過很長時間的留學經歷，那麼他是否受到了這個西方思想的強烈影響，那麼尤其是具體哪一位思想家的影響？謝謝您。

劉夢溪：謝謝你的問題。關於陳寅恪先生，他的學術思想，是不是也受到國外學術的影響的問題，陳寅恪先生十三歲就開始留學日本，後來還到哈佛大學留學，後來長時間在德國，我想他的思想裏邊，受到國外學術思想的影響是沒有問題的。問題是在哪些方面受了影響，學術界沒有定論。像研究陳寅恪比較早的，寫《陳寅恪傳》的汪榮祖教授，他曾經提到，說陳先生受德國的史學家蘭克的影響，可是具體的這個痕跡怎麼復現起來，非常困難。我前些年在海德堡開過一次關於史學方面的會，在這個會上，我專門請教幾位歐美的史學家，實際上他們也不能說得清楚。

陳先生的厲害之處在於，雖然長時間地留學國外，很難在他著作當中看到國外思想的痕跡。但也不是一點都沒有，他在給馮友蘭《中國哲學史》寫的審查報告當中，有一個地方講，說如果你對古人的學說缺乏了解之同情，你就不大容易發言。怎麼樣才能做到對古人的學說有真正了解呢？他提到，你得像藝術家那樣，通過一些蛛絲馬跡，那些殘存的碎片，重建當時的結構。你看，"結構" 這個詞中國過去絕對沒有的，"結構" 這個詞，顯然是國外來的，因為國外就有結構派的史學。所以總的看，他是受了影響的，但難能之處在於，他很少在他的著作當中留下痕跡。但是，又不影響他是一個現代史學家。

聽眾二：劉先生，您好，我是來自武漢大學的本科生，這次千里迢迢來聽您的講座，剛才聽了您的講座，感覺確實是高屋建瓴，從中外古今，時間和空間兩個維度上，把 20 世紀的學術大師之間的關係，講得確實是清晰透徹，受到很多的啟發。我這裏有個問題想向您請教。現在大家都說，目前是一個知識爆炸的時代，網絡，出版產業的發達，導致知識的生產量劇增，以及我們的整個的教育體系，從小學、中學到大學，一直到碩士、博士，有這樣一個專業的鏈條，對人才的生產以及知識的吸收，另外工作中，人們的這種工作壓力也比較大，生活節奏比較快，那麼就您所說的，在這樣的條件下，專才都很困難，我們怎麼樣成為一名您所說的通才呢？

劉夢溪：謝謝。你這麼遠道而來，真的謝謝你。在現在的這個社會背景之下，怎麼樣能夠保持學問的單純性，怎麼能夠產生通儒的問題，實際上這是我今天演講透露出的困難所在。今天不容易產生通儒，可是假如一個社會沒有通儒，只是一些專門家，它就不容易產生思想。當代，比如說剛故去的，前不久故去的，像費孝通先生，他就是一個思想家，他一生不停止思想，在晚年也沒停止思想，我覺得他晚年提出的兩個思想非常重要，一個是文化自覺的思想，還一個是"美美與共"的思想。所以我覺得如果要想產生通儒，知識儲備固然重要，學者們歷練自己的思想同樣非常重要，包括增加自己的人文關懷，不僅在本專業領域裏發言，還應該對社會、對人類發言，這樣就容易產生思想家，也有可能產生通儒。

聽眾三：20 世紀那些學術大師，以及往上數更加遠的那些學術大師，他們有一個特點，就是學與詩是不分離的，學與詩兼通。而現在呢，當下的學術界，我們一般的學者可能就沒有這個傳統了。那為什麼我們現在的這些學者喪失了這種傳統，是不是跟五四以來，我們放棄文言文作為我們的學術語言（有關），因為文化表達跟語言是有關的，如果跟這個有關，我們五四以來所提倡的廢棄文言文，只用白話文，對我們的文化發展究竟有什麼樣的影響？如何評價這個文化上的現象和實踐？

劉夢溪：你這是很大的問題，也是很重要的問題，按照我的看法，我覺得現代學術大師，他們很多能寫詩，當然寫的不是新體詩，而是舊體詩。他們這樣一種訓練，在某種意義上彌補了五四以來白話完全代替文言以後的語體書寫方式的不足。當然白話代替文言，這個歷史過程沒法逆轉，是一種歷史的進步，沒有問題。但現在重新檢討這個轉變，我覺得我們對文言文的廢棄有點兒太過於絕對了。文言是一種載體，文言這種方式可以增加文章的莊敬性。如果我們覺得中國人作為一種文化性格來講，他有一些大家能夠知道的特徵，比如說對宗教信仰的態度，未免有一點馬馬虎虎。但孔子是非常強調 "敬" 這種精神態度的。宋儒意識到了這方面的問題，所以不論是二程還是朱熹，都提出了 "主敬" 的概念。提出 "敬" 或者 "主敬"，都是想提升民族文化性格的莊嚴性。文言這種載體，它可以使文本方式莊嚴起來，所以古代一直有 "臨文以敬" 的說法。在我看來，就是當前國家的重要文誥，重要的外交文獻，如果帶有一點兒文言，也會顯得更加嚴肅莊重。我覺得文言不必全廢。現代學者很多能詩，可以看作是對白話完全取代文言的代價的一種補償。

曾子墨：中國的現代學術造就了一大批大師級的人物，而他們也創造了許許多多不同方面的學術傳統，在這當中，可能最重要的，就是保持學術研究的獨立性，正像陳寅恪先生所說的那樣，獨立之精神，自由之思想，我們希望前人、前輩、大師們給我們留下來的學術傳統，不要在我們的手中斷裂，也希望在未來的中國的學術界，可以早一日地重塑大師。

2007 年 12 月 15 日下午 2 時，鳳凰衛視 "世紀大講堂"
播出 "大師與傳統" 節目，此為現場全記錄，略加整理

文化託命與中國現代學術傳統

引言

　　中國現代學術以何時為開端？歷史學界通常把 1840 年鴉片戰爭至 1919 年五四運動，稱為中國歷史的近代時期，而以 1919 年五四運動至 1949 年為現代時期。但學術史和文化史的分期也以此為依據，不容易解釋清末民初以來的許多文化現象。用政治事變來例同學術文化變遷，反映不出學術文化本身的嬗變規律。

　　實際上，中國傳統學術向現代學術轉型，可以追溯到晚清的經今文學運動，現代學術的種子即埋藏其中。但今文學運動本身還不具有現代學術的特徵。1898 年嚴復發表《論治學治事宜分二途》，1902 年梁啟超發表《論學術之勢力左右世界》和《新史學》，1904 年王國維發表《紅樓夢評論》，現代學術思想和學術規範得到比較集中的體現。因此中國現代學術發端的時間，應為 19 世紀和 20 世紀之交；標誌是承認學術具有獨立之價值，並在研究中開始吸收西方現代的觀念和方法；代表人物是嚴復、梁啟超、王國維等，而尤以王國維扮演著現代學術開山祖的角色。

　　王國維 1927 年自沉於頤和園魚藻軒，社會上異說異是，察察為揣。唯史學家陳寅恪能夠從文化興衰和一代學者的命運的角度，對王氏的死因給以正解。包括王、陳在內的中國現代學者中的大師巨子，聲聞顯晦或有所殊異，但與本民族的文化共同著命運，欲以學術為宗基 "承續先哲將墜之業"，同為一代文化所託命之人則一。他們的學術流向包含著省察傳統和回應西學兩個方面，既不忘記本民族的地位，又能夠做到與世界文化對話交流，為中國現代學術奠立了難能可貴的傳統。

但中國現代學術的發展仍然困難重重。就學者的主觀認知而言，有四重障蔽應予以破除。第一，學術是手段還是目的；第二，"有用之學" 與 "無用之學"；第三，中學和西學之爭；第四，新舊古今之辨。這四個問題所以產生，主要是中國傳統學術一向缺少學術獨立的傳統，特別是 "經世致用" 之說束縛了人們的頭腦，使人們忽視學問本身的獨立價值。王國維、梁啟超等現代學術的開山人物，為破除這四重障蔽曾做出巨大努力，可是時至今日，也不能說此一問題已獲致完全解決。

任公先生說："就純粹的學者之見地論之，只當問成為學不成為學，不必問有用與無用，非如此則學問不能獨立，不能發達。" 又說："為學問而學問，斷不以學問供學問以外之手段，故其性耿介，其志專一，雖苦不周於世用，然每一時代文化之進展，必賴有此等人。" 信哉斯言。學術之求得獨立，首先還要有獨立的學者。四重障蔽不能破除，宜乎中國現代學者難於安身立命也。

從陳寅恪的《王觀堂先生輓詞》談起

1927 年 6 月 2 日（農曆五月初三）上午十時，中國現代學術的開山泰斗王國維自沉於頤和園魚藻軒，年僅五十一歲。這一突如其來的噩耗，在中國現代學術的搖籃清華園引起巨大震撼。第二天傍晚，清華國學研究院師生向死者遺體告別，恭謹致禮，哀默如儀。正在這時，清華四導師之一的史學家陳寅恪蒞臨現場，出人意外地行三跪九叩大禮。[1] 這一舉動產生了精神共感效應，在場的姜亮夫、劉盼遂等國學研究院同學，當即痛哭失聲，對已故國學大師的哀感和對眼前這位年輕導師的敬意無形中融作一片。

陳寅恪當時三十八歲，與王國維有十三歲之差，但他們相知甚深，既是學術同道，又是精神契友。王國維自沉前一日所寫遺囑，書籍一項，特標出"可託陳、吳二先生處理"[2]。吳指吳宓，陳即寅恪先生。而書籍之於王國維不啻為生命本身，他早就說過："余平生惟與書冊為伍，故最愛而最難捨去者，亦惟此耳。"[3] 託陳寅恪先生為之處理書籍，無異於以生命相託，當然也可以看作是一種文化託命。實際上，很少有像寅恪先生這樣，對王國維的精神世界和文化懷抱有如此深切的了解。為了寄託哀思，他寫有一詩一詞，即《輓王靜安先

---

[1] 王國維逝世後清華國學研究院師生向遺體告別情景，係杭州大學姜亮夫教授向筆者所講述，時在 1989 年 11 月 4 日下午 4 時，於杭州大學姜先生寓所。

[2] 參見 1927 年 7 月出版的第二卷第八、九、十期合刊的《國學月報》，其中柏生所作《記王靜安先生自沉始末》有載。

[3] 參見清華國學研究院編印之《國學論叢》第一卷第三號"王靜安先生紀念號"上，《王靜安先生手校手批書目》一文的"跋文"，1928 年出版。

生》詩和《王觀堂先生輓詞》，後者與王國維的《頤和園詞》[1] 差可比並，同為冠絕當世的名篇。《輓詞》的前面有一長序，其中寫道：

> 凡一種文化值衰落之時，為此文化所化之人，必感苦痛，其表現此文化之程量愈宏，則其所受之苦痛亦愈甚，迨既達極深之度，殆非出於自殺無以求一已之心安而義盡也。[2]

又説：

> 蓋今日之赤縣神州值數千年未有之巨劫奇變，劫盡變窮，則此文化精神所凝聚之人，安得不與之共命而同盡，此觀堂先生所以不得不死，遂為天下後世所極哀而深惜者也。[3]

---

[1] 王國維的《頤和園詞》作於 1902 年春，在日本留學時期，全詩百四十句，述有清一代之興亡，是王氏自己最滿意的詩作之一。陳寅恪先生《輓詞》中 "一死從容殉大倫，千秋悵望悲遺志。曾賦連昌舊苑詩，興亡哀感動人思。豈知長慶才人語，竟作靈均息壤詞"，即指《頤和園詞》而言。吳宓《空軒詩語》第十二則："王靜安先生國維自沉後，哀輓之作應以義寧（今改修水縣）陳寅恪君之《王觀堂先生輓詞》為第一。" 羅振玉在致陳寅恪函中亦説："奉到大作忠慤《輓詞》，辭理並茂，為哀輓諸作之冠，足與觀堂集中《頤和園詞》、《蜀道難》諸篇比美。忠慤以後，學術所寄端在吾公也。"

[2] 陳寅恪：《寒柳堂集》所附之《寅恪先生詩存》，上海古籍出版社，1980 年，第6—7 頁。

[3] 同上。

　　王國維自沉以後，社會上異說異是，謠諑紛紛，不乏昧於大道者的察察為揣，只有陳寅恪先生能夠從文化興衰和一代學者的命運的角度，對死因給以正解，使那些"流俗恩怨榮辱委瑣齷齪之說"[1]，得到一定程度的廓清。

　　七年之後，即 1934 年，陳寅恪又在《王靜安先生遺書序》中申論說："自昔大師巨子，其關於民族盛衰學術興廢者，不僅在能承續先哲將墜之業，為其託命之人，而尤在能開拓學術之區宇，前修所未逮。故其著作可以轉移一時之風氣，而示來者以軌則也。"[2] 又謂："古今中外志士仁人，往性憔悴憂傷，繼之以死。其所傷之事，所死之故，不止局於一時間一地域而已。蓋別有超越時間地域之理性存焉。而此超越時間地域之理性，必非其同時地域之眾人所能共喻。然則先生之志事，多為世人所不解，因而有是非之論者，又何足怪也？"[3] 對王國維死因的探究又進了一步，已達至深層意義的理性昇華。

　　也就是說，在陳寅恪看來，王國維之死是一個"能承續先哲將墜之業"的學者，以生命殉其文化，與純屬為實現道德的自我完成所做的抉擇不同。1918 年 11 月 10 日梁漱溟的父親梁濟在北京淨業湖自

---

[1]　陳寅恪：《寒柳堂集》所附之《寅恪先生詩存》，第 7 頁。

[2]　陳寅恪：《王靜安先生遺書序》，《金明館叢稿二編》，上海古籍出版社，1980 年，
　　　第 219、220 頁。

[3]　同上。

沉 [1]，雖也有"超越時間地域之理性存焉"，卻不帶有更多的自覺文化意識，而是當傳統秩序解體之際尋找到的心理安頓的一種方式。把兩者區分開來的關鍵，在於是否以文化託命為職志。因為 19 世紀末葉以後，由於西學東漸，歐風美雨狂襲而至，延續幾千年的中國傳統思想文化發生了深刻的危機，站在時代潮流前沿的人文學者在預設種種挽頹救弊方案的同時，必不可免地會激發起續命傳薪的歷史責任感。王國維如此，陳寅恪亦復如此。王國維死後不久，陳寅恪先生在《國學叢刊》上發表一篇《大乘稻芊經隨聽疏跋》，由吐蕃沙門法成撰集的經論注疏，如《般若波羅蜜多心經》等，係譯自藏文一事，聯想到玄奘曾把漢文《大乘起信論》譯成梵文，但玄奘的名字家喻戶曉，法成卻不為人所知，因而發為感慨，說 "同為溝通東西學術，一代文化所託命之人，而其後世聲聞之顯晦，殊異若此，殆有幸有不幸歟" [2]。中國現代學者中的大師巨子，聲聞顯晦或有不同，但與本民族文化的興衰共同著命運，同為中國傳統社會向現代社會轉型時期的一代文化所託命之人則一。

只不過在中國現代學者群中，王國維和陳寅恪的文化託命意識更為自覺，畢生奮力以赴，未嘗稍懈，不僅發為論議，標舉 "獨立之精神，自由之思想"，主要是以學術為宗基，通過具體的學術創獲實現

---

[1]　關於梁濟自殺問題，林毓生教授撰有《論梁巨川先生的自殺 —— 一個道德保守主義含混性的實例》一文，析論甚詳。見林著《中國傳統的創造性轉化》，北京：生活・讀書・新知三聯書店，1988 年，第 205 頁 — 226 頁。又中國文化書院學術委員會編《梁漱溟全集》第二卷之《自述》，濟南：山東人民出版社，1990 年，第 18 頁。

[2]　陳寅恪：《金明館叢稿二編》，第 225 頁。

託命之旨；而且儘可能融入現代的比較科學的觀念和研究方法，去化解傳統思想文化的危機，為中國現代學術傳統的奠立樹起了新典範。

中國現代學術以何時為開端

我所謂中國現代學術，指的是 19 世紀末和 20 世紀初，隨著西學東漸和外來思想的衝擊所產生的文化震蕩，中國學術衍生出來的新規範和新方向。因此不簡單是一個時間的概念，也無法全由政治斷限來替代。

歷史學界通常把 1840 年鴉片戰爭至 1919 年五四運動，稱為中國歷史的近代時期，而以 1919 年五四運動至 1949 年為現代時期。把這種劃分拿來作為學術史和文化史分期的依據，並不一定妥當。文化的嬗變比政治事變要寬泛得多，也深刻得多，前因後果，簡錯百端，歷史延伸度很長；學術蛻分，也是一個思潮遞嬗和歷史衍化的過程。以政治事變來例同學術文化的變遷，反映不出學術文化本身的特殊發展規律。中國治學術史和文化史的學者，每困於在研究中難於有所突破，竊以為除了別的原因之外，就與以政治分期來例同於學術斷限有很大關係。分期不明，將學術混同於政治，不可能正確評價學者們的學術創獲。特別是研究清末民初以來的學術文化，"近代"、"現代" 兩個概念常常混淆不清。王國維的學術活動始於第一次從日本留學回來的 1902 年，自然在 1919 年五四運動以前，但他許多學術著作是在生命的最後十年，即 1917 年至 1927 年完成的，已跨過五四運動很多年，所謂 "近代" 和 "現代" 的概念，在王國維身上就不易説清楚。章太炎生於 1869 年，比王國維大八歲，卒於 1936 年，時間跨度比王國維長得多，五四前和五四後都有重要的學術建樹，雖然前期作為思想家和革命家的影響更大，後期以國學大師的身份成為學界儒宗。那麼站在學術史的角度，章太炎是“近代”學者，還是“現代”學者？政治斷限往往不能對學術文化現象做出正確説明。因此筆者認為，不應把五四運動作為中國現代學術的起點，而應當振葉尋根，沿波討源，上溯到在內涵上可以體現現代學術特徵的時候開始。

中國學術發展的歷史，要而言之，可以説經歷了先秦子學、兩漢經學、魏晉玄學、隋唐佛學、宋明理學、清代漢學和晚清今文學幾個階段，各個階段之間斥而相續、異中見同，形成一個個連接而不重複的瑰麗景觀。但這些個歷史階段都屬於傳統學術的範疇，進入現代學術需要鋪設新的條件。本來晚清今文學已帶有過渡時期的特點，現代學術的種子已開始進一步萌動發芽，只是從根本方面考察，還不能把莊存與和劉逢祿開其端、龔自珍和魏源集其成、康有為殿其後的今文學運動，與現代學術混為一談。現代學術的奠立，應具備三個起碼的條件：即第一，學者的思想自由；第二，以學術獨立為目標；第三，在研究方法上盡量吸收新的觀念，能夠與 20 世紀前後的世界學術文化對話交流。用這三個條件來衡量晚清今文學，顯然不合現代學術的規範。即以康有為來説，他的目的並不在學術，而是拿了學術去做維新改制的手段，與學術獨立大異其趣。他的學術好依傍，恰好是不獨立的。所用的方法，也不是以新的科學觀念去治舊學，而是採取大膽證偽的方法開傳統學術的玩笑，自己則未脱傳統學術的框架。

那麼中國現代學術究竟應該以何時為其開端？筆者認為有四篇文

章值得注意。一篇是嚴復的《論治學治事宜分二途》[1]，明確提出"治學"與"治事"兩者不能相兼，"惟其或不相侵，故能彼此相助"。所以他建議給予學成者以名位，把"學問之名位"和"政治之名位"區別開來，多少已流露出提倡學術獨立的思想。嚴復是晚清時期系統介紹西方學說的第一人，他力主不宜把學術混同於事功，學理上的依據易為人們所接受。這篇文章發表在 1898 年 7 月 28 和 29 日兩天的《國聞報》上。第二篇是梁啟超的《論學術之勢力左右世界》，對學術在世界上的地位和社會作用，給予超乎常人想象的評價，文章一開頭即寫道：

> 亙萬古，袤九垓，自天地初闢以迄今日，凡我人類所棲息之世界，於其中而求一勢力之最廣被而最經久者，何物乎？將以威力乎？亞歷山大之獅吼於西方，成吉思汗之龍騰於東土，吾未見其流風餘烈，至今有存焉者也。將以權術乎？梅特涅執牛耳於奧地利，拿破崙第三弄政柄於法蘭西，當其盛也，炙手可熱，威震寰瀛，一敗之後，其政策亦隨身名而滅矣。然則天地間獨立無二之大勢力，何在乎？曰智慧而已矣，學術而已矣。[2]

稱學術為亙古以來天地間獨一無二的大勢力，就中自然有梁啟超式的誇誕，但能夠把學術從社會諸因素中抽象出來，置於極尊崇的地

---

[1] 王拭主編：《嚴復集》第一冊，北京：中華書局，1986 年，第 88—90 頁。

[2] 梁啟超《飲冰室合集》第一冊文集之六，北京：中華書局，1989 年影印版，第 110 頁。

位，看到學術具有永久性的品格，在認知上已接近主張學術獨立的思想。第三篇文章是梁啟超的《新史學》，向傳統學術中最具根底的乙部之學發起猛攻，歷數過去的史學的"四蔽"、"二病"、"三惡果"，諸如"知有朝廷而不知有國家""知有個人而不知有群體""知有陳跡而不知有今務""知有事實而不知有理想"，以及"能鋪敍而不能別裁""能因襲而不能創作"，致使讀者"難讀"、"難別擇"、"無感觸"等等。[1] 所指雖未必盡是，攻擊力還是很強大的。特別針對傳統文學的爭正統、重書法的史家模式，揭剝得體膚全靡。文章又引來進化論的和文化人類學的歷史觀，以駁斥歷史循環論，確在理論上為新史學的奠立開闢出新的天地。梁啟超的這兩篇文章都發表於 1902 年。

第四篇文章是王國維的《紅樓夢評論》，這是自有文學批評以來第一次用西方的哲學和美學觀點解釋中國文學名著的嘗試，在此之前從沒有人這樣做過。只這一點，就足以奠定其在中國現代學術史上的地位，至於嘗試的得失利弊是否成功還在其次。説來湊巧，中國傳統學術以文學和史學最能反映學科特徵，而梁啟超和王國維一以史學一以文學為現代學術奠基。當然梁的《新史學》主要是清算過去，王的《紅樓夢評論》則直接為未來樹立典範。《紅樓夢評論》寫於 1904年，在王氏 1902 年自日本歸來正式開始學術活動之後，同時撰寫的還有《論叔本華之哲學及其教育學説》、《國朝漢學派戴阮二家之哲學説》以及《釋理》、《論性》等篇。[2] 此時之王國維，一方面迷戀於

---

[1]　梁啟超：《飲冰室合集》第一冊文集之九，第 1—32 頁。

[2]　這組文章後來均收入《靜安文集》，載《王國維遺書》第五冊，商務印書館，
　　　1940 年。

康德、叔本華、尼采的學說並為之介紹，一方面則嘗試著用這幾位哲學家的觀點來回觀和解釋中國傳統。《紅樓夢評論》是其中的代表作。中國現代學術就是在此時開其端，時間在 1898 年至 1902 年和 1904 年前後這一時期，也就是當 19 世紀和 20 世紀交替之時，代表人物為嚴復、梁啟超、王國維，而尤以王國維扮演著中國現代學術開山祖的角色。

馬建忠的《馬氏文通》一書，也是在 1898 年出版，著述本身的疏漏舛誤，前賢多有是正，茲不論。但這是在西學啟示之下中國學者撰寫的第一部有系統的文法書，則無異議。不論其題旨其觀念其方法其結構，傳統學術的固有範圍已無法包容，而且在語言文法一科為中國現代學術導夫前路之作。我想這並非偶然。說明 19 世紀和 20 世紀之交，確是中國傳統學術向現代學術轉型時期。當然學術思想如江河之流，學術斷限只能相對而言，不好一刀斷開。梁啟超的《論中國學術思想變遷之大勢》一文，把中國傳統學術劃分為七期，即胚胎時代、全盛時代、儒學統一時代、老學時代、佛學時代、儒佛混合時代和衰落時代；但隨即亦指出："時代與時代之相嬗，界限常不能分明，非特學術思想有然，即政治史亦莫不然也。一時代中，或含有過去時代之餘波，與未來時代之萌蘗。"[1] 中國傳統學術向現代學術轉換，自然也有此種情況。

因此筆者認為，當我們把 "現代" 這一概念運用於學術史的時候，重要的是尋找到只有現代才具有的標誌性特徵，正是這些特徵把

---

[1]　梁啟超：《飲冰室合集》第一冊文集之七，第 3 頁。

現代學術與傳統學術區別開來；誰的治學經歷和學術論著體現出這些特徵，誰就是現代學者；而出現這些特徵的時代，就是中國現代學術史的開端。

學術獨立與中國現代學術傳統

如果我們把學者的思想自由和追求學術獨立，以及在研究方法上融入了 20 世紀以來的新的思想觀念，看作是中國現代學術的主要標誌性特徵，那麼在王國維身上確實體現得比較突出，宜乎扮演中國現代學術開山祖的角色。他在研究中最早融入西方的觀念和方法，前面已論及。在重視學者個人思想自由方面，王國維也是先期的覺醒者。所謂思想自由，是指學者論必己出，不是為某種現實需要來立說陳義，而是為文化託命，求一己之心安，目的和需要就在研究過程之中。陳寅恪在 1929 年所作《清華大學王觀堂先生紀念碑銘》中寫道：

> 士之讀書治學，蓋將以脫心志於俗諦之桎梏，真理因得以發揚。思想而不自由，毋寧死耳。斯古今仁聖所同殉之精義，夫豈庸鄙之敢望。先生以一死見其獨立自由之意志，非所論於一人之恩怨，一姓之興亡。[1]

陳氏稱王國維有"思想而不自由，毋寧死"的精神，並以"一死

---

[1] 陳寅恪：《金明館叢稿二編》，第 218 頁。

見其獨立自由之意志"，可謂深得靜安先生為學進境之言，反映出寅恪先生自己以及王國維在實現學者個人思想自由方面所達到的高度。王國維在 1904 年寫的《教育偶感》中曾說過："人有生命，有財產，有名譽，有自由，此數者，皆神聖不可侵犯之權利也。"[1] 把自由與生命、財產並列，同視為人類的一種權利，這種認知，只有現代學者才有可能。從而亦可見出，王國維對學者個人思想自由的追求，已不是作為感情的寄託，而成為一種自覺的理性規範。在中國傳統學術中我們看不到這種狀況。

主張學術獨立比之追求學者個人的思想自由更能反映現代學術的特徵。因為在中國古代，向來沒有學術獨立的傳統。先秦時期諸子百家各自為說，學術氣氛是很寬鬆的，因而士階層活躍，國君可以待之以禮以師以友。但諸子競言的目的，在於為治。儒家不必說，孟子雄辯滔滔，幾乎要強加於人。而孔子不惜開空頭支票："苟有用我者，期月而已可也，三年有成。"[2] 又說："如有用我者，吾其為東周乎。"[3] 但《史記·儒林列傳》稱"仲尼干七十餘君無所遇"。設身處地，我們今天也不免為之悲涼。齊國稷下學派是以"不治而議論"著稱的，可是《史記·孟子荀卿列傳》說："自騶衍與齊之稷下先生如淳于髡、慎到、環淵、接子、田駢、騶奭之徒，各著書言治亂之事以干世主。" 我們寧可相信司馬遷的史筆。這還不說，據張舜徽先生考

---

[1] 王國維：《靜安文集》，《王國維遺書》第五冊，上海書店出版社，2011 年，第 105 頁。

[2] 《論語·子路》。

[3] 《論語·陽貨》。

證，包括老子五千言在內的先秦道論，講的都是人君南面之術。[1] 如是，則先秦時期最多可以説，尚不失士階層發表言論的自由，學術獨立根本無從談起。而競相為別人立説，急不可待地追求現實功利的需要，諸子個人的思想並未獲得學術上的自由。即便是當時那種有利於學術發展的自由氣氛，也是在"天下大亂，賢聖不明，道德不一，天下多得一察焉以自好"[2] 的特定情況下，才有可能維持。大前提是"周室衰而王道廢，儒墨乃始列道而議，分徒而訟"[3]。當時是天下未治，有道無統，如《莊子‧天下》篇所説："如耳目鼻口，皆有所明，不能相通。"[4] 不通故不能成統。一旦政權歸一，治而有統，"列道而議"的局面便不復存在。所以秦有焚坑之舉，漢有罷百家之策。儒學雖被尊為正統，直接的意義是為士子升官晉爵提供機會，促進治、道合一，站在純學術的立場，會發現尊之適足以卑之，與學術獨立無緣。

這種情況直到晚清也未見根本的改變。王國維在《教育小言》中寫道："今之人士之大半，殆捨官以外，無他好焉。其表面之嗜好集中於官之一途，而其裏面之意義，則今日道德、學問、實業等，皆無價值之證據也。夫至道德、學問、實業等皆無價值，而惟官有價值，則國勢之危險何如矣。"[5] 又説："吾人亦非謂今之學者絕不悦學也。即有悦之者，亦無堅忍之志，永久之注意。若是者，其為口耳之學則

[1]　張舜徽：《周秦道論發微》，北京：中華書局，1982 年。
[2]　《莊子‧天下》。
[3]　《淮南子‧俶真訓》。
[4]　《莊子‧天下》。
[5]　王國維：《靜安文集續編》，《王國維遺書》第五冊，第 56—58 頁。

可矣，若夫綿密之科學、深邃之哲學、偉大之文學，則固非此等學者所能為事也。"[1] 王國維對晚清學術界的狀況可以說不滿意到了極點，尤其對學者不能一心向學、經常受學術以外因素的羈絆疾首痛心。他並且指出，由於我國從來缺少學術獨立的傳統，致使哲學、美術諸科沒能得到應有的發展。他在 1905 年撰有《論哲學家與美術家之天職》一文，其中寫道：

> 披我中國之哲學史，凡哲學家無不欲兼為政治家者，斯可異已。孔子大政治家也，墨子大政治家也，孟荀二子皆抱政治上之大志者也。漢之賈、董，宋之張、程、朱、陸，明之羅、王，無不然。豈獨哲學家而已，詩人亦然。"自謂頗騰達，立登要路津，致君堯舜上，再使風俗淳。" 非杜子美之抱負乎？"胡不上書自薦達，坐令四海如虞唐。" 非韓退之之忠告乎？"寂寞已甘千古笑，馳驅猶望兩河平。" 非陸務觀之悲憤乎？如此者，世謂之大詩人矣。至詩人之無此抱負者，與夫小說戲曲圖畫音樂諸家，皆以侏儒倡優自處，世亦以侏儒倡優畜之。所謂 "詩外尚有事在"、"一命為文人，便無足觀"，我國人之金科玉律也。嗚呼，美術之無獨立之價值也久矣。此無怪歷代詩人多託於忠君愛國、勸善懲惡之意，以自解免。而純粹美術上之著述，往往受世之迫害，而無人為之昭雪者也。此亦我國哲學、美術不發達之一

---

[1] 王國維：《靜安文集續編》，《王國維遺書》第五冊，第 56—58 頁。

原因也。[1]

應該說明的是，王國維所説的"美術"一詞，兼有美學與藝術雙重含義，他是站在追求學術獨立的角度，批評中國歷來"無純粹之哲學"及"純粹美術"，認為這種狀況是"哲學家、美術家自忘其神聖之位置與獨立之價值"[2]。哲學就是哲學，美術就是美術；哲學與美術的價值即藏於哲學與美術自身。從歷史上看，王氏所論也許有偏執一端之嫌，但聯繫晚清學術界的實際情形，鑒於士大夫"之嗜好集中於官之一途"，不對學術形態做如此分野，從理論上剔除學術以外因素的紛擾，不足以讓學術獨立的思想得以確立。

不只是王國維，現代學者中的大師巨子許多都對學術應該獨立問題有所共識。熊十力大聲疾呼："今日所急需者，思想獨立，學術獨立，精神獨立。一切依自不依他，高視闊步，而遊於廣天博地之間。空諸依傍，自誠自明，以此自樹，將為世界文化開闢新生命，豈為自救而已哉。"[3] 馮友蘭《南渡集》下編設專節探討"大學與學術獨立"問題，提出"我們必須做到在世界各國中，知識上的獨立，學術上的自主"[4]。陳寅恪 1931 年撰有《吾國學術之現狀及清華之職責》一文，說"吾國大學之職責，在求本國學術之獨立，此今日之公論也"[5]。在

---

[1] 王國維：《靜安文集》，《王國維遺書》第五冊，第 102 頁。

[2] 同上。

[3] 蔡仁厚：《熊十力先生學行年表》，台北：明文書局，1987 年，第 121 頁。

[4] 馮友蘭：《三松堂全集》第五卷，鄭州：河南人民出版社，1986 年，第 482—483 頁。

[5] 陳寅恪：《金明館叢稿二編》，第 317—318 頁。

談到搜集學術研究資料不易，對有的人視奇書珍本為奇貨，秘不示人，甚而"待善價而沽之異國"，寅恪先生認為不僅是辜負了新材料，同時也是"中國學術獨立之罪人"[1]。梁啟超晚年對學術獨立問題也有極深刻的反省，認為自己平生"屢為無聊的政治活動所牽率，耗其精而荒其業"[2]，是不可挽回的損失。陳獨秀更以《學術獨立》為題，撰寫專論，提出："中國學術不發達之最大原因，莫如學者自身不知學術獨立之神聖。"[3] 蕭公權在《學術獨立的真話》文中則説："所謂學術獨立，其基本意義不過就是：尊重學術，認學術具有本身的價值，不准濫用它以為達到其它目的之工具。"[4] 這許多學術大家和思想健將眾口一詞，共道學術獨立之重要，或展望未來，或回思猛醒，都以極沉痛之言表而出之，我們可不能小視這一點。須知，當他們倡言學術獨立的時候，為民族文化託命之志未曾有稍許改變，相反，他們從自己的親身經歷中體認到，爭得學術獨立是實現為民族文化託命的前提條件。

王國維等現代學者這種苦苦追求思想自由和學術獨立的精神彌足珍貴。正是這一點構成了中國傳統學術向現代學術轉換的最重要的標誌，並將成為中國現代學術的一個傳統規範永遠流傳開去。至於事實上是否爭得了學術獨立，是另一個問題，下面筆者將予以探討。

---

[1] 陳寅恪：《金明館叢稿二編》，第 317、318 頁。

[2] 梁啟超：《清代學術概論》，《梁啟超論清史二種》，上海：復旦大學出版社，1985 年，第 74 頁。

[3] 《陳獨秀著作選》第 1 卷，上海人民出版社，1993 年，第 389 頁。

[4] 蕭公權：《跡園文錄》，《全集》之九，台北：聯經出版公司，1983 年，第 248—249 頁。

中國現代學者何以難於安身立命

中國現代學者對學術獨立的追求，實際上是在為自己尋找和建立文化託命的安立之基。不幸得很，這樣一塊理想的基地他們並沒有找到。原因是多方面的，既有學者主觀方面的原因，也有客觀環境的原因；既有學術本身的原因，又有學術以外的原因。單就學術本身而言，我認為有四重障蔽在妨礙著學者的主觀認知。這些障蔽在現代學術開關人物比如王國維那裏，本來已獲得解決，但就學術思想的總體來看一直是論而未斷、議而不決的大課題，尤其沒有成為社會公認的學術思想潮流。而這些障蔽能否破除，不僅關係到中國學術的獨立問題，也關係到如何從思想上完成傳統學術向現代學術的轉變。下面請分別試論之。

障蔽之一：學術是手段還是目的

在中國傳統學術裏，學術從來是一種手段，沒有人把學術當作目的看待。所以中國古代沒有學術獨立的傳統。其實對研究學術的學者來說，學術本身就是目的。就是為了學術而研究學術，為研究而研究，才能保持學術的獨立性。王國維對此看得很清楚，他在《論近年之學術界》一文中寫道："欲學術之發達，必視學術為目的，而不視為手段而後可。"又說："學術之所爭，只有是非真偽之別耳。於是非真偽之別外，而以國家、人種、宗教之見雜之，則以學術為一手段，而非以為一目的也。未有不視學術為一目的而能發達者。學術之發達，存於其獨立而已。"[1] 他竭力反對把哲學、文學當作政治附庸的做法，認為哲學也好，文學也好，自有其獨立價值。他說 "彼等言政治則言政治已耳，而必欲瀆哲學文學之神聖，此則大不可解者也"[2]。王氏此文寫於 1905 年，正是他從叔本華轉向康德時期。上述對哲學與美術獨立價值的看法，不無康德審美超功利理論的影響。但強調學術不是手段而是目的，則是一種現代學術意識，對促進學術的發展甚具助力。

梁啟超一生顛簸多變，但對於學問不曾一刻稍忽，越到晚年越能省察自己，尤多明通深識之論。1920 年撰寫《清代學術概論》，走筆至晚清一節，不覺痛乎言之："而一切所謂新學家者，其所以失敗，更有一種根源，曰不以學問為目的而以為手段。時主方以利祿餌誘天下，學校一變名之科舉，而新學亦變質之八股。學子之求學者，其什中八九，動機已不純潔。用為敲門磚，過時則拋之而已。"[3] 誰都知道任公先生是晚清新學家的文化班頭，他這樣批評新學家，無疑把自己也包括在內了。從而可見他對學術是目的這一真理性認知，持論多麼堅決。

障蔽之二："有用之學"和"無用之學"

學者為學，究竟是否一定要求其有用，也是歷來爭論不休的問題。中國傳統上是強調學術的實用性的，所以才認為學術是手段。其

---

[1] 王國維：《靜安文集》，《王國維遺書》第五冊，第 96—97 頁。

[2] 同上。

[3] 梁啟超：《清代學術概論》，《梁啟超論清學史二種》，第 80 頁。

實學術的有用與無用，不是可以簡單回答的問題。王國維看得最辯證，他認為"凡學皆無用也，皆有用也"，理由是："天下之事物，非由全不足以知曲，非致曲不足以知全。雖一物之解釋，一事之決斷，非深知宇宙人生之真相者，不能為也。而欲知宇宙人生者，雖宇宙中之一現象，歷史上之一事實，亦未始無所貢獻。故深湛幽渺之思，學者有所不避焉，迂遠繁瑣之譏，學者有所不辭焉。事物無大小，無遠近，苟思之得其真，紀之得其實，極其會歸，皆有稗於人類之生存福祉。己不竟其緒，他人當能竟之；今不獲其用，後世當能用之。"[1] 如果一定要求學問有今天的用處、直接的用處、現實的用處，不用說人文學科，即使自然科學，也不能滿足此項要求。梁啟超在《清代學術概論》裏也曾探討過這個問題，他寫道：

> 正統派所治之學，為有用耶？為無用耶？此甚難言。試持以與現代世界諸學科比較，則其大部分屬於無用，此無可諱言也。雖然，有用無用云者，不過相對的名詞。老子曰："三十輻共一轂，當其無，有車之用。" 此言乎以無用為用也。循斯義也，則凡真學者之態度，皆當為學問而治學問。夫用之云者，以所用為目的，學問則為達此目的之一手段也。為學問而治學問者，學問即目的，故更無有用無用之可言。莊子稱 "不龜手之藥，或以霸，或不免於洴澼絖"，此言乎為用不為用，存乎其人也。循斯義也，則同是一學，在某時某地某人治之為極無用

---

[1] 王國維：《國學叢刊序》，《觀堂別集》卷四，《王國維遺書》第四冊，第 7 頁。

者，易時易地易人治之，可變為極有用，是故難言也。其實就純粹的學者之見地論之，只當問成為學不成為學，不必問有用與無用，非如此則學問不能獨立，不能發達。[1]

任公先生所論非常明通達辨，與王國維的看法相得益彰，可以説已經把學術的有用無用問題析論得至為透闢。但理論上獲致解決，不等於實踐中不發生紛擾。何況傳統學術中的“經世致用”思想根深蒂固，早已影響了中國學術的整體面貌。

“經世致用”之説最早為清初學者顧炎武所力主，在矯正明代讀書人空談心性、以理學為禪學的空疏學風方面，有進步作用。這本來是學術思想的嬗變之常：一則以虛，一則以實，風氣相消，流轉遞長。問題是宋明理學以及心學也未嘗不講究“致用”，只不過它強調“用”在內斂方面，先“正”其“心”，爾後“治國平天下”。在“治平”的中間環節“正心”階段稍事整頓，人們便認為宋明學者不重視“致用”，實乃大錯。要之，這種思想在中國學術史上實在是一以貫之的。影響所及，直到今天仍在起作用。也可以説這是華夏民族的一種思想文化傳統，原沒有什麼不好，與其説是缺點，不如説是特點。只是到了 20 世紀以後，這一傳統需要加以轉化，方能有利於現代學術的發展。梁啟超説得好：“殊不知凡學問為物，實應離‘致用’之意味而獨立生存，真所謂‘正其誼不謀其利，明其道不計其功’。質

---

[1] 梁啟超：《清代學術概論》，《梁啟超論清學史二種》，第 40 頁。

言之，則有書呆子，然後有學問也。"[1]

障蔽之三：中學西學之爭

中國現代學術是在西方學術思潮的衝擊與刺激之下，傳統學術發生蛻變的產物。在流向上包含著對傳統的省察和對西學的回應兩個方面。省察傳統，必然要聯繫世界；回應西學，不能不聯繫傳統。因而一開始就有一個如何處置中國學術與西方學術的關係問題。本來在古代學術發展過程中，涉及不同國度和民族之間的文化交流，也碰到過這類關係，但並不成為問題。因為華夏文化的特點，向以強大的融化力著稱於世，對外來思想初不以如何迎拒為意。顯例是對印度佛教的吸收，一方面化作認知上的幽渺之思，另一方面易地嫁接，開出藝術與文學的燦爛花朵，直到後來演變為禪宗，完全變成本民族的宗教思想體系。可以毫不誇張地說這是中外思想接觸史上的奇觀。但到了晚清，情況有所不同，西方思想如狂風暴雨般襲來，而且是伴隨著船堅炮利長驅直入，受動一方便大有招架不住之勢。一時迎拒乏策，進退維谷，於是發生了激烈的中學西學之爭。南皮太保張之洞提出的"中學為體，西學為用"，就是因應西方文化衝擊的一種主張。這種主張的政治效果如何，非本文範圍，姑且不贅，僅就學術層面而言，則是一種文化防守主義，殊不利於學術本身的發展。可是誰曾想到，張氏的說法卻成了近百年來中國思想文化界眾說不盡的話題，每到東西方文化劇烈衝突之時，就有人重新議論一番。

---

[1] 梁啟超：《清代學術概論》，《梁啟超論清學史二種》，第 80 頁。

其實在這個問題上人為的障蔽比實際分歧要多得多。王國維曾說這是個不成問題的問題，根本否認中西在學問上會有什麼不可調和的矛盾。他的結論是"學無中西"。為什麼這樣主張？他做了詳細分析：

世界學問，不出科學、史學、文學，故中國之學，西國類皆有之，西國之學，我國亦類皆有之。所異者，廣狹疏密耳。即從俗說，而姑存中學西學之名，則夫慮西學之盛之妨中學，與慮中學之盛之妨西學者，均不根之說也。中國今日實無學之患，而非中學西學偏重之患。京師號學問淵藪，而通達誠篤之舊學家，屈十指以計之，不能滿也。其治西學者，不過為羔雁禽犢之資，其能貫串精博、終身以之如舊學家者，更難舉其一二。風會否塞、習尚荒落，非一日矣。余謂中西二學，盛則俱盛，衰則俱衰，風氣既開，互相推助。且居今日之世，講今日之學，未有西學不興而中學能興者，亦未有中學不興而西學能興者。特余所謂中學，非世之君子所謂中學，所謂西學，非今日學校所授之西學而已。治《毛詩》、《爾雅》者，不能不通天文、博物諸學，而治博物學者，苟質以《詩》、《騷》草木之名狀而不知焉，則於此學固未為善。必如西人之推算日食，證梁虞邪、唐一行之說以明竹書紀年之非偽，由《大唐西域記》以發見釋迦之支墓，斯為得矣。故一學既興，他學自從之。此由學問之事，本無中西，彼鰓鰓焉慮二者之不能並立者，真不知世間有學問事者矣。[1]

[1] 王國維：《國學叢刊序》，《觀堂別集》卷四，《王國維遺書》第四冊，第7頁。

這番論述見於 1914 年王國維為《國學叢刊》所寫的序言，正值他的學術成熟期，所謂中學西學，早已在他心目中熔為一爐，不見隔梗。

請注意，王國維講的是 "學"、"學問"，不是泛指東西方文化。對文化現象進行專門研究謂之學。文化聯繫著人種和民族，不同民族具有不同的文化系統。但學術上的廣狹深淺密疏與文化的異同不能等量齊觀。由於文化背景殊異，所處社會歷史的發展階段有別，中西學術思想的表現形態和思維慣性縱使參差互見，學理的正誤和心理的規律，應該是殊途同歸，化百為一。王國維提出中西學術 "互相推助" 說，反對把兩者人為地對立起來，甚具卓識。錢鍾書先生在《談藝錄》序言裏亦曾說過："東海西海，心理攸同；南學北學，道術未裂。"[1] 此聯可為中國現代學術史上的中學西學之爭下最後斷語。

實際上，現代學術思想必然是一個並納兼容的具有開放性格的體系。所謂學術上的中西之爭，無異於強分畛域，自結牢籠。人類進入 20 世紀，為學而不能與世界文化對話，算不得現代學者。王、錢兩位現代學術大家在這個問題上異口同音，殊堪玩味。

障蔽之四：新舊古今之辨

如果說中西之爭是中國傳統學術向現代學術轉型必然遇到的問題，那麼新舊古今之辨比中西之爭要古老得多，只不過發展到清末民

---

[1]　錢鍾書：《談藝錄》，北京：中華書局，1984 年，第 1 頁。

初表現得更為激烈。當時社會變動加劇，思想波濤洶湧，新黨舊黨、新學舊學，人人説得口滑。而時尚趨新，人情戀舊，中外古今歧見旁出，學問之道遂為此無盡的爭論所蔽。只有洞明世事、空諸依傍的大家，能夠越紛沓而執一，不為新舊之説所惑。散原老人在談到父尊陳寶箴時説過："府君獨知時變所當為而已，不復較孰為新舊，尤無所謂新黨、舊黨之見。"[1] 陳寅恪為學為文，也是有宗無派，"惟偏蔽之務去，真理之是從"[2]，殊不以新舊為然。義寧學風，祖孫三代一以貫之。

王國維在駁難學術的中西之爭和有用無用的同時，對新舊古今之辨也有極透闢的説明。他認為"學無新舊"，理由是："天下之事物，自科學上觀之，與自文學上觀之，其立論各不同。自科學上觀之，則事物必盡其真，而道理必求其是。凡吾智之不能通，而吾心所不能安者，雖聖賢言之，有所不信焉；雖聖賢行之，有所不謙焉。何則？聖賢所以別真偽也，真偽非由聖賢出也；所以明是非也，是非非由聖賢立也。自史學上觀之，則不獨事理之真與是者足資研究而已，即今日所視為不真之學説，不是之制度風俗，必有所以成立之由，與其所以適於一時之故。其因存於邃古而其果及於方來，故材料之足資參考者，雖至纖悉不敢棄焉。故物理學之歷史，謬説居其半焉，哲學之歷史，空想居其半焉，制度風俗之歷史，弁髦居其半焉，而史學家弗棄也。此二學之異也。然治科學者，必有待於史學上之材料，而治史學

---

[1]　陳三立：《巡撫先府君行狀》，《散原精舍文集》，瀋陽：遼寧教育出版社，1998年，第 114 頁。

[2]　陳寅恪：《三論李唐氏族問題》，《金明館叢稿二編》，第 304 頁。

者，亦不可無科學上之知識。今之君子非一切蔑古即一切尚古，蔑古者出於科學上之見地，而不知有史學，尚古者出於史學上之見地，而不知有科學。即為調停之説者，亦未能知取捨之所以然。此所以有古今新舊之説也。"[1]

王國維把學問分為三大類，即科學、史學和文學。他認為三者之間互相有待，不必自設畛域，是丹非素。斤斤於古今新舊的畛域難通，是學者的自蔽，大不利於學術的發展。況且學術上的新與舊、今與古，彼此之間總會有連結貫穿的思想脈絡，今由古時來，新自舊中生，主要看是否合乎科學，接近真理。1961 年，當年清華國學研究院的主任詩人吳宓，赴廣州中山大學探望清華國學研究院四導師之一的陳寅恪先生，長時間交談後得一結論："在我輩個人如寅恪者，決不從時俗為轉移。" 此一結論代表著中國現代學術傳統的真精神。而吳、陳兩位，就是王國維遺囑託為處理書籍實即文化託命之人。

王國維寫道："學之義不明於天下久矣。今之言學者，有新舊之爭，有中西之爭，有有用之學與無用之學之爭。余正告天下曰：學無新舊也，無中西也，無有用無用也。凡立此名者，均不學之徒，即學焉，而未嘗知學者也。"[2] 説得激切而不留餘地，可見其體認之深。但這個問題當時後世是否已獲致解決？應該説沒有。幾十年後提出的"厚今薄古"、"古為今用"、"洋為中用"，毋庸説也是因應此一問題

[1]　王國維：《觀堂別集》卷四，《王國維遺書》第四冊，第 7—8 頁。
[2]　同上。

的一種對策罷。單是在學理的認知上就蒙上這許多障蔽，而且左扯右撏，不得廓清，宜乎中國現代學者難於以學術為宗基求立命安身也。

1991 年 11 月寫定，載《中國文化》第 6 期

現代學人的性情與信仰

王國維陳寅恪 "氣類忘年"

陳寅恪先生最有名的話是 "獨立之精神，自由之思想"，這是 1927 年王國維去世後的隔年，也就是 1929 年寫的。王國維去世是在 1927 年的 6 月 2 日，是在頤和園昆明湖的魚藻軒投水自殺的。那天早晨九點，他向國學院秘書借了五塊錢，從清華的側門出去，坐人力車，到頤和園，從容地投水自殺。這是一個令人震驚的大事件。

王國維是現代學術的開山，在中國現代思想學術的各個門類，都有自己的建樹。他早年致力日文和英德文的學習，翻譯和介紹很多西方的著作，主要是康德和叔本華的著作。有一部分是通過日文翻譯的。他出版的《靜安文集》和《靜安文集續編》，就是這個時期寫的文章，這些文章常常涉及藝術、美學和文學，探討教育的文章也不少。但是很快，他的學問有一個轉變。

王國維和羅振玉可以說是學問知己，後來又成為兒女親家。同時他們也恩怨一生。由於羅振玉的關係，王國維被推薦到北京的學部，擔任學部圖書編譯館的編修，時間大約在 1907 年。這時他開始研究宋元戲曲。他是浙江海寧人，羅振玉是浙江上虞人。辛亥革命後，王國維隨羅振玉到日本，又轉變為研究古史、古文字和古器物。他的學問被公認，在 20 世紀文史學者當中，幾乎是第一人。當然我們可以說他是大師。可是過去也沒人叫他國學大師。他的學問包括研究敦煌學、甲骨學，這是 20 世紀的兩大顯學。這兩門學問的出現，跟晚清的兩大發現有關。甲骨文的發現，是在 1899 年，戊戌變法的第二年。敦煌遺書的發現，是在 1900 年，大鬧義和團的那一年。這兩個發現，使 20 世紀的人文學增加了兩個新的學科。這樣兩門學問的依據，發現的材料，早期大量外流，以致國外研究敦煌學的人比國內的還多。他們把很多珍貴材料拿走了，所以陳寅恪先生講，我國的敦煌學，是吾國學術的傷心史也。

最了解王國維學問的是陳寅恪先生，所以王國維逝世的隔年，清華大學建紀念碑，碑文是請陳寅恪寫的，"獨立之精神，自由之思想"，最早見於這個碑文。陳寅恪和王國維氣類相投，陳寫的《王觀堂先生輓詞》，其中有句 "許我忘年為氣類"，就是指此。王比陳大十三歲，所以用了 "忘年" 一詞。就精通的外國文字來說，陳在王之上。他十三歲留學日本，然後回國，後來又繼續留學。

吳宓的固執和浪漫

1919 年，陳寅恪是哈佛大學的留學生。當時跟他在一起的有吳宓，陝西涇陽人，有名的詩人。吳宓比陳寅恪小四歲，比王國維小十七歲。大家都提倡白話的時候，他主張文言。大家都主張新文化的時候，他提倡一點舊文化。他的詩，在錢鍾書先生看來，還不夠好，但是他自己覺得很好。他懂學問，對高才總是很佩服。清華國學研究院 1925 年成立，整個籌備工作是由吳宓先生一手經辦的。但他不是清華國學院的導師，而是清華國學院的辦公室主任。

吳宓有激情，看人有眼光。他在哈佛見到陳寅恪以後，就給國內的一些朋友寫信，他說，要講學問，從國外到國內，誰都比不過陳寅恪。他是陳寅恪先生一生的朋友。他很重友情。他也熟悉錢鍾書，說年輕一點的要數錢先生學問最好。但他與錢鍾書先生有一個公案。錢先生幽默睿智，他講清華的教授，誰太傻，誰太糊塗，誰太笨，如何如何。他可能說過吳宓先生有點什麼。這都是私下的話，也未必作準。實際上，我們看一些記載，錢先生對吳先生很尊重。後來楊絳先生把公案給了結了，楊先生和吳宓的女兒吳學昭是忘年好友。

吳宓先生有一累，一些特殊的人都有累。他的一累就是喜歡談戀愛。他愛上了一個叫毛彥文的女性，他覺得毛彥文天仙一般的美。你看吳宓日記，從 1925 年開始到 1930 年，五六年的時間，很多寫的都是對毛彥文的情感牽掛，不可理喻。前不久出了一本毛彥文寫的書，這書叫《往事》，她說她根本沒跟吳宓有過戀情。當然吳宓先生去世了，要是他還活著，對他的打擊，可能比當時給毛彥文寫信的時候還要沉重。這就是老輩，他們胸懷寬博，內心坦蕩，精神世界豐富。不過毛彥文後來跟熊希齡結婚，大她三十三歲，過了相濡以沫、情感熾熱的三年婚姻生活，1949 年後去了台灣。

"四大導師" 的故事

陳寅恪先生懂十幾種文字，懂敦煌學，懂佛學經典，懂一些稀有文字，梵文不用説，蒙文、藏文、巴利文、西夏文，很多稀有文字，他都懂。他唸這些文字的目的，是為了比較佛經的不同版本，來校對佛經，研究佛經的義理。研究佛經的義理，叫義學。佛學的另一個學問叫禪學。陳寅恪先生研究的主要是佛學的義學。精通禪學的是馬一浮先生。陳寅恪先生在清華國學院開的課，就是講佛經翻譯的比較研究。他是 1925 年清華國學院一成立就被推薦為國學研究院的四大導師之一。

這四大導師都很了得，第一個是王國維，溥儀的老師。還有一位是梁啟超，在晚清，誰不知道梁任公呢，文章學問，名動天下。1898 年那一年很特殊，就是戊戌變法那一年。1897 到 1898 年，《時務報》的主要撰稿人是梁啟超。《時務報》是在上海創辦的，主持人是汪康年，要研究近代的思想和歷史，汪康年這個人物很重要。他主持過很多刊物，特別是《時務報》，他跟很多政壇文壇的重要人物都有聯繫。後來出版的五卷本的《汪康年師友信劄》，都是通信，是很可寶貴的材料。我研究陳寅恪的祖父陳寶箴 1895 年至 1898 年在湖南做巡撫，如何推動新政及後來的結局，汪康年的書信是很好的材料。

梁啟超擔任《時務報》撰稿人，他寫的鼓吹變法的文章，人人愛讀。黃遵憲也是了不起的人物，他從日本回來，看到梁啟超的文章説，他的文章怎麼寫得這麼好，他説自己也會寫文章，就是沒有梁啟超寫得好。陳寅恪的父親陳三立，是晚清了不起的大詩人，晚清有一個詩歌流派，叫同光體，是同治、光緒年間，一批第一流的學人兼詩人，他們的詩有宋詩的特點，不是唐詩的風格，裏邊有 "理" 的成分，有禪意。這樣一批人，比如陳三立、范伯子、鄭孝胥等。范伯子是范曾先生的曾祖父，也叫范當世、范肯堂，跟陳三立是兒女親家。

范伯子的女兒婚配給陳三立的長子陳師曾，師曾是一位畫家，文人畫的提倡者，對繪畫史很有研究。陳師曾是一位孝子，1926 年，陳寅恪從德國回來，應清華國學院之聘。他母親正在生病，照料母親的，主要是長子陳師曾。陳師曾是怎麼死的呢？給他母親吃藥，每一種中藥，他都先嘗過，結果中藥中毒而死。陳三立是同光體靠前的一二把交椅，有研究者認為第一把交椅是范伯子，也有人說兩人難分上下。

"義寧父子" 和晚清變法

陳寅恪先生學問的來歷，跟家學淵源有關係。他是江西義寧人，遠祖是福建人。很早遷到江西義寧州，民國後改為修水。現在去修水，還可以看到陳家的老屋。陳三立中進士時的旗杆還在。陳寶箴做巡撫的一些遺跡、匾額也可以看到。所以，當時的人士常常稱陳寶箴、陳三立為 "義寧父子"，甚至用 "義寧" 來概括。這是清中葉到晚清官員和士人的一個稱謂習慣。稱一些非常重要的人物，以地望相稱，比如李鴻章，安徽合肥人，稱李合肥；曾國藩是湖南湘鄉人，稱為曾湘鄉；張之洞是河北南皮人，叫張南皮等等。

陳寅恪的家世有很特殊的經歷，他的祖父陳寶箴是 1895 到 1898 年的湖南巡撫，把湖南的改革做得非常好，當時走在全國維新變法的最前面，成為中國的一個典範。改革派人士當時很多都到了湖南。梁啟超來了，任長沙時務學堂的中文總教習。黃遵憲，是晚清改革派的大將，從日本回來後，擔任湖南的鹽法道，跟陳寶箴一起推動湖南新政。他人好，學問也好，而且有外事經驗。譚嗣同本來就是湖南瀏陽人，新政期間，他也在湖南。後來"六君子"被保薦入京，他做了章京，這是 1898 年年中了。很快就是慈禧八月政變，譚嗣同和另外五人被殺於京城菜市口。唐才常、熊希齡、經學大師皮錫瑞，當時也都在湖南。一時間，湖南的改革做得轟轟烈烈。

當時的改革有兩種流派的分別。以陳寶箴、陳三立、黃遵憲為首的一派，他們主張改革需要慢慢來，就是漸進的改革。以康有為、梁啟超、譚嗣同為代表的一派，主張激進的變革，想趁熱打鐵，無所顧忌。熊希齡、唐才常和康、梁、譚的主張相同。譚嗣同性格很激烈，說自己是"縱人"，志在超出此地球，視地球如掌上。唐才常以"橫人"自詡，譚嗣同說他是"志在鋪其蠻力於四海"，不能取勝就繼之以命。熊希齡則自稱為"草人"，說自己"生性最憨，不能口舌與爭，惟有以性命從事"。

1898 年 8 月初，慈禧發動政變，陳寶箴、陳三立受到了"革職、永不敍用"的處分。為什麼處分他們呢？說陳寶箴"濫保匪人"，楊銳、劉光第是他保薦的。陳三立的罪名叫"招引奸邪"。為什麼呢？請梁啟超做時務學堂的中文總教習，是陳三立的主意。你看，慈禧給他們定罪的時候，也還都有點"原因"，儘管在我們看來，梁啟超不是"奸邪"，楊銳、劉光第不是"匪人"，可是站在慈禧的立場，梁啟超就是"奸邪"，楊銳、劉光第就是"匪人"。黃遵憲、熊希齡、皮錫瑞也都受到了處分。

　　慈禧戊戌八月政變對陳寅恪家族的打擊非常大。當時陳寅恪九歲。但是他家庭的狀況，所受的教育，以及 1898 年這一年的狀況，對他的心靈有巨大的刺激。這一年的冬天，陳寶箴一家，坐長江的船，從長沙到了南昌。住在南昌的一個小巷子裏，叫磨子巷。沒有經濟收入，靠親友幫助，維持生活。陳寶箴在南昌的西山，修了一個廬舍，他住在那裏。這是 1898 年底到 1899 年初的情況。1899 年，義和團起來了。慈禧太后一開始鎮壓義和團，看到義和團反對洋人，又利用義和團反對洋人。慈禧為什麼這麼恨洋人呢？譚嗣同等六君子在菜市口被殺了，但她最恨的康、梁居然跑掉了。外國人對慈禧政變同聲譴責，並且保護康梁，他們在國外活得不錯。譚嗣同也可以走，船都為他預備好了，但他沒有走。他説，如果改革需要流血，從他開始。他等著巡捕把他帶走，被斬於菜市口。譚嗣同是湖北巡撫譚繼洵的公子，陳三立是湖南巡撫陳寶箴的公子。另外還有兩個人，一個是廣東水師提督吳長慶的公子吳保初，一個是福建巡撫丁日昌的公子丁惠康，被稱為晚清的 “四公子”。

　　戊戌變法釀成悲劇，失敗，流血，這件事對陳寶箴、陳三立父子的打擊特別巨大，對未來的史學家陳寅恪的打擊，也讓他終生難忘。陳寅恪後來寫了很多文字，對中國的變革有深刻的反思。他同意祖父和父親的看法，覺得中國的變革應該是漸進，應該是 “守國使不亂”。他覺得，如果當時不是走激進的道路，如果按照他祖父和父親的方法變革，按照他們所設計的方案實施，推薦張之洞入朝，帶領譚嗣同這些年輕人辦理改革，情況會有不同。張之洞是慈禧喜歡的人，也是改革派。如果他來主持改革，慈禧與光緒的矛盾不會爆發，就不會有八月政變，隨後的義和團變亂也就不會出現，也就不會有八國聯軍打入北京。如果沒有八國聯軍，就不會有後來的一系列的事變。在陳寅恪看來，中國近代的歷史，從 1898 年戊戌變法之後，走上了一條從激進到激進的道路，這非常 "可堪哀痛"。這是一位大史學家的觀點，其實很有價值。

"借傳修史" 的《柳如是別傳》

陳寅恪的學問的精神，特別是他一生秉持的 "獨立之精神，自由之思想"，很少有另外的人像他那樣堅持到那種程度。陳寅恪的許多著作，包括他晚年寫的《柳如是別傳》，這是他寫的一部最重要的史學巨著，都有他的這種學術精神的表露。他早年有《隋唐制度淵源略論稿》、《唐代政治史述論稿》、《元白詩箋證稿》，研究的是中古文化社會之史。而在晚年，居然寫出《柳如是別傳》這樣一部史學的巨著，真是學術奇跡。

1945 年以後，他的眼睛不能看物了，已經成為一個盲人。後來腿又跌傷，變成 "目盲臏足"。直到 1969 年去世。廣東有一位陸鍵東先生，寫了《陳寅恪的最後二十年》，寫 1949 年到 1969 年這二十年陳的遭遇。陳先生在眼睛不能看東西的情況下，寫了八十萬字的《柳如是別傳》。他是給晚明一個有名的妓女立傳，這個人叫柳如是，號河東君。她不是一般的做某種專業工作的人，在陳寅恪看來，她是一位民族英雄，認為她也秉承了 "獨立之精神，自由之思想"。明清易代，1644 年清軍打到北京，明代亡了，崇禎皇帝吊死在煤山，就是現在的景山。北方一個民族打進來了，諸種契機，中國歷史甚難言也。明朝垮了，在南京建立了南明朝廷，就是弘光政權。河東君（柳如是）最後嫁的男人是錢牧齋錢謙益，他是明清之際學問非常好的人，有“當代李杜”之稱。何以嫁他？有一些故事。很多人都追求她，追求她的人也都是當時很有地位的人。這些人很多是錢牧齋的學生。她實在擺脫不掉，就想索性嫁給他們的老師，他的學生就不敢追了。她也愛過一個人，叫陳子龍，是幾社的領袖，晚明的大詩人，後來抗清殉節。他們有真愛，但未有善終。

清兵入關之前，明朝的時候，錢牧齋本來有可能當宰相的，但天時人際，未能如願。於是告老還鄉，回到江蘇常熟老家。可是當南明小朝廷建立的時候，錢牧齋應詔入閣了，成為禮部尚書。跟他一起做官的還有一個了不起的人，叫王鐸，大書法家。南明不到一年時間就垮台了，所謂“一年天子小朝廷”。1645 年清兵南下，揚州沒有守住，也是統治集團內部多種矛盾造成的，如果不是內部的這些矛盾，清兵能否打過長江這一險，很難説。大家到揚州看看，史可法紀念館有具體材料，他沒守住揚州，全家自殺，很慘烈也很壯烈。

清兵打到南京，弘光皇帝跑了。當時兩個人，一個是錢牧齋，一個是王覺斯，就是王鐸，他們很快都投降了清朝。對要不要投降清朝的問題，錢牧齋跟他的夫人柳如是有分歧，他們本來商量好，準備投秦淮河自殺，錢牧齋臨陣退縮。但柳如是沒有降清。按照清朝的規定，降臣要“循例北遷”，遷到北京辦“學習班”，來改造他們。按規定夫人也要同行。王覺斯的夫人就一起去北京了。錢謙益去了，但柳如是堅決不去，一個人留在南京。錢牧齋在北京也沒有戀棧，半年左右，就託病回到常熟老家。回去以後，他們夫婦兩個，直到死，都在從事一件事，就是反清復明活動，比如跟鄭成功建立聯繫等。所有這些材料，都是陳寅恪在《柳如是別傳》中一一考證出來的。在此之前，這些故事誰都不知道。《柳如是別傳》，表面來講，是給一個女性作傳，實際上寫的是明清的文化史和政治史，是"借傳修史"。陳寅恪先生在《柳如是別傳》的緣起中講得很清楚，他寫此書，是為了表彰我民族的這種"獨立之精神，自由之思想"。

"史學二陳"

陳寅恪這樣的大學者被國民黨稱作國寶，他有充分理由在 1948 年去台灣。本來去台灣的機票，政府方面都給他買好了，跟胡適一起。但到了上海，胡適去了台灣，陳寅恪不走了。沒走，到了南京，住在俞大維家裏一段時間。再過一段，就到了廣州嶺南大學，應聘做教授。後來院系調整，嶺南大學和中山大學合併，陳寅恪先生成為中山大學歷史系的教授，直到 1969 年去世。

中間有個故事，1953 年到 1954 年的時候，中國科學院幾次想請陳寅恪先生北上，擔任歷史第二所所長。但他沒有來。學者們有很多考證，本人也寫過幾篇文章，分析各種理由。但我們不知道一件事，這件事是陸鍵東先生在《陳寅恪的最後二十年》中公佈的一份材料，從中山大學檔案裏發現的，是陳寅恪當時對科學院的答覆。這個答覆由汪籛手錄，原原本本記錄，陳寅恪親自看過記錄稿，然後拿去科學院。汪籛是陳寅恪欣賞的弟子，北京大學教授。汪是熱血青年，面對一個新的政權，他當然也很高興。他去廣州，請陳先生就任第二所所長職務，這是中央政府派他去的。陳先生跟他沒談好。沒談好的原因，以我對現場的重構，看來是汪籛表現得太過於高興，陳先生不喜歡這樣的態度。

一個政權的變遷，有很多複雜的東西，文化的、歷史的東西都在裏頭，陳先生看得很深。兩人沒談好，後來就明確講，我不能去，如果讓我去，兩個條件：一，歷史第二所不學馬列主義；第二個條件，請毛公或者劉公給我寫一封信，准許歷史所不學馬列。我們現在知道了，毛公或者劉公沒有給他寫這個信，陳寅恪先生也就沒有去。他在給科學院的答覆中，重申"獨立之精神，自由之思想"。他說做學問，必須以此為準。一切都可以讓步，只有這個不能讓。這就是陳寅恪的態度。我在我的書裏說，現代學者中，能把"獨立之精神，自由之思想"堅持到如此的高度和純度的，沒有第二人可以和他相比。

在這個問題上，陳援庵先生也不能和陳寅恪相比。但是，陳寅恪極端看重陳援庵先生的學問。陳援庵兩本書的序言都是寅恪先生寫的。陳援庵先生最重要的書是《元西域人華化考》，陳先生給他寫了序，給予很高的評價，認為他的學問是錢曉徵以後的第一人。錢曉徵是誰？清代的大史學家錢大昕，字曉徵。錢大昕的學問，一等的。陳先生認為，援庵先生的學問是錢曉徵之後的第一人。但是在 20 世紀 50 年代初，援庵老人也有叫寅恪先生傷心之處。1953 年，他在報上公開發表一個檢討。寅恪先生不喜歡一個大學者這麼做，你可以完全擁護一個新的政權，但也不必那麼深刻地否定自己的過去。他看了這個檢討，寫了一首詩，題目是《男旦》。這首詩，我想，援庵老人也會看到的。"改男造女態全新，鞠部精華舊絕倫。太息風流衰歇後，傳薪翻是讀書人。" 因為陳先生一生提倡 "獨立之精神，自由之思想"，必然不贊成 "妾婦之道"。學者要有 "獨立之精神"，不能像小媳婦那樣。

"改男造女" 是中國戲曲的一個特點，梅蘭芳是最有名的了。陳先生非常喜歡京劇和崑曲，"鞠部" 就是戲劇。陳先生在這首詩裏，對援庵先生的行為有所嘲諷，但他從不輕視援庵先生的學問。各位在大學唸書，不管你讀什麼系，援庵先生的幾部書，應該是必讀的。即便是唸哲學，不懂史，怎麼唸哲學？陳援庵先生有一本書叫《史諱舉例》，這是他的絕學。還有一本《元西域人華化考》，一等的著作。還有一本，也是非常重要的，我們現在還在用的，《二十史朔閏表》。他還有一個大的貢獻，是對中國各宗教的研究，不僅是佛教、道教，還包括天主教、基督教的研究。援庵的學問，了不起呀。"史學二陳" 的學問，即便跟自己沒有專業的關係，也應向他們表一份敬意。如果你們了解了他們的學問，以及他們的遭遇，你們的內心就會有一種莊敬產生。

現代學者晚年的寧靜

魯迅的《關於太炎先生二三事》，有一段人們都記得的話："太炎先生雖先前也以革命家現身，後來卻退居於寧靜的學者，用自己所手造的和別人所幫造的牆，和時代隔絕了。"

其實不止太炎先生，五四前後的中國現代學者，許多都有與太炎先生相類似的經歷，往往是早歲參加革命，中年以後專心向學，晚年退居寧靜。問題是如何評價這種現象，這種現象的出現是學者主觀的原因，還是客觀社會環境的原因？應該用心理學的方法加以解釋，還是需要求助於文化社會學？

熊十力回憶説："余在清光緒二十八九年間，即與王漢、何自新諸先烈圖革命，旋入武昌兵營，當一小卒。時海內風氣日變，少年皆罵孔子，毀六經，余亦如是（皮錫瑞在清末著《經學史》一小冊，曾謂當時有燒經之説，蓋實錄也）。辛亥武昌首義，神州光復，蔡子老主張學校禁止讀經，余初未措意。旋見吾黨諸新貴似不足辦天下事，而舊勢力之腐壞，亦岌岌不可終日。余自度非事功才，始決志從中國學術思想方面，用一番努力。"[1] 其由投身革命軍旅而轉為專一的學者的經歷，熊的自述已講得明白。而黃侃，也是很早參加同盟會，在

----

[1]　熊十力：《論六經》。

湖北東南一帶曾是聲名顯赫的群眾領袖，民元以後，宋教仁遇刺，袁世凱弄權，黃即對腐惡政治不再抱幻想，決心將興國愛族之心，寄寓於學術文章。太炎先生為表彰黃氏素節，特作《量守廬記》，說當時"欲取朱紫，登台省，突梯足恭，以迷其國而自肥"，或"寡得以自多，妄下筆以自伐，持之鮮故，言之不足以通大理，雷同為怪，以炫於橫舍之間，以竊明星之號"的人物正多，但"季剛之不為，則誠不欲以此亂真誣善，且逮於充塞仁義而不救也"[1]。

嫵媚動人如梁任公，晚年也有所悔悟，嘗自道愛博用淺之病，深以"屢為無聊的政治活動所牽率，耗其精而荒其業"為苦，而提出："凡學問之為物，實應離致用之意味而獨立生存，真所謂正其誼不謀其利，明其道不計其功，質言之，則有書呆子，然後有學問也。晚清之新學家，欲求其如盛清先輩具有為經學而治經學之精神者，渺不可得，其不能有所成就，亦何足怪。"[2] 說得至為沉痛，也很透徹，連自己都打入了"不能有所成就"的"新學家"之列。

這樣看來，中國現代學者的由激揚而轉為寧靜，主要的還是學術本身的原因和社會原因，學者個人年齡和心理的變化還在其次。目睹政治現狀怪異腐惡，自知不可為不願為也就不為了。因此魯迅對章太炎的評價，似乎有未盡的一面，用陳寅恪先生倡言的評價古人的著述"應具了解之同情"的態度相衡量，尚存一定距離。何況，即使公認的已"退居於寧靜的學者"，其晚年的生活際遇和內心世界是否真正

[1] 章太炎：《量守廬記》，《量守廬學記》，北京：生活·讀書·新知三聯書店，2006年，第5—6頁。

[2] 梁啟超：《清代學術概論》。

獲得寧靜，也還是個問題。

　　章太炎逝世前一直為實現全面抗戰而奔走呼號，始而撰文陳辭，繼而與熊希齡、馬良等組織國難救濟會，聯合六十多位著名知識分子電告當局，要求召集國民會議，成立救國政府。1932 年 1 月 28 日上海十九路軍奮起抗擊日軍侵略，他倍受鼓舞，不顧年高體病，憤然北上，找張學良、段祺瑞，又向愛國軍人和學生演講，並致函顧維鈞，希望他身為外交官，要有殉國的勇氣。直至 1936 年夏天，生命垂危之際，仍在遺囑中告誡子孫，萬一中國被日人統治，絕不可擔任官職。可見太炎先生的晚年內心並不寧靜。黃侃臨終前也曾問家人："河北近況如何？"歎息説："難道國事果真到了不可為的地步了嗎？"這是 1935 年 10 月 8 日，比太炎先生的病逝於 1936 年 6 月 14 日，僅早半年時間。所以黃之墓誌銘竟是其師太炎先生所寫，其辭曰："微回也，無以胥附；微由也，無以禦侮。繄上聖猶恃其人兮，況余之瘒腐。嗟五十始知命兮，竟絕命於中身；見險徵而舉趾兮，幸猶免於遷播之民。"[1]

　　最早傳播新學於海內的侯官嚴復，因曾列名於籌安會，晚年頗遭訾議，因而"閉門謝客，不關戶外晴雨"。但看他寫給熊純如的信，一則曰"中國前途，誠不可知，顧其大患，在士習凡蝸，而上無循名責實之政"；再則曰"吾人學術既不能發達，而於公中之財，人人皆有巧偷豪奪之私，如是而增國民擔負，誰復甘之。即使吾為國家畫一奇策，可得萬萬之貨，以為擴張軍需之用，而亦不勝當事之貪情

---

[1]　章太炎：《黃季剛墓誌銘》，《量守廬學記》，第 2 頁。

欲望。夫如是則又廢矣"[1]。對國事的瘁勞，未嘗稍減。那麼侯官的心情，未必很寧靜罷。熊十力晚年，正遭遇國家的巨變奇劫，穿褪色長衫，腰繫麻繩，端坐桌前，凝望寫有孔子、王陽明、王船山名字的白紙條，形似貧僧，心湧波濤，其如同自撰聯語所形容的："衰年心事如雪窖，薑齋千載是同參。"

　　難得例外的是中國近代新佛學的創始人楊文會，雖早年任俠，好讀奇書，又有操辦團練，與太平軍作戰的記錄，也曾隨曾紀澤兩使歐洲，考察與學習英法各國的工業和政治，但天命之年過後，目睹 "世事人心，愈趨愈下，誓不復與政界往還"，專以刻經傳典和籌辦佛學教育為職司。1908 年在金陵刻經處開設 "祇洹精舍" 佛學學堂，1910 年創立佛學研究會，逢七日講經，每月開會，景況極一時之盛。當晚年臥病之際，只有一事讓他 "心頗戚戚"，即經營多年的《大藏輯要》尚未完成。此事一旦有託，他便 "熙怡微笑"，午刻囑家人為之濯足剪指甲，"須臾小解，身作微寒，向西瞑目而逝，面色不變，肌膚細滑不冰"，真正吉祥而逝，時在 1911 年農曆八月十七日。而他的弟子歐陽竟無大師卒於 1943 年 2 月 23 日，雖然也是"安祥而逝"，卻因國難期間，創辦未久的南京支那內學院內遷四川江津，精刻大藏並進一步傳道弘法的願望未盡實現，其心境就沒有楊老居士那樣安寧了。

寫於 1991 年 8 月，載香港《明報月刊》

---

[1]　參閱《嚴復集》第三冊 "與熊純如書"，北京：中華書局，1986 年。

陳寅恪家族的 "優美門風"

　　陳寅恪的祖父陳寶箴最服膺的人物是曾國藩，曾和陳第一次接談對陳寶箴所説："人亦貴自立耳。轉移之任，不必達而在上也。但汝數君子，若羅惺四、許仙屏者，沉潛味道，各存一不求富貴利達之心，一人唱之，百人和之，則風氣轉矣。" 曾國藩強調的是士人的 "自立" 精神，實即 "獨立" 之義諦。而對此一義諦的冥心我會，在於須有 "不求富貴利達之心"。曾公此語和陳寶箴的父尊陳琢如當年讀王陽明書而拍案，斥當時的社會士風為 "奔馳夫富貴，泛濫夫詞章"，可謂同發一慨。

　　陳寶箴的一生經歷，確然是將曾公之言存乎心底並付諸行動。光緒初年，他在寫給廖樹蘅的信裏，稱讚曾國藩的詩詞 "亦皆卓然有以自立"，而陶淵明、李白、杜甫等古人之作，所以傳之百世，陳寶箴認為，也是由於 "其精神有獨至者"。陳寶箴早年寫的《祭閔子清文》有云："世無真儒，不足以維名教；士無肝膽，不足以議綱常""君子可貧，弗喪吾真；君子可賤，不虧方寸；君子可死，不傷不毀"，所闡述的都是士之獨立之義諦。其所作《書周貞女》一文，亦闡論道："蓋常者眾人所同趨，而異者孤臣、烈士、孝子、貞婦，之所以行其心之所安而求其所自是。當其一意孤行，可泣鬼神而貫金石，雖事之不必如是而可，而不屑援以為詞，以稍抑其獨至之意，此固聖人所深許也。"斯兩篇文字所謂"真儒"、"肝膽"、"弗喪吾真"、"不傷不毀"、"行其心之所安"、"一意孤行",都是為了使"獨至之意"不受到壓抑。此種精神,就是作為士人的"獨立之精神"。

職是之故,當陳寶箴因"王樹汶案"蒙冤而降調浙江按察使一職時,他抗疏力辯,不是為了官位的去留,他說"一官進退輕如鴻毛,豈足道哉";但事涉汩沒真相、傷損人格及朝廷大員"聲氣朋比"的吏治風氣,他不能緘默不言。因左副都御史張佩綸奏請陳寶箴不應放過一摺,其中有誣稱陳寶箴銘"日營營於承審各員之門",企圖"彌縫掩飾"等詞句,純屬出於黨派門戶之見的無中生有。故陳寶箴在抗疏中說:"況臣具有天良,粗知忠孝立身之義,縱涓埃無補,亦惟力矢勿欺,有恥之愚,自盟衾影,而禍福聽之在人"、"若張佩綸所奏營營於承審各員之門,彌縫掩飾,臣縱改行易轍、判若兩人,亦不應寡廉鮮恥,行同市儈至此"。後經朝廷委派閻敬銘復查此案,證明陳寶箴所辯真實不虛,"張佩綸所奏自係得自風聞"。但由於該閻敬銘首鼠兩端,原給予抗辯人降調三級的處分沒有撤銷,陳寶箴的仕途命運沒有改變,卻保住了自己的名節。如此膽識、氣度、風義,為晚清官場所僅見。陳寶箴抗辯自雄的整個過程,讓我們看到了義寧之學的獨立之精神的風采。

陳寅恪的父尊陳三立的風骨,比之乃父陳寶箴有過之而無不及。他雖為進士出身,終其一生沒接受過任何官職,吏部主事只是個虛銜。戊戌慈禧政變,維新黨人受到懲處,陳寶箴、陳三立父子革職後以戴罪之身退歸江西南昌,中間陳三立兩次大病,一次拒不服藥,至以牙齒咬碎藥碗。光緒三十年(1904年),清廷大赦戊戌在案人員,除康、梁和孫中山，其餘均予赦免，曾經革職者全部開復原銜。但陳三立視其為烏有，不僅不接受各項榮譽邀請，不得已偶爾北上，寧可繞道，也不入帝京。1937 年日人犯華，陳三立憤而不食而死。歐陽竟無大師對散原的評價是："改革發源於湘，散原實主之。散原發奮不食死，倭虜實致之。得志則改革致太平，不得志則抑鬱發憤而一寄於詩，乃至於喪命。徹終徹始，純潔之質，古之性情肝膽中人。發於政不得以政治稱，寓於詩而亦不得以詩人蓋也。" 陳三立的姿質峻潔、貶斥義利、風骨凜然、晚清到民國的政壇文苑，稍知其名者無不嘖嘖讚佩。

陳寅恪先生畢生守持的"獨立之精神，自由之思想"，固然是 20 世紀現代學者追求學術獨立的題中應有之義，但將此種精神守持到如此純度和高度，則又為同時代其他學者所不能望其項背。究其原因底裏，實與乃祖陳寶箴和乃父陳三立所代表的義寧之學的精神傳統直接相關。寅恪先生在《唐代政治史述論稿》裏說："士族之特點既在其門風之優美，不同於凡庶，而優美之門風實基於學業之因襲。" 其論《天師道與濱海地域之關係》則又云："家世信仰之至深且固，不易湔除，有如是者。明乎此義，始可與言吾國中古文化史也。" 然則寅老之所論，是亦有自家門風之影響熏習之體悟存焉。

載 2014 年 11 月 10 日《北京日報》

陳寅恪的學說為何有力量

陳寅恪先生寄望於後人對他的著作的理解，幾次在詩中說："後世相知儻破顏"、"後世相知或有緣"。今天在座的，很多都是與義寧之學結緣的朋友，也有的是我個人的朋友。汪榮祖教授，是我多年的朋友。還有鄭翔先生，陳寅恪先生歸安廬山，他一手經辦，可以說是陳先生的真正後世"有緣"人。我有幸再次見到陳小從先生，她是我尊敬的人。她的詩寫得很好，她的詩、文繼承了義寧一門的整個學風和文風。我還再次見到了陳寅恪先生的三位女公子。流求和美延，過去見過，小彭是第一次。剛才小彭講曾經寫信給我，非常抱歉，信我大概沒有收到。她看到我在鳳凰衛視講《大師與傳統》，裏面很大程度講陳寅恪先生。要是看到你的信有多好。我還非常高興，昨天見到了陳先生的隔代人，看到他的幾位孫輩：流求的兩位女兒，美延的一位女兒。昨天晚餐，她們一起過來跟我說話的時候，我流了淚，我想這是陳先生的隔代人啊！都長這麼大了，一個個亭亭玉立、風度不凡。流求的一個女兒，長得跟唐曉瑩先生非常相像，我還從美延的女兒身上看到陳寅恪先生的一些相貌特點。

陳寅恪先生是我最敬仰的現代學術大師。自從我差不多三十年前開始讀陳寅恪先生的著作，直到現在，我讀陳著沒有停止過。陳先生的書是我的案邊書，無日不翻。開始讀的時候，沒有想寫文章。我在公共汽車上也讀他的書。我讀得非常仔細，像《柳如是別傳》，我也是逐字逐句細讀的。當我熟悉了他的著作、他的人格精神之後，陳先生就始終伴隨著我，陳先生的精神和學問影響了我整個的身心，他再也不會離開我。

大家了解，我們做人文學術研究的人，無論文學、史學還是哲學，我們常常有一種無力感——這些學問有用嗎？人文學術有什麼用呢？其實，我們常常感到人文學術是沒有什麼力量的，人文學術工作者、從業人員充滿了無奈。但唸了陳寅恪先生的書之後，對他的學問和學說有一定了解之後，會發現史學、詩學、哲思等人文學術是可以有力量的。

陳寅恪先生的學問著作所以有力量，一個是由於他是大學問家，不是小學問家。能成其大，見得大體，所以有力量。就像明末清初三大思想家顧炎武、黃宗羲、王夫之一樣，王國維稱他們的學問是能成其大者。還有，陳寅恪先生是思想家，他對中國歷史文化的研究，有獨闢創發的系統思想。簡單以史學家目之，未免把他的學問看小了。他更不是一個單一的材料考據家。當然，他一生治學對中國的文、史二學做了大量考證，所涉材料的廣博，鮮有人能及，但他在甄別考證這些材料的過程中常常放出思想的光輝。

大家知道他研究隋唐史的兩部著作，《隋唐制度淵源略論稿》和《唐代政治史述論稿》，這兩部書並不厚，你注意到他的材料的使用，一遍一遍地引證新、舊兩《唐書》。如果不懂學問的人或者不耐煩的人，很容易略開他的大面積的引證。可是，只要略開他的這些引證，你就不能懂得陳先生的學問。他的每一條引證都不是無謂而引，材料舉證本身就是思想的發現。然後再看他引證之後或三言兩語、或千數百字的疏通引論，所引證材料的生命力便粲然釋放出來。因此可以講，他的關於隋唐史的兩部著作，既是史學的著作，也是文化史的著作，同時也是思想史的著作。姑且先不說其他的著述，單是這兩部書，就可以認定它們是了不起的思想文化史的大著述。包括《元白詩箋證稿》，雖然是對以元稹和白居易的詩文為中心的文史考證，以元、白兩詩人作為研究對象，但是裏面的內容，實際上是研究唐代的思想文化史和社會風俗史，研究中晚唐知識分子的心路歷程，以及在社會變遷過程中知識人士和文化人士的心理、個性、面貌所呈現的變化。

所以我說，陳寅恪先生的學問與學說所以有力量，與他是一位思想家有很大關係。除此之外，還由於他的學問裏面有一種頂天立地、獨立不倚的精神。他的學行經歷，體現了一般知識人士所不具備的節操和氣節。這就是他晚年在給蔣秉南先生贈序中所講的 "貶斥勢利，尊崇氣節"，以及絕不 "侮食自矜，曲學阿世"。所謂 "獨立之精神，自由之思想"，蓋亦指此義。還有他在給楊樹達先生的序言裏講的，"始終未嘗一藉時會毫末之助，自致於立言不朽之域"。為學從來不 "藉時會毫末之助"，"貶斥勢利，尊崇氣節"，這是陳學最富光彩的精神層面。他的學問充滿了恆定的精神信仰力量。

他的學問之所以有力量，也還由於他的著作裏面蘊含有深沉的家國之情。我很喜歡他 1965 年寫的《讀清史后妃傳有感於珍妃事》那首詩，其中有兩句寫的是："家國舊情迷紙上，興亡遺恨照燈前。" 這兩句詩是陳先生整個詩歌創作的主題曲，也是打開他著作寶庫的一把鑰匙。因為他的精神力量跟他的家國之情緊密聯繫在一起。他的很多詩裏都有類似的情結的流露。"頻年家國損朱顏，鏡裏愁心鎖疊山""衰淚已因家國盡，人亡學廢更如何"。他的眼淚都哭乾了。所以哭乾，是由於深沉的家國之情，這是他一生精神脈絡之所從出。

而他的學問之所以有力量，還由於優美的家風門風使然。"優美之門風"這句話，是陳先生在他的著作裏面，講到漢以後的學術發展，很重要的一個思想。剛才提到《隋唐制度淵源略論稿》和《唐代政治史述論稿》兩部著作，其實此兩部著作非常強調地域和家世信仰的熏習作用。陳寅恪先生對中國學術思想史有一個重要假設，即認為漢以後的學校制度廢弛，學術中心逐漸由官學轉移到家族。但"家族復限於地域"，所以他提出："魏、晉、南北朝之學術、宗教皆與家族、地域兩點不可分離。"[1] 而家族所起的作用在於："士族之特點既在其門風之優美，不同於凡庶，而優美之門風實基於學業之因襲。"因此可以說，魏晉南北朝以後，如果沒有家學傳統，就沒有學術思想的建立。

當然很遺憾，晚清到民國這一百年以來，50 年代以後不必講，最大的問題就是家庭與家族的解體。家庭與家族的解體，便談不上學術的傳承了。所以我們特別珍惜義寧之學的傳承沒有斷絕。文化傳承有三個渠道，一個是家族，一個是學校，還有一個是宗教系統。宗教系統在中國不是那麼發達，這是另外的問題，這裏暫且不講。學校系統，現代的學校制度基本上是知識教育，遺漏了"傳道"的內容，致

---

[1]　陳寅恪：《隋唐制度淵源略論稿》，第 20 頁。

使問題重重。所以中國文化的傳承，家族的傳承特殊重要。但在今天講此一渠道的文化傳承，無異於緣木求魚。相反文化衰落的跡象不時出現，這跟家族的解體、士族文化之不傳直接相關。但是我們慶幸，義寧之學有陳先生這樣的當代了不起的思想家和學者，陳氏家族的精神傳統和文脈完全承繼下來並有所光大。義寧之學不是陳寅恪先生一代之學，從陳偉琳先生讀陽明書而發為感歎開始，到陳寶箴再到陳三立在晚清以至民國的思想人格建樹，最後到陳三立後面的大家常講的一些傑出的人物，包括陳師曾、陳隆恪以及廬山植物園的創建者陳封懷先生，都是如此。

我最近出版一本書，叫《陳寶箴和湖南新政》，探討從 1895 年到 1898 年，陳寶箴在陳三立的襄助之下如何推動湖南的變革維新。三年之功，改革走在全國最前列。但是到 1898 年戊戌之年的八月初六，慈禧太后發動政變，維新變法的浪潮被打下去了，"六君子" 被殺，康、梁被通緝，陳寶箴和陳三立受到 "革職，永不敍用" 的處分。當時跟隨陳寶箴、陳三立父子參與改革的諸多人物，梁啟超、譚嗣同不必說，包括黃遵憲、熊希齡、皮錫瑞，也都受到了處分。這是一個時代的悲劇，也是陳氏家族的悲劇。陳寅恪先生一生，他的內心常常充滿苦痛，他的苦痛不是個人的苦痛，而是家國興亡的苦痛。按照心理學的分析，任何苦痛都跟他的記憶有關，而陳寅恪先生內心的苦痛，據我的研究，跟他的家族在戊戌之年的悲劇有深切的關聯。所以他的詩裏經常把湘江、湖南跟他的苦痛連在一起。所謂 "兒郎涷水空文藻，家國沅湘總淚流"、"死生家國休回首，淚與湘江一樣流"等等，就是指此。

寅老何以有此種深層情緒的不可遏止的流露？僅僅是由於祖父和父親受到了處分嗎？不是的。他這個苦痛，是因為對家國有更大的關切。因為在陳先生看來，陳寶箴和陳三立在戊戌變法時期的變革主張，屬於“漸變”，是穩健的改革派。如果按他們的主張行事，最後推薦張之洞到朝廷主持變法，由於慈禧太后喜歡張之洞，就不致使慈禧太后和光緒皇帝之間的矛盾，發展到完全對立衝突的地步。如果1898年的變法得以善終的話，後來的中國就不會有那麼多的變亂。這就是陳先生的苦痛之所從出。1898年底，受處分的陳氏父子由湖南回到江西，住在南昌的磨子巷，後來陳寶箴築廬西山，陳氏父子回憶湖南變革的不幸遭遇，孤燈對坐，仰天長噓，這種情境下的心理情緒絕對不是個人的處境問題，而是對整個國家前途的憂思。陳寶箴、陳三立以及陳寅恪先生的深情，其實就是家國之情。

陳先生學問的了不起，他的學說的力量，還有一點，陳先生對古人——我們可以引申為對己身之外的他人的學說——持有一種“了解之同情”的態度。這一思想是20世紀30年代，他給馮友蘭《中國哲學史》寫審查報告時講的，我們可以看出陳先生內心世界的恕道。“恕”是孔子思想，就是“己所不欲，勿施於人”。後生輕薄古人，陳先生不持這種態度。這個非常之難啊！對歷史上的一些人物，陳先生總是有一種“了解之同情”。所以你看三卷本的《柳如是別傳》，很多人奇怪，包括一些老輩，很納悶陳先生為什麼寫《柳如是別傳》。我認為這是陳先生一生當中最大的著述，絕對不是簡單地為一位古代的特殊女子立傳，而是“借傳修史”，以“驚天地泣鬼神的精神”撰寫的一部明清文化痛史。

很多朋友遺憾陳先生沒有寫出一部通史來，其實《柳如是別傳》這部書的學術價值，遠遠超過一部所謂通史的價值。這部書對明清時期眾多歷史人物那種恰當的評價，那種深切的"了解之同情"，令我們讀後非常感動。女主人公後來婚配給晚明的文壇領袖，有"當代李杜"之稱的錢謙益，一個很有資格做宰相的人，由於天時人際相扞隔，宰相沒有當成，告老還鄉。他是江蘇常熟人，後來他一個關鍵表現是 1644 年清兵入關，明朝垮台，南京建立了弘光政權，是為南明。錢謙益在南明小朝廷入閣了，成為禮部尚書。柳如是跟錢謙益一道從常熟來到南京。但 1645 年清兵南下，打到南京城下，揚州守不住了，史可法自盡而死，結果南明朝廷垮台。而率先投降的是兩位文化名人，一個是詩文名氣特別大的錢謙益，另一位是大書法家王鐸。但是，柳如是並沒有投降，錢謙益"循例北遷"，去了北京，柳如是沒有跟去，獨自留在南京，後來又回到常熟。陳先生講她是一個奇女子，是一個民族英雄，這樣講看來不為過。錢謙益在北京也沒有戀棧，很快告老南歸，回到常熟。在他晚年的整個生活當中，跟柳如是直到死都是在從事反清復明的活動。雖然他投降了清朝，但是他後期的反清復明舉動對他的投降行為在精神上有所彌補。陳先生對錢謙益這種前後兩重人格的表現，做了很多具體分析，指出其降清固然是一生污點，但後來的悔過，其情可憫，應給予"了解之同情"。而且即使對於王鐸，也承認他的書法很好，堪稱"絕藝"。陳先生對於古人、對於古人的學說，持有"了解之同情"的態度，陳先生的這一學說，可以說千古不磨，反映出義寧之學的淵雅博大。

我很高興，近年有一些年輕的學人在研究義寧之學方面取得很好的成績。像我熟悉的年輕的朋友張求會先生、胡迎建先生、劉經富先生、劉克敵先生，他們近年的研究很有成績。還有一位廣東的胡文輝先生，他注釋陳寅恪的詩作，對陳詩的出典，一詞一句，一一稽查清楚。他是繼余英時先生之後，釋證陳詩成就最高的一位。還有山東大學的李開軍先生，對陳三立詩文的整理很見功底，他正在寫陳三立的年譜。如果需要我說一句什麼話與這些年輕的朋友共勉，那就是——對陳先生學問的梳理，對史料的搜集整理，固然是研究陳學必不可少的功夫，但如何體認領悟陳學的精神脈理，如何讓陳學的精神變成自己身心的一部分，某種程度上比研究陳寅恪的學問本身還重要。

載 2014 年 3 月 5 日《中華讀書報》

錢鍾書的學問方式

學術殿堂的引橋

我和錢鍾書先生沒有見過面。但 20 世紀 90 年代初，因為創辦《中國文化》雜誌，也由於當時想著手對錢先生的學術思想做一些研究，跟他有不少通信。我從未把這些信拿出來，覺得不好意思。他是我非常尊敬的前輩學者，不僅是欣賞，而且是特別尊敬和心儀的人。我研究晚清民國以來的現代學術思想史，錢先生是我關注的重點學術案例。

80 年代中期，我開始做這方面的題目，決定對王國維、陳寅恪、錢鍾書這三位真正大師級的人物，做個案分疏和綜合比較研究。於是開始讀他們的書。最先讀的，是錢鍾書。可以毫不誇張地説，他的每一本書、每一個字，我都讀三遍以上。內子陳祖芬寫過一篇文章，叫《不敢見錢鍾書先生》，其中寫到，在 80 年代，如果你在北京的街頭巷尾，看到一個人，或者在公共汽車上，或者在路上，在樹下，在牆邊，在任何地方，都拿著書看，這個人看的一定是《管錐編》或者《談藝錄》。她這樣寫是寫實，不是文學描寫。我的確讀錢先生讀得很熟，熟到他成為和我日夜相伴的人。不僅他的書一本一本被我畫亂了，讀錢的筆記也積下好多冊。

　　讀完錢鍾書之後，就讀王國維。王的東西多，必須選讀。先是早期的《靜安文集》和《靜安文集續編》，然後是《人間詞話》、《宋元戲曲史》、《古史新證》等。王國維後，開始讀陳寅恪。非常"不幸"，我讀陳寅恪以後，扎進去就沒有出來。結果不是三個人一起寫了，變成對陳寅恪做單獨的個案研究。我現在寫的關於陳寅恪的文字，大概有五十多萬言，公開發表的文章，出版的著作，只是其中一部分。但是對我如此熟悉的錢鍾書，卻一直沒有寫文章發表。我的一些朋友也知道我研究錢鍾書，一次廈門大學召開關於錢先生的研討會，李澤厚得知，說應該去，你是研究錢鍾書的。我問他何以知之，他說當然知道。但何以知之的理由他沒有講。

　　近三十年我所做的研究，很大一塊是圍繞 20 世紀現代學者的學術思想。我的體會是，這些大師巨子是我們晚學後進進入學術殿堂的比較便捷的引橋。通過他們，可以通往古代，走向中國傳統學術，也可以通過他們連接西方，走向中西學術思想的會通。更重要的，他們為我們樹立了學術典範。我曾經用"空前絕後"一語，形容他們學問結構的特點。"空前"，是指這些現代學者，在西學的修養方面，漢儒、宋儒、清儒，都比不過他們，因為當時不可能有這個條件。漢宋儒不必說，乾嘉學者也不能跟 20 世紀現代學者在這方面相比肩。雖然早期的傳教士跟明末清初的一些學人有一些關聯，但我們看不到乾嘉大師們的西學修養有哪些具體而明顯的呈現。20 世紀學者不同，他們常常十幾歲就留學國外。陳寅恪十三歲留學日本，然後美國、歐洲，前後有十六七年的時間在國外。連馬一浮也有在美國、日本的經歷，也是很年輕的時候就去的，儘管停留的時間前後不是很長，畢竟擴大了學問的視野。

另一方面，20 世紀現代學人的國學根基，又是後生晚輩不能望其項背的。他們四五歲開始發蒙，到七八歲，十幾歲，不用說 "五經四書"，"十三經"、《諸子集成》、"前四史"，差不多都讀過了。他們有這樣的學問積累的過程，所以在學術的知識結構方面，既是空前的，又是絕後的。"絕後" 不是說後來者的聰明智慧一定少於他們，而是沒有當時那些個具體條件，包括對學人為學非常重要的家學和師承。國學需要童子功，年齡大了補課，實際上為時已晚。因此後來者要趕上他們，難之又難。就研究我國固有學術而言，20 世紀學者也開了先路。經由他們可以更自覺地進入原典。比如研究馬一浮，就需要了解宋代的學術源流，因為馬先生的學術思想是直承宋學而來，我們不得不跟著他進入宋儒的世界。可是宋儒的話題，是跟先秦諸子，跟孔子、孟子、荀子的思想連接在一起的，六經是他們反覆闡釋的原初經典。宋代濂、洛、關、閩四大家，即周敦頤，程顥、程頤，張載，朱熹諸大儒，一生學問，主要是以重新闡釋孔、孟和六經的原典為能事。而馬一浮的學理發明，也主要在 "六藝論"。所以研究馬一浮，跟著他返宋的同時，還須返回到先秦，返回到孔子和六經。

20 世紀現代學者的學術，是不是也有瑕疵？肯定會有。陳寅恪就講過，王國維的學說也可能有錯誤，他自己的學說也會有錯誤，自然可以商量。同樣，錢鍾書的學術，也一定有可商之處。但是他們的學術精神，為學的態度，純潔的資質，堪稱後學的典範，應無問題。我們今天的學術風氣所缺乏的，恰好是 20 世紀大師們的那種精神、那種風範、那種態度。

請勿誤讀錢鍾書

現在關注 20 世紀現代學術的人多起來了。但研究得遠不夠深入。有一些方面的研究，剛剛開始，就颳起這個 "熱" 那個 "熱" 的風。學術研究最怕颳風。一颳風，"熱" 得快，涼得也快。然後罵聲隨之而來。錢鍾書先生不幸也遭此命運。我看到一篇文章，題目是《錢鍾書是卡夫卡的絕世藝人》。這篇文章寫得倒是很俏皮，但認為錢先生的學問，不過是一個雜耍藝人用以謀生惑眾的絕活，除了博得看客的幾聲叫好，沒有任何實用價值。他說《談藝錄》和《管錐編》，本質上應歸屬於諸如繞口令、迴文詩、字謎等文字和語言遊戲一類，是一種自娛性的、習慣性的、享受性的東西。這位作者甚至還聲稱，《談藝錄》和《管錐編》是自私的、勢利的，是抬高門檻為難人的，是以顯擺為目的，等等。

我無論如何不能認同這篇文章對錢鍾書先生的評價。如果不是牽引卡夫卡蓄意做一番擬於不倫的文字遊戲，我認為他至少是沒有讀懂錢鍾書。讀懂錢，並不容易。陳寅恪先生的書，馬一浮先生的書，也不容易讀。讀懂讀不懂，不完全是文字障礙，文字沒有那麼多障礙。馬一浮的著作不多，無非《泰和會語》、《宜山會語》、《復性書院講錄》、《爾雅台答問》等。但讀懂馬先生，我認為是非常難的事情。難就難在，閱讀者是否能夠進入馬先生的學問世界和精神世界。陳寅恪給馮友蘭的《中國哲學史》寫審查報告，提出一個極為重要的思想，就是對古人的著作，對古人的立說，要具有 "了解之同情" 的態度，因而能夠體會古人立說的 "不得不如是" 的苦心孤詣。錢鍾書先生的著作，為什麼採用現在我們看到的這種呈現方式？為什麼用文言而不是白話？他是文學家，小說《圍城》和散文《寫在人生邊上》等，可以證明他的白話同樣令人絕倒。

這涉及如何理解錢先生的學問態度和學問方式問題。他對學問有一個宿見，就是認為大抵真正的學問，不過是荒江野老，二三素心人，商量培養之事，而不是閉目塞聽地"做"出來，或是吵吵嚷嚷地"講"出來的學問。他說一旦成為朝市的"顯學"，很快就會變成俗學。這些話，深入體會，才能知道一點學問的滋味。以虛妄浮躁的心態，試圖了解穩定的學問，不可能對學問得出正解。錢先生的學問方式，毫無疑問是活躍的、多姿的、千變萬化的，但他的學問精神是恆定而守持不變的存在。他認為古與今、中和西，不是截然不搭界的兩造，而是可以連接一氣，互相打通的世界。他說："古典誠然是過去的東西，但是我們的興趣和研究是現代的，不但承認過去東西的存在，並且認識到過去東西的現實意義。"[1]

他對"專學"的看法也很特別。他說因研究一種書而名學的情況不是很多。一個是選學，《文選》學，一個是許學，研究許慎的《說文解字》的學問，可以稱為專學。《紅樓夢》研究成為紅學，是為特例，但他認為此學可以成立。其餘的研究，包括千家注杜（杜甫）、百家注韓（韓愈），都不能以"杜學"或者"韓學"稱。可見他對學問內涵的限定，何等嚴格。這是大學問家的態度。現在到處使用專學

---

[1] 錢鍾書：《古典文學研究在現代中國》，轉引自鄭朝宗著《海夫文存》，廈門：廈門大學出版社，1994 年，第 8 頁。

的稱謂，把學問泛化，結果取消了學問本身。錢先生還特別指出“師傳”的弊端，認為弟子多，對其師尊崇的結果，反而把師也扭曲變形了。這就是《談藝錄》反覆講的“尊之適足以卑之”。錢先生的好友鄭朝宗先生說，錢先生是“但開風氣不為師”，可謂真知錢先生之言。錢先生從不以師自居，不聚徒講學，也沒有弟子。

錢鍾書的學問構成

錢鍾書先生的學問結構，都由哪些部分構成，他的學問脈分如何辨識，學術界沒有一致的看法。我長期讀錢，三復其義，認為他的學問構成，約略可分為四目：第一是經典闡釋學，第二是學術思想史，第三是中國詩學，第四是文體修辭學。

前面提到的說錢先生是卡夫卡的絕活的文章，不承認錢先生著作裏面有解釋學的內容，未免令人感到意外。《談藝錄》也好，巨著《管錐編》也好，獨不缺少解釋學的內容。只不過錢先生對解釋學有獨闢勝解。《左傳正義》三，隱公元年，解一“待”字，令人絕倒。鄭莊公由於“寤生”，驚嚇了他的生母武姜，因而母子失和。莊公即位之後，武姜便與莊公的胞弟共叔段結為聯盟，封地逾制，一人獨大。鄭大夫祭仲建議及早除掉，免生滋蔓。莊公說：“多行不義必自斃，子姑待之。”這是大家都知道的進入中學課本的《左傳》名段“鄭伯克段於鄢”。

我們且看錢鍾書先生如何解釋此一“待”字。

他先是徵引《左傳·閔公元年》，齊國的仲孫湫提出：“不去慶父，魯難未已。"齊桓公回答説："難不已，將自斃，君其待之。"
又引定公六年，公叔文子諫衛侯："天將多陽虎之罪以斃之，君姑待
之，若何？"再引《韓非子·説林下》，有與悍者鄰，欲賣宅避之。
人曰："是其貫將滿矣，子姑待之。"錢先生具引之後申論説："'待'
之時義大矣哉。'待'者，待惡貫之滿盈、時機之成熟也。"然後又
引《漢書·五行志》董仲舒之對策："魯定公、哀公時，季氏之惡已
熟。"《孟子·告子上》以麰麥喻人性："至於日至之時，皆熟矣。"
這就如同鄭莊公等待到共叔段謀反在即，並得知其起事的具體日期，
於是下定決心，説："可矣！"也就是可作為的時機真正成熟了。

　　錢先生接著又引《史記·韓信盧綰傳》："太史公曰：'於戲悲夫，
夫計之生熟成敗，於人也深矣！'"以及《北齊書·陸法和傳》裏
的陸氏發為議論："凡人取果，宜待熟時，不撩自落，檀越但待候景
熟。"抑猶未盡，更引西典助發，一是文藝復興時期意大利政論家的
"待熟"之説，二是培根論"待"時提出的"機緣有生熟"，三是孟
德斯鳩論修改法律，提出"籌備之功須數百載，待諸事成熟，則變革
於一旦"，四是一名李伐洛者，認為"人事亦有時季，若物候然"。[1]
中西古典萬箭齊發，齊來會戰，"待"之一詞被包圍得水泄不通，只
好俯首就擒。

　　其實所謂"待之"，就是為人舉事，要講究條件和時機。而時機
須由條件來醞釀。捨此二端，急於從事，揠苗助長，冒行躁進；或灰
心氣沮，知難而返，坐失良機，都是不明不智的表現，亦即尚不懂錢

---

[1]　錢鍾書：《管錐編》，第 276—277 頁。

先生反覆闡釋的這個"大矣哉"的"待"字。

　　錢先生又引清儒之言寫道："乾嘉'樸學'教人，必知字之詁，而後識句之意，識句之意，而後通全篇之義，進而窺全書之指。雖然，是特一邊耳，亦只初桄耳。復須解全篇之義乃至全書之指（'志'），庶得以定某句之意（'詞'），解全句之意，庶得以定某字之詁（'文'）；或並須曉會作者立言之宗尚、當時流行之文風，以及修詞異宜之著述體裁，方概知全篇或全書之指歸。積小以明大，而又舉大以貫小；推末以至本，而又探本以窮末：交互往複，庶幾乎義解圓足而免於偏枯。"[1] 這也就是乾嘉學者何以重視小學的原因。小學是進入經學的階梯，故"讀書必先識字"是清儒的常談。小學包括文字學、訓詁學、音韻學，即讀書進學，首在認識字，知讀音，明義訓。然後再由小學進入經學。經學的旨歸在義理，就進到中國傳統學問最高的形上之境了。錢先生把這一過程概括為"積小以明大，而又舉大以貫小；推末以至本，而又探本以窮末"。此亦即西哲所說的"循環闡釋"。錢先生告訴我們，闡釋的方式或有中西的不同，但闡釋學，中西宜有共理。錢氏闡釋學，明顯帶有經典闡釋的特點，既吸收了西方的理論範式，又直承中國傳統傳注義疏的闡釋傳統。

　　他學問構成的第二脈分，是學術思想史的內容。絕不光是文學，他的學問早已超越單一的文學一科。特別《管錐編》一書，處理的主要是學術史的問題。他選出來作為研究案例的那些典範著作，《周易》、《毛詩》、《左傳》、《史記》、《老子》、《列子》、《焦氏易林》、

---

[1]　錢鍾書：《管錐編》，第 281 頁。

《楚辭》、《太平廣記》、《全上古三代秦漢三國六朝文》，涵蓋了傳統四部之學的最精要的內容。他絲毫沒有輕視作為我國固有學術統領地位的經史之學，而是將其置於先位來加以研究。《詩經》、《易經》均可分稱為六經之首，《左傳》是《春秋》三傳中最重要的一傳。而《焦氏易林》的列入，則是錢先生的所好，喜其文辭古雅，詩意馥馥。錢先生雖出身中西文學，其經史之學的根底豈可限量哉。只不過他解"經"的方法不僅與清儒不同，與昔日的時流亦迥然有別而已。他的"經解"，集部之學並為入室階梯。

錢先生學問構成的第三脈分的內容，是中國詩學，這是他學問結構中最重要的部分。他喜歡詩，長於寫詩，有詩眼，也有詩心。他的精神意象在詩裏邊存活並得到再生。他的筆觸一旦進入中國詩學，他自由得如同水裏面的魚，歡悅而快樂，似乎有無窮無盡對詩學的獨得之秘，頃刻化作語言文辭的泉水，重疊交會，噴湧而出。《談藝錄》就是一部關於中國詩學的大著述。還有可與專著相埒的詩論《中國詩與中國畫》，以及《詩可以怨》。《通感》其實也是一篇詩學的會通之作。《宋詩選注》雖受到彼時精神環境的限制，未能暢意發抒，被他稱為"模糊的銅鏡"，但經錢先生手澤潤色，自有他人所不及的佳風景。他詩學的義理情愫所鐘，是為宋詩，自己為詩也是宋詩的風致。但《談藝錄》論詩，唐宋之別，不以歷史時段，而以"體格性分"。對清末同光體諸人，是非得失均看得清爽，不掩善，也不護短。錢之詩論，通貫古今，兼採中西，旁徵博引，勝解如雲。我未見有另外的詩評家能和錢先生對中國詩學的貢獻相比倫。老輩如陳石遺，終因缺少西學根底，不能不讓錢一箭之地。楊絳先生也說："他酷愛詩。我

國的舊體詩之外，西洋德、意、英、法原文詩他熟讀的真不少，詩的
意境是他深有體會的。"[1]

他學問構成的第四脈分，是文體修辭學。錢先生無疑是修辭高
手，甚或聖手。他的言語文辭的講究，見於他所有各體著作。豐贍、
睿智、幽默的特點充溢字裏行間。不妨一讀他的散文《人獸鬼》、《寫
在人生邊上》，以及長篇小說《圍城》，他的獨特的修辭風格，踵武
前賢而不襲前賢，迥異時流而無法模仿，開篇即知此為"錢氏體"。
《談藝錄》等涉及文評詩話的學理文章寫作，《管錐編》所展示的經典
詮釋系統，都是自家體貌，古今中外的要言妙道齊來登場，共同搬演
中國詩學和中國學術的傳奇大戲。

錢鍾書先生的學問呈現方式，體現了古今文體的兼美。如果是白
話，他使用的是典雅的白話，不是通俗的白話。文字裏帶有詼諧的隱
喻，和繁富揚厲的比類觀照。"典雅的白話"，是我的概括語，自認
比較確切。如果是文言，他使用的是典雅的文言。至於在什麼情況下
使用文言，我的理解是，《談藝錄》、《管錐編》有大量原典引用，所
引原典都是文言，如果述論者以白話來闡釋文言，繁簡失序，兩不相
融，必令文體不相統一。這在常人不成為問題，在錢先生則情非所
願。現在史學界正在組織人寫清史，我的老師戴逸先生主持該項目。
原來的《清史稿》自然多有舛誤，但當時撰寫《清史稿》的那些作者，
可都是一時之選，譬如趙爾巽等，學問文章相當入流。現在寫清史，
如果用淺近的白話，只能無限地擴大篇幅，史著的味道，過去二十四

[1] 錢鍾書：《管錐編》，楊絳序，寫於 1997 年。

史的味道，就沒有了。

　　錢先生撰寫《談藝錄》和《管錐編》，以他對文體修辭之道的精熟老到，自然懂得，如果用白話通釋文言典藏，無異於在茶水裏兌上白開水。他深知不同的研究對象，不同的域區類屬，宜乎以不同的文體來加以呈現。而中國的文評詩話，他認為向無定體。《談藝錄》的方式，應歸於中國的文評詩話之屬，文體上叫“詩文評”。錢先生說過，“文評詩品，本無定體”。陸機的《文賦》是賦體，杜甫的《戲為六絕句》是詩體，鄭板橋的《述詩》、潘德輿的《讀太白集》、《讀子美集》，是詞體。錢先生說，“或以賦，或以詩，或以詞，皆有月旦藻鑒之用，小說亦未嘗不可”[1]。小說也可以用來評文論詩，古典小說如《紅樓夢》、《儒林外史》、《鏡花緣》，事例多有，而《圍城》發抒此道，尤見文體修辭家的法眼機杼。

錢氏修辭典則：“說破乏味”

　　錢鍾書先生認為，“遮言為深，表言為淺”[2]。他的修辭典則是：“說破乏味”。其實就是含蓄為美。所謂行文典雅，語言使用的訣竅，是為不露，是為含蓄。有人說，錢先生的著作不見義理，光引那麼多故書，意欲何為。其實錢著充滿了義蘊理趣，到處都是創發的觀點和獨出的見解，思想的燭光照亮著論全體。如果錢著沒有思理意蘊，他

---

[1]　錢鍾書：《管錐編》，第 1002 頁。

[2]　同上，第 840 頁，引《宗鏡錄》。

就不會擁有那麼多讀者了。只不過他不喜歡空疏著論，而是善用遮言和隱喻，將理趣意蘊寓於古今典例故事的徵引敍述之中。也就是不把問題全都"說破"，點到為止，引而不發，留給讀者以三隅反的空間，是為錢氏修辭學的特點。所以他特別提醒："善運不亞善創，初無須詞盡己出也。"[1] 錢先生的名言是："不道破以見巧思。"[2] 並且引吳文溥《南野堂筆記》裏的詩句作為例證："怕聞橋名郎信斷，愁看山影妾身孤。" 把西湖的斷橋和孤山巧妙地織入詩的語句中，以自然風景映襯人的心情意緒。怕聽到"斷橋"的橋名，是擔心愛戀的對象音書斷絕；愁看"孤山"，是因為看到孤山的山影，會聯想到己身的孤單。錢先生本人的文學寫作，何嘗不是如此。重巒疊嶂，溪流百轉，山窮水復，柳暗花明，文心詩筆，弔詭有術，趣味無窮。《管錐編》卷《焦氏易林》"大有"引晉李顒的《雷賦》云："審其體勢，觀其曲折，輕如伐鼓，轟若走轍。" 錢先生認為，斯雷鼓之喻，還未能盡"聲勢之殊相"，只有《易林》以聲聲相續為聲聲相"逐"，"活潑連綿，音態不特如輪之轉，抑如後浪之趁前浪，兼輪之滾滾與浪之滾滾，鍾嶸所謂'幾乎一字千金'，可以移品。" 這段話，"移品"錢氏的文體修辭，雖不中亦不遠矣。錢先生又引杜句"青山意不盡，滾滾上牛頭"，狀其"峰巒銜接，彌望無已，如浪花相追逐"，以及岑參詩句"連山若波濤，奔湊似朝東"，是又將此意境推至無窮。自然也可以"移品"錢鍾書先生。以是之故，唯懂得了錢氏的學問方式和

[1] 錢鍾書：《管錐編》，第 371 頁。
[2] 同上，第 2364 頁。

修辭典則，才能懂得他學問本身；反之亦復如是，懂得他的學問內涵和理蘊，才能知曉他的不與人同的學問呈現方式和修辭法則。

學者的立身行事，也為錢鍾書先生所關注。他有一個信守不移的觀念，就是學者最忌出位之思。學問做到一定程度，會明白一個淺顯的道理：對自己不了解的問題不應該也不必發言。這其實是學者的自知之明和理性自覺。知不知道對哪些問題自己不具備發言條件，考驗一個學人學問的知性程度。《談藝錄》初版於 1948 年，到 80 年代才第一次重印。三十多年的時光，他不是沒有機會再行出版此書。1965 年，北京和上海的出版社都曾向他提出申請，他一律予以婉拒。1982 年重印此書，他道出個中原委："壯悔茲甚，藏拙為幸。"[1] 他深諳避世避俗之道。"隱身適成引目之具，自障偏有自彰之效，相反相成，同體岐用"[2] 的哲理，為他所深諳。楊絳先生也寫過《隱身衣》。但錢鍾書不是隱者，他不同於馬一浮。馬先生是真正的隱士，長期在西湖，住陋巷，不入講舍。錢先生也不入講舍，但他有許多青年朋友，對文壇世相的了解出於很多人的想象。我跟錢先生並無接觸，但一次他在信中，稱我和內子是 "文章知己，患難夫妻"。不曉得他是如何知道的不入正傳的 "野史掌故"，我們夫婦因此非常感念他。錢先生不是隱者，只是 "默存" 而已。

---

[1]　錢鍾書：《談藝錄》引言。

[2]　錢鍾書：《管錐編》，第 10 頁。

向錢鍾書要什麼

探討錢鍾書先生的學問方式，還必須講幾句不能不說的話。就是你想向錢先生要什麼？20 世紀 60 年代初，有一本流行的書，是蘇聯的作家柯切托夫寫的，叫《你到底要什麼》，一本反思蘇俄正統的書。但是它的書名我很感興趣。對錢先生，也有個到底要什麼的問題。本文開始提到的那位說錢先生是雜耍藝人的文章，他要的是錢先生自己不想要更不想做的東西。

錢先生不是革命家，不是政治家，也不是遊旋於政學兩界的人。你向他要革命，他沒有。要政治，他不喜歡談。要亦學亦政，他反對這種騎牆式的人生狀態。他是非常單純的學者。不應該向他要這些反其道而行之的東西。你要他出頭？參與街頭政治？他不願意那樣做。換句話說，他不是梁任公，他不是馮友蘭。馮友蘭先生的學問當然很好，1930 年代的《中國哲學史》，上、下兩大冊，陳寅恪先生評價很高。抗戰時期的 "貞元六書"，構建自己的哲學體系，也是開創性的建樹。馮友蘭的學術成就，沒人能夠否定。但馮先生一生於學問之外，有不能忘情於政治的一面，所以容易遭受各種訾議。但我不贊成否定這位傑出的大哲學史家，到現在我給學生開書目，他的《中國哲學簡史》，還是必讀書。

但錢先生不是馮友蘭，他沒有投身政治活動的激進的經歷。他和熊十力也不一樣。熊十力是新儒家的領軍。我們講熊十力、馬一浮、梁漱溟，是新儒家的三聖。但熊十力早年投身國民革命，參加過起義，行伍出身，學問資歷不高，但他的學問成就是一流的。錢先生沒有參加過革命，甚至學生運動他也不是很贊成。要知道，他的尊人錢基博老先生，也不贊成學生搞運動。錢穆錢賓四先生，也不贊成年輕學生參政，他們認為學生主要是讀好書，積累知識學問以備將來有用於家國，或至少有益於世道人心。陳寅恪先生就是這樣的主張。但他不涉身政治，不等於不懂政治，他的信念和信仰非常牢固。如果對政治有看法，也是通過學問的途徑來表達，不輕易做出位之思。

錢鍾書先生所以養成寧靜的不旁騖的治學心態，固然由於對學問本身的如同宿契般的興趣，還由於他很早就獲得了終生不渝的愛情。愛情是一副良好的安定劑。躁動不安的青年時期，讓他得到了安寧。1980 年代中期，我參加廈門大學的一個研討會，當時有幸拜望鄭朝宗先生。我去拜訪他，是由於正在研究錢鍾書。我向鄭先生提出一個問題：以錢先生的睿智和鋒芒無法掩藏的性格，1957 年的風雨環境他何以能夠平安度過。鄭朝宗先生用很大的聲音說：那是由於他有楊絳先生。他有了楊絳，覺得什麼都有了，何須外求。我認為鄭先生講的是知錢知人生知愛情之言。

古典意味的學術自由主義

關於錢先生的學術成就，除了眾多的具體學科門類的學術創獲之外，在學術觀念上的一大貢獻，是打破了中外學問的神秘。他告訴大家，中國的學問沒有那麼神秘，不像傳說的那樣遙不可及。有人說錢先生的著作不免有賣弄學問之嫌，我以為是看錯了。其實他是把被人神秘化的學問，打破了錦囊，揭開了謎底。他似乎在說，人們奉若神明的那些學問，並沒有什麼了不起，東西就那麼多，難點也可以數出來。我相信他內心有這個東西。另外一點，他雖然不缺少整體把握的能力，但他絕不想構建框架完整的體系。這一點恰好是中國學問的方式。中國的先哲，從不以構建體系為能事。只有少數例外，一個是《文心雕龍》，不能不承認這是一部具有完整的理論體系的著作。這和其作者劉勰受到佛理的影響有關。還有宋代朱熹的哲學，是有一個理學的理論體系的。除此之外，即使古代聖賢，也很難說建立了完整的理論體系。

但不構建體系，不等於乏於辯證思維。《管錐編》開篇 "論易之三名"，引皇侃《論語義疏》的自序："一云 '倫' 者次也，言此書事義相生，首末相次也；二云 '倫' 者理也，言此書之中蘊含萬理也；三云 '倫' 者綸也，言此書經綸今古也；四云 '倫' 者輪也，言此書義旨周備，圓轉無窮，如車之輪也。" 錢先生於此寫道："胥徵不僅一字能涵多意，抑且數意可以同時並用，'合諸科' 於 '一言'。" 具道吾國語文的特點。然後又說："黑格爾嘗鄙薄吾國語文，以為不宜思辯，又自誇德語能冥契道妙，舉 '奧伏赫變'（Aufheben）為例，以相反兩意融會於一字（外文省略——筆者），拉丁文中亦無義蘊深富爾許者（省略同前）。其不知漢語，不必責也；無知而掉以輕心，發為高論，又老師巨子之常態慣技，無足怪也；然而遂使東西海之名理同者如南北海之馬牛風，則不得不為承學之士惜之。"[1] 嗣後遍舉中西典例進而闡說，於是又言："語出雙關，文蘊兩意，乃詼諧之慣

---

[1] 錢鍾書：《管錐編》，第 4 頁。

事，固詞章所優為，義理亦有之。"[1] 此論雖為暢述中國語文的思辯功能，也可以理解為錢先生對自己著述體例的理蘊自道。

錢先生還告訴我們，中國的東西不是獨得之秘，正如西方有"奧伏赫變"，中國也有相應的理趣。我們中國有的，域外之文化淵深之國度，並不是沒有。人類的奇思妙想的智慧結晶，中國人、外國人常常不約而同。所以學術思想上才有"軸心時代"的提出，亦即全世界最早出現第一流思想家的時代，都是在紀元前 8 世紀到 5 世紀左右，佛祖釋迦牟尼，中國的孔子和老子，古希臘的蘇格拉底、柏拉圖、亞里士多德，都產生於此一時間段。錢先生的名言是："東海西海，心理攸同；南學北學，道術未裂。"[2] 他的著作裏充滿了"貌異心同"這樣的話。比較文化學所追尋的，歸根結柢是尚同。人類的相同點遠遠多於不同之處。持續在那裏講不同，互相標異，就要打架了。追求同，可以使人類走向和解。主張尚同，能把學問做大。標異的學問，是小家氣的學問。錢先生沒有觀念預設，因此沒有預設的觀念和方法的框框，秉持的是一種帶有古典意味的學術自由主義。這是我研究錢先生提出的一個概念，叫"帶有古典意味的學術自由主義"。他是學術自由主義，他的思想極端自由，文體極端自由，表達極端自由。但他是典雅的古典自由主義，或云具有古典意味的學術自由主義。

陳寅恪先生相信可以重構歷史的真相，但是錢鍾書先生認為，寫自己個人的歷史，都難以復原歷史的本真，因此他不相信任何一種回

---

[1]　錢鍾書：《管錐編》，第 7 頁。

[2]　錢鍾書：《談藝錄》序。

憶錄。陳寅恪認為歷史真相可以重構，不是徒託空言，而是有他的學術實踐。他的《柳如是別傳》，就把錢（牧齋）、柳（如是）和柳（如是）、陳（子龍）的交錯複雜的關係，復原重構得如同回到歷史的現場。陳的考證，做到了他自己提出的需要有藝術家欣賞古代繪畫雕刻之眼光和精神。錢先生當然也具備這樣的眼光和精神，他本人就是充滿想象力的藝術家，但是他與陳寅恪先生的看法有異。有人說錢先生對家國世事人生關懷不夠。這裏舉一個例子，即他在闡釋《左傳》的時候，引用《左傳》昭公十年，"可以無學，無學不害"，這是在說什麼呢？另外他引《老子》六十五章："古之善為道者，非以明民，將以愚之，民之難治，以其智多。"又引《論語》"民可使由之，不可使知之"，鄭玄注所引《春秋繁露》"民，暝也"。更引宋晁說之《嵩山文集》卷十三《儒言》裏的話："秦焚詩書，坑學士，欲愚其民，自謂其術善矣。蓋後世又有善焉者。其於詩書則自為一說，以授學者，觀其向背而寵辱之，因以尊其所能而增其氣焰，因其黨與而世其名位，使才者韻而拙，智者固而愚矣。"[1] 錢先生說，此晁之論，是為反對王安石的 "新學" 而發。這些考論闡證究係何義，世不乏善讀錢書者，自當通解真切，無待我言。

錢鍾書與陳寅恪的異同

吳宓 20 世紀 30 年代初在清華園，一次談起學問人才，說年齡

---

[1]　錢鍾書：《管錐編》，第 386—387 頁。

大一些的要數陳寅恪，年輕的首推錢鍾書。陳、錢都是有識人慧眼的吳雨僧所欣賞的人物。陳生於 1890 年，錢生於 1910 年，相差二十歲。陳、錢並非齊名，但常為人所並提。並提是緣於學，而忘記歲年。

陳、錢為學的共同特點，一是都精通多種文字。過去研究者說陳寅恪懂二十幾種文字，後來汪榮祖先生分析，認為有十六七種。陳掌握外域文字的獨異處，是通曉一些稀有文字，如蒙文、藏文、巴利文、西夏文、突厥文等。他研習蒙文和藏文，是為了讀佛經。不了解蒙、藏文，對佛經的原典不能有真切的了解。後來他在清華任教的時候，仍然每禮拜進城向鋼和泰學習梵文。錢先生也懂多種文字，包括英、法、德、意、西班牙等國文字，還有梵文。他的懂，是通曉無礙，使用熟練，可寫可說。楊絳先生整理的《錢鍾書手稿集》，三大厚冊，兩千五百多頁，經由商務印書館於 2003 年出版。裏面的讀書筆記，很多都是各種文字交互使用。其次是，他們都具有驚人的記憶力，讀書廣博，中西典籍，過目不忘。此兩點可以證明，陳、錢都是學問天才。第三，他們都出身於名門，得益於家學傳統。陳的祖父陳寶箴、父尊陳三立，是晚清學殖深厚的名宦，吏能和詩文為當時勝流所稱道。錢的尊人錢基博子泉先生，是風清學厚的國學大師。強為區分，則陳寅老的出身，不獨名門亦為高門。

不同之處是，陳的學問，直承乾嘉，錢則受外域學術的影響比較深在。我們在陳寅恪的著作中，很少看到西方學術觀念和方法的直接使用。可是又不能不承認，陳的西學訓練非常之好。他在德國學習研究的時間最長，很多人說他受到德國史學家蘭克的影響。我有一次在德國，特別就這個問題向幾位研究德國史學的教授請教，他們說沒有看到具體證據。只是相信陳的史學考證，可能是受了當時歐洲實證主義史學思潮的影響，特別是蘭克史學。錢鍾書先生不同，他的著作融中外於一爐，大量直接引用各種西方典籍。他是把中外學問一體看待的，用不同的文字闡釋不同問題的相同理念。如果不把錢的學問方式，稱作比較文學或比較文化學研究，用他自己喜歡的說法，應該是求得中外學問的打通。

陳寅恪先生跟錢鍾書先生為學的不同，主要在科業門類的專攻方面。陳的專業根基在史學，錢的專業根基在文學和詩學。但他們都是通儒，在打通文史、貫通中西這點上，是相同的。陳的方法是用詩文來證史，文史兼考，交互貫通。錢的方法是打通文史，中西會通。只有在極特殊的情況下，需要細讀深思，才可能發現，陳的著作中不是沒有西學的痕跡。譬如他給馮友蘭的《中國哲學史》寫的審查報告，中間使用了“結構”一詞。這個概念百分之百是西方的。陳先生不慎露出了一點西學的馬腳。陳先生還有幾篇涉及比較語言學的文章，使用了西方的學理概念。他對比較語言學情有獨鍾，尤其在與劉文典論國文試題的信裏，談得集中。傅斯年當年在中研院建立歷史語言研究所，跟陳有一定關係，他們都受到德國比較語言學的影響。現在台灣“中研院”的歷史語言研究所，名稱一直沒有改變。張光直先生擔任“中研院”副院長的時候，曾經考慮，索性將歷史語言研究所一分為三，語言的歸語言，歷史的歸歷史，考古的歸考古。當時我恰好在那裏訪學，他請我在史語所講陳寅恪。我特別講到，我順便提個建議，史語所的名稱似乎不應該改。張先生當時在場。後來他私下跟我說，

你的想法可能 "獲勝"，因為史語所很多老人都不同意改。

陳寅恪先生的著作裏，西學的影響不輕易流露。錢先生的著作則融中西理論典例於一爐，處處引用，一再引用，引得不亦樂乎。我們作為晚生後學，讀他們的書，感到是一種難得的享受。我讀錢先生書，四個字：忍俊不禁。學理，是嚴肅的，學問方式，是調皮的、幽默的。讀得一個人老想竊笑。讀陳的書，也有叫我竊笑的時候，他考證到佳絕處，直接走出來與古人調侃對話。

陳的《柳如是別傳》，把柳如是和陳子龍的愛情，錢謙益和柳如是的婚姻愛情，寫得極其細緻入微，當事人的愛情心理都寫出來了。錢柳半野堂初晤後，互有贈詩，且錢牧齋已為柳修築新屋。此時，曾 "追陪" 柳如是不離不捨的嘉定詩老程孟陽來到錢府，錢柳當時之關係他無所知聞，顯然處境相當尷尬。強顏和詩錢柳，詩題作《半野堂喜值柳如是，用牧翁韻奉贈》。寅恪先生考證，詩題的 "喜" 字係錢牧齋所加。然後發為論議寫道："雖在牧齋為喜，恐在松圓（程號松圓）轉為悲矣。"[1] 又此前《別傳》亦曾考證，程氏嘗往弔追逐柳如是最力的謝象三的已過時的母喪，目的是希望得到謝的周濟。因明末的一些 "山人"，寅老説，都難免有此種德性。行筆至此，寅恪先生下斷語曰："益信松圓謀身之拙，河東君害人之深也。"[2] 史家的職司，文學的能事；文學的職司，史家的能事，陳、錢兩大師悉皆具備。

---

[1]　陳寅恪：《柳如是別傳》，第 529 頁。

[2]　陳寅恪：《柳如是別傳》，第 233 頁。

錢陳辨華夷

　　不妨舉幾宗中國史上的典型學案，以見陳、錢詮解的異同。陳寅恪學術思想的一項重要內容，是關於種族與文化的學説。這是他學術思想裏面的一個核心義旨。他認為文化高於種族。所謂胡化和華化的問題，是文化的問題，不是種族的問題。他的《隋唐制度淵源略論稿》和《唐代政治史述論稿》兩書，以很多考證來辨明此義。晚年寫《柳如是別傳》，又特別標明，當年他引用聖人“有教無類”之義，來闡釋文化與種族的關係。“類”即種族，“教”是文化。“有教無類”，即是文化高於種族之意。[1] 這是他貫徹一生的學術理念。

　　這個理念的重要性在於，它至今不過時，今天仍然有現實的和現代的意義。如果我們了解陳寅恪的這一學説，就會知道前些年哈佛大學亨廷頓教授的“文明衝突論”不過是一隅之詞。亨廷頓説，冷戰後的世界，文明的衝突佔主要地位，西方文化跟伊斯蘭的衝突，跟儒教文明的衝突，將成為左右世界格局的動因。他只看到了文化的衝突，沒有看到文化的融合和人類文化追求的尚同。他不了解大史學家陳寅恪的著作，自然不懂得文化高於種族的道理。

　　但我這裏傳遞一個學術信息，錢鍾書先生也如是説。他説華夷之辨在歷史上沒有確指，其斷限在於禮教，而不單指種族。例證是漢人自稱華，稱鮮卑是胡虜；可是魏的鮮卑也自稱華，而説柔然是夷虜。

---

[1]　參閱拙著《陳寅恪的學説》，北京：生活·讀書·新知三聯書店，2014 年，第
　　82—109 頁。

後來南宋人稱金是夷狄，金稱蒙古是夷狄，金自己也是夷狄。錢先生的引證，很多是陳先生引用過的。但我相信錢先生一定是自己看到的材料，而不是使用陳的材料。他們是不約而冥合，讀書廣博，取證雷同。《北齊書》的"杜弼傳"，記載高祖對杜弼說，"江東復有一吳兒老翁蕭衍者，專事衣冠禮樂，中原士大夫望之以為正朔所在"。錢先生說，這是"口有憾，而心實慕之"。[1] 這是錢先生的解釋。同樣這個例子，陳寅恪先生的稱引不止一次，此為陳的說史常談。

錢先生引《全唐文》卷六百八十六皇甫湜的《東晉元魏正閏論》一文，其中謂："所以為中國者，禮義也；所謂夷狄者，無禮義也。豈係於地哉？杞用夷禮，杞即夷矣；子居九夷，夷不陋矣。"[2] 顯然具有更直接的說服力。然後錢先生又引《全唐文》卷七百六十七陳黯的《華心》一文："以地言之，則有華夷也。以教言，亦有華夷乎？夫華夷者，辨在乎心，辨心在察其趣向。有生於中州而行戾乎禮義，是形華而心夷也；生於夷域而行合乎禮義，是形夷而心華也。"[3] 錢後來對此節作增訂，又引元稹《新題樂府·縛戎人》："自古此冤應未有，漢心漢語吐蕃身。" 錢先生說這是漢人"沒落蕃中"者。不是由於地域，而是由於文化。錢並標出英文為注，寫道："華夷非族類（ethnos）之殊，而亦禮教（ethos）之辯。"[4]

陳、錢在華夷之辨問題上，機杼相同，理路相同，結論相同。但

---

[1]　錢鍾書：《管錐編》，第 2310 頁。

[2]　同上，第 2311 頁。

[3]　同上。

[4]　同上。

我發現，錢先生的引證，增加了許多文學方面的資料。陳先生在華夷之辨問題上，在種族與文化的引證中，雖也引證元稹和白居易的詩作，但主要是新舊兩《唐書》和其他史籍的材料，這是由於他們為學的專業類分各有專攻也。

陳錢的文體論

陳、錢的學問裏面，都包含有文體論的內容。他們對文體的重視是驚人的，此點大大異於其他人文學者。但陳、錢文體論的側重點雖有不同，都是文體革新派則一。他們都主張文無定體，不拘一格，力倡文體革新。錢先生在《談藝錄》裏對韓愈的 "以文為詩"，給予肯定，並引申為說："文章之革故鼎新，道無他，曰以不文為文，以文為詩而已。"[1] 昇華了文章學和詩學的理論容度。陳先生論韓柳與古文運動，對韓愈的 "以文為詩" 更是大加稱賞。他說："退之之古文乃用先秦、兩漢之文體，改作唐代當時民間流行之小說，欲藉之一掃腐化僵化不適用於人生之駢體文，作此嘗試而能成功者，故名雖復古，實則通今，在當時為最便宣傳，甚合實際之文體也。"[2] 對韓愈的評價比錢還高。

陳的《論韓愈》寫於 20 世紀 50 年代初，發表於《歷史研究》，錢肯定會看到此文。有意思的是，錢先生也一直有寫一篇專論韓愈的

---

[1]　錢鍾書：《談藝錄》，第 29—30 頁。

[2]　陳寅恪：《論韓愈》，《金明館叢稿二編》，第 329—330 頁。

文章的打算[1]，可惜未及動筆而斯人已逝，真是遺憾之至。否則陳、錢兩大家共論"文起八代之衰"的文雄韓愈，各出以巨文，該是何等好看。

對野史小說可否考史的問題，陳、錢的看法約略相同。陳在此一方面持論甚堅，其《順宗實錄與續玄怪錄》一文，可為力證。他說："通論吾國史料，大抵私家纂述易流於誣妄，而官修之書，其病又在多所諱飾，考史事之本末者，苟能於官書及私著等量齊觀，詳辨而慎取之，則庶幾得其真相，而無誣諱之失矣。"[2] 陳著顯示，以野史小說來補充正史的不足，是陳先生的史家之能事。錢先生涉及此一問題，他引用司馬光《傳家集》卷六十三《答范夢得》的說法："實錄正史未必皆可據，野史小說未必皆無憑。" 蓋其撰《資治通鑒》，即曾採及野史小說。錢先生因此寫道："夫稗史小說，野語街談，即未可憑以考信人事，亦每足據以覘人情而徵人心，又光未申之義也。"[3] 此可見錢、陳雖都重視野史小說的作用，陳用來直接考史，錢則認為考信人事未必可據，但可以見出當時的人情和人心。

關於不同作者的著作和作品，有時會出現相似甚或相同的見解和論述，對此一問題如何看待，錢、陳有不約而同的勝解。藝苑文壇，著作之林，不同的作者居身不同地域，彼此互不通問，但寫出來的文章或著作，義旨和結論竟然相似或相同。這種現象如何尋解？是否可徑以抄襲目之？陳寅恪先生在《論再生緣》一書中，專門討論了這個

---

[1] 楊絳：《錢鍾書手稿集》序，北京：商務印書館，2003 年，卷首。

[2] 陳寅恪：《金明館叢稿二編》，第 81 頁。

[3] 錢鍾書：《管錐編》，第 443 頁。

問題。他以他本人和陳垣先生都曾撰文考證楊貴妃入道的時間，而結論不謀而合，以此例來説明發生此種現象的原因。他寫道："抗日戰爭之際，陳垣先生留居京師，主講輔仁大學。寅恪則旅寄昆明，任教西南聯合大學。各撰論文，考楊妃入道年月。是時烽火連天，互不通問，然其結論則不謀而合，實以同用一材料，應有同一之結論，吾兩人俱無抄襲之嫌疑也。"[1] 錢先生對此一問題也有類似看法。他在考論《太平廣記》一書時，對多種典籍都曾使用以黿鼉為津樑的典故，是不是存在彼此抄襲仿效的問題，給出了他的論斷："造境既同，因勢生情，遂復肖似，未必有意踵事相師。"[2] 錢、陳對此一現象，得出了異地易時而同的結論，足可成為學界佳話，而不必懷疑他們是有意"踵事相師"。

附語

陳、錢比論粗畢，茲有一事，向讀者交代。即錢、陳論學的文字風格是截然不同的。陳 1969 年離世，顯然無緣一睹錢的《管錐編》。《談藝錄》1948 年印行於上海，據説陳看過，有好評。陳如何評價錢鍾書先生，我們無緣得知。但陳的著作，錢肯定是讀過的。如前所説，錢應該讀過陳的《論韓愈》。還有《柳如是別傳》，錢先生肯定也讀過。不過錢對《別傳》的著作體式和文辭，似頗不以為然。錢先

---

[1]　陳寅恪：《論再生緣》，北京：生活・讀書・新知三聯書店，第 87 頁。

[2]　錢鍾書：《管錐編》，第 999 頁。

生在與汪榮祖先生晤面或通信中，流露過這方面的看法。

我對此有一旁證。80 年代末、90 年代初，我和錢先生有通信，他總是有信必覆，致使我不敢接寫第二封，怕勞煩他再寫回函。只有一次，我寄 1990 年第三期《中國文化》給他，他沒有回示。因此期刊有我寫的《陳寅恪撰寫〈柳如是別傳〉的學術精神和文化意蘊及文體意義》，文長兩萬餘字，是為第一次系統闡釋《別傳》的文章。照說錢先生當時會目驗此文，並有便箋給我。結果幾周過去，聲息全無。我意識到，錢先生可能不贊同我的論說。後來汪榮祖兄告以錢對《別傳》的態度，始證實我當時的感覺不誤。

然我對《柳如是別傳》的評價，至今沒有變化。反而越研究越知其旨趣不同尋常。就以詩文證史的方法使用和創獲而言，此著可謂陳寅恪先生的學術制高點。而就陳先生說詩治史的學術歷程來說，《別傳》不啻為陳著的最高峰。但這絲毫不影響我對陳、錢這兩座現代學術的高峰，經長期研究而秉持的情感價值和學理價值的認同與堅守。

時在甲午臘月二十（西曆 2015 年 2 月 8 日）
晚九時寫訖於東塾，載 2015 年 4 月 29 日、
5 月 27 日《中華讀書報》

社會變革中的文化制衡

——對五四文化啟蒙的另一種反省

一

　　社會變革需要有先進思想的導引，同時也需要常態的文化制衡。這似乎是個矛盾的命題，也可以說是一個悖論。但卻與人類社會的發展過程相符，歷史從來不曾對此提供否證。

　　因為社會是個有機體，它在常規運行中，自然會累積自己的文明，從而形成文化秩序。文明的累積，藉助於同時也產生著人類的理性和集體智慧。這種理性和集體智慧的平均值，是一個社會成熟與健全的標誌。因此社會依其成熟與健全的程度劃分為不同的歷史段落；同一歷史階段的不同社會形態，具有各自相同或相異的文化秩序。

　　文化秩序也發生變異。特別當兩種文化交接、受到異質文化衝擊時會產生文化震盪。但就其本性而言，文化秩序是穩定的，每個民族的根性即深藏其中，並通過理性的網絡形成社會的恆常狀態，使盤根錯節的社會機體達成完形，不至於突然之間失去平衡。文化秩序的變異，只能是漸變，不應該是突變。突變的結果，是歷史走彎路，變等於不變。如同一顆巨石投入平靜的湖面，濺起浪花，形成漩渦，化作漣漪，最後仍復歸平靜，重新形成表面張力。這就是由猿變人經歷了漫長的過程、人類社會的發展何以如此緩慢的原因。

所以對文化能否進行革命，是大可懷疑的問題。

事實上，除了十月革命後的蘇聯和後來的中國，世界上很少有哪個國家大張旗鼓地進行過文化革命。馬克思、恩格斯的文獻裏也沒有文化革命的提法。思想、哲學觀點，可以根據實踐的進展，改變思考路徑，更新觀念，但不能要求很快地更新文化。文化有不可選擇的一面，如同孩子不能選擇母親。文化是一種生活方式，生活方式的改變當然是緩慢的。中國的漢唐文化、歐洲的文藝復興運動都是文化的漸變過程，是長期積累的結果，不是人為的強力所致。歷史表明，強行改變一種文化秩序，後果不堪設想，至少會造成文化斷裂或文化的水土流失。“文革”後遺症至今我們還在蒙受，其原因就在這裏。至於不同的文化系統之間的交流、融會和撞擊，在一個開放的社會裏是經常發生的，這是正常的文化傳播和文化濡化的過程，不是強行改變而是刺激和完善一定社會的文化秩序。

二

這裏有必要對文化秩序的概念進一步略加界說。

我所說的文化秩序，是指與一定的生產力水準相聯繫的人類行為的規則鏈，特別是社會成員生活方式的文明程度和普遍的理性水平是文化秩序的重要標誌。因此它直接涉及全民教育和法制建設，這是一個社會的文化秩序正常與否的必要前提。文化秩序係由傳統累積而成。國家意志在文化秩序面前也要屈尊以降。事實上，國家與法只有與文化秩序相適應，才能保證該社會是一個健全的社會。不是說不需要社會革命，但任何成熟的社會革命，必不以犧牲人類創造的文化成果為代價；相反，倒是需要有相應的文化秩序為其準備條件。法國1789 年大革命最為典型。早在革命前，啟蒙學者們就發動了使全社會覺醒起來的啟蒙運動，已經建立了充滿理性精神的新的文化秩序。革命後不是打破而是更加完善了這種文化秩序。所以法國大革命，儘管歷史思想學者也在反思，甚至質疑其合理性。但法國大革命並沒有破壞前此的具有理性精神的文化秩序，這是它的可以立定腳跟向後來者告白的地方。只有不成熟的社會革命，才去摧毀文化，或者企圖從根本上破壞原來的文化秩序。反過來也可以說，凡是沒有相應的文化秩序為其奠基的社會革命，一般都是不夠成熟的革命。而不成熟的革命是要付出代價的，不僅使人類文明遭到破壞，更主要是在革命後，人民不得不飽嘗由不成熟帶來的種種苦果，直至“眼前無路想回頭”，又去做革命前應該做而沒有做的事情。

這反映出歷史的不可超越性，同時也就是文化的超越性。人類的文化秩序並不簡單地依黨派觀念和國家的政治權力為轉移。人固然創造文化，文化也制約著人類。只不過人類太自信了，難免有時執著於社會變革，卻不承認或者忽略了文化秩序對社會變革的制衡作用。

也許這就是人類社會有時處於非常規運行的原因。人們歷史相沿，習以為常，把非常規當作了常規。作為補償，歷史的非常規運行為文學藝術之花的開放提供了異樣的土壤，使人類的生命意識增加了悲劇感。按照恩格斯的說法，具有美學意義的悲劇衝突，是“歷史的必然要求與這個要求實際上不可能實現之間"[1] 的衝突；知其不可而為之，方能產生悲劇人物。失之東隅，收之桑榆。當理性失去平衡的時候，卻培育了感覺藝術的能力；社會雖然越出正常軌道，人們的心理卻得到了慰安。於是便造成一種假象，以為進行社會變革的文化條件已經成熟。其實，審美悲壯感的產生，既有對未來的憧憬，也包括對現狀的體認；美感本身就有與現實相妥協的因素，即渴望在異境中實現自我觀照。因此藝術之花並不如想象的那般堅貞，有時是誰施之以雨露，它就向誰張開笑臉，黃昏和清晨都可以吟唱。有良知的人類，切不可因藝術與文學的一時繁盛而染上文化虛狂症。一個文化秩序不健全的社會，照樣可以出現藝術與文學的繁榮，文學藝術雖然也是文化，但只是文化的一種表現，並不是所有的文學藝術作品都能夠沉澱為文化。文化成熟的標誌是理性的張揚，不是情感的擴張。只有由一般的藝術與文學創作形成藝術生活和文學生活，並且變成整體社會生活的必不可少的組成部分，這樣的社會才有可能建立起正常的文化秩序。

文化秩序中既有累積的舊傳統，又有正在衍生的新傳統，這兩部分也是一種互相制衡的關係，通過互相制衡以保持文化發展的漸進性。從文化的類型來看，可以把構成文化秩序的因素分解成高次元文化和低次元文化。高次元文化是知識的結晶，是時代的思想之光，更富於理性精神，總是率先為社會變革開闢道路，代表著社會前進的方

---

[1] 參見恩格斯給斐迪南·拉薩爾的信（1895 年 5 月 18 日），《馬克思恩格斯論藝術》
第一卷，北京：人民文學出版社，1960 年，第 41 頁。

向；低次元文化主要指社會的風俗、習慣，一個民族特有的生活方式，等等，常常是歷史惰性力的集中體現，改變起來非常緩慢。前者趨向於人類文化的共相，後者表現為具體文化形態的殊相。兩者之間也存在著互相制衡的關係。高次元文化的特點在於能夠起而擺脫和超越世俗文化，使自己出污泥而不染，但同時又不能不受制於世俗文化，使自己常常未能免俗。這是非常有趣的文化現象，值得深入探究。

説開來，仍然是文化在制約著人類。至於社會變革受文化秩序的制衡，乃是歷史發展的通則，古今中外概莫能外。特別是在今天，歷史已處於 20 世紀末期，旋即進入 21 世紀，為了給變革準備充分的條件，只是一般地提出建立與變革相適應的文化秩序還不夠，必須建立一種可以與世界文化對話的現代文化秩序。

三

中國是個早熟的國家，早在漢朝和唐朝時期，就建立了交通四方的開放社會。王國維在《詠史》二十首中描繪的 "南海商船來大食，西京祆寺建波斯。遠人盡有如歸樂，知是唐家全盛時"[1] 的盛唐景象，永遠令人緬懷。實際上漢唐文化中已萌生出一定的現代意識。士階層的活躍。有名氣的知識分子可以傲笑王侯，女性婚戀和寡婦再醮的相對自由，以及廣為汲納異域的文化藝術，都可以作為這方面的

---

[1] 蕭艾：《王國維詩詞箋校》，長沙：湖南人民出版社，1984 年，第 4 頁。

例證。到了宋代，城市經濟空前繁榮；明代更進一步有了規模宏闊的手工工場和工業作坊。商業網絡四通八達，與此相適應則產生了市民文學和商業化的藝術。如果不是北方以遊牧為主的蒙古族和女真族先後入主中土，建立元朝和清朝，從中阻斷了漢民族文化的正常發展，中國社會走向現代的進程比現在要快得多。

當然中國社會發展緩慢並非只此一因，農民起義不斷發生，而又鮮能提出新的綱領，不過是“皇帝輪流做，明年到我家”，結果成了傳統社會改朝換代的工具，從歷史演進的角度看，不過是傳統社會維持自身功能的一種調解器，使傳統社會在大的框架內進行小循環，不是推動而是阻滯了中國社會向現代逼近。生產力低下的邊族的入主和循環發生的農民起義，對社會經濟和文化秩序的打擊非常沉重，甚至對文化的正常傳承造成梗阻，以至於發生文化斷裂。待到重新恢復，往往幾十年、上百年過去了，這也就難怪我們的祖先一而再、再而三地被人家拋在後頭。而且還不止此。古代中國的文化雖素稱發達，但並沒有建立起遍及全社會的理性精神。更多的時候，是講“禮”，而不是講“理”。《論語》中“禮”字凡七十四見[1]，“理”字一次皆無。《孟子》的“理”字，只出現三次[2]，一次應訓為“順”，另兩處是道理和思想的意思，也不是一個單獨概念。宋儒筆下“理”字泛濫，致有理學面世，但又主要外衍為人倫、內斂為心性，與社會所必需的理性精

---

[1] 參見楊伯峻《論語譯注》所附之《論語詞典》，北京：中華書局，1980 年，第311 頁。

[2] 兩處皆見於《孟子·告子上》，另一處見於《孟子·盡心下》，見楊伯峻：《孟子譯注》（下），北京：中華書局，第 261、330 頁。

神迥然有別。何況筆者所說的理性，不同於中國古代哲學的 "理" 或 "道" 的概念。理性須訴諸民智，而民智不一定轉化為哲學。中國古代的科學技術後來沒有得到進一步的發展，也與缺乏普遍的理性精神有關。實際上，社會理性的標誌是健全的法制。我國自古及今法制都不健全，人情大於王法成為通例，說明理性是何等貧弱。

訴諸民智的社會理性的確立，一般應以人的個性獲得自由為前提，因此，必須經過啟蒙；而中國社會發展的特點，一直到 19 世紀末葉，始終沒有過以普及理性精神為標誌的像樣的啟蒙運動。學者中一部分人主張，17 世紀即明清交替時期，王夫之、黃宗羲、顧炎武、唐甄、顏元等思想家的思想屬於啟蒙主義的範疇；如果此說可信，那也是極微弱的呼聲，與意大利的文藝復興和法國 18 世紀的啟蒙思潮根本不能相比。不久，這種極微弱的聲音也在清統治者高壓政策下奄奄一息，只偶爾在爬梳故紙堆的縫隙中聊放一點毫光，如戴震的《孟子字義疏證》向 "以理殺人" 提出抗議。《紅樓夢》等古典小說表現的一定程度的平等觀念和要求個性解放的思想，在當時不無一定的啟蒙意義，但影響甚微，遠未形成遍及全社會的啟蒙運動。這種情況，導因於中國是一以家庭為本位的農業社會，資本主義的生產關係難得成形。同時也由於政教合一的統治結構，知識分子大都走 "學而優則仕" 的道路，不能從統治集團中分離出來，形不成真正獨立的學術傳統。按照歷史的要求，本應承擔起啟蒙重任的啟蒙者尚在牢籠之中，現代文化秩序之不能建立實屬必然。中國古代的文化秩序是寬博而健全的，特別是擁有發達而深厚的民間社會，使看似森然的統治秩序，通過眼睛看不到的社會機制連接著各種各樣的透氣孔道。然而也許是那些個透氣孔過於細小，傳統社會始終未能完成向現代的轉化。究其原因，顯然與缺少一次規模宏闊的全社會的啟蒙運動有關。

這裏涉及對清王朝歷史地位的評價問題。不容否認，清統治者於1644年攻入北京，經過順治、康熙、雍正至乾隆，前後百年間，經濟文化有過巨大的發展，不僅使明末動蕩不安的社會秩序趨於穩定，而且出現了後世史家所豔稱的"盛世"局面。就國力而言，康、乾時期的清王朝超過明朝，也超過宋朝，幾可比肩於唐。但在文化上，則去唐遠矣。主要是缺乏文化大國的胸襟。雖然公私文告言必稱孔孟程朱，也常常援引漢唐文化盛跡以為榮耀，終有謬續家譜之嫌。說到底，是文化落後的民族入主文化先進區域，心理上難以保持平衡。雍正七年頒佈《大義覺迷錄》，其中對滿漢民族問題最為敏感。雍正強調說："我朝既仰承天命，為中外生命之主，則所以蒙撫綏愛育者，何得以華夷而有殊視？而中外臣民，既共奉我朝為君，則所以歸誠效順，盡臣民之道者，尤不得以華夷而有異心。"[1] 話雖這麼說，實際上滿漢之間畛域甚嚴。乾隆時期滿人效仿漢族知識分子吟詩作賦，也要遭到皇帝老子的斥責，認為是熏染漢習，不知敦本務實之道。[2] 兩種文化之間的衝突，終有清一朝，從未停止過。且不說懷有亡國之痛的明遺民，《紅樓夢》的作者曹雪芹生當康熙末年，他的祖上很早就加入旗籍，在從龍入關時立有軍功，後來成為皇帝的近臣，他的作品中還不時流露出反滿情緒。可見一個民族的文化情緒是何等牢固。

---

[1] 參見蕭一山：《清代通史》卷上第六篇，北京：中華書局，1986年影印版，第928頁。

[2] 蕭一山：《清代通史》卷中，第22—23頁。

何況滿漢之間的文化衝突以及由衝突到融合，很多時候是在強力下進行的。如清初的薙髮易服，雍正、乾隆時期的文字獄，使漢民族及其知識分子付出了血的代價。開四庫館、編類書，固是大規模的文化舉措，對保存古代典籍不無貢獻，但其出發點，一方面為了籠絡知識分子，另一方面未嘗不是做給世人看的，以顯示文化的繁榮。考據之風盛行，也不是學術發展的常態，在很大程度上是鉗制思想的結果。對外則實行封閉政策，千方百計排拒外來文化。反文化的文化在清代發展到登峰造極的地步。追其原因，往往有滿漢文化衝突的深層背景。就版圖和國力來說，康、雍、乾時期的清朝是世界大國；但在文化上，則是十足的小國心態。

四

歷史的發展形成強烈的反差：當歐洲在教會勢力的籠罩下煎熬著中世紀的漫漫長夜，中國迎來了"唐家全盛時"，出現前所未有的文化高峰；當充滿理性精神的啟蒙運動在 18 世紀的法國如火如荼地展開之時，中國的知識分子正在清朝文字獄的牢籠裏呻吟和掙扎。反差的形成，恰好說明文化制衡的重要。而文化一旦被宗教勢力或與生產力的發展不相協調的勢力所鉗制，便不會有正常的文化秩序，社會就容易超常運行。所以，理應在 17、18 世紀發生的啟蒙運動，不發生在清朝的鼎盛時期，而是要等到一二百年在清朝被推翻之後的五四時期始得發生，便可以理解了。

但五四文化啟蒙帶有隔代啟蒙的特點，即在 20 世紀初做 18 世紀應該做的事，本身是補歷史的課，此其一。其二，是在稱霸列強槍炮的逼迫下進行啟蒙。這兩個特點使得五四文化啟蒙運動顯得慌亂、匆促、緊迫，飢不擇食，急於求成，彷彿要在幾年內做完幾十年、幾百年的事情，忽略了文化變異的漸進性。西學東漸發展為來勢兇猛的歐風美雨，造成異質文化之間的大碰撞，為五四文化啟蒙提供了千載難逢的時代條件。可是，由於來勢過於迅猛，迎拒失調，缺少文化的濡化過程，來得快，去得也快。民智有所開發，但沒有普及理性。科學與民主兩個口號的提出，使五四文化啟蒙具有明顯的現代色彩，照說可以加速新的文化秩序的建立，但激烈反傳統的結果，離開了與民族文化的銜接與傳承，使民主與科學流於空洞的口號。東歐的社會主義思潮的傳播，無疑給五四文化啟蒙增添了新內容，但又急於將思想轉化為行動，在社會革命方面取得了突破性的進展，理論卻顯得準備不足。這樣，便注定了五四文化啟蒙運動帶有先天不足的弱點，從歷史發展來看，仍然是一次未完成的文化啟蒙運動。

經過五四文化震蕩之後，擔任啟蒙主要角色的知識分子開始分化，一部分化為實際的革命者，暫且不論；另一部分在失望之餘則轉入深沉的思索。陳寅恪先生 1933 年在馮友蘭的《中國哲學史》審查報告中提出："竊疑中國自今日以後，即使能忠實輸入北美或東歐之思想，其結局當亦等於玄奘唯識之學，在吾國思想史上，既不能居最高之地位，且亦終歸於歇絕者。其真能於思想上自成系統，有所創獲者，必須一方面吸收輸入外來之學說，一方面不忘本民族之地位。此二種相反而適相成之態度，乃道教之真精神，新儒家之舊途徑，而二千年吾民族與他民族思想接觸史之所昭示者也。"[1] 這段話，可以看作是對五四文化啟蒙運動的一個總結，同時也是對晚清以來東西方文化衝突的深刻反省，在陳寅恪先生是極沉痛之言。五四文化啟蒙未能最後完成，高潮過後，旋即落入低潮，除了政治和經濟的原因之外，也有文化本身的原因。陳寅恪先生所論，就是通過回溯中國歷史上思想與文化的嬗變，從文化傳承的角度提出自己的識見，這在當時不啻為空谷足音，雖然不一定為時尚所理解。所以他在文末寫道："誠知舊酒味酸，而人莫肯酤，姑注於新瓶之底，可乎？"[2] 然而陳寅恪先生的論斷，已為近半個多世紀以來的無數事實所驗證。一個民族的文化傳統是斬不斷的。無論何種外來的思想和文化，必須不脫離開本民族的地位，也就是要經過吸收和改造即濡化的過程，否則難以在本民族的土壤上長久駐足。清朝那樣的強迫接受不行，一廂情願地進行灌輸也不行。文化的發展是孕育，而不是靠推翻、靠鏟除、靠革命。只有從自己民族的傳統中衍生出來的思想範疇，才是最富有生命力的觀念。這也是一種文化制衡。

　　錢鍾書先生在談到"閉關自守"、"門戶開放"這些近代史上人人口滑的說法時，認為這種簡潔的公式語言很便於記憶，作為標題或標語，容易上口；但歷史進程並不如此按部就班，如同生活中門窗的開法有各種各樣："有時大開著門和窗；有時只開了或半開了窗，卻關上門；有時門和窗都緊閉，只留下門縫和鑰匙孔透些兒氣。門窗洞

---

[1]　陳寅恪：《馮友蘭〈中國哲學史〉下冊審查報告》，《金明館叢稿二編》，第 252 頁。

[2]　同上，第 252 頁。

開，難保屋子裏的老弱不傷風著涼；門窗牢閉，又怕屋子裏人多，會氣悶窒息；門窗半開半掩，也許在效果上反而像男女搞對象的半推半就。"[1] 錢、陳都是學貫中西而又宏通博識的大家，不愧為中國現代學術史上的兩大重鎮，他們所論絕非泛泛之談，值得我們深長思之。

五

由此我想到對五四啟蒙運動中出現的所謂文化保守主義，應做全面的評價。如果把五四時期的知識分子隊伍區分為激進主義、自由主義、保守主義，僅僅指的是思想和政治層面，即對社會變革的一種主張，這種區分是有意義的；如果從學術和文化的角度著眼，則這種區分似過於簡單。

如前所說，文化與激進無緣，而學術無所謂保守和不保守。被目為保守主義大本營的《學衡》雜誌，以"論究學術，闡求真理，昌明國粹，融化新知"為創刊宗旨[2]，毋寧說倒是與文化本性若合符契。《學衡》撰稿人之一吳宓不贊成簡單用進化論的觀點解釋藝術與文學，認為"人事之學，如歷史、政治、文章、美術等，則或繫於社會之實境，或由於個人之天才，其發達也，無一定之軌轍，故後來者不必居上，晚出者不必勝前"[3]，不失為思密理通之論。晚年的章太炎退

---

[1] 見錢鍾書為鍾叔河著《走向世界 —— 近代知識分子考察西方的歷史》一書所寫序言，北京：中華書局，1985 年。

[2] 見《學衡》每期卷首之《學衡雜誌簡章》。

[3] 吳宓：《論新文化運動》，載《學衡》第 4 期。

居為寧靜的學者，往往成為遭詬病的口實，但其對中國文化與學術的誠敬和深識，固不宜以保守視之。包括王國維，政治觀點誠然保守，可是學術思想和研究方法，反而證明他是中國現代學術的開闢者和奠基者。早在 1911 年，他就在《國學叢刊序》中提出："學無新舊"，"凡立此名者，均不學之徒，即學焉，而未嘗知學者也"[1]。此外，梁漱溟、熊十力、馬一浮、湯用彤、梅光迪、柳詒徵、錢穆、錢基博、陳援庵、顧頡剛、黃侃、劉師培等後五四時代名重一時的學者，學術思想及取徑和方法容或不同，在堅守以本土文化為宗基方面是一致的。

　　五四文化啟蒙的實績，表現在詩歌上、小說上，人所共知；人文學科因理論準備不足，鮮為人矚目。殊不知，五四以來的人文學科是碩果最豐的部門，而許多經受得住時間檢驗的學術成果係出自上述被視為思想保守的學者之手。梁漱溟特立獨行，畢生致力於中國文化的重建，最後成就了作為一個文化人的偉大人格，姑置不論；熊十力則獨居深念，窮徹源底，真正在形而上的層次上建立了深邃宏博的知行合一、體用不二的哲學體系，這是 20 世紀的中國貢獻給世界的最偉大的思維成果之一，連語言符號都有自己的特點。馬一浮更是少有的純儒，其思想來源於宋學而又能融通儒佛，宋以後一人而已。錢鍾書的成就，也是在 "打通" 中國學術及中國詩文詞曲小說諸種文體的基

---

[1]　王國維：《王國維遺書》第四冊，卷四，第 7 頁。

礎上，以求中外文學及東西方學術之"打通"[1]，在學術認知上追尋通識、通解、通感，初不以時尚喜好的比較文學為然。要之，這些在學術上能夠承繼中國學術傳統的學者，做到了在劇烈的東西方文化衝突中不忘本民族的地位，其學術建樹的實績，為所謂自由主義或激進主義所未逮。順便提一下，史家范文瀾的學術宗旨大體上也屬於這一脈系，只不過他同時也在探索如何將唯物史觀與中國傳統思想統一起來。

這一脈系的學者都不贊成五四時期不加區分地絕然反傳統的做法，但他們又是在五四文化啟蒙的薰陶之下取得的學術成就。這並不奇怪。因為他們主張在認知上應把傳統中的專制政體和文化秩序分開，對專制政體他們未嘗反得不徹底，只是在學術文化層面上有所保留。他們崇尚民主政治，主張學術獨立和學術自由。這與政治保守主義和五四前的國粹派有天壤之別。他們所體現的是現代的理性精神和科學的治學方法，所要建立的是現代文化秩序。因此他們的學術似舊而新，初不與五四啟蒙精神相隔梗。何況對自由主義和激進主義而言，三者之間也有一種文化制衡的關係。特別是追求學術自由、學術獨立這一點，正是建立現代文化秩序和建設現代學術傳統所不可或缺者。

中國古代沒有學術獨立的傳統。政教合一的結果，使道統與治統

---

[1] 錢鍾書在給鄭朝宗的信中談道："弟因自思，弟之方法並非（比較文學），in the usual sense of the term，而是求 '打通'，以中國文學與外國文學打通，以中國詩文詞曲與小說打通。" 見鄭朝宗：《管錐編作者的自白》，載 1987 年 3 月 16 日《人民日報》。

經常相重合。知識分子的普遍心態是讀書做官、"學而優則仕"。春秋戰國是個例外，由於各諸侯國都以統一天下為目標而不得其法，於是需要士階層的 "不治而議論"[1]，即李斯對荀卿説的："萬方爭時，遊者事主。"[2] 當此時，知識分子具有相當的獨立性，説到底是競爭機制在起作用，這個國家不用，另外的國家正翹首以待。秦漢以降，知識分子與國君的蜜月期便結束了，學術不得不淪為政治的附庸。雖然在長期的傳統社會中，以正統儒家相標榜、擁學自立的知識分子代不乏人，但作為一種文化傳統，中國的知識分子很少有忘情於政治的。這在春秋戰國時期也不例外。"孔席不暇暖，墨突不得黔"，還不是忙於參加政治活動？為知識而知識，為學術而學術，中國歷史上幾乎沒有此種觀念。尤其近代以來，國家大故迭起，政權更迭頻仍，知識分子每每迭入政治旋渦而不能自拔。

當然也可以説這是中國知識分子的優點，有參與意識，與西方的現代知識分子的概念不無暗合。然而歐美等國家的知識分子所以能夠參與，是因為他們確立了獨立的地位，學術從政治中分離出來而並行不悖，參與而不混同，更不被淹沒。中國不同，因為學術不獨立，知識分子未獲得獨立的地位，甚至未能形成獨立的人格。在此種背景下，後五四時代的一批被以保守目之的學者，能夠潛心學術，追求學術獨立，做到物境不自由心境也能自由，確是歷史性的進步。這本身就是一種現代意識，與五四文化啟蒙的方向完全一致。

---

[1] 參見《史記・田敬仲完世家》。

[2] 《史記・李斯列傳》。

六

循此以往，則學術獨立並進而建立新學統有日矣。所以錢基博撰寫《現代中國文學史長編》以 "論治不緣政黨，談藝不入文社"[1] 自詡，相信 "百年以後，世移勢變，是非經久而論定，意氣閱世而平心，事過境遷，痛定思痛，必有沉吟反覆於吾書，而致戒於天下神器之不可為，國於天地之必有與立者"[2]。錢氏的觀點我們不必盡同，其所倡言的知識分子的獨立精神，與五四追求學術獨立的一脈聯繫起來，則足可啟發後世。

20 世紀 50 年代末開始興起的海外新儒學也可以看作是此一脈系的繼續，其主要人物張君勱本來就是 20 年代科玄論戰的主將，其他如牟宗三、唐君毅、徐復觀，也都是熊十力先生的門人弟子。他們的思想宗基是以儒學為本的人文主義精神，因此力主學術獨立、思想自由，嚮往民主政治，具有明顯的現代色彩。如果認為他們所倡導的是文化保守主義，我以為是看錯了。他們是當五四文化震盪之後，傳統觀念崩潰之時，從學術出發而又超越學術層面，自覺地尋求中國文化與世界文化的交合點，試圖為中華文化的重建謀取新的思想支撐力，以化解 20 世紀以來中國意識的危機。不用說，這是一絕大之努力，實際上也就是陳寅恪先生五十年前講的 "道教之真精神，新儒家之舊

---

[1]　分別見錢基博《現代中國文學史》之跋及四版增訂識語，長沙：岳麓書社 "舊籍新刊" 版，1980 年，第 508、512 頁。

[2]　同上。

途徑"。這已經涉及對新儒學的整體評估，筆者擬專文論述，此處不多加詞費。

本文寫於 1989 年 2 月，係為紀念五四運動
七十周年而作，載《二十一世紀》1992 年第 1 期

後記

　　本書的編竟付梓，需要追溯到我二十二年前即 1996 年出版的
《傳統的誤讀》一書。當時吾友王亞民兄主政河北教育出版社，正致
力於精品書的打造，為出版此書，特請上海的設計名家陶雪華女士裝
幀設計，26 萬字、407 頁的一本學術著作，出版得相當典雅大方，
風格上傳統中帶有少許洋氣，是我很滿意的一本書。但由於書中最後
一組文字，包含有和余英時、杜維明、陳方正等三位先生的訪談對
話，後來中華書局出版我的《學術訪談錄》，做了收錄；也由於王亞
民兄工作變動，調來北京履新故宮博物院副院長兼故宮出版社社長，
我們便忽略了此書是否應該再版重印的事宜。

　　但去年夏天，無意中看到的一則消息，使我心有所動。2017 年
6 月 4 日，嶺南史學社把二十年前河北教育出版社出版的這本《傳
統的誤讀》，作為最新一周的推薦書目，並向會員發表文字告白，
寫道——

　　　　親愛的會員們，本周向大家推薦的書目是劉夢溪的《傳統
　　的誤讀》。本書主要闡述了傳統的理念、學術與傳統、紅學與傳
　　統、傳統與文化秩序及傳統的闡釋與重建這五部分內容。作者認
　　為忘記是人類的生理保健機制。不同民族的生活之鏈是可以結成

各自的傳統的，但人類首先有忘記自己歷史的傳統。從書中，有許多問題引起你的思考，如：傳統究竟是何物？在今天的現實生活中我們還能看到多少可以稱之為傳統的傳統？如果信仰不堅牢，能夠成為合格的傳統的繼承人嗎？等等。總而言之，一系列的問題都可以推動我們探究歷史真相與人生真諦。

而所列舉的 "推薦理由" 則為："劉夢溪在《傳統的誤讀》中對文化傳統進行了細緻的追溯和深刻的闡釋。我們能為他對中國 20 世紀文化傳統在 '輪番實驗' 中不斷流失的遺憾和對真正的文化傳統的眷顧所深深感觸。長期以來，我們熱衷於把文化傳統像舊式花瓶一樣打破又修補，或扔在牆角，鄙夷地厭棄；或捧上聖壇，空洞地崇拜。文化傳統就這樣在我們視野中日漸模糊。而該書向我們吹起了警醒的號角：文化傳統實際上是一個民族的生長之根，我們現在的任務是自覺地傳承和重建，不對文化母體自輕自賤。"對我的一本舊著，推薦者能夠如此感同身受地介紹與解讀，無法不叫我頓生感慨。

推薦者甚至還不憚煩勞地引錄書中的相關段落："傳統不單純是一種思想形態，首先是一種文化形態，化為千百萬人習俗的思想方能轉化為傳統。思想經過沉澱才能成為文化。陳寅恪以及王國維等老一輩學者他們是一代文化所託命之人，深知文化的慧命薪火承傳不易，所以常懷孤臣孽子之心。今天，承繼與重建文化傳統更加困難，迫切需要有新的一代文化所託命之人。"稱這些文字不失為書中的 "精彩部分"。但市面上久已不復見到此書，推薦者提示自己的會員：嶺師圖書館藏有三本，索取號是 I206/L737，上架位置在 6 樓 6 行 B 面 5

架。所示的書影圖例，恰是陶雪華女士的設計傑作，讓我感到不勝親切之至。

事實上，我還看到過余昌民先生寫於 2006 年的一篇文章，題目是《理想者袁庚》，引錄袁庚寫給作者的一封信，其中有如下一段文字：

> 蒙饋贈余英時及劉夢溪之著述，不勝感謝。前者在數年前在港曾拜讀過（似王佩儀博士處送來的），而今重讀另是一番韻味。劉夢溪之著述讀之確含藏充實，氣勢磅礡，惜乎論述只及於晚清；如今知識分子之苦，有口難言。因學術獨立於權勢，學術思想之多元，學派之紛繁的局面，可能下一世紀才會出現。

這封信是 1997 年 8 月 4 日轉到余昌民手中的，所說的本人的著述，即為《傳統的誤讀》。雖然把我和余英時先生並列，不免愧不敢當，但這位余昌民先生的眼光以及袁庚先生的深識，著實讓我感佩不已。試想“含藏充實，氣勢磅礡”的八字評，是何等分量。可以告慰的是，自《傳統的誤讀》迄今所寫的文字，應不下一二百萬言，似尚未辜負袁庚先生二十多年前的謬許之辭。我個人並不認識袁庚先生，但他的令名和業績聽到不止一個人講過。他是中國改革開放初起時的一位先行者，是有文化關懷的時代弄潮人。余昌明以“文章太守”稱謂袁庚先生，應該是得其人格性體的一個斷判。

嶺南史學社把二十多年前的這本舊著推薦給今天的會員，不知與袁庚先生的評驚是否有關，但得到嶺南一地的學人和得風氣之先的改革者的許可，則是我決定重新出版此書的直接契機。然而時間畢竟過去了二十餘年，原樣付梓已不合我二十年來的學問歷程。這二十年我對文化與傳統、學術與傳統的研究，更深入也更系統了。《傳統的誤讀》中所涉及的題義，又有了幾倍於前的著論。因此今次出版此書，必須重新調整篇章和編目。原書五篇章，收文三十五篇。今次收文四十四篇，釐分為六篇章。原書所收文字只保留了十篇，其餘二十五篇全部裁撤。此次新補入的文章為三十餘篇。篇題的名稱，只有"傳統的理念"一題，為原書所有，其他五篇題："文化與傳統"、"傳統解故（上）"、"傳統解故（下）"、"傳統的反思與重建"、"現代學術與傳統"，均為新設。毫無疑問，較之原書而言，已經是一本新的著作了。

本書第一篇章的首篇文字，為"中國文化的張力"，對全書的內容似有一定統攝作用，於是便以此篇名來名書。中國文化是含藏極為豐富的世界，內部充滿了張力，對中國社會的遷流和嬗變蘊蓄有各種可能。但傳統是看不見的，只能通過歷時歷代積存的歷史故實和文化現象來辨識和感知。感謝嶺南史學社給了我出版此書的靈感和興趣，感謝出版社的編輯及參與本書的同事，為此書的付梓做了周詳無漏的安排。

2018 年 3 月 9 日記於東塾